Dirk Heisserer

Meeresbrausen, Sonnenglanz

Poeten am Gardasee

Diederichs

Helen, Robin und Milena
zur Erinnerung an Kirschblüten und Schneeflocken
Viola und Annamaria
per ospitalità
und dem Lachonkel
zum Dank

Die Deutsche Bibliothek – CIP-Einheitsaufnahme
Heißerer, Dirk:
Meeresbrausen, Sonnenglanz : Poeten am Gardasee / Dirk Heißerer. –
Kreuzlingen ; München : Hugendubel (Diederichs) 1999
ISBN 3-424-01476-1

Umschlaggestaltung: Ute Dissmann, München
Produktion: Tillmann Roeder, München
Satz und Repro: SatzTeam Berger, Ellenberg
Druck und Bindung: Huber, Dießen
Printed in Germany

ISBN 3-424-01476-1

Inhalt

Einleitung

Seefahrt mit Dante

Frühlingsmorgen am Gardasee. Auf dem ruhigen Wasser bewegen sich drei stattliche Ruderboote aufeinander zu. In ihnen sitzen die Bischöfe von Trient, Verona und Brescia. Sie steuern auf einen Punkt im nördlichen See zu, an dem sich die Grenzen ihrer drei Diözesen treffen. An dieser Stelle, auf der Mitte einer gedachten Linie etwa zwischen Navene am östlichen und Limone am westlichen Ufer, bis 1918 die Grenze zwischen dem österreichischen Norden und dem italienischen Süden, halten die drei Boote an und bilden ein Kleeblatt. Die Bischöfe reichen einander zur Begrüßung die Hände über den jeweiligen Bootsrand hinweg.

Stolz weist der Bischof von Trient auf seinen Anteil am See, den Sommolago oder Obersee zwischen Riva und Torbole; hier mündet die Sarca, der Hauptzufluß des Sees, und der Ponale-Wasserfall speist ein Elektrizitätswerk. Die beiden anderen Bischöfe schauen dafür nach Süden entlang einer zweiten unsichtbaren Linie in der Mitte des Sees. Der Bischof von Brescia zeigt auf seine lombardische Seite, die westliche Riviera von Limone über Gargnano und Gardone bis zur Halbinsel von Sirmione; der Bischof von Verona ist stolz auf die sogenannte Olivenriviera von Malcesine bis Peschiera. Dort, erklärt er weiter, fließt der Mincio aus dem See ab, staut sich vor und hinter Mantua zu zwei kleinen Seen, erreicht den Po und mit ihm die Adria. »Auf diesem Weg kam unser Dichter Catull von Sirmione bis nach Troja und wieder zurück«, fügt er noch an. »Liebe Brüder«, ruft da der Bischof von Trient, »wir haben uns hier aus besonderem Anlaß versammelt, zu Ehren unseres großen Dichters Dante Alighieri, der in seinem göttlichen Weltgedicht, der *Divina Commedia*, auch unseren See beschwört, den er noch unter seinem alten Namen als Benaco und noch nicht unter dem Namen der nordischen Eroberer als Garda kannte. Wir, die wir von ihm in der *Divina Commedia* genau hierhin an diesen Treffpunkt gerufen wurden, wollen, ihm zu Ehren, die entsprechende Stelle aus dem 20. Gesang des *Inferno* (Vers 61–69) aufsagen.« Und er beginnt:

Suso in Italia bella giace un laco,
a piè de l'Alpe che serra Lamagna
sovra Tiralli, c'ha nome Benaco.

Im schönen Land Italia liegt ein See,
Benaco, an dem Abhang jener Berge,
die bei Tirol die deutsche Mark umschließen.

Der Bischof von Brescia fährt fort:

Per mille fonti, credo, e più si bagna,
tra Garda e Val Camonica, Apennino
de l'acqua che nel detto laco stagna.

Es rieseln mehr als tausend Quellen wohl
von Val Camónica bis Garda nieder
am Bergeshang und stauen sich im See.

Dann setzt der Bischof von Verona ein:

Luogo è nel mezzo là dove 'l Trentino
pastore e quel di Brescia e'l Veronese
segnar poria, se fesse quel cammino.

Auf seines Spiegels Mitte könnten sich
die Seelenhirten von Trient, Verona
und Brescia segnen, wenn des Wegs sie kämen.

Mit dem möglichen Treffen der drei Bischöfe auf dem See beginnt der toskanische Dichter Dante Alighieri (1265–1321) im 20. Höllen-Gesang seiner *Divina Commedia* (1300) die Darstellung des Gardasees. Zwar gibt es auch die Deutungen von Solitro und Gmelin, die Bischöfe könnten sich in Campione oder auf der alten Isola dei frati, der heutigen Isola di Garda treffen. Doch viel mehr überzeugt Bassermanns »sehr einfaches Schema« vom Treffpunkt »mitten im Wasser«. Anlaß für Dantes Blick auf den Gardasee ist die Geschichte der Zauberin und Wahrsagerin Manto aus Theben, die vor dem Tyrannen Kreon geflohen ist und nach langem Umherirren schließlich in die Gegend südlich des Gardasees kommt, dorthin, wo der Mincio einst eine Sumpflandschaft bildete. Hier starb Manto, und auf ihrem Grab entstand Mantua, die Geburtsstadt des Dichters Vergil, dem Führer Dantes in der *Divina Commedia* durch die Hölle und das Fegefeuer (*Purgatorio*) bis an die Pforten des *Paradiso*.

Meeresbrausen

Von Vergil stammt ein berühmter und immer wieder zitierter Vers über den Gardasee aus dem Lehrgedicht *Georgica* (*Vom Landbau*, ca. 37–29 v. Chr., II, v. 159 f.): (...) *teque / Fluctibus et fremitu assurgens Benace marino.* Der Vers lautet im Zusammenhang übersetzt: »Soll ich dich rühmend erwähnen, sehr großer Larius [Comersee] und dich [teque], der sich mit Wellen und Meeresbrausen erhebt, Benacus?«

Die meisten der Poeten, die durch die Jahrhunderte an den See kamen, bestätigen diesen Vers. So Francesco Petrarca (1304–1374), der in einem Brief an Papst Urban VI. »die dem Meere gleiche Flut des sehr tiefen Sees« erwähnt; Wilhelm Heinse, der schon 1783, und damit drei Jahre vor Goethe, von Peschiera und Sirmione aus den Gardasee als literarische Landschaft für seinen Roman *Ardinghello* (1787) entdeckte; Goethe natürlich 1786 in Torbole, Lord Byron 1816 in Desenzano und noch André Gide 1948 in Torri del Benaco.

Eine Gegenstimme erhebt nur der bayerische Reiseschriftsteller Heinrich Noë. Im Kapitel »Maler-Studien am Gardasee« seines Buches *Bilder aus Süd-Tirol und von den Ufern des Gardasees* (1871) schreibt er skeptisch: »Obwohl die Wellen mit Macht über den weißen Kiesstrand am Felsenufer hinrauschten, so konnte ich mich weder zu dieser Stunde, noch überhaupt jemals auf meinen Spaziergängen mit der Vergleichung befreunden, welche Virgilius in seinem Lehrgedichte vom Landbau zwischen dem Gardasee und dem Meere anstellt. Er sagt dort, der Benacus bäume sich mit seinen Fluthen tosend wie das Meer auf, und der vielgereiste Bädeker setzte hinzu, dieselben seien selten ruhig. Alles dieß ist nicht wahr und man darf meiner Versicherung zuverläßig Glauben schenken, da ich fast ein Jahr lang täglich auf seinen weiten Spiegel hinausschaute.« Dabei ist ihm folgendes am Gardasee aufgefallen: »Mit dem Meere kann man seine Bewegung nicht vergleichen, weil die Wellen nicht annähernd von ähnlicher Größe und Macht sind, der Künstler aber wird hinzusetzen: weil ihnen völlig jene regelmäßige Bewegung, jener Rhythmus abgeht, mit welchem das Meer in abgemessenen Pausen, welche man mit denen der Pulsschläge verglichen hat, erschütternd an die Küste donnert.« Noë hat recht – und wieder nicht, denn Vergil meint sicher nicht das regelmäßige als vielmehr das durch die besonderen Zug- und Wechselwinde am See hin und wieder aus dem üblichen Wellenrauschen ansteigende (assurgens) und eben hier mögliche Meeresbrausen.

Die Segler und Surfer, vor allem am oberen See, dem Sommolago vor Torbole und Riva, dürften wiederum Noë mit dramatischen Erlebnissen vielfach widersprechen. Ansichtskarten von haushohen Sturmwellen in Torbole, die Luigi Foletti dort in seinem Foto- und Tabakladen am Lungolago Verona feilbietet, bestätigen ebenfalls das alte Dichterwort. Immerhin sieht ein Maler in Noës Begleitung eine Ähnlichkeit zwischen den See- und den Meereswellen im Farbenspiel: »Doch fand mein Maler *eine* Ähnlichkeit der Meereswogen mit denen heraus, welche da vor unseren Füßen als milchiger Schaum auf dem Strande verrannen. In dem Augenblicke, in welchem sie an seichterer Stelle anlangend sich überschlugen, daß ihr oberer Theil kopfwärts dem Ufer zuflog, sah man durch diesen die Sonne hindurchschimmern, während der bauschige Untertheil dunkel heranwallt. Das aber ist eines jener Farben- und Lichtspiele, welche das Auge des Fremdlings besonders anziehen, der verwundert und bewegt am lauten Strande dahingeht.« Noës Skepsis konnte erst recht nicht verhindern, daß der Vers Vergils zur Schmuckformel der Reisebücher verkam. Franz Karl Ginzkey gibt dafür in seiner Novelle *Rositta* (1921) ein gutes Beispiel. Nachdem der Held, der Maler Ackermann aus Wien, der jungen Italienerin Rositta auf dem Dampfer vor Malcesine Goethes Abenteuer aus der *Italienischen Reise* vorgelesen hat, kontert ein Italiener mit Vergil: »Ja, Luigi, der Apotheker, hielt sich nun seinerseits für verpflichtet, auch etwas fürs Klassische zu tun, und deklamierte, seines Gymnasiums froh, Virgils berühmte Strophe: ›Der du mit Wogen des Meers und Gebraus aufsteigst, o Benacus‹, wobei es mich amüsierte, daß ein hinter uns stehender Berliner zu seiner Gattin sagte: ›Det hat er ja aus dem Bädecker!‹«

Benaco

Benacus oder Benaco ist der Name einer vermutlich etruskischen Stadt, die angeblich bei einem Erdbeben im See versunken ist. Vieles spricht dafür, so J. Ulman 1896, daß die Schwefelquelle von Sirmione durch ein Erdbeben dem See entsprang, vielleicht sogar in den Jahren 241 bis 244 n. Chr., als »nach veronesischen Chronisten die Stadt Benacus im Gardasee versenkt oder durch einen Bergsturz zerstört« wurde. Der Name leitet sich, so Tullio Ferro 1981, von einem mythischen Etruskerherrscher namens Aco ab und bedeutet als Beni-Aco soviel wie »Söhne des Aco«. Vermutet wird dieser legendäre Ort im See vor Toscolano, wie schon Lord Byron erfahren hat und davon in einem Brief an Thomas Moore aus Verona vom 6. November 1816 berichtet: »Am Benacus fand ich dieselbe Sage von einer

Stadt, die bei stillem Wetter noch unter dem Wasser zu sehen sein soll, wie ihr sie vom Lough Neagh erhalten habt – ›wenn der kühle, klare Abend sinkt‹ [aus Moores *Irischen Melodien*]. Ich wüßte nicht, daß es Chroniken bestätigen, aber man erzählt sich eine solche Geschichte und sagt, die Stadt sei von einem Erdbeben verschüttet worden.« Dagegen läßt ein Vers im Gedicht »Sirmione« aus den *Odi barbare* (1887–89) des italienischen Dichters Giosuè Carducci vermuten, daß die Stadt bei Garda oder bei Torri del Benaco, das ja sogar noch den alten Namen der Stadt und des Sees beibehalten hat, gelegen haben könnte. Garda, heißt es bei Carducci, sehe er »cantando una saga d'antiche cittadi sepolte / e di regine barbare« (eine Sage singend von alten begrabenen Städten / und von Barbarenköniginnen). Eines der schönsten literarischen Zeugnisse zu diesem Thema ist schließlich der moderne »chant de Benacus«, der Gesang des Benacus von Jean Tardieu, geschrieben im April 1954 in Torri del Benaco. Der See singt da, er sei kein Gott, sei nicht unsterblich, sei vielmehr ein Mensch, wie wir, und seine Wut, sein Meeresbrausen heute, seine mediterranen Nächte morgen, zeigten nur, daß er lebe, daß er liebe, wie wir ...

Garda

Von einer mittelalterlichen Garde oder Warte, also einer Wacht- oder Schutzburg, leiten sich in mittelhochdeutschen Spielmannsdichtungen die Ortsnamen »Garte«, »Garta« und »Garten« und davon noch Garda und Gardone ab. Der Übergang vom Benaco zum »Gartensê« ist erstmals Mitte des 12. Jahrhunderts in einer Urkunde des Bischofs und Geschichtsschreibers Otto von Freising nachweisbar; dort wird mit »Stagnum Gardae« das langsam fließende Gewässer des Gardasees bezeichnet.

Von einer Nymphe Garda als Ahnin des Dichters Vergil berichtet eine Sage, die Jacob Burckhardt in seinem »Versuch« über *Die Kultur der Renaissance in Italien* (1860) unter Berufung auf den italienischen Humanisten, Dichter und (seit 1539) Kardinal Pietro Bembo (1470–1547) anführt. Zwar wird Bembos Autorschaft des lateinischen Gedichtes *Sarca* mittlerweile angezweifelt, der Inhalt jedoch, wie ihn Burckhardt als »Meisterwerk« der neulateinischen Poesie und ihrer, in Anlehnung an die antiken Muster, neu erfundenen Mythen zusammenfaßt, bleibt bestehen. Das Gedicht *Sarca* (um 1525) besingt zunächst »die Werbung des Flußgottes jenes Namens um die Nymphe Garda, das prächtige Hochzeitsmahl in einer Höhle des Monte Baldo, die Weissagungen der Manto«. Sodann ist die Rede »von der Geburt des Kindes Mincius, von der Gründung Mantuas und vom künftigen Ruhme des Vergil, der als Sohn des Mincius und der Nymphe von Andes, Maja, geboren werden wird«. Vergil ist demnach der wassergeborene Sohn dieser See- und Flußlandschaft.

Sonnenglanz

Es war also Ehrensache, das vorliegende Buch über die Poeten am Gardasee nach Vergils Vers zu benennen. »Sonnenglanz«, der zweite Teil des Titels, ist dem Schlußwort der Übersetzung einer »Canzone popolare«, eines italienischen Volkslieds, entnommen, das Max Kuntze in seinem Arco-Reiseführer (1894/98) zu Beginn des Kapitels »Spaziergänge und Ausflüge« im Original und in einer mit »Leisching« bezeichneten Übersetzung präsentiert. Das poetische Wort »Sonnenglanz« trifft den heute leicht altmodisch anmutenden Ton der Kurorte um 1900, wohin es so viele der in diesem Buch angesprochenen Literaten gezogen hat. Mit diesem Wort endet auch die erste literarische Kulturgeschichte des Gardasees, die der Kunsthistoriker Henry Thode in seinem Buch *Somnii Explanatio* (Des Traumes Deutung, 1909) vorgelegt hat. Wenn Thodes Blick am Ende seines Buches »hinaus über den Sonnenglanz blauer Fluthen« geht, dann mag das kitschig und wie von vorgestern klingen, aber in diesem Enthusiasmus liegen Wahrheit und Substanz. Das Volkslied also lautet im Original und in der Übersetzung:

Salve al ciel dilette piaggie
Di castelli incoronate;
Verdi sempre: vezzegiate,
Dall' auretta più gentil.

Gelsi annosi ed oliveti
Qui verdeggiano ed allori
Dove sacri son gli amori
De'pennuti nell'April.

Qui de'cedri e degli aranci
Gl'incantevoli giardini;
Qui il Benaco ed i divini
Poggi siti in faccia al Sol.

Heil Euch, gottgeliebte Auen.
Wo da Burg an Burgen steht,
Immer grüne, stets von lauen
Lenzeslüften sanft umweht!

Lorbeer und auch Maulbeerbäume
Grünen und Oliven dort,
Wo der Vögel Liebesträume
Heilig sind am Frühlingsort.

Wo der Cedern und Limonen
Zaubervoller Gärten Kranz,
Wo der Götter Berge thronen
An dem See im Sonnenglanz!

Der Doktor spricht

See, Sonne und Wind haben therapeutische Wirkung, wie eine medizinische Studie belegt. Viele der im Laufe eines Vierteljahrhunderts von 1889 bis 1914 im Sanatorium Hartungen in Riva gewonnenen Erfahrungen mit einer Klientel, die an Nervenstörungen litt, an chronischen Erkrankungen etwa der Atemwege oder des Kreislaufs, Organerkrankungen kurieren wollte oder zur Rekonvaleszenz nach Riva kam, versammelt Christoph V Hartung von Hartungen 1914 in seiner medizinischen Doktorarbeit: »Contributo alla cura della malattie dei bronchi, dell' intestini e nervose a base constituzionale« (Methodischer Beitrag zur Heilung von Bronchial-, Magen- und Nervenerkrankungen). Darin wird der Gardasee in drei Klima- bzw. jahreszeitliche Heilzonen unterteilt.

Das *Nordufer* eignet sich demnach gut für Aufenthalte im Frühling und Herbst, teilweise auch im Winter. Im Frühling und Herbst schafft der konstante Südwind Ora geradezu ein

Meeresklima und hilft bei Erkältungen; im Frühling werden hier Kreislaufstörungen durch den geringeren Blutdruck leichter, geringerer Puls und höhere Werte an Hämoglobin vermindern nervöse Störungen; im Herbst finden Menschen mit schwacher Konstitution oder mit Stoffwechselstörungen und auch Kinder Stärkung. Das milde »ozeanische« Winterklima verschafft Ruhe und Erholung.

Das *Ostufer* zwischen Torbole und Torri del Benaco ist die Sommerzone; hier weht der Nordwind Sover bei Nacht und der Südwind Ora bei Tag; dieses windige Klima wirkt, wenn nicht heilend, so doch vorbeugend gegen Tuberkulose, bei chronischen Bronchialleiden, Kreislaufstörungen, bei Blutfülle wie bei Blutarmut. Licht- und Wassertherapien schlagen gut an bei jugendlichen Wachstumsstörungen und beugen Nervenleiden vor. Schließlich ist das *Westufer*, die Riviera Bresciana zwischen Salò und Gardone, die klassische Winterzone. Sie hat die meiste Sonneneinstrahlung und den wenigsten Wind am See, die mittlere Wärmetemperatur ist höher als an allen anderen Uferorten, auch höher als an den anderen norditalienischen Seen, und die Luftfeuchtigkeit ist geringer, wenngleich es hier mehr regnet. Hier kann beinahe allen akuten Leiden vorgebeugt werden; Atemwegserkrankungen, aber auch Diabetes, Morbus Basedow und Nervenerkrankungen finden hier Linderung.

Poeten einst und jetzt

Die therapeutische Wirkung des Gardasees zieht seit mehr als zweitausend Jahren auch Dichter an. Am Gardasee fühlte sich Catull »von Sorgen frei«, hatte Goethe den Wunsch, seine Freunde um sich zu versammeln, ruderte Thomas Mann im erholsamen »Sonnenfrieden«. In Arco und Riva, den Kurorten des alten Österreich, suchten Rainer Maria Rilke und Friedrich Nietzsche Erholung, Heinrich und Thomas Mann sowie Franz Kafka ließen sich sogar auf »Luftkuren« und »Terrainkuren« ein. Besonders milde ist die Luft am lombardischen Ufer in Gardone, eine »Glücksluft«, wie André Heller sagt. Paul Heyse hatte hier eine Villa und schrieb ein *Wintertagebuch* und *Novellen vom Gardasee*. Die merkwürdige »Halkyonische Akademie für unangewandte Wissenschaften zu Salò« des Otto Erich Hartleben fand am Gardasee ebenso einen Ort wie die leidenschaftliche Liebe zwischen D. H. Lawrence und Frieda von Richthofen in Gargnano.

Der Gardasee hat eine lange Kulturgeschichte, deren ältestes Zeugnis, die Bilderschrift der erst 1964 nach und nach entdeckten Zeichnungen auf den glattgeschliffenen Felsen am Südhang des Monte Baldo zwischen Garda, Torri del Benaco, San Zeno di Montagna und Castelletto, viertausend Jahre alt ist. Die literarische Tradition am See findet sich seit gut zweitausend Jahren an verschiedenen Orten. Sie reicht von den römischen Ruinen der »Grotten des Catull« in Sirmione über den Skulpturengarten neben der Villa des Humanisten Agostino Brenzone in San Vigilio bis zur dekadenten Totenstadt des »Vittoriale degli Italiani« Gabriele d'Annunzios in Gardone Riviera und sogar noch bis zur gegenwärtigen schreienden Unterhaltungswelt des »Gardaland« mit seinen ursprünglich literarischen Fabelwesen Ikarus, Peter Pan, dem Schloß des Zauberers Merlin und dem »Self Service Aladino«.

Diese Tradition spiegelt sich natürlich auch in zahllosen Reiseführern. Der kurioseste ist dabei Hans Barths *Osteria. Kulturgeschichtlicher Führer durch Italiens Schenken vom Gardasee bis Capri* (1911) mit einem Vorwort D'Annunzios und natürlich einer besonderen Hommage an den halkyonischen Trinker Otto Erich Hartleben in Salò. Geistreich und knapp ist Hermann von Wedderkops Band *Oberitalien* aus der Reihe »Was nicht im ›Baedeker‹ steht« (Band XI, 1931). Dort heißt es in dem kurzen Text zum Gardasee, in Gardone habe man »den Vorteil, in der Nähe des größten Dichters Italiens, D'Annunzio, zu sein, sein Schiff zu sehen und günstigenfalls ihn selbst, wenn er mit seinem Isotta Fraschini durch die Gegend braust«. Riva biete dagegen

»den Vorzug einer absoluten Ruhe. ›Italien‹ hat man natürlich an beiden Orten nicht, sondern nur die typische elegante Übergangslandschaft«. Die literarische Tradition schreiben neben einheimischen auch deutsche Autoren bis in die unmittelbare Gegenwart fort. So der seit 1962 in Cecina bei Toscolano ansässige Lyriker Rino Sanders (geboren 1921), dessen *Kardiogramme* (1964) und vor allem die als »Inserate und Palimpseste« bezeichneten *Gedichte spätbürgerlich* (1972) etwas von der »Terra amata«, dem geliebten Land seiner Wahlheimat verraten: »Der See steigt in uns / Mit seinen Sternen / Terra amata«. Ganz in der Nähe, in Toscolano-Mornaga, spielt im Sommer 1973 der »Eheroman« *Im Garten der Gefühle* (1975) von Hans Jürgen Fröhlich (1932–1986). Ein kleines Meisterstück ist Eckhard Henscheids nur auf den ersten Blick flapsige Geschichte »Die Lieblichkeit des Gardasee« (1970/79), die einem Band gesammelter Erzählungen (1980/1997) den Titel gibt. Bodo Kirchhoff hat erst vor kurzem sechs ganz ausgezeichnete Geschichten aus den Jahren 1985–1997 in dem Band *Katastrophen mit Seeblick* (1998) versammelt, tragikomische Kammerspiele, die sich am Ostufer, bei Torri und Brenzone, lokalisieren lassen, was aber für ihr Verständnis nicht so wichtig ist. Klirrend realistisch gibt sich der Krimi *Nix dolci* (1998) von Lara Stern. Als eine »literarische Liebeserklärung an eine Landschaft« versteht Godehard Schramm sein Buch *Mein Gardasee* (1999); es ist das Ergebnis von Osterferien, die der Autor mit seiner Familie durch 25 Jahre immer wieder am »SüdostUfer« verbracht hat.

Alle größeren und kleineren Namen dieser Tradition sind jedoch kaum vollständig zu erfassen. Die einheimischen italienischen Literaten wie der Dichter und Goethe-Übersetzer Andrea Maffei (1798–1885), dem 1987 eine repräsentative Ausstellung im Museo Civico von Riva gewidmet war, und Zeitgenossen wie Luciano Erba, Andrea Zanzotto, Salvator Gotta, Aldo Busi und Renzo Breciani, sind freilich nicht vergessen. Das vorliegende Buch kann und will aber keine Anthologie bieten – wie Guido

Zangrando 1969 mit *Verona in der deutschen Dichtung* (1956) und *Die Oliven des Gardasees in der deutschen Literatur* (1969) – und kein Lexikon sein. Die gebotene Auswahl soll dafür in einem repräsentativen Querschnitt die Kulturgeschichte der Seelandschaft aus dem literarischen Blickwinkel vorstellen. Auch ohne Verona und Brescia hat sich dabei eine hochkarätige mehrsprachige, im besten Sinn europäische Thematik ergeben mit Texten in Latein, Italienisch, Mittelhochdeutsch, Deutsch, Französisch und Englisch.

Annäherungen

Der einem gewaltigen Eiszeitgletscher zu verdankende Gardasee ist mit fast 52 Kilometern Länge, einer breitesten Ausdehnung im südlichenTeil zwischen Salò und Garda von 17 und einer mittleren Breite von sieben Kilometern der größte See Italiens, vor dem Lago Maggiore, dem Luganer und dem Comer See. Der Gardasee hat einen Umfang von 158 Kilometern, eine Oberfläche von fast 370 Quadratkilometern, eine mittlere Tiefe von 135 Metern und mißt an der tiefsten Stelle zwischen Muslone und Castelletto di Brenzone 346 Meter. Einmal nur seit Menschengedenken ist der See zugefroren, im Winter 1709.

Der schmale Fjord im Norden hat für die Winde die Wirkung eines großen Kamins. Von Süden weht die »Ora« meist von vormittags elf Uhr bis nachmittags um drei, kann aber auch vorzeitig ermatten oder von nachmittags bis in den Abend wehen. Ihr Gegenstück ist der »Sover«, der nördliche »Bergwind« und »Mitternachtswind«. Die Ora bringt die Wellen, der Sover die Kühlung. So schildert es ausführlich und poetisch der Dichter Anton Schnack in seiner *Phantastischen Geographie* (1949).

Lange Zeit gab es am Gardasee nur Zufahrtswege; die erste Verbindungsstraße führte 1801 von Riva nach Torbole. Wer als Reisender unterwegs sein wollte, mußte auf den See, mußte Segel- und Ruderkähne mieten, wie Goethe, oder einen schlichten

»Nachen«, wie es Friederike Brun 1809 in ihren Reise-*Episoden* schildert: »Ein Nachen erwartete uns im kleinen Hafen des Städtchens [Lazise], und schnell eingeschifft begrüßten wir die silberhelle Fluth des italienischen Alpensees mit wehmutsvollem Blicke.«

Das erste Dampfschiff fährt 1827 und macht die meisten Uferorte erreichbar. Immer mehr Gäste kommen und nehmen den See auf jeweils eigene Weise wahr. Nur einen kurzen Blick wirft Heinrich Heine 1828 in seinen *Reisebildern* (III, 27) auf der Fahrt von Verona nach Brescia aus seiner »schwerfälligen Carrozza« und sieht »ein Stück von einem wunderklaren blauen See, worin die Sonne und ein magerer Grenadier sich spiegelten. Letzterer, ein österreichischer Narziß«, bewundert sein Spiegelbild im See – Heines Seitenhieb auf die neuen Herren der Lombardei seit dem Wiener Kongreß 1815. Heinrich Laube nimmt 1836 in seinen *Reisenovellen* ungleich schlichter die Landschaft als ein schönes Buch wahr: »Und wirklich, der Gardasee ist das Kompendium Italiens für den Teutschen, aus dem er die Anfangsgründe italischer Schönheit in einem Sommermorgen erlernt. In saphirblauen Smaragd ist es gebunden, und mit sonnengoldnem Schnitt geziert.« Karl Gutzkow fährt noch 1844 mühsam mit der Kutsche von Rovereto und Nago heran: »Von Roveredo herüberkommend springt uns auf der Spitze des kalten und rauhen Monte Baldo plötzlich der ganze ausgebreitete Spiegel des Garda-See's entgegen. Mächtig schlägt die Welle an den Molo des kleinen Hafenortes Torbole an; ein leichter Nachen führt uns von den steinigen Ufern rechts und links bald hinunter zu freundlicheren Erscheinungen.«

Die Eisenbahn bringt die Gäste ab 1845 auf der Strecke Verona-Brescia nach Desenzano zum Dampfer; in den abgelegenen Uferorten entstehen Gasthäuser und Restaurants. Große Mühe erfordert der Bau einer Bergstraße von Ponale hinauf ins Ledrotal zwischen 1848 und 1860. Das heute verwilderte Valle delle Cartiere oder Papiermühlental hinter Toscolano erhält 1872 eine ausgebaute Straße. Die qualitätvolle Papierproduktion an der Küste führte zu herausragenden Druckwerken; besonders berühmt sind die Bücher aus der Druckerei des Paganino de Paganini geworden, der 1517 seine Werkstatt in Salò und bis 1533 in Toscolano hatte.

Einen großen Aufschwung erlebt der Kurbetrieb am Obersee oder Sommolago 1891 durch die Abzweigung von der Südbahn mit der Schmalspurbahn MAR von Mori über Arco nach Riva; erst 1936 wird diese Verbindung eingestellt. Heinrich Mann beruhigt seine Mutter in München auf einer Postkarte aus Mori vom 9. April 1907: »Jetzt nur noch eine Stunde mit der Dampftram, das ist nicht viel gefährlicher, als wenn Du durch die Ludwigstraße fährst.«

Als zweites großes Bergprojekt wird 1913 die Straße hinauf nach Tremosine fertig. Den strategischen Hintersinn dieser kurvenreichen Strecke in der Nähe der Grenze erkennt der Erzähler in Franz Karl Ginzkeys Novelle *Rositta* (1921) bei Ausbruch des Ersten Weltkriegs: »Und was ich jetzt nebstbei auch immer vor mir sah, das war die helle Serpentinenstraße von Tremosine, wie sie sich wie eine weiße Schlange von der Felsenhöhe in den See hinabwarf. Nun war auch sie in wahrer Gestalt erwacht, von ihrem Zwecke erfüllt, allüberall sah ich Unerbittlichkeit, wie am Ende jeglichen Traums.« Seit den dreißiger Jahren des 20. Jahrhunderts ist der See rundum befahrbar. Die Gardesana Orientale wurde in ihrem letzten Verbindungsstück hinter Malcesine 1929 fertig, die Gardesana Occidentale zwischen Riva und Gargnano 1932.

Kriege

Nach Etruskern, Kelten und Römern, Ostgoten, Langobarden, Ungarn und Franken haben sich bis ins 16. Jahrhundert die Scala aus Verona, die Visconti aus Mailand und die republikanischen Venezianer den See streitig gemacht. Höhepunkt dieser

Auseinandersetzungen war 1437 der Transport von sechs venezianischen Galeeren vom Etschtal über Nago an den Gardasee, um von dort dem von den Mailändern belagerten Brescia zu Hilfe zu eilen. Wie es scheint, wurde dieses denkwürdige Ereignis, das an das *Fitzcarraldo*-Abenteuer im Film von Werner Herzog (1981) erinnert, bislang noch nicht literarisch nacherzählt.

Als Chronist Napoleons auf seinen italienischen Kriegszügen 1796/97 beschreibt der französische Dichter Stendhal den Kriegsschauplatz hinter Desenzano. Im Anschluß an diese Schlachten gehörten Trient und Venedig zu Österreich. Die Schlacht von Solferino 1859, mit der Joseph Roths Roman *Radetzkymarsch* (1932) beginnt, steht am Anfang des neuen, von Garibaldi erkämpften Königreichs Italien, das mit dem Ersten Weltkrieg und furchtbaren Kämpfen zwischen Italienern und Österreichern im Grenzgebiet endete, als Fortsetzung des dantesken *Inferno* erst jüngst von Raoul Schrott in dem beklemmenden Gedicht »Gebirgsfront 1916–18« seines Buches *Tropen. Über das Erhabene* (1998) wieder wachgerufen. Auch der Zweite Weltkrieg hat den Gardasee nicht verschont; 1943 war hier angeblich die deutsche Heeresgruppe B unter Generalfeldmarschall Rommel stationiert, Mussolini führte die »Republik von Salò«, und gegen Ende des Krieges bombardierten, wie der Augenzeuge Fritz von Herzmanovsky-Orlando aus Malcesine eindringlich schildert, alliierte Flugzeuge einen Personendampfer. Im April 1999 fielen, als Fernwirkung des Krieges der NATO gegen Jugoslawien, erneut alliierte Bomben in den See.

Ähnlichkeiten

Wie der Südtiroler Erzähler und Lyriker Franz Tumler 1959 in der Einleitung zu einem kleinen Gardasee-Bildband schreibt, gibt es zwischen den Seen im bayerischen Alpenvorland und den oberitalienischen Seen entstehungsgeschichtliche und formale »Züge von Familienähnlichkeit«. Besonders deutlich zeigt sich das beim Vergleich des Starnberger Sees und des freilich mehr als doppelt so großen Gardasees. Beide Gewässer haben eine länglich gestreckte Form mit einer auffälligen Erweiterung nach Westen. Was dort die Tutzinger Bucht ist hier der Golf von Salò. Wer mag, kann Riva mit Starnberg und Sirmione mit Seeshaupt vergleichen und noch dazu jeweils am Ostufer einen Heiligen finden, St. Heinrich hier und San Vigilio dort. Die Roseninsel findet ihr Gegenstück in der Isola di Garda, die allerdings nicht öffentlich zugänglich ist. Die alte »Isola dei frati« weist durch das ehemalige Kloster des Heiligen Franz von Assisi und den späteren Aufenthalt des Ordensgründers Bernhard von Siena freilich eine ganz andere religiöse Dimension auf als die Roseninsel mit ihrer verlorenen Wallfahrtskirche. Außerdem wirkt auf der Insel »delle Muse e di Sofia« (der Musen und Weisheit), wie Giovanni Arici sie besingt, heute der, zwischen 1894 und 1901 erbaute, stattliche Palast der Familie Borghese ungleich imponierender als das Villino auf der Lieblingsinsel der Elisabeth von Österreich und ihres Vetters König Ludwig II. von Bayern. Schließlich gibt es am Ostufer des Gardasees zwischen Malcesine und Cassone noch drei weitere unbewohnte kleine Inseln, die Isola Trimelone vor Cassone, an der Bucht des Traumtals die Isola di sogno und darüber die Oliveninsel (Isola dell' Olivo).

Ob also der Starnberger See wirklich schöner ist, wie Ludwig Steub in einer seiner *Lyrischen Reisen* (1878) einen bayerischen Studenten, der ihn bei einer Dampferfahrt auf dem Gardasee begleitet, gleich dreimal ausrufen läßt, bleibe dahingestellt. Wie sehr dieser Student dem Autor anfangs selbst aus der Seele sprechen dürfte, zeigt der ausführlich geschilderte erste Eindruck, wonach er diese Gegend der kahlen Felsen und Berge »eigentlich ganz scheuslich« findet. Die schönen Frauen, das stärkende Frühstück und der Genuß »angenehmster Unterhaltung« lassen die »Sonntagsfahrt« auf dem See allerdings angenehm ausklingen.

Die Einschätzung der Landschaft hat sich heute völlig gewandelt. Das Freizeitgebiet der Segler und Surfer, der Mountain-Biker und Motorradfahrer, der Wanderer und Felsenkletterer ist bis nahezu in den letzten Winkel erschlossen und mit dem Auto erreichbar, beliebtes Reiseziel und Sportgebiet. Aber die Kulturgeschichte wird nicht vergessen. Das Buch *Wellen, Wind und Dorfbanditen* (1995) über Literaten am Starnberger See war der Anlaß für die Anfrage eines bayerischen Mitglieds im Segelclub von Torbole, sich diesem Thema am Gardasee zu widmen.

Ein Sommerbild

Das Umschlagbild des vorliegenden Buches ist eine Reproduktion nach einem Gemälde des Wiener Malers Gustav Klimt (1862–1918). Das Ölgemälde *Malcesine am Gardasee* (110 x 110 cm) aus dem Jahr 1913 verbrannte 1945 mit zahlreichen anderen Werken Klimts beim Brand des Schlosses Immendorf, wohin die Bilder gegen Ende des Zweiten Weltkrieges aus Sicherheitsgründen ausgelagert worden waren. Entgegen seiner Gewohnheit, die Sommerferien am Attersee zu verbringen, wählte Gustav Klimt im Sommer 1913 ausnahmsweise einmal den Gardasee. Er wohnte in Pieve di Tremosine, im damaligen Albergo Morandi. Drei Bilder sind aus dieser Zeit nachweisbar, zwei sicher am Gardasee gemalt, das dritte vielleicht. In freier Natur, vermutlich vom Boot aus, entstand das Gemälde *Malcesine* mit seinem gelben Grundton. Die Ansicht der *Kirche von Cassone* ist dunkler gehalten. Das Bild *Italienischer Garten* läßt sich nicht sicher auf den Gardasee beziehen. Hier betont der Meister des Wiener Jugendstils das natürliche Ornament der Blumen und Pflanzen, was die Ansicht Susanna Partschs bestätigt, nach Klimts Stilwandel um 1910, der ihn »größere Zusammenhänge« habe malen lassen, seien die »Sommerbilder« nur »eine Spielwiese gewesen«.

Dank

Vieles verdankt das Buch den Arbeiten der einheimischen Forscher. Die Standardwerke von Giuseppe Solitro, Tullio Ferro und Albino Tonelli sowie die Aufsatzsammlungen des Ateneo di Salò (1968) und der Comunità del Garda (1986) waren unverzichtbar. Es ist zudem eine besondere Ehre und Freude, die darin gesicherten und bewahrten Schätze vielfach zum ersten Mal deutschen Lesern vermitteln zu können. Zum Dank für seine wertvolle Hilfe erhält Eberhard Köstler (Tutzing) den akademischen Ehrengrad eines »Assistente in giro« mit rotem Lesebändchen und Espresso doppio. Dank für Anregungen und Unterstützung geht weiter an Sindaco Mario Arduino (Sirmione); Dr. Giuseppe Baccolo (San Felice del Benaco); Direttore Virginio Benini rag. (Riva del Garda); Wilfried Blecher (Sompriezzo und München); Bundesarchiv, Militärarchiv (Freiburg); Dr. Ulrich Dittmann (Seefeld-Hechendorf); Dr. Daniel Drascek (München); Cav. Mario Ebranati und Luciano Caldera (Ateneo di Salò); Tullio Ferro (Desenzano); Griseldis Fleming (Gardone Riviera); Hannelore Gassner (Orff-Zentrum, München); Luigi Gozza (Salò); Dr. Friederike Hausmann (München); Dr. Annegret Hoberg (Städtische Galerie im Lenbachhaus, München, Kubin-Archiv); Thomas Honickel (München); Prof. Dr. Ulrike Kindl (Venedig); Henning Kluger (Hamburg); Dr. Michael Köhle (Münsing und Torbole); Deutsches Literaturarchiv (Marbach am Neckar); Gabriele Pallat (Freiburg); Dott. Prof. Cav. Annamaria Salvo de Paoli Ambrosi (Salò); Viola und Anselm Roehr-von Alvensleben (München und Gardone Riviera); Manfred Rommel (Stuttgart); Werner Schweikert (Flein bei Heilbronn); Hella Sieber-Rilke (Rilke-Archiv, Gernsbach); Stadtbibliothek München; Prof. Dr. Joachim Storck (Freiburg); Antonie Thomsen (Bayerische Staatsbibliothek, München); Dr. Albino Tonelli (Riva del Garda), Dr. Roswitha Wollkopf (Stiftung Weimarer Klassik) und Presidente Adelio Zanelli (Comunità del Garda, Gardone Riviera).

*

Die Bischöfe sprechen ein Gebet, segnen sich gegenseitig und geben ein Zeichen. Die Ruder tauchen wieder ein und die Boote lösen sich voneinander wie Blütenblätter. Ruhig gleiten sie in drei Richtungen dahin. Vom gewaltigen Bergrücken des Monte Baldo und vom gegenüberliegenden Vestino-Bergland aus gesehen sind sie bald kaum noch zu erkennen. Die Lesereise durch Raum und Zeit kann beginnen.

Johann Heinrich Wilhelm Tischbein: Bildnis Goethes, 1786. Tuschfeder, verschollen

Torbole

Italienische Reise 1786
Johann Wolfgang von Goethe

Es beginnt als Flucht und endet als Dienstreise. Am 3. September 1786 morgens früh um drei Uhr stiehlt sich der soeben 37 Jahre alt gewordene Geheime Legationsrat Johann Wolfgang von Goethe (1749–1832) heimlich aus einem Erholungsurlaub in Karlsbad davon. Hinter sich läßt er die erstaunte Gesellschaft seiner Freunde, hinter sich läßt er auch seine ersten elf Jahre am Musensitz in Weimar, in administrativen und künstlerischen Diensten des Herzogs Karl August. Hinter sich läßt er aber vor allem eine geliebte Frau, die verheiratete Hofdame Charlotte Freifrau von Stein (1742–1825), mit der ihn seit Jahren eine platonische »Seelenehe« (Walter Hof) verbindet. Doch Goethe kann nicht mehr. Das höfische Leben, seine Gelegenheitsdichtungen, die unerfüllte Liebe – alles stagniert; er fühlt sich krank, er muß raus, koste es, was es wolle. Er setzt alles auf eine Karte.

Italien heißt das Ziel, und in Italien Rom. Schon zweimal vorher hatte Goethe von der Schweiz aus vergeblich versucht, nach Italien zu kommen, und war im Juni 1775 und im November 1779 jeweils am St.Gotthard-Paß aus verschiedenen Gründen wieder umgekehrt. Italien kannte er bereits seit frühester Jugend aus den Erzählungen seines Vaters. Johann Caspar Goethe (1710–1782) war 1740 auf seiner zweijährigen Bildungsreise insgesamt acht Monate in Italien gewesen und schrieb im Lauf von mehr als zwanzig Jahren auf Italienisch über diesen *Viaggio per l'Italia* ein Buch in 42 Briefen. Diese Reisebeschreibung, die erst 1988 vollständig übersetzt erschien, war dem Sohn bestens vertraut. Wie aus dem ersten Teil von Goethes Autobiographie *Dichtung und Wahrheit* (1811) zu erfahren ist, profitierte der hochbegabte Knabe beim Lateinlernen nebenbei von den Italienischstunden, die der Vater seiner Tochter Cornelia im selben Zimmer gab, und lernte das Italienische »als eine lustige Abweichung des Lateinischen (...) sehr behende«. Wie wichtig die Sprachkenntnisse für das Verständnis eines Landes sind, hob der Vater in seinem Buch ebenso hervor wie den Rat, daß man sich weniger auf gedruckte Reiseführer als vielmehr auf den eigenen Augenschein verlassen sollte. Beides nahm sich der Sohn auf seiner eigenen Italienreise zu Herzen. Sie dauerte von September 1786 bis April 1788 etwas über anderthalb Jahre und konnte von Goethe, dem versierten »Reisekünstler« (Hartmut Schmidt), dank eines großzügigen Zuschusses der herzoglichen Kammer nach Abschluß als Dienstreise abgerechnet werden.

Stand die Reise des Vaters noch ganz in der Tradition des Giro, der Grand Tour, der Kavaliersreise des selbstbewußten, auf Nützlichkeit bedachten europäischen Bürgertums, sah der Sohn in der italienischen Reise die einzige Möglichkeit, aus einer tiefen existentiellen Krise herauszufinden. Bereits vier Monate unterwegs, zeigte er am 20. Januar 1787 in einem Brief an Charlotte von Stein, wie ernst es ihm war: »(...) ich habe nur *Eine* Existenz, diese hab ich diesmal *ganz* gespielt und spiele sie noch. Komm ich leiblich und geistlich davon, überwältigt meine Natur, mein Geist, mein Glück, diese Krise, so ersetz ich dir tausendfältig was zu ersetzen ist. – Komm ich um, so komm ich um, ich war ohne dies zu nichts mehr nütze.« Goethes Reise war ein Wagnis auf Leben und Tod, und so zeigen seine Briefe und Tagebücher von unterwegs, zeigt auch noch die fast 30 Jahre später aus diesen Schriften hergestellte Buchfassung von 1816/17, auf welche Weise er die »lange Stockung« (an Herder, 2. Dezember 1786) von Körper und Geist dank eigenen Vermögens in vielfältige »Lebensregung« verwandeln und gesunden konnte. Um nicht aufzufallen, nahm der weltbekannte Dichter der *Leiden des jungen Werthers* (1774) das Pseudonym Filippo Möller an und gab sich als deutscher Kaufmann aus.

Eine Reise – zwei Texte

Goethes italienische Reise läßt sich an Hand von zwei Texten nachvollziehen. Da ist zunächst das *Tagebuch der Italiänischen Reise für Frau von Stein* (1786), das unterwegs entstand und die Situation des Reisenden Goethe unmittelbar wiedergibt. Es erschien erst 1886, lange nach Goethes Tod, erstmals im Druck, und wirkt in seiner eigenwilligen Diktion und Rechtschreibung zusammen mit den erhaltenen Notizen und Briefen der Reise spontaner als die spätere Überarbeitung.

30 Jahre nach der italienischen Reise – nach dem Bruch mit Frau von Stein und dem Zusammenleben mit Christiane Vulpius, nach dem Jahrzehnt mit Schiller und den Jahren von der Französischen Revolution bis zu Napoleons Niederlage – also eine Epoche später nahm Goethe sich seine Papiere aus Italien wieder vor. Durch Montage und rückblickenden Kommentar entwickelte er daraus die Fortsetzung seiner Autobiographie mit dem anfangs etwas umständlichen Titel *Aus meinem Leben. Zweiter Abteilung Erster und Zweiter Teil* (1816/17). Erst 1829 gab er dem nochmal erweiterten Buch den Titel *Italienische Reise.* Nach Abschluß der Arbeit verbrannte Goethe die meisten seiner Papiere. Wie Herbert von Einem in seinem grundlegenden Nachwort innerhalb der Hamburger Ausgabe erläutert, zielte Goethes *Italienische Reise* programmatisch gegen die aktuelle romantische Tendenz einer Aufwertung der alten deutschen Kunst. Die Stilisierung der *Italienischen Reise* läßt sich schon an dem Motto »Auch ich in Arkadien!« erkennen. Damit ist zum einen das Wunschland der Poesie und Kunst gemeint, das mit dem griechischen Bergland Arkadien nichts gemeinsam hat. Zugleich klingt aber in dem Motto auch die gegensätzliche Bedeutung an, die auf barocken Gemälden als Grabspruch zu er-

kennen ist: »Auch hier, in Arkadien, bin ich, der Tod!« Goethe, der im Januar 1788 in Rom in die Gesellschaft der Arkadier aufgenommen wurde, dürfte beide Bedeutungen gemeint haben, weil beide im konkreten wie im übertragenen Sinn auf ihn selbst zutrafen. Goethes Italienbuch gewann in der Folge eine weitreichende Schlüsselfunktion in der deutschen Geistesgeschichte und prägte das Italienbild von Generationen. Sein Anlaß, die persönliche Krise von 1786, geriet weitgehend in Vergessenheit.

Aufbruch

Goethe bricht auf. Er hat nur leichtes Gepäck dabei, darunter die Prosafassung seines Schauspiels *Iphigenie auf Tauris* (1779), das er in Verse umarbeiten will, auch wenn er die Arbeit scheut: »Noch eine böse Arbeit steht mir bevor. Nach einer letzten Conferenz mit Herdern [in Karlsbad], mußt ich die Iphigenie mitnehmen und muß sie nun gelegentlich durchgehn und ihr wenigstens einige Tage widmen. Das will ich auch thun, sobald ich ein Plätzgen finde wo ich bleiben mag.« Das »Plätzgen« findet er dann in Torbole am Gardasee.

Im *Tagebuch* wie auch in der Bearbeitung der *Italienischen Reise* überrascht zunächst Goethes Blick für das Wetter und für die Landschaft. Mit diesem Wetterblick versichert er sich auf seiner Fahrt selbständig seiner Position, gewissermaßen ohne fremde Einflüsse. Vor Regensburg erklärt er sich die Entstehung der Landschaft aus dem Flußlauf des Regen. In der *Italienischen Reise* führt er dann aus, er gewinne »sehr schnell einen Begriff von jeder Gegend, wenn ich bei dem kleinsten Wasser forsche, wohin es läuft, zu welcher Flußregion es gehört. Man findet alsdann selbst in Gegenden, die man nicht übersehen kann, einen Zusammenhang der Berge und Täler gedankenweise.« Dieser Naturblick ist einer der Gründe, warum Goethe zwischen Trient und Verona den Umweg zum Gardasee nehmen wird – er will sich diese ebenfalls vom Wasser gebildete Landschaft genauer ansehen. Vorerst zieht er aus seiner Beobachtung den kundigen Schluß, Regensburg liege »gar schön, die Landschaft mußte eine Stadt hierher locken«. Auf seiner Reise wird es noch weitere dieser Neuentdeckungen und Neubewertungen geben. »Wie glücklich mich meine Art die Welt anzusehn macht ist unsäglich, und was ich täglich lerne!«, heißt es entsprechend im *Tagebuch*. Er hofft, »ein Paar Hauptfehler« loszuwerden, aber freut sich zugleich, »daß ich ohngestraft meinem kindischen Wesen folgen kann«. Er genießt seine selbsteroberte Freiheit fern von der Hofetikette aus vollen Zügen.

In Regensburg kauft sich Goethe »ein Coffregen« (Kofferchen) für seine vielen »Bücher und Papiere«. Über München und das Isartal gelangt er an den Kochel- und den Walchensee. Hier, am »Wallensee« wie es im *Tagebuch* heißt, begegnet ihm »das erste Abenteurgen« mit einem Harfner und einem Mädchen von elf Jahren, die an den Harfner Laertes und das Mädchen Mignon mit dem berühmtesten Italienlied der deutschen Literatur im Roman *Wilhelm Meisters Lehrjahre* (1796) erinnern. Das Lied »Kennst du das Land, wo die Zitronen blühn« hatte Goethe zwar schon im ersten Entwurf seines Romans um 1782/83 geschrieben, doch die Sehnsucht im Lied der Mignon war auch die seines Dichters. Auf Mignons Frage im Roman, ob er das Land kenne, antwortet Wilhelm: »›Es muß wohl Italien gemeint sein (...), woher hast du das Liedchen?‹ – ›Italien!‹ sagte Mignon bedeutend; ›gehst du nach Italien, so nimm mich mit, es friert mich hier.‹ – ›Bist du schon in Italien gewesen, liebe Kleine?‹ fragte Wilhelm. – Das Kind war still und nichts weiter aus ihm zu bringen.«

Am Walchensee, wo der Vers »Es stürzt der Fels und über ihn die Flut« aus der dritten Strophe gut vorstellbar ist, sieht Goethe auch seinen ersten Enzian und beobachtet lange Binsen. Über Innsbruck gelangt er am 9. September 1786 auf den Brenner und freut sich dort, zu seiner »Weltschöpfung« schon »manches erobert« zu haben. Christoph Michel zufolge trug sich Goethe hier mit dem Plan zu einem »Roman über das Weltall«, den er bereits am 7. Dezember 1781 in einem Brief an Charlotte von Stein erwähnt hatte. Noch wichtiger aber ist ihm, daß er nun endlich, beim dritten Versuch, die Grenze zwischen Norden und Süden überschreiten kann. In jedem Fall hat Goethe große Pläne, die über die bloße Bildungsreise nach Italien weit hinausgehen.

Noch am Abend des 9. September fährt Goethe weiter. Zwar bedauert er, schnell »und bey Nacht wie der Schuhu« diese schöne Gegend zu durchrasen, doch freut er sich auch darüber, zügig voranzukommen. In Bozen und Trient übt er seinen »Beobachtungsgeist« und erlebt durch die Sorge um alltägliche Geschäfte »eine ganz andre Elasticität des Geistes«. Das Klima wird heiß, und in seiner Kleidung kommt er sich bald vor »wie ein nordischer Bär vom Gebirge« – schon hier faßt er den Plan oder »Spas«, sich »nach und nach in die Landstracht zu kleiden«, um es bequemer zu haben und weniger aufzufallen.

Der Weg nach Torbole

Mit Rovereto erreicht er am 11. September die Sprachgrenze zwischen Deutsch und Italienisch und freut sich darüber, »daß die Geliebte Sprache nun die Sprache des Gebrauchs wird«. Aber anstatt auf der gewöhnlichen Route durch das Etschtal direkt nach Verona zu fahren, unternimmt Goethe den Umweg an den Gardasee, zum einen, um sich an der geologischen Situation die Spiegelwelt zum Kochel- und Walchensee zu verdeutlichen, zum anderen vielleicht, um das »Plätzgen«, den Ruhe- und Schreibplatz für die Arbeit an der *Iphigenie* zu suchen.

In Torbole, im Gasthaus von Martino Federico Alberti (1765–1832), schreibt er am 12. September »nach Tische« an Charlotte von Stein in sein *Tagebuch*:

»Wie sehnlich wünsch' ich dich einen Augenblick neben mich, damit du dich mit mir der Aussicht freuen könntest die vor mir liegt.« (In der *Italienischen Reise* wünscht er allgemeiner seine »Freunde« neben sich.) »Heut Abend hätt ich in Verona seyn können, aber es lag mir noch eine schöne Natur Würckung am Wege, ein schönes Schauspiel der *Lago di Garda*. Den wollte ich nicht versäumen und bin herrlich belohnt.« Von seinem Reiseführer Volkmann ist Goethe natürlich schon auf den Gardasee hingewiesen worden; ihm ist aber wichtig, die landschaftliche Situation vom geologischen bis zum künstlerischen Eindruck mit eigenen Augen zu umfassen: »Nach fünfen fuhr ich von Roveredo ab ein Seiten Thal hinauf, das seine Wasser in den *Adige* ausgießt. Wenn man hinauf kommt, Liegt ein ungeheurer Riegel hinten vor, über den man nach dem See hinunter muß. Hier waren die schönsten Kalckfelsen zu mahlerischen Studien.« Von Mori aus fährt er hinauf nach Lóppio und durch die Felsen von Nago hinunter: »Wie man hinab kommt liegt ein Örtgen am nördlichen Ende des Sees und ist ein kleiner Hafen oder vielmehr Anfahrt da, es heist *Torbole.*« Und das war damals noch völlig unbekannt. Die großartige landschaftliche Wirkung des nördlichen Gardasees war bis dahin noch nicht als Reiseziel aufgefallen; und niemand nahm für gewöhnlich den beschwer-

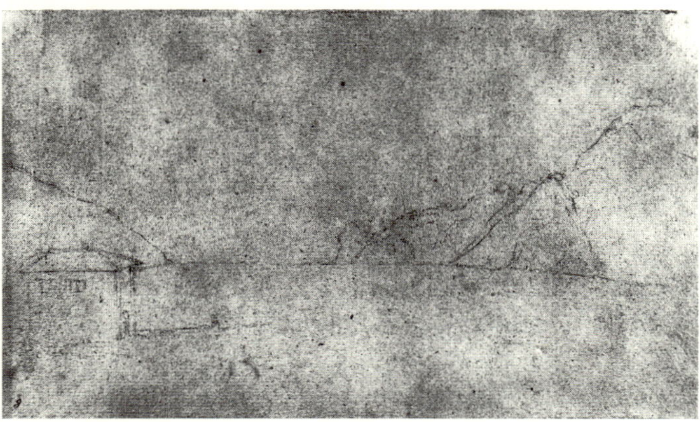

Goethe: Hafen Torbole am Gardasee, 1786. Bleistift, 18,8 x 30,6 cm

lichen Umweg auf sich, noch weniger, um, wie Goethe selbst, hier nach den Feigen die ersten Ölbäume voller Oliven zu sehen.

Sodann beschreibt Goethe die Aussicht von seinem Schreibtisch: »Aus dem Zimmer wo ich sitze geht eine Thüre in den Hof hinunter, ich habe meinen Tisch davor geruckt und dir die Aussicht mit einigen Linien gezeichnet. Sie zeigt den See in seiner Länge dessen Ende man besonders an der Lincken Seite nicht sehen kann.« Die Bleistiftzeichnung mit der Aussicht und dem ehemaligen Zollhäuschen links hat sich erhalten.

Meeresbrausen

Aber wie geht es jetzt weiter? Um nach Süden zu gelangen, muß Goethe ein Segelschiff nehmen und ist daher auch auf die Winde des Sees angewiesen, auf den nördlichen Nachtwind Sover und den südlichen Tagwind Ora. Seiner Freundin erklärt er es genau: »Nach Mitternacht bläst der Wind von Norden nach Süden, wer also den See hinab will muß vor Tage fahren, einige Stunden nach Sonnen Aufgang wendet er sich und bläst nordwärts. Jetzt nach Mittag um eins weht er sehr starck gegen mich und kühlt die heise Sonne gar herrlich ab.« Von den Winden wird Goethe zwei Tage später zu seinem berühmten Abenteuer nach Malcesine geweht werden. Jetzt aber, an diesem abgelegenen Ort, an seinem Tisch mit der weiten Aussicht und der heftig wehenden Ora, fällt ihm große Literatur ein, ja, er sieht sie durch die Naturbewegung geradezu bestätigt. Er nimmt seinen Reiseführer hervor, Johann Jacob Volkmanns *Historisch-kritische / Nachrichten / von Italien, / welche eine Beschreibung dieses Landes / der Sitten, Regierungsform, Handlung, des / Zustandes der Wissenschaften / und insonderheit / der Werke der Kunst / enthalten. / Erster Band. / Zweyte viel vermehrte und durchgehends verbesserte Auflage* (Leipzig 1777), und liest die Stelle: »Der Lago di Garda, an dessen Ufer man von Peschiera in einer Länge von dreyßig italienischen Meilen bleibt, hieß ehemals Benacus. Virgil gedenkt seiner zugleich mit dem Larius, heutiges Tages Lago di Como. Er beschreibt den ersten als stürmisch, und es ist wahr, daß die Wirbelwinde von den benachbarten Bergen ihn plötzlich in Bewegung bringen, und Wellen wie das Meer verursachen.« Goethe sieht diese Angabe vollauf bestätigt: »Eben lehrt mich Volckmann den ich zuerst aus meinem Coffer hohle daß dieser See ehmals *Benacus* geheisen und zeigt mir einen Vers des Vergils an worin seiner gedacht wird:

teque
Fluctibus et fremitu assurgens Benace marino.

Der erste lateinische Vers dessen Gegenstand mir lebendig vorsteht und der, da der Wind immer stärcker weht und der See höhere Wellen schlägt, recht wahr wird.« Der Vers aus Vergils Lehrgedicht *Georgica* (*Vom Landbau*, ca. 37–29 v. Chr.) lautet übersetzt: »Soll ich dich rühmend erwähnen, sehr großer Larius [Comersee] und dich (teque), der sich mit Wellen und Meeresbrausen erhebt, Benacus?« Nun war es eine besondere Vorliebe von Goethes Vater während seiner Italienreise, lateinische Inschriften zu finden und zu entziffern. Die entsprechenden Zitate in seinem Buch sind zahlreich; und so kann sein Sohn mit diesem Zitat nicht nur bürgerlichen Bildungssinn verraten, sondern auch im abgelegenen Torbole die ihm viel wichtigere Entsprechung von Natur und Kunst belegen.

In der *Italienischen Reise* hat Goethe diese Stelle ein wenig anders gestaltet. Im Zitat steht jetzt »resonans« (widertönst) statt »assurgens«, aber der Vers erweist sich »noch heute so wahr (...) als vor vielen Jahrhunderten. So Manches hat sich verändert, noch aber stürmt der Wind in dem See, dessen Anblick eine Zeile Vergils noch immer veredelt. Geschrieben unter dem fünfundvierzigsten Grade funfzig Minuten.« Damit schließt der Eintrag.

Im *Tagebuch* geht es an dieser Stelle weiter. Goethe teilt mit, er wolle schließen, um »wenn es kühle wird« noch einen Spaziergang zu machen. Morgen früh wolle er um drei Uhr abfahren und dann von Verona aus schreiben. Stolz summiert er die durchfahrene Strecke und freut sich auf die folgende: »Die schönsten und grösten Natur Erscheinungen des festen Landes hab ich nun hinter mir« – er meint die Alpen – »nun geht's der Kunst, dem Alterthum und der Seenachbarschafft zu! Lebe wohl!« Und wie nebenbei heißt es sodann: »Heute habe ich an der Iphigenie gearbeitet, es ist im Angesichte des Sees gut von statten gegangen.« Die ihm bislang so wichtige dichterische Arbeit wird kurz vor Schluß erwähnt. »Ich muß einpacken und scheide ungern von dir, ich will noch heute zeichnend an dich dencken. Die Tiroler Karte die ich Knebeln weggenommen liegt bei, ich habe meinen Weg mit einem Bleystifft strich gezeichnet. Geschrieben den 46. Grad hinter mir.« Eine erstaunliche Stelle, die zeigt, wie sehr Goethe in Torbole bereits bei sich selbst angekommen ist. Vergils Vers sieht er vor Ort bestätigt, und die Umarbeitung des eigenen Dramas wird vom Blick auf den See befördert – er ist in völlig fremder Umgebung und zugleich ganz bei sich selbst. Die Verbindung zwischen dem Reiseort, dem Text und der Genesung des Dichters bestätigt auch eine Randbemerkung in der Weimarer Ausgabe der Werke Goethes (I, Bd. 30): »Iphigenie / Unterwegs Torbole am Gardasee / Sehr wunderbar drängt sich in dieses Jahr so viel zusammen. Heilsam und gesegnet, daß auf eine lange Stockung wieder eine Lebensregung sich rührt. Ich finde mich viel, viel anders und besser.«

Warum aber hat er in der *Italienischen Reise* das Vergil-Zitat verändert; und warum fällt die Erwähnung der Arbeit an der *Iphigenie* weg? Christoph Michel hat im Nachwort zu seiner mustergültigen *Tagebuch*-Edition eine überzeugende Erklärung vorgelegt. Danach ist in den berühmten Eingangsversen des Dramas die Erinnerung an Vergil und das Meeresbrausen des Gardasees versteckt. Goethe berichtet in der *Italienischen Reise* aus Rom am 6. Januar 1787, daß die Umarbeitung der *Iphigenie* beendet sei. Zugleich erinnert er sich an seine Arbeit in Torbole: »Am Gardasee, als der gewaltige Mittagswind die Wellen an's Ufer trieb, wo ich wenigstens so allein war als meine Heldin am Gestade des Tauris, zog ich die ersten Linien der neuen Bearbeitung, die ich in Verona, Vicenza, Padua, am fleißigsten aber in Venedig fortsetzte (...)«. So lassen sich »die ersten Linien der neuen Bearbeitung« auf den berühmten Eingangsmonolog der *Iphigenie* und zugleich auf den Autor Goethe in der Fremde beziehen: »(...) Doch immer bin ich, wie im ersten, fremd. / Denn ach mich trennt das Meer von den Geliebten / Und an dem Ufer steh ich lange Tage, / Das Land der Griechen mit der Seele suchend, / Und gegen meine Seufzer bringt die Welle / Nur dumpfe Töne brausend mir herüber.« Wenn der Benacus in der Variante des Vergil-Zitats sich also nicht mehr erhebt, sondern nur brausend widertönt, und der Kommentar verstärkt, der Wind wehe heute wie vor vielen Jahrhunderten im See, läßt sich zu Recht vermuten, daß Goethe seine intensive und für die Arbeit an der *Iphigenie* so hilfreiche Aussicht auf den See und das Lauschen auf das reale wie auf das poetische Meeresbrausen als Erinnerung in den Eingangsmonolog der Iphigenie eingebaut und die in Torbole gefundene Übereinstimmung von Natur und Kunst klassizistisch angewendet und poetisch befestigt hat.

Im Schlaraffenland

Den im *Tagebuch* angekündigten Spaziergang in der »Abendkühle« hat Goethe in der *Italienischen Reise* natürlich schon längst hinter sich; allerdings verschweigt er, daß die folgende Schilderung der ihm »ganz fremden Umgebung« nicht mehr in Torbole, sondern schon in Malcesine geschrieben wurde. Aber das ist auch nicht so wichtig. Goethe bewundert etwas pikiert »ein nachlässiges Schlaraffenleben« ringsum; die Türen sind nicht verschlossen, Wertgegenstände aber nicht gefährdet; die Fenster sind »mit Oelpapier statt Glasscheiben geschlossen«, und die Frage nach dem Ort für die Notdurft wird mit einer »dem Naturzustande hier ziemlich nahe« kommenden Geste des Wirts in den Hof hinunter beantwortet: »Qui abasso puo servirsi!« (Hier unten können Sie sich bedienen!) »Ich fragte: Dove?« (Wo?) »Da per tutto, dove vuol! (Überall, wo Sie wollen!), antwortete er freundlich.« Sorglos, geschäftig zeigt sich alles, die Nachbarinnen schreien und schwatzen, und zum Schlaraffenland fehlen nur noch Delikatessen wie Forellen, von denen das *Tagebuch* weiß: »Köstliche Forellen (*Trutte*) werden bey *Torbole* gefangen, wo der Bach vom Gebürge herunter kommt und der Fisch den Weg hinaus sucht. Der Kayser erhält von diesem Fang 10/m [10 000 Gulden] f. Pacht. Es sind keine eigentlichen Forellen, sie sind bis auf 50 Pfd. schwer, über den ganzen Leib bis auf den Kopf hinauf puncktirt. Der Geschmack ist zwischen Forelle und Lachs, sehr zart und trefflich.« Doch am liebsten esse er Früchte, Feigen und Birnen, die dort besonders gut schmeckten, »wo schon Zitronen wachsen«.

An der Casa Alberti ließ der Wiener Goethe-Verein, anläßlich des 150. Geburtstag des Dichters, im September 1899 eine vom Bildhauer Scanagatta in Rovereto angefertigte Gedenktafel anbringen, die bis heute erhalten ist. Diese Seite mit dem Blick auf den Hauptplatz von Torbole, die heutige Piazza V. Veneto, wurde gewählt, da sie »jener Theil« des Hauses ist, »den Goethe, von der Landseite nach Torbole kommend, zuerst erblickt haben mag.« Die Gedenktafel befindet sich über dem Kapitell einer Säule, die den Bogen eines Durchgangs teilt. An der Säule ist ein Brunnen mit römischer Wasserspeiermaske angebracht, und über der Tafel hängt seit einigen Jahren zusätzlich ein Portrait des Dichters. Der Text lautet: »IN QUESTA CASA DIMORÒ / GOETHE / IL XII SETTEMBRE MDCCLXXXVI. // ›Heute habe ich an der / Iphigenie gearbeitet / es ist im Angesichte / des Sees gut von statten / gegangen. / Goethe / Tagebücher 12. Sept. 1786 // Der Wiener Goethe Verein zur Feier / des 150. Geburtstages / Il 'Wiener Goethe-Verein / in memoria del

150 anniversario della nascita pose.‹« Zudem findet sich, etwas vom Lungolago Verona versetzt, an der Piazza Alpini und unweit des Denkmals für Dante Alighieri (1959) von Ferdinando Ciancianini, ein Goethe-Denkmal (1954) vom selben Künstler mit der bronzenen Büste des Dichters als jugendlicher, langhaariger Werther. Unter der Bronzeplakette mit seinem Namen zeigt ein tönernes Wappen einen Sänger mit drei Leiern, im Vergleich mit den berühmten Michelin-Sternen für eine exzellente Hotelküche eine vielleicht besonders ehrenvolle Auszeichnung für einen ausländischen Dichter in Italien.

Limone

Am 13. September um drei Uhr in der Früh nimmt Goethe mit zwei Ruderern auf einem Segelschiff Abschied von Torbole. Er möchte, wie geplant, mit dem Nachtwind nach Süden segeln und nach Verona weiterreisen. Doch ein vorzeitiger Windwechsel beschert ihm eine Einsicht und ein Abenteuer. Die Einsicht bezieht sich auf die Unbeständigkeit des Wassers, dem er sich auf dieser Fahrt so entschieden anvertraut: »Wenn man mit dem Wasser zu thun hat, kann man nicht sagen: ich werde heut da oder da seyn.« Das Abenteuer erwartet ihn in Malcesine, wo er die folgenden Eindrücke notiert.

Er nimmt zunächst Kurs hinüber auf das lombardische Ufer, das noch bis 1796 zum kaiserlichen Österreich gehörte. Goethe zeichnet ein wenig; dabei entsteht vermutlich die Skizze des Monte Brione zwischen Torbole und Riva. »Der Morgen war herrlich wolckig und bey der Dämmerung still. Ich habe einige Linien gezogen.« Er kommt nach Limone und sieht die eindrucksvollen Gewächshäuser für Zitronen, die *limonaie* oder *limonara*, wie sie im einheimischen Dialekt genannt werden. Ihren Sinn und Zweck erfaßt Goethe im *Tagebuch* mit einem Blick: »Wir fuhren bei *Limona* vorbey, dem die Berggärten, die terrassenweis angelegt sind und worinn die Citronenbäume stehen ein

Goethe: Gardasee mit Monte Brione zwischen Riva und Torbole, 1786. Bleistift, 18,8 x 30,6 cm

reinliches und reiches Ansehn geben. Der ganze Garten besteht aus reihen von weißen viereckten Pfeilern, die in einer gewißen Entfernung von einander stehn und deren reihen hinter einander den Berg hinauf rucken. Uber diese Pfeiler sind starcke Stangen gelegt um im Winter die Bäume zu decken die dazwischen gepflanzt sind, sonst würden sie in diesem Klima noch leiden. Hier in Malcesine ist auch so ein Garten, ich will ein Stück zeichnen.«

Leider hat vermutlich das Abenteuer in Malcesine diese Zeichnung verhindert, doch auch ohne sie ist Goethes Schilderung sehr anschaulich. Tatsächlich war der Gardasee mit den Limonaien zwischen Salò und Limone auf dem lombardischen und vereinzelt, wie bis heute in Torri del Benaco hinter der Skaligerburg, auf dem venezianischen Ufer, lange Zeit der nördlichste Ort auf der Welt, an dem Zitronen kultiviert werden konnten. Die Grenze hat sich wieder nach Süden verschoben, auf die Halbinsel von Sorrent. Auch wenn die Limonaie am Gardasee heute keine wirtschaftliche Rolle mehr spielen und viele der Stützpfeiler für das verlorene Holzdach als Ruinen an den Hängen stehen, läßt sich ihre ausgefeilte Technik und Kunst in einer Musteranlage bei Tignale (»Prato della fame«) gut nachvollziehen. Goethe erfüllte sich die Sehnsucht seines Mignon-Liedes; er sah »das Land, wo die Zitronen blühn«, und er sah sich an, wie sie blühen können.

Malcesine oder Goethe als Spion

»Das Betrachten und Beschauen dieser angenehmen Gegenstände ward durch eine langsame Fahrt begünstigt«, schreibt Goethe gemessen in der *Italienischen Reise* über die Weiterfahrt nach Limone. Sie sind schon über Malcesine hinaus, mit dem von Goethe »Schloß« genannten Castello (5. Jh.), der späteren Skaligerburg (16. Jh.), die er »im Vorbeifahren« skizzierte , als der Wind plötzlich dreht und die Ora von Süden heraufzieht, oder, mit Goethes Worten im *Tagebuch*, »als der Wind sich völlig umkehrte seinen gewöhnlichen Tagweg nahm und nach Norden zog. Das Rudern half wenig gegen die übermächtige Gewalt und wir mußten in den Hafen von Malsesine einlaufen.« Unversehens ist Goethe in der venezianischen Republik gelandet mit

Goethe: Kastell Malcesine am Gardasee, 1786. Bleistift, 18,6 x 30,9 cm.

dem wichtigen Sitz des »Capitano del Lago«, der lange Zeit den ganzen See beherrschte. Die Grenze zum kaiserlichen Österreich verlief etwa acht Kilometer oberhalb von Malcesine bei Navene.

Da sitzt er nun, nimmt Logis im »Schwarzen Adler«, dem späteren »Albergo Italia« und heutigen »Hotel S. Marco« in der Via Capitanato, wo an der Südseite eine Gedenktafel an ihn erinnert: »In questa casa / abitava / il poeta / Goethe / 13–14 Settembre / 1786«. Er nimmt sich vor, die Burg für seine Freundin Charlotte von Stein etwas genauer zu zeichnen, zum Vergleich mit einer Zeichnung vom Turmfelsen des böhmischen Schlosses zu Neudeck, die er ihr noch aus Karlsbad zugeschickt hatte. Aus diesem Plan entwickelt sich »ein gefährliches Abenteuer«, das Goethe im *Tagebuch* nur andeutet: »Die Lust dir das Schloß zu zeichnen, das ein ächter Pendant zu den böhmischen ist, hätte mir übel bekommen können. Die Einwohner fanden es verdächtig, weil hier die Gränze ist und sich alles vorm Kayser fürchtet. Sie thaten einen Anfall gegen mich, ich habe aber den Treufreund köstlich gespielt, sie haranguirt und sie bezaubert. Das Detail davon mündlich.«

Der »Treufreund« ist einer der beiden griechischen Auswanderer in Aristophanes' Komödie *Die Vögel* (414 v. Chr.), der die Vögel erfolgreich »haranguirt«, also beschwatzt, einen eigenen Staat (»Wolkenkuckucksheim«) zwischen den Göttern und den Menschen zu gründen. Goethe hatte diese Rolle in seiner eigenen Übertragung des Stückes 1780 auf dem Ettersburger Theater auch selbst gespielt. Ob Goethe der Frau von Stein die Geschichte später erzählt hat, ist nicht bekannt. Heinrich Voß berichtet jedoch von einem Gespräch im Februar 1804, worin Goethe die Geschichte etwas näher erläutert: »Es ist eine Wonne, ihn von seinen Reisen erzählen zu hören. Da ist unsereins ganz Ohr und Auge. Einmal vor Verona wird Goethe, als er eine alte Ruine zeichnete, von Häschern angegriffen. ›Da ward mir schwul‹, sagte er, ›aber ich erwog gleich das Beste. Ich raffte mich zusammen, nahm alle Würde an und begann eine Rede.

Ich entwickelte ihnen die Schönheit der Ruine, den Wert durch das Alter; ich griff ihren Stumpfsinn an und schalt sie für Klötze und Stöcke, lenkte aber bald ein, sie entschuldigend: Ihr könnt solche Schönheiten nicht fühlen, da ihr sie täglich vor Augen seht, und das Alltägliche keiner Aufmerksamkeit würdigt‹ usw. Die Häscher waren ganz erstaunt über die Unbefangenheit des Spions und sehen nun alle auf die Ruine, um auch die Schönheiten zu entdecken; und da sie doch nichts sehen könne, werden sie ganz verdutzt.« Die allgemeine Unsicherheit nützt der vermeintliche Spion für einen Trick. »Endlich zieht Goethe seinen Geldbeutel aus und läßt Münzen klingen. Nun verändert sich ihre Sprache. Der eine sagt zu den übrigen: ›Hab ich's Euch nicht gleich anfangs gesagt, daß der Mann ein Ehrenmann sei? Da seht Ihr's!‹ Als Goethe einige Tage darauf nach Verona kommt und die Gefängnisse von außen betrachtet, ›da‹, sagte er, ›dankte ich doch dem lieben Gott, daß er mich von diesem Unglück befreit hatte.«

In der *Italienischen Reise* führt Goethe sein »gefährliches Abenteuer« als improvisierte und glücklich gelungene Komödienszene à la Aristophanes breit aus. Unter dem Datum »Verona, den 14. September 1786« betritt er die Bühne: »Wie ich mir vorgenommen hatte, ging ich morgens beizeiten in das alte Schloß, welches ohne Tor, ohne Verwahrung und Bewachung, jedermann zugänglich ist. Im Schloßhofe setzte ich mich dem alten, auf und in den Felsen gebauten Turm gegenüber: hier hatte ich zum Zeichnen ein sehr bequemes Plätzchen gefunden; neben einer drei, vier Stufen erhöhten verschlossenen Tür, im Türgewände ein verziertes steinernes Sitzchen, wie wir sie wohl bei uns in alten Gebäuden auch noch antreffen.« Diese Angabe sorgt bis heute für einige Verwirrung. Die Stelle nämlich, an der Goethe gezeichnet hat, liegt außerhalb der eigentlichen Schloßmauer, aber innerhalb eines mittelalterlichen Mauergürtels, den Goethe durch die Porta »Seresina« durchschritten haben dürfte. Er befand sich danach zwar in einem Innenhof, jedoch noch nicht innerhalb der Schloßmauern. Aus Goethes Zeichnung läßt sich sein Standort genau erschließen und sogar die Silhouette eben jenes Torbogens erkennen, über dem heute eine Gedenktafel an das Ereignis erinnert: »Hinc / J. W. Goethe / Id. Sept. MCCCLXXXVI / arcem / delineavit« (Hier zeichnete Goethe am Idus [dem 13.] des September 1786 den Bogen). Allerdings ist im »Türgewände« kein »Sitzchen« mehr zu sehen. Die erwähnte erhöhte Tür nebenan hat Ottomar Piltz noch 1906 »deutlich« wiedererkannt; sie habe »barocke Ornamente und eine Inschrift zu Ehren des Seevogts Aloisius Mocenigo, 1622.« Jedoch sei die Tür »nicht ›drei, vier Stufen‹ erhöht, sondern es mögen wohl sieben oder acht sein.« Am Ende der renovierten Treppe ist heute auch die alte Tür verschwunden. Kein Wunder also, daß auch Franz Kafka am 28. September 1913 bei einem Besuch des Kastells Schwierigkeiten hatte, die besagte Stelle zu finden: »Der Kastellan zeigte mir die Stelle, wo Goethe gezeichnet hat, aber diese Stelle wollte mit dem Tagebuch nicht stimmen und so konnten wir darin nicht einig werden, ebensowenig wie im Italienischen.«

Goethe zeichnet also den Turmfelsen mit einem ersten Zinnenkranz, darunter den Torbogen, und erregt damit Aufsehen; immer mehr Menschen versammeln sich um ihn. »Endlich drängte sich ein Mann zu mir, nicht von dem besten Ansehen, und fragte, was ich da mache. Ich erwiderte ihm, daß ich den alten Turm abzeichne, um mir ein Andenken von Malcesine zu erhalten. Er sagte darauf, es sei dies nicht erlaubt, und ich sollte es unterlassen. Da er dieses in gemeiner venezianischer Sprache sagte, so daß ich ihn wirklich kaum verstand, so erwiderte ich ihm, daß ich ihn nicht verstehe. Er ergriff darauf mit wahrer italienischer Gelassenheit mein Blatt, zerriß es, ließ es aber auf der Pappe liegen.« Diese Zeichnung mit dem Riß hat sich erhalten.

Unmut regt sich, jemand ruft nach dem Podestà, und Goethe steht mit dem Rücken vor einer Türe seinem Publikum gegenüber, versetzt sich in den Treufreund des Aristophanes und tritt

Goethe: Skizzenfragment vom Kastell Malcesine (mit dem Riß), 1786. Kohle, 37,2 x 31,3 cm.

die Flucht nach vorne an. Als der Podestà mit seinem Aktuarius oder Gerichtsschreiber ankommt, erklärt Goethe, er »habe hier nichts als eine Ruine zu sehen und zu zeichnen gedacht«. Auf die Frage, was denn daran so interessant sei, entgegnet Goethe, daß in Italien »nicht allein griechische und römische Altertümer«, wie das berühmte Amphitheater in Verona, »sondern auch die der mittlern Zeit Aufmerksamkeit verdienten«. Auch wenn sie mittlerweile verfallen seien, zeigten sie doch noch viel Schönheit. Die erkennbare Zustimmung und »einige wohlwollende Frauengesichter« befeuern ihn zum eigentlichen Auftritt: »Glücklicherweise setzte die Morgensonne Turm, Felsen und Mauern in das schönste Licht, und ich fing an, ihnen dieses Bild mit Enthusiasmus zu beschreiben. Weil aber mein Publikum jene belobten Gegenstände im Rücken hatte und sich nicht ganz von mir abwenden wollte, so drehten sie auf einmal, jenen Vögeln gleich, die man Wendehälse nennt, die Köpfe herum, das jenige mit Augen zu schauen, was ich ihren Ohren anpries, ja der Podestà selbst kehrte sich, obgleich mit etwas mehr Anstand, nach dem Bilde hin. Die Szene kam mir so lächerlich vor, daß mein guter Mut sich vermehrte und ich ihnen nichts, am wenigsten den Efeu schenkte, der Fels und Gemäuer auf das reichste zu verzieren schon Jahrhunderte Zeit gehabt hatte.« Aber dieser gelungene Auftritt verhilft ihm noch nicht zur Freiheit. Erst als er angibt, ebenfalls ein republikanischer Bürger, aus Frankfurt am Main, zu sein und ein Mann namens Gregorio herbeigeholt wird, der einst »daselbst konditioniert hat«, wendet sich das Blatt zu seinen Gunsten. Er unterhält sich mit dem 50jährigen Gregorio auf Deutsch über kleinste Kleinigkeiten in Frankfurt, alles lauscht der Übersetzung, Heiterkeit greift um sich, und Gregorio wendet sich schließlich an den Podestà mit der Auskunft, der Reisende sei »›ein braver, kunstreicher Mann (...), wohl erzogen, welcher herumreist, um sich zu unterrichten. Wir wollen ihn freundlich entlassen, damit er bei seinen Landsleuten Gutes von uns rede und sie aufmuntere, Malcesine zu besuchen, dessen schöne Lage wohl wert ist, von Fremden besucht zu werden.‹« Auch wenn Goethe diese werbewirksamen Worte »durch das Lob der Gegend, der Lage und der Einwohner, die Gerichtspersonen als weise und vorsichtige Männer nicht vergessend«, noch ergänzt und seine Freiheit wieder erhält, macht ihm Meister Gregorio anschließend klar, daß er diese Lösung nur der Einfalt des Podestà und dem Eigennutz des Schreibers zu verdanken habe, der an Goethes Verhaftung, den Berichten und der Überführung nach Verona nichts verdient hätte. Von den Bestechungs-Münzen ist in dieser Version keine Rede mehr.

Im Castello sind seit 1983 das *Museo di storia naturale del Garda e del Monte Baldo* und eine *Sala Goethe*, ein Gedenkraum im ehemaligen österreichischen Pulverturm eingerichtet. Eine Tafel am Eingang verkündet stolz: »Lago Di Garda 12–14-IX–1786 / A Ricordo Del Soggiorno In Questo / ›Maestoso Spettacolo / Della Natura‹ / Che Aperse / Gli Orizzonti Italiani A / J. W. Goethe / La Comunità del Garda / Il 12-IX–1986« (Zur Erinnerung an dieses ›majestätische Schauspiel der Natur‹, das ihm die italienischen Horizonte öffnete). In der *Sala Goethe* werden mit Landschaftsfotografien vom Gardasee und alten Landkarten die Reiseroute des Dichters bis Venedig und gleich noch seine anspruchsvolle *Farbenlehre* (1810) erläutert. Im Hof davor, im »Mignon«-Garten, steht eine von Vittorio Di Colbertaldo geschaffene Büste, die den Dichter mit Reisehut zeigt, wie er von Tischbeins berühmtem Gemälde *Goethe in der Campagna di Roma* (1788) und von Andy Warhols Farbseriegraphie *Goethe* (1982) her weitbekannt ist.

Gregorio (nach Payer von Thurn angeblich der Rufname für Giovanni Battista Scaglia) erweist sich am Abend noch als besonders herzlicher Gastgeber, lädt ihn in seinen Weinberg in der Nähe der Kirche Madonnina della Fontana ein, und läßt ihm dort von dem 15jährigen Sohn aus den Bäumen »das beste Obst brechen«, während er selbst dem seltenen Gast »die reifsten Weintrauben« aussucht. Die folgende Besinnung nimmt noch einmal das Motiv des wie Iphigenie, aber auch wie Odysseus in die Ferne verschlagenen Fremden auf und kommentiert, aus der Sicht des alten Goethe, zugleich erleichtert über den glücklichen Ausgang, aber auch etwas von oben herab die damalige Situation und den eigenen Aufbruch: »Zwischen diesen beiden weltfremden, wohlwollenden Menschen, in der unendlichen Einsamkeit dieses Erdwinkels ganz allein, fühlte ich denn doch, wenn ich die Abenteuer des Tages überdachte, auf das lebhafteste, welch ein wunderliches Wesen der Mensch ist, daß er dasjenige, was er mit Sicherheit und Bequemlichkeit in guter Gesellschaft genießen könnte, sich oft unbequem und gefährlich macht, bloß aus der Grille, die Welt und ihren Inhalt sich auf seine besondere Weise zuzueignen.« Gregorio geleitet seinen Gast mit dem »Fruchtkörbchen« um Mitternacht zu seinem Schiff – und in Erinnerung an das furchtbare Abenteuer des Odysseus bei den riesigen und gefräßigen Lästrygonen (*Odyssee*, X, 80–132) »schied ich mit günstigem Wind von dem Ufer, welches mir lästrygonisch zu werden gedroht hatte.«

Goethes Seefahrt dauert zehn Stunden und führt ihn am brescianischen Ufer entlang. Volkmann hatte dazu geraten: »Die ganze westliche Seite des Sees, Riviera di Salo genannt, ist wegen der herrlichen Lage und schönen Gegend berühmt. Man zieht hier viel Pomeranzen- und Citronenbäume. Das ganze Ufer ist stark mit Menschen besetzt, und wegen der Fruchtbarkeit fleißig angebauet. Man trifft gegen Brescia Kupfer- und Eisenbegwerke, Eisenhammer und viele Papiermühlen an, welche alle zum Gebiete von Brescia gehören. Die Bewohner dieser reizenden Gegend leben hier sicher und ruhig, und werden von der venezianischen Regierung bey ihrem Wohlstande nicht gedrückt. Man verläßt diese herrliche Küste ungern.« Goethes Schilderung in der *Italienischen Reise* hält sich wieder ganz an das *Tagebuch:* »Noch ein Wort von meiner Seefahrt, sie endete glücklich und die Herrlichkeit des Wasserspiegels und des daran liegenden, besonders des Brescianischen Ufers freute mich recht im Herzen. Da wo an der Abendseite [im Westen] das Gebürg aufhört steil zu seyn und die Landschaft flächer nach dem See fällt, liegen an Einer Reihe in einer länge von ohngefähr anderthalb Stunden: *Gargnano, Bojaco, Cecina, Toscolan, Maderno, Verdom* [Gardone]*, Saló.* Alle auch meist wieder in die Länge gezogen. Ich endigte nicht von dieser Schönheit zu reden.« Das heißt, er könnte noch länger von seiner Seefahrt schwärmen. Erstaunlicherweise aber geht diese Fahrt zu Ende ohne ein Wort über das nahe Sirmione und Catull, die sein Reiseführer doch ebenfalls erwähnt: »In einiger Entfernung sieht man eine Halbinsel, welche Catullus als einen reizenden Aufenthalt unter dem Namen Sirmio beschreibt. Einige auf derselben befindliche Ruinen werden noch Grotten des Catullus genannt.« Stattdessen erreicht Goethe gegen zehn Uhr vormittags Bardolino am venezianischen Ufer und scheidet vom Gardasee gewissermaßen so, wie er gekommen ist, auf dem Weg über einen Bergrücken, der zwei

Gewässer scheidet, »das Thal worinn der *Adige* fließt und die Vertiefung worinn der See liegt. Die Wasser von beyden Seiten scheinen ehmals hier gegeneinander gewürckt und diesen ungeheuren Kiesel haufen hier aufgethürmt zu haben. Es ist ein fruchtbares Erdreich darüber geschlemmt, aber der Ackersmann ist doch von denen immer wieder vordringenden Kieseln geplagt.« Goethe ist wieder ganz bei sich, erklärt sich die Landschaft und die in ihr möglichen Lebensformen.

Am 14. September 1786 erreicht er Verona und bewundert als erstes dort das Amphitheater als »das erste bedeutende Monument der alten Zeit, das ich sehe, und so gut erhalten!« Über einen längeren Aufenthalt in Venedig erreicht er am 1. November endlich Rom und sieht die »Krankheit« überwunden und ein »neues Leben« beginnen. An seinen Freund Herder schreibt er am 2. Dezember 1786: »An diesen Ort knüpft sich die ganze Geschichte der Welt an, und ich zähle einen zweyten Geburtstag, eine wahre Wiedergeburt, von dem Tage da ich Rom betrat.« Rom, Neapel, Sizilien und nochmals Rom sind die eigentlichen Stationen seiner *Italienischen Reise.* Ob er aber, wie K. R. Eissler in seiner psychoanalytischen Studie ausführt, in Rom die Identifikation mit dem Vater tatsächlich so weit getrieben hat, daß er über die Freude an der Wiederentdeckung der ihm vom Vater her bekannten Gegenstände mit der Stadt auch zugleich seine Mutter symbolisch in Besitz nahm, und ob, wie Eissler überzeugender behauptet, er in Rom tatsächlich zum ersten Mal überhaupt eine junge Frau namens Faustina sexuell erobert hat, bleibe dahingestellt. Diese erste Reise Goethes nach Italien bildete in jedem Fall die große Zäsur in seinem Leben. Seiner Rückkehr nach Weimar am 18. Juni 1788 folgte die Entfremdung von Charlotte von Stein und zugleich die Begegnung mit der jungen Christiane Vulpius (1765–1816), mit der er fortan eine Lebensgemeinschaft begründete, die er jedoch erst 1806 ehelich legitimierte. Am 25. Dezember 1789 kommt der Sohn August zur Welt, der als einziges von insgesamt fünf Kindern die ersten Jahre überlebt. Er stirbt mit 40 Jahren in Rom. Davon später mehr.

Die zweite Reise nach Italien führt Goethe auf Wunsch der Herzogin Anna Amalia von März bis Juni 1790 drei Monate nach Oberitalien; von der Euphorie der ersten Reise ist nichts mehr übrig, und der nüchterne Blick sieht vieles kritisch. Als Goethe sich 1817 daran macht, den zweiten Teil der *Italienischen Reise* mit den so wichtigen Aufenthalten in Neapel und Sizilien zu bearbeiten, schreibt er am 29. Mai 1817 an seinen Freund Zelter einen Brief, der an einer Stelle bei aller räumlichen und zeitlichen Distanz noch einmal unterstreicht, was Goethe diese Reise und ihre literarische Bearbeitung ganz egoistisch bedeutete: »Dieses Italien ist ein so abgedroschenes Land, daß wenn ich mich darin nicht selbst als in einem verjüngenden Spiegel sähe, so möchte ich gar nichts davon wissen.« Das erinnert an *Faust I* (1808), genauer an Faust in der Hexenküche, als er im Spiegel Helena zum ersten Mal erblickt, bevor er sich mit einem Zaubertrank um dreißig Jahre verjüngt. Ohne seine Reise nach Italien, das wußte Goethe am besten, hätte er nicht mehr zurückgefunden zum Leben, zur Dichtung und zur Liebe.

Malcesine

Der Goethestein
Fritz von Herzmanovsky Orlando

Eine Burleske mit tragischem Ausgang als Gegenstück zu Goethes Abenteuer in Malcesine. Die Darsteller sind ein österreichischer Schriftsteller namens Fritz von Herzmanovsky-Orlando (1877–1954), der zu Lebzeiten nur einen einzigen Roman veröffentlichte mit dem schönen Titel *Der Gaulschreck im Rosennetz. Eine Wiener Schnurre aus dem modernden Barock* (1928), seine mit Spiritismus und Okkultismus vertraute Frau Carmen (1891–1962), ihrer beider Zwergmopsbulldogge Tomy und, mit einem Beitrag aus weiter Ferne, der befreundete Zeichner und Schriftsteller Alfred Kubin (1877–1959).

Fritz von Herzmanovsky – den zusätzlichen Mädchennamen Orlando seiner Mutter führte er erst seit März 1918 – kam in Wien als Sohn einer Familie aus den besten Kreisen zur Welt. Sein Vater war Ministerialrat, mehrfacher Ordensträger und galt als schlagfertig; seine Mutter hatte künstlerisches Talent. Der Sohn studierte auf der Technischen Hochschule in Wien und wurde Architekt mit spezieller Vorliebe für die Restaurierung alter Schlösser. Das kam wiederum seiner ausgeprägten Leidenschaft für das Sammeln alter Kunst und Möbel entgegen, und auf diesem Wege machte er bald die Bekanntschaft anderer sammelnder Sonderlinge. Selbst schon seit Jugendjahren zeichnend und malend, lernte er 1903 den Zeichner Alfred Kubin kennen und blieb ihm seit einer gemeinsamen Reise nach Dalmatien im September 1903 zeitlebens eng verbunden. Vielleicht als Folge dieser Begegnung belegte Herzmanovsky im Frühjahr 1904 sogar kurzfristig einen Kurs auf einer Münchener Kunstschule.

Der reiche Adelssproß und der zwischen seinen künstlerischen und literarischen Begabungen stark schwankende Kubin waren auch im Herbst 1908 in Oberitalien unterwegs, in Venedig, Padua und am Gardasee, als auf der Rückfahrt bei Kubin eine längere künstlerische Schaffenspause auf merkwürdige Weise endete. Kubin berichtet in der autobiographischen Skizze *Aus meinem Leben* (1911) selbst davon: »Ich gab mich allen Reiseeindrücken ganz wahllos hin, und schon auf dem Heimweg – am Gardasee – spürte ich ein zitterndes Verlangen, mich wieder zeichnerisch zu betätigen; was es werden sollte, wußte ich selbst noch nicht (...)«. Doch als er zu Hause in seinem oberösterreichischen Landgut Zwickledt bei Wernstein am Inn angekommen ist, gelingt ihm trotz dieser Bereitschaft kein einziger Strich. Um die innere Spannung loszuwerden, denkt sich Kubin »eine abenteuerliche Geschichte« aus und schreibt sie in drei Monaten nieder. So entsteht der phantastische Roman *Die andere Seite* (1909), den Kubin anschließend auch noch illustriert. Das Buch über die Traumstadt Perle in einem abgeschiedenen Tal des Himalaya hat bis heute von seinem Zauber nichts verloren und gilt, mit Gustav Meyrinks *Golem* (1915) und Franz Kafkas *Schloss* (1926), als ein Hauptwerk der phantastischen Literatur. Der Erzähler in Kubins Roman berichtet in einem Brief an seinen Freund Fritz vom »Alltag« im »Traumreich« – und es fällt nicht schwer, an dieser persönlich gehaltenen Stelle den alten »Freund, Träumling und Zeichner« mit Kubin und den kunstsammelnden Adressaten mit Herzmanovsky zu identifizieren.

Kurz nach seiner Heirat 1911 tritt bei Herzmanovsky ein schweres Nierenleiden auf, das ihn nach anfangs lindernden Reisen in Ägypten und auf Sizilien zu Kuraufenthalten und ab 1916 zu einem ständigen Aufenthalt in Meran zwingt. Hier ergibt er sich mit seiner Frau okkulten und mystischen Studien, die später theosophisch und sogar rassentheoretisch ausgeweitet werden, zeichnet merkwürdig surreal und beginnt erste Erzählungen zu schreiben. »Inspecteur des endroits bizarres« – so nennt ihn der Schwager Kubins, der Schriftsteller Oscar A. H. Schmitz (1873–1931), der vorher schon den Schriftsteller Gustav Meyrink »entdeckt« und für Kubins Roman den Titel *Die andere Seite* gefunden hat; jetzt bewährt er sich erneut bei den Anfängen des Autors Herzmanovsky.

Allerdings läßt das Debüt noch auf sich warten. Im Selbstverlag erscheint 1926 *Der Kommandant von Kalymnos. Ein Mysterium aus dem Rokoko der Levante.* Doch zwei Jahre später findet Herzmanovsky-Orlando für seinen Roman *Der Gaulschreck im Rosennetz* mit Artur Wolf in Wien einen zuversichtlichen Verleger. Der bibliophile Dichter Karl Wolfskehl (1869–1948), Freund des strengen Stefan George, fand in einem Brief an Herzmanovsky vom 15. August 1928 aus München prägnante Worte für sein dem Roman völlig adäquates Leseerlebnis: »Ein krauses und grausliches Gemisch-Gemasch aus Tragant [die Pflanze ›Bocksdorn‹], Schlafrock-Absud, Tintenrestern und odeur de Nutte, wollte und will mir nicht aus den zuckenden Nüstern, wahrlich! Sie haben was Schönes angerichtet. Wochen- und stundenlang (das zweite ist mehr denn das erste, weil es richtiger ist) bin ich nicht losgekommen von Ihrer prämartialen Epopöe, hab mich hineingelumpt, immer wieder, wie der Brummer ins Schlag-Obers, sagt Ihr ja wohl, und war eine zeitlang von diesem wiederholten Sturzbad so bekleckert, daß männiglich es gemerkt hat. Es war schon Münchner Stadtgespräch, ich sei zu nichts anderem mehr zu gebrauchen und meine Rede eine Dauerkette von Zitaten aus Herzmanowski. Jedenfalls haben Sie keinen besseren Propagator gehabt!« Merkwürdig surreal ist diese Geschichte, die im Österreich des frühen 18. Jahrhunderts spielt, mit kauzigen Existenzen am kaiserlichen Hof, einem verliebten Hofsekretär, der, auf einem Maskenball als Schmetterling verkleidet, sich seelisch im »Rosennetz« einer Sängerin verfängt und, nachdem ihn auf dem Heimweg ein Sturmwind ergreift, zum veritablen »Gaulschreck« wird. Noch Anfang Februar 1933, kurz bevor Karl Wolfskehl ins Exil gehen muß, lobt

Malcesine, Villa Rita

er in der *Literarischen Welt* seinen Freund Herzmanovsky unter dem Titel *Der Feuersalamander der Hofburg* noch einmal für seine literarische »Überfülle von Bockssprüngen und Venustauben« und nennt ihn treffsicher die »Synthese von allem was einst Österreich war und bedeutete«.

Malcesine

Nach dem sogenannten Anschluß Österreichs 1938 an Nazideutschland machen die politischen Verhältnisse auch dem unfreiwillig deutsch gewordenen Ehepaar Herzmanovsky-Orlando im abgelegenen Meran zu schaffen. Ein weiteres Verbleiben in Südtirol wird gegen alle medizinischen Einsprüche untersagt. Aus diesem Grund meldet sich das Ehepaar Ende August 1939 nach Malcesine am Gardasee ab und übersiedelt endgültig im April 1940 in die dortige im Art Déco geschmückte »Villa Rita« an der Via Pisort 3.

Den unfreiwilligen Anlaß für den Umzug nach Malcesine läßt Herzmanovsky-Orlando in einem Brief an den Freund Kubin vom 14. Januar 1941 ein wenig außer acht (die erwähnte Ansichtskarte ist leider verschollen):

»Auch wir sind, Gott sei Dank, wohlauf. Beiliegende Karte zeigt Dir unsere ›residenza‹, wo wir schon seit 2 Jahren angesiedelt sind. Uns hat die herrliche Gegend gelockt. Und trotz aller romantischen Verschrobenheit liegt das Nest recht bequem. Autobusse rollen nach dem prachtvollen Verona, das eine unerschöpfliche Fundgrube an Schönheit ist. Nach Riva ists eine Radfahrstunde und in 2 Stunden ist man in Madonna di Campiglio.« Wie sehr Herzmanovsky über die Gegend im Bilde ist, zeigen seine folgenden Angaben:

»Den Brentagletscher siehst Du hinten im Bild. Da gibts Thäler, von denen ich keine Ahnung hatte! Einen See (Tovel) [in 1178 Meter nordwestlich von Trento gelegen] der [im Sommer um die Mittagszeit wegen zahlreicher Protozoen, die sich rot färben] blutrot ist und allerhand obstruse Dinge. Hinter Arco liegt ein Riesenschloß – Madruzzio [Madruzzo] –. Scheinbar intakt, eine Art Heidelberg. Aber Brandruine. [Der französische General] Vendôme hat es 1703 [wie die Burg Arco] anzünden lassen. Was muß dabei verloren gegangen sein! Es war das Sanssouci des [Salzburger Erzbischofs] Paris Lodron.«

Der Goethestein

Nach dieser Einleitung erinnert Herzmanovsky-Orlando an eine gemeinsame Reise mit Kubin durch Oberitalien im Herbst 1908, auf der die Freunde auch durch Malcesine gekommen waren: »Vor vielen Jahren sind wir beide einmal per Dampfer in sinkender Nacht in Malcesine stehen geblieben, auf der Fahrt nach Riva.« Sodann erzählt er die Geschichte von Goethes Abenteuer auf der Burg in der Version der gezielten Festnahme: »Eine Riesenburg der Scaliger ist hier. Göthe wollte sie abkonterfeien – am ersten Tag seiner ital. Reise. Er nahm auf einem Eckstein Platz unter einem antiken Torbogen. Vermummte beobachteten ihn. Sbirren faßten den Bedenklichen, entwanden ihm das Blatt der Grenzburg gegen das nahe Tyrol, dessen Felszacken von hoch oben in die engen Gäßchen dräuten! Aber, bald ließ man Sr. Exzellenz frei, weil der Schub nach Venedig zu teuer gewesen wäre. Heute aber ehrt man ihn. Alles ist hier auf v. Göthe eingestellt. Voriges Jahr fanden die ersten Göthefestspiele statt. Heuer sollte im Burghof die ›Imphigenie‹ [!] drankommen. Hoffen wir, daß bald wieder die Festspiele in Schwung kommen.«

Im Anschluß an diese Darstellung schildert Herzmanovsky-Orlando, welche besondere Ehrung der »Göthestein« durch seinen Mops oder »Bully« erfahren hat, den er noch dazu auf eine köstliche Weise als Markuslöwen verkleiden will:

»Wir haben einen entzückenden Bully, den weit und breit al-

Tommaso senza naso. Foto: Fritz von Herzmanovsky-Orlando, 1941

les liebt und lockt. ›Tommaso senza naso.‹ Er heißt nämlich Tomas von Cobenzl. Den Göthestein liebt er sehr. Oft untersucht er dieses historische Monumentchen versonnen. Es ist überhaupt ein wunderlicher Platz – ein Plätzchen – von alten venezianischen ruinösen Häusern eingefaßt. Ein Stoffgeschäft ist dort, dem röm. Thorbogen gegenüber. Das macht uns viel Spaß; denn es wird von zwei jungen Mädchen betrieben – zwei Maskenfiguren der Comedia dell'Arte, aber etwa von junge[n] Venezianerinnen der Gotik.« (Heute befindet sich dort ein Damenfriseur-Geschäft, die »Parruchiere per Signora Anna e Edda«). Herzmanovsky-Orlando verfällt angesichts des Stoffgeschäfts auf einen merkwürdigen Plan: »Wir wollen dort für Tomy das Kostüm eines Markuslöwen machen lasen, mit goldenen Flügeln und einem dto. Nimbus. Stell ihn Dir so vor, bei einzelnen grellen Vollmondstrahlen am historischen Eckstein schnofelnd! Ist das nicht ein ›Kubin‹?« Von dieser Parodie auf den am venezianischen Ostufer des Gardasees so präsenten Markuslöwen hat sich ein Foto erhalten; Tommaso senza naso wirkt hier ein wenig wie der Bruder eben desjenigen asthmatischen Mopses, den sein Herrchen, der *Simplicissmus*-Zeichner Thomas Theodor Heine, in das zähnefletschende und von der Kette losgerissene Symbol der satirischen Zeitschrift verwandelte.

In seiner Antwort vom 26. Januar 1941 geht Kubin sofort auf die einstige gemeinsame Reise und den Aufenthalt in Malcesine ein; es scheint, als sei damals noch ein dritter gemeinsamer Freund, der Münchener Sammler, Kunsthistoriker und hessische Hofrat Anton Pachinger (1864–1938), mit im Bunde gewesen. Jedenfalls weiß Kubin noch genau, wie es war, »als wir drei im Herbst 1908 in Malcesine waren – unter Führung eines Deutschen die Kirche und den Goethestein besahen, wobei die andern Fahrgäste des Dampfers mitgingen; – aus einem Hause wurde unter Assistenz eines Priesters ein Sarg getragen – erinnerst Du Dich noch daran?!« Vermutlich hat dieses Erlebnis seine Auswirkungen wenige Jahre später auf eine Tuschfederzeichnung Kubins mit dem Titel *Unglück über Unglück* (um 1912) gehabt. Aus einem Haus am See tragen Männer einen Sarg heraus, kommandiert von einem Offizier mit Dreispitz, gefolgt von den Angehörigen und von einer Menschenmenge mit Lanzen und Fahnen erwartet. Gleichzeitig angelt jemand versonnen am Steg, ein Segelboot kommt vorbei, und im Vordergrund ziehen zwei Männer eine weibliche Wasserleiche ans Ufer. Wenn der Anlaß zu dieser Zeichnung das Erlebnis in Malcesine gewesen sein sollte, hätte Kubin es in dieser Zeichnung doch in eine völlig eigenständige Bilderfindung umgesetzt.

Dem hoffnungsvollen Einstand in Malcesine folgen lange trübe Jahre, manchmal verstärkt durch klimatische Unbilden. Gesundheitlich angegriffen, ohne Möglichkeiten zur Veröffentlichung von Schriften oder zu Ausstellungen seiner Bilder, bricht über Herzmanovsky-Orlando im Januar 1941 der Winter ein, wie Kubin erfährt: »Nun haben wir auch hier Schnee. Eine große Seltenheit. Kalt ist es aber nicht. Bloß der Seewind stört und das Haus ist dünn gebaut und hat schlechte Öfen.« Fast zwei Jahre später, am 7. Dezember 1942, erfährt »Frau Staatsschauspielerin Alma Seidler« in Wien von Herzmanovsky-Orlando aus dem »Seeräuberstadterl«, welche Wirkungen diese Art von Winter auf Romeo und Julia im nahen Verona gehabt haben dürfte: »Nun ists auch hier Winter, d. h., am Tage kann man blankgehen und hat sommerliche Sonnenwärme. Abends prasselt der Ofen – allerdings sind das hier blos jämmerliche Krepierln. Auch Romeo und Julia dürften im Winter demantfunkelnde Nasentröpferln besessen haben, was Shakespeare in allen seinen antiken Stücken in Regiebemerkungen übersehen hat.«

Gegen alle Widrigkeiten hat Herzmanovsky-Orlando in diesen Jahren zwei umfangreiche Romane fertiggestellt, an denen er seit Beginn der Zwanziger Jahre arbeitete. Nach dem Tod seines Verlegers Artur Wolf (1932) geht er mit ihnen jedoch vergeblich auf Verlagssuche. Der Schlüsselroman *Rout am Fliegenden Holländer* enthält, wie Herzmanovsky-Orlando in einem Brief an Alfred Kubin 1941 erklärt, »das letzte Verglühen des märchenhaften Österreichertums um 1913«. Nach dem *Gaulschreck im Rosennetz* und *Rout am Fliegenden Holländer* sollte schließlich der Roman *Das Maskenspiel der Genien* die von Herzmanovsky-Orlando geplante *Österreichische Trilogie* abschließen. Das in weiten Teilen schon 1928 entstandene *Maskenspiel* verbindet eine griechische Mythenwelt mit dem austriakisch-skurrilen Traumland

Tarockanien; es ist eine *Spiegelwelt des linken Weges*. Diese Metapher, die alternativ zum Romantitel erwogen wurde, steht für die ganze Welt, wie einer Notiz zu dem ebenfalls um 1941 in Malcesine entstandenen Ballett *Der Raub der Europa* zu entnehmen ist: »Die Spiegelwelt des linken Weges ist die ganz richtige Bezeichnung unserer Welt, da wir verkehrt im Sinne der Tyrkreiszeichen [!] schreiten. Es ist eine Spiegelwelt.« Noch deutlicher wird der Autor in einer Vorarbeit zum *Maskenspiel*, wo es in einer Anlehnung an Mignons Frage nach dem Land, wo die Zitronen blühen, eigenwillig, aber auch seltsam aktuell geworden heißt: »Spiegelwelt. Das Mädchen: Kennst du das geheimnisvolle Werk: die Fliegenden Blätter? Sie sind der Spiegel der Welt, das Musterbuch Satans. Sie sei erfüllt von den zahllosen Figuren wirren Schaffens der Menschenform, wertlos, Plunder, hirnlose Zeugung. Seitdem die Mysterien verlassen, wird Wertloses ohne Dauerwert geschaffen, die Welt zum Plunderkabinett. Die Mannwelt, die sich so gründlich blamiert hat, ist am verrecken … die anmutigsten unter uns sind Boten der kommenden Welt der Hermaphroditen.«

Krieg

Die Politik hat das Ehepaar Herzmanovsky-Orlando aus Meran vertrieben; aus Malcesine vertreibt sie beinahe der Krieg. Von August bis Oktober 1943 befindet sich der berühmte Generalfeldmarschall Erwin Rommel (1891–1944) als Kommandeur der Heeresgruppe B in Norditalien; sein Hauptquartier hat er angeblich am Gardasee (wo genau ließ sich bislang nicht ermitteln). Ein Mailänder Industrieller versucht Ende 1943, durch eine Denunziation von Frau Herzmanovsky-Orlando als »Antifaschistin«, das Haus des Ehepaares an sich zu reißen. Dank tatkräftiger militärischer Hilfe und des Beistands des Hoteliers Francesco Testa kann das Unheil abgewehrt werden; doch Carmen von Herzmanovsky-Orlando erleidet einen Nervenzusammenbruch und wird krank. Diese Umstände sind, zusammen mit einem Blick auf die anglo-amerikanischen Bombenangriffe am Gardasee gegen Ende des Krieges, bei denen auf dem Dampfer »Lazzaro Mocenigo« auch völlig sinnlos Zivilisten angegriffen wurden, in das autobiographische Fragment *Linz* (1948) eingegangen:

»Wir zogen uns nach Malcesine an den Gardasee zurück. Situation: Ein an die 2000 Meter hoher Steilabsturz, dann 100 Meter Gelände, dann der See. Eine Straße bloß, an der der ganze Verkehr aus der Poebene nach dem Brenner geht. An diesem unmöglichen Ort hat sich – über Empfehlung eines Münchner Geheimpolizisten, der 4% Beteiligung eines Hoteliers zugesagt bekommen hatte, das Fliegerhauptquartier unter der genialen Leitung Richthofens angesiedelt, der über kein einziges Flugzeug verfügte, sondern bloß über eine Gruppe von Donkosaken, die in die herrlichsten Seidenstoffe gekleidet waren.« Der Generalfeldmarschall Dr. Wolfram Freiherr von Richthofen (1895–1945) war zuletzt Oberbefehlshaber der Luftflotte 2 in Italien und organisierte seit dem Beginn der westalliierten Invasion in Sizilien am 9. Juli 1943 den Widerstand und den Rückzug der deutschen Truppen. Herzmanovsky-Orlando fährt fort, nach dem Abzug des Kommandos in den Thermalbadeort Abano seien in Malcesine nur zehn Unteroffiziere zurückgeblieben, über die ein ansässiger Villenbesitzer befahl, und einige Faschisten, unter denen sich der erwähnte Mailänder »Füllfedererzeuger« hervortat. Die von den Westalliierten unternommenen Bombenangriffe, die bis zum Ende des Krieges dauerten, machten, wie sich Herzmanovsky erinnert, auch vor dem Gardasee nicht halt:

»Bombenabwürfe setzten ein, und auf dem Dampfer Alvise [richtig: Lazzaro] Mocenigo, der nur von Ausflüglern besetzt war, richteten die USA-Schweinehunde im tiefsten Tiefflug ein abscheuliches Blutbad an, dem auch eine Menge von Frauen und Kindern zum Opfer fielen. Der wackere Kommandant Martinelli konnte das Schiff, obwohl schwer verwundet, im sinkenden Zustand noch in den Hafen von Limone bringen. Dabei starb er. (...)«.

Mit knapper Not können Herzmanovsky-Orlando und seine Frau aus dem »Meer von historischen Fäkalien« ihr Leben retten (an Ernst Heimeran, 3. Dezember 1946). Amerikanische Soldaten plündern am Tag der Befreiung, dem 25. April 1945, die Villa Herzmanovskys in Malcesine aus, richten beträchtlichen Schaden an und veranstalten ein Scheibenschießen auf den kleinen Hund Tomy. Über mehrere Jahre schlagen alle Versuche, Entschädigungen zu erhalten, fehl. Ende August 1948 gelingt es Carmen und Fritz von Herzmanovsky-Orlando, zurück nach Meran zu ziehen; auf dem dortigen Schloß Rametz finden sie ihre letzte Bleibe.

Nago

Gesang einer gefangenen Amsel
Georg Trakl

An einem Frühlingsabend im April 1914 sitzen sich zwei Freunde im Vorgarten einer Gaststätte von Nago gegenüber. Es sind der Herausgeber der literarischen Zeitschrift *Der Brenner* Ludwig von Ficker (1880–1967) aus Innsbruck und der Dichter Georg Trakl (1887–1914) aus Salzburg. Es ist ihre letzte gemeinsame Reise und die letzte Urlaubsreise Trakls. Er stirbt bald nach Ausbruch des Ersten Weltkriegs am 3. November 1914 in der Nähe von Krakau, vermutlich an einer Überdosis Kokain.

Der dunkle, düstere Dichter wirkt am Ende der K.u.K.-Monarchie wie der lyrische Bruder des Erzählers Franz Kafka. Geboren am 3. Februar 1887 in Salzburg als drittes von sechs Kindern eines Eisenhändlers, zeigt er sich früh von Dichtung und Drogen fasziniert. Literarisch debütiert er 1906 mit zwei Einaktern, *Totentag* (ein Achtungserfolg) und *Fata Morgana* (eine Enttäuschung) und veröffentlicht die lyrische Skizze *Traumland.* Nichts besonderes; nur der starke Rauschgiftkonsum und eine inzestuös geprägte Beziehung zu seiner Lieblingsschwester Grete (1892–1917) bereiten im Hintergrund eine außergewöhnliche Leiderfahrung vor. Trakl bricht mit 18 Jahren das Gymnasium ab, beginnt eine Apothekerlehre und studiert ab 1908 für vier Semester Pharmazie in Wien. Dort wird zwar der einflußreiche Literat Hermann Bahr auf ihn aufmerksam, und es entstehen auch erste größere Gedichte – aber schwere Depressionen in Wien und Ende 1911 in Salzburg verhindern Trakls Schritte an die Öffentlichkeit.

Das ändert sich erst durch eine Empfehlung Trakls im Frühjahr 1912 an den Herausgeber der Innsbrucker Halbmonatsschrift *Der Brenner*. Ludwig von Ficker setzt sich in den folgenden beiden Jahren mit Nachdruck für die dunklen Gedichte Georg Trakls ein und ermöglicht überhaupt erst dessen eigenartige lyrische Entfaltung. Während der Verlag Albert Langen in München einen von Trakls neuem Bekannten zusammengestellten Gedichtband *Dämmerung und Verfall* ablehnt und den Dichter in tiefste Verzweiflung stürzt, bittet der junge Verleger Kurt Wolff in Leipzig von sich aus um ein Manuskript. So erscheinen in Wolffs berühmter Buchreihe *Der jüngste Tag* (Nr. 7/8) Ende Juli 1913 Georg Trakls *Gedichte*. Sie bleiben seine einzige Buchveröffentlichung zu Lebzeiten. Die letzten Sommerferien im Frieden verbringt Trakl anschließend in Venedig, wo er sich am Strand mit dem Satiriker Karl Kraus, dem Lebenskünstler Peter Altenberg, dem Architekten Adolf Loos und dessen Frau Bessie sowie mit Ludwig und Cissi von Ficker trifft. Wenige glückliche Tage.

Unglück

Das Kriegsjahr 1914 läßt sich für Trakl zunächst vielversprechend an. Wichtige Gedichte erscheinen bereits im Januar-Heft des *Brenner*, und Kurt Wolff bereitet ab März den Satz des zweiten Gedichtbands *Sebastian im Traum* vor. Da bricht das Unglück über Trakl herein.

In Berlin hält er sich im März bei seiner Schwester Grete auf, die seit 1912 dort mit dem (nicht mit dem Verleger verwandten) Buchhändler Arthur Langen verheiratet ist. Anfang April schreibt Trakl aus Berlin an Ludwig von Ficker einen verzweifelten Brief, worin er dem Freund berichtet, sein Leben sei »in wenigen Tagen unsäglich zerbrochen worden und es bleibt nur mehr ein sprachloser Schmerz, dem selbst die Bitternis versagt ist«. Über die Ursache der Verzweiflung gibt es zwar nur Vermutungen, nicht ausgeschlossen ist aber die Möglichkeit, daß Trakls Schwester in diesen Tagen die Fehlgeburt eines mit dem Bruder gemeinsamen Kindes erlitten hat. »Vielleicht schreiben Sie mir zwei Worte«, bittet Trakl, er wisse »nicht mehr ein und aus. Es [ist] ein so namenloses Unglück, wenn einem die Welt entzweibricht.« Die Verzweiflung rückt Trakl in die Nähe des Gekreuzigten: »O mein Gott, welch ein Gericht ist über mich hereingebrochen.« Der inständigen Bitte des verzweifelten jungen Dichters um Hilfe – »Sagen Sie mir, daß ich die Kraft haben muß noch zu leben und das Wahre zu tun. Sagen Sie mir, daß ich nicht irre bin« – entspricht der Freund offenbar mit der Einladung zu einer kurzen Reise an den Gardasee.

Nago

Die Freunde sind in der Osterwoche für wenige Tage, genauer vom 11. bis 13. April 1914, zu Gast bei dem Schriftsteller Carl Dallago (1869–1949), der hier seit 1912 ein stattliches Haus mit Vorgarten an der Via Montebaldo 13 (vormals 2) besitzt. Dallago gehört zum *Brenner*-Kreis und berichtet hin und wieder von interessanten Begegnungen. So schreibt er am 10. Oktober 1913 aus Nago an Ludwig von Ficker: »Ich habe diese Tage Schriftsteller Kafka hier kennen gelernt (ein wirklich sehr netter Mensch, der Wertvolles schafft![)]« Offenbar hat er ganz vergessen, daß er mit Kafka und dessen Freund Max Brod schon im September 1909 in Riva bekannt geworden ist. Es ist kein Wunder, daß Dallago und Trakl einander fremd bleiben. Schon bei einer Begegnung am 14. Januar 1914 in der Wohnung Ludwig von Fickers in Innsbruck haben sie nachdrücklich aneinander vorbeigesprochen, wie sich Hans Limbach im Gedenkbuch für Trakl erinnert. Vielleicht ist dieser Wesensunterschied auch der Grund, daß sich Trakl und Ludwig von Ficker in eines der beiden Gasthäuser von Nago begeben, um unter sich zu sein. Trakl hat offenbar niemanden mehr, dem er sich rückhaltlos anvertrauen kann. Kaum zu trennen davon scheint seine Ahnung des historischen Unheils, das in diesen Monaten heraufzieht und in einem knappen Vierteljahr zum Ausbruch des Ersten Weltkriegs führen wird.

Im Rückblick verklärt Ludwig von Ficker die »Lichtwolke der Erinnerung« an den Frühlingsabend von Nago, den er noch dazu in den Mai verlegt, obwohl er schon am 20. April 1914 aus Innsbruck an Theodor Haecker in Berlin schrieb, er sei »in den letzten Tagen« bei Carl Dallago gewesen. Es sei also »jener schöne, rasch zur Neige gehende Frühlingsabend des Mai 1914« gewesen, »da Trakl und ich uns im Vorgärtchen einer bescheidenen Gaststätte hoch über Torbole am Gardasee bei Wein und Brot noch spät und in verstummendem Gespräch gegenübersaßen: er mit dem Blick auf die sanft ansteigenden Olivenhänge (seinem sinnenden Geist, wie es schien, eine willkommene Augenweide), ich mit dem Ausblick auf den im Süden blau verdämmernden See.« An Gaststätten kommen in Nago zu diesem Zeitpunkt (laut Baedeker von 1913) nur das Gasthaus »Due Oche« (Zwei Gänse) oder der »Aquila Nera« (Schwarzer Adler) in Frage. Albino Tonelli hat jedoch erfahren, daß es damals auch eine bescheidene Osteria nicht weit unterhalb von Dallagos Haus an der Stelle heutiger Gärten gegeben haben soll. Hier lassen sich die beiden Freunde am besten in der angedeuteten Weise einander gegenüber vorstellen.

Ein christliches Endzeitgefühl stellt sich ein, »in der großen Stille der einschlafenden Natur, beim sachten Zudunkeln der immerhin fast biblisch anmutenden Landschaft und im Bann der einsamen Vogelstimme, der zu lauschen er nie müde wurde«.

Aus diesem Erlebnis entsteht bei Trakl ein Gedicht. Er überarbeitet – wie dem erhaltenen Manuskript zu entnehmen ist – die bereits bestehenden ersten sechs Verse, erweitert sie durch drei neue und setzt den Titel sowie die Widmung darüber. Der sechste und vorher letzte Vers »So leise schlägt das Herz« wird verändert zu »So leise verblutet ein Herz« und erhält, nachdem die drei Verse hinzugekommen sind und das Schlußwort »Herz« ans Ende des neunten Verses rückt, die endgültige Fassung: »So leise blutet Demut«.

Ludwig von Ficker bezieht im nachhinein jedes Wort unmittelbar auf den konkreten Anlaß: »Diesen ›Gesang einer gefangenen Amsel‹, diesen Lockruf in Abend und Untergang, noch in Pausen der Verstummtheit als ›Odem im grünen Gezweig‹ dem Dichter nahegehend, muß Trakl damals wie aus sich selbst vernommen haben und über den ›trunken aufflatternden Flügel der Nacht‹ hinweg – also gleichsam noch im Nachklang der verdichteten Stille – den ›goldenen Schritt ersterbend unter dem Ölbaum‹.« Dieser Vogelsang tönt wie das Ende einer großen Musik, vergleichbar dem ersterbenden »ewig« am Ende von Gustav Mahlers sinfonischem *Lied von der Erde*, das 1911 uraufgeführt worden war.

Ludwig von Ficker sieht in den Versen Trakls allerdings noch viel mehr, den Ausdruck einer überzeitlichen Prophetie seines Freundes: »Und wenn sich dieses Gesicht einer beängstigenden Tag- und Nachtgleiche im Dasein aller preisgebenen Kreatur unwillkürlich an das erhöhte Kreuz heftete, um im Ansichtigwerden der ›leise blutenden Demut‹, des ›Taus, der langsam tropft vom blühenden Dorn‹, sich aufzulösen und unverzüglich wiederzufinden in dem Schmerz der überraschenden Wahrnehmung: ›strahlender Arme Erbarmen umfängt ein brechendes Herz‹ –, so ist das ja nicht Hingabe an Einbildungen, die mit Wahrheit im göttlich erschlossenem Verstande nichts zu tun haben, sondern im Gegenteil: Lichteinbruch, überwältigender, einer in den Augenblick versenkten Wirklichkeit, wie er nur dem Trauergeist einer so erstaunlichen Sehergabe Trakls beschieden sein konnte (...)«. Der Sänger wird zum Prophet, das Bild der gefangenen Amsel zum Symbol des gefangenen Dichters. Es mag sein, daß Trakl von den magischen Kräften der Amsel im Aberglauben wußte, der sie als todverkündendes Orakel, aber auch als heilende Sängerin kennt. Doch Ludwig von Ficker liest das Gedicht ganz persönlich, verklärt den Freund, und kann den Strahlenkranz der beiden letzten Verse unmittelbar auf sich selbst beziehen: »Strahlender Arme Erbarmen / Umfängt ein brechendes Herz.« Unendliche Trauer spricht aus diesen Worten, aber auch das Bewußtsein von einem hellen, helfenden Gegenüber, das die dunklen Endzeitverse des Freundes verstand, die sich so furchtbar bewahrheiten sollten. Nachvollziehbar ist daher Ludwig von Fickers erweiterte Deutung, Trakl sei eine »Besinnungsgabe« zu eigen gewesen, »die eingedenk blieb jener anderen Erfahrung des Dichters im Umgang mit einen übermächtigen Gesichten: ›Unsäglich ist das alles, o Gott, daß man erschüttert ins Knie bricht.‹«

Das ist gewiß alles richtig und durch die Freundesnähe noch zusätzlich gesichert. Ergänzt werden darf dennoch, daß dieses dunkle, nächtliche Gedicht auch Farben hat: grüne Zweige, »blaue Blümchen«, »den goldnen Schritt«, dazu den silbernen »Oelbaum«. Die tiefe Schwermut des Gedichtes ab dem vierten Vers wird verstärkt durch den Kontrast zu diesem farbigen Beginn, worin die romantische Reminiszenz an »blaue Blümchen« beinahe verspielt ironisch wirkt.

Das Gedicht hat Georg Trakl in den Zyklus *Gesang des Abgeschiedenen* seines Gedichtbandes *Sebastian im Traum* (1915) aufgenommen. Von diesem Band konnte er Ende Mai 1914 noch die sogenannten Bürstenabzüge oder Druckfahnen lesen; sein Erscheinen hat er nicht mehr erlebt. In der endgültigen Version lautet das Gedicht:

Gesang einer gefangenen Amsel
FÜR LUDWIG VON FICKER

Dunkler Odem im grünen Gezweig.
Blaue Blümchen umschweben das Antlitz
Des Einsamen, den goldnen Schritt
Ersterbend unter dem Oelbaum.
Aufflattert mit trunknem Flügel die Nacht.
So leise blutet Demut,
Tau, der langsam tropft vom blühenden Dorn.
Strahlender Arme Erbarmen
Umfängt ein brechendes Herz.

Rainer Maria Rilke, 1897. Rückseite: handschriftliche Widmung Rilkes: »Meiner lieben, guten Mama gewidmet im schönen Arco 19. März 97. René«

Arco

Um einsame Castelle
Rainer Maria Rilke

Der Kurort Arco steht während der Wintersaison 1897 in voller Blüte. Die Stadt im Sarcatal befindet sich auf einem neuen Höhepunkt ihrer langen Geschichte. Unter dem steilen Felsen mit der aus gotischen und karolingischen Zeiten stammenden Burg, die Albrecht Dürer 1495 aquarellierte, die aber 1703 im Spanischen Erbfolgekrieg zur Ruine geschossen wurde, haben die Grafen von Arco im freskengeschmückten Stadtschloß des Palazzo Marchetti bis zum Aussterben der Linie 1866 residiert (Nebenlinien reichten nach Mantua und Bayern). Vor den westlichen Mauern der Stadt läßt kurz darauf der österreichische Erzherzog Albrecht von Habsburg 1872 eine Villa bauen und einen ausgedehnten Park mit Bäumen aus aller Welt anlegen. Um diesen »Arboretum« genannten Park herum entwickeln sich eine wohlhabende Villenvorstadt und der Kurort Arco. »Hotel und Kurhaus Netelböck« mit einhundert Zimmern, einer sogenannten »Wandelbahn«, Garten und täglichem Kurkonzert von 11 bis 13 Uhr (im Frühjahr und Herbst auch von 15 bis 16 Uhr); der »Schweizerhof« (Kurkasino), verschiedene Hotel-Pensionen direkt am Kurplatz, an der Kurpromenade und einfache Pensionen oder Privatwohnungen in Villen laden, laut Baedeker von 1898, besonders »Brust- und Nervenkranke«, zum erholsamen Winteraufenthalt in das milde, windgeschützte Seeklima Arcos ein. Seit dem 23. Januar 1891 ist Arco zudem von Mori im Etschtal aus mit der Schmalspur-Eisenbahn MAR (Mori-Arco-Riva) erreichbar, und die Gäste kommen in großer Zahl.

Villa Florida (heute: Livonia) in Arco

In der privaten Villa Florida (heute Villa Livonia) an der damaligen bevorzugten »Villenstraße« (heute Via Capitelli 25) wohnt im März 1897 als Kurgast Sophie (genannt Phia) Rilke (1851–1931) aus Prag. Sie lebt seit 1885 getrennt von ihrem Mann, dem einstigen Offiziersanwärter Josef Rilke (1838–1906), der 1859 im verlorenen Krieg des kaiserlichen Österreich gegen das einigungsbestrebte Italien kurzzeitig das Kastell von Brescia kommandierte, danach aber über eine bescheidene Stelle als Bahnbeamter nicht hinauskam. Er konnte die hohen gesellschaftlichen Erwartungen und adeligen Wunschträume seiner Frau nicht erfüllen. Um so größere Hoffnungen setzt sie, die selbst Aphorismen schreibt und 1900 unter dem Titel *Ephemeriden* veröffentlicht, in ihren Sohn, den jungen Dichter, der sich nach zwei seiner sechs Taufnamen René Maria Rilke (1875–1926) nennt und der sie im März 1897 in der Villa Florida besucht.

Der junge Mann hat bereits einen Namen in der zeitgenössischen Literatur durch eine Fülle von Beiträgen in Vers und Prosa für Zeitungen und Zeitschriften. Diese Zeit nennt er später im Rückblick seine »von Leistung aller Art überstürzten Jahre« (Brief an Hermann Pongs, Muzot, 17. August 1924). Bereits der 19jährige debütiert mit dem Gedichtband *Leben und Lieder. Bilder und Tagebuchblätter* (1894). Im ersten Semester als Student der Philosophie in Prag gibt der junge Rilke auf eigene Kosten Ende 1895 das erste von drei Heften der Zeitschrift *Wegwarten* heraus und verschenkt die erste Nummer, 15 Seiten *Lieder, dem Volke geschenkt,* in Krankenhäusern und Handwerksvereinen. Mit dem Gedichtband *Larenopfer* (1896) huldigt Rilke den »Hausgöttern« des alten Prag so anschaulich, daß mit ihnen und alten Fotos noch heute ein historischer Spaziergang möglich ist. Vom Vater im zweiten Semester zur Rechtswissenschaft gedrängt, reißt Rilke aus und wechselt, unterstützt von einem »Monatsgeld« des Vaters, Ende September 1896 für zwei Semester Kunstgeschichte nach München.

Mathilde

Hier lernt er bald eine junge Frau kennen, die holländisch-jüdische Fotografin Mathilde Nora Goudstikker (1874–1934), Schwester der Fotografin Sophia Goudstikker (1865–1924), die zusammen mit Anita Augspurg das renommierte Hofatelier »Elvira« leitet. Eine Porträtaufnahme Rilkes aus diesem Atelier widmet Rilke seiner »lieben, guten Mama (...) im schönen Arco« am 19. März 1897. Mit Mathilde könnte sich Rilke in Arco getroffen und gemeinsame Wanderungen unternommen haben. An die Freundin sind jedenfalls die meisten der Gedichte und Briefe gerichtet, die Rilke bei seinem ersten Aufenthalt in Arco von Mitte bis Ende März 1897 schreibt. Am 27. März 1897 gesteht er ihr brieflich, er habe »auf den Wanderungen mit – Ihnen so viel innerlichen Genuß gefunden, daß schönes Erinnern lebendig in mir fortrankt«. Der Gedankenstrich kann allerdings auch bedeuten, daß Mathilde nur die imaginäre Begleiterin auf seinen weiteren Spaziergängen in der Umgebung war.

Rilke kommt nicht ganz uneigennützig nach Arco. Der Frühling ist eine Zeit, in der er häufig leidet; das milde Klima des Kurorts soll ihm ein wenig Linderung verschaffen. Vielleicht erinnert er sich dabei an den Roman *Niels Lyhne* (1880) des von ihm verehrten dänischen Dichters Jens Peter Jacobsen (1847–1885). Kurz vor seinem Ende hat Niels Lyhne in Riva noch eine kurze gute Zeit mit einer halsleidenden Sängerin; im prächtigen Garten des Hotels Sonne »mit seinen Granaten und Myrten, seinen Lusthäusern von blühenden Oleandern« werden die beiden »sehr vertraulich«. Rilke trifft es ähnlich gut, wie er dem Schriftsteller Rudolf Christoph Jenny aus der Villa Mantovani in Arco am 24. März 1897 berichtet: »Gerne möchte ich Ihnen und den lieben Ihren ein Stückchen von dem tiefen Frühling in diesem Brief senden, der mich mit tausend Wundern umblüht. Lorbeeralleen und Olivenhaine, Palmen, Myrten und Mandeln – alles im Blühen.« Beste Bedingungen für seine Suche nach der eigenen poetischen Sprache. Gerade weil, wie Elena Filosi in ihrer Studie über *Rilkes Frühlinge in Arco* zu Recht bedauert, es außer den offiziell geführten »Kurlisten« keinerlei nähere Hinweis über den Kurgast Rilke in Arco gibt, läßt sich an den in Arco entstandenen oder auf die kurzen Aufenthalte auch im Frühling der folgenden Jahre 1898, 1899 und 1901 beziehbaren Texte viel mehr erkennen: Rilkes Entwicklung des genauen Ausdrucks für die angestrebte Übereinstimmung von Wort und Ding, von Geist und Welt. Unter drei Gedichten, die bereits am 19. März 1897 in Arco entstanden, klingt eines ganz programmatisch. Die alten Worte taugen nicht mehr, und die neuen sind noch nicht gefunden:

Die ganze Sprache ist verbraucht,
Ich möchte jedes Wort vertiefen,
zu schildern, wie voll Sonnetriefen
aus silbermatten Hang-Oliven
der fromme Campanile taucht.

Zu malen dieser Gassen Kluft
mit braunen Bettelkindern drinnen.
Kann ich nicht echten Ton gewinnen, –
und kann kein kleines Lied ersinnen,
das schweben darf in dieser *Luft.*

Rilke erkundet bald die nähere Umgebung zu Fuß. Wie vielfach belegbar, hat er sich dabei vor allem an dem sehr ausführlichen Ortsführer *Arco in Südtirol* (3. Auflage 1894) von Dr. Max Kuntze orientiert. Einer seiner ersten Wege dürfte ihn zur 200 Meter hohen »Schlossruine Arco« hinaufgeführt haben, auf einem Weg, den Kuntze unter Nr. 8 seiner Spaziergänge empfiehlt: »Oben ist der Ausblick ein einzig schöner und grossartiger!« In einem Brief vom 25. März 1897 an Mathilde berichtet

Rilke von seinem Aufstieg und daß er dabei in Gedanken seiner Freundin sehr nahe gewesen sei. Das in dem Brief angeführte Gedicht entstand bereits am 19. März und läßt die Wanderung genau datieren. Rilke schreibt: »Steige täglich die einsamsten Pfade zum Hochkastell von Arco empor. Dort in den morschen Gemäuer[n] finde ich tiefe Kemenaten und leise Gänge. Und da schaute ich jüngst über das abendrothe Thal und träumte«. Und neben eine kleine Zeichnung des Kastells, die er aus einer Illustration von Tony Grubhofer bei Kuntze abzeichnet, schreibt Rilke die Verse:

Wir standen Hand in Hand und schwiegen,
Und Deine Augen träumten hell.
Schon kam die Nacht auf stillen Stiegen
Ins abendeinsame Castell.
Und tausend leise Thüren gingen,
Und seltsam rauschte ein Gewand,
Und hoch wie blasse Blüten hingen
Die Sterne überm Mauerrand. –

Rilke variiert das Motiv noch am selben Tag in dem Gedicht »Um einsame Castelle«, das mit der Mehrzahl der »Castelle« und dem Hinweis auf »Uferwelle« und »Segelbauschen« auch einen Blick nach Riva hinunter eröffnet. Zugleich wendet sich Rilke ausdrücklich noch einmal an die ferne Freundin, wie zur Versicherung seiner offenen, suchenden Existenz, die nirgends zu Hause ist. Das Gedicht stand auf einer verschollenen Postkarte an Mathilde Nora Goudstikker vom 19. März 1897 und existiert nur noch in einer Schreibmaschinenabschrift im Rilke-Archiv:

Um einsame Castelle,
um Gärten blütenwarm
schlingt die sonnenhelle
Uferwelle
ihren Liebesarm. –

Ein fernes Segelbauschen
auf saphirblauem Glatt –
ein stilles frommes Lauschen
auf ein Rauschen,
das leise Lieder hat.

Und dann ein tiefes Denken
an eine – Heimat weit
in bairischen Gesenken
ein Gedankenschenken
aus fremder Einsamkeit. –

Viele Grüße René Maria.

Das beste Gedicht dieses Tages schickt Rilke jedoch nicht ab, sondern behält es zurück und veröffentlicht es erst in seinem Gedichtband *Advent,* der an Weihnachten 1897 erscheint:

Arco

Die Hochschneezinne, schartig scharf,
loht auf wie eine Mauerkrone,
in die der lachende Nerone,
der Morgen, seine Fackel warf.

Und wie die Flammen bis ins Blau
sich zu verblühten Sternen strecken,
erwacht das Tal in schönem Schrecken
und taucht empor aus Traum und Tau.

Diese Verse verdanken sich dem unmittelbaren Erlebnis und der Anschauung vor Ort. Phantasie eröffnet weitere Räume. Auf einem bei Kuntze unter Nr. 2 empfohlenen Spaziergang zum Wasserfall nach Varone wandelt sich Rilke angesichts der fernen Burgruine in einen modernen Minnesänger. Am 21. März 1897 schreibt er in sein Tagebuch unter eine eigenhändige Zeichnung von Dorfhäusern um eine Kirche mit der Bezeichnung »Varone

20/III 97« ein Gedicht, das die ferne Freundin Mathilde romantisch beschwört:

Ich weiß ein graues Schloss am See,
Drin tiefe Gänge führen.
Mir ist an allen Thüren
Muß ich, du meine ferne Fee,
Dein Faltenrauschen spüren.
Im grauen Schloss am See.
Ich weiß ein graues Schloss am See
Und einen leisen Garten.
Mir ist, daß hinter zarten
Oliven ich dein Winken seh
Und ich will einsam warten
Im grauen Schloss am See.

Am nächsten Tag, dem 21. März 1897, wird Rilke konkreter, wünscht sich die Gegenwart der Freundin für ein gemeinsames Erleben und zum Stillen einer großen Sehnsucht:

Weißt du, was ich oft in bangen
Nächten auf dem Lager sann?
Bleicher waren meine Wangen,
und am Morgen vor Verlangen
lechzender die Augen dann:

So ein Tal voll Düftehauchen,
drin ein Bach mit leisem Lauf;
hinter hellen Hügeln tauchen
Dörfer, die in Frieden rauchen,
einsame Castelle auf.

Und wir wandern dann wie stille
Kinder immer bachentlang
tief in lösender Idylle –
Bitte wird mein wilder Wille
und mein Sehnen lauter Dank.

Mit der poetischen Landschaft als Kulisse einer großen Einsamkeit gibt sich Rilke aber nicht zufrieden. Er möchte noch mehr erkunden und macht sich daher auf den Weg zum vielgerühmten Ponale-Wasserfall. Kuntze schreibt dazu im Abschnitt über Riva: »In Rivas Umgebung ist mancher Punkt bemerkenswert. Vor Allem versäume man nicht die grossartige Kunststrasse zu betreten, welche in den Fels der Rochetta gesprengt und oft durch Gallerien und Halbgallerien ziehend, an 2000' ansteigt und ins Ledrothal führt. (...) Hier in der tiefeingeschnittenen Schlucht des Ledrothales fällt der Abfluss des Ledrosees, der Ponale, in Cascaden in den Gardasee. Am schönsten erscheint der Fall und die Schlucht vom See aus zur Mittagsstunde (1/2 Stunde Barkenfahrt bis zum Fall), zu welcher Zeit die Sonne ins enge Thal fällt und die zerstäubten Wasser in Regenbogenpracht ersprühen!«

Von dort bringt Rilke eine ganz eigene Geschichte mit, die Kunde von der wundersamen Rettung eines Vaters bei einem Steinsturz. Er schreibt sie in einem Brieffragment an Mathilde vom 23. März 1897 auf einen Briefbogen der Zeitschrift *Wegwarten*, vielleicht auch mit dem Blick auf eine spätere Veröffentlichung: »Dienstag früh / Dieser Ponalfall, den sollten Sie sehen, mein liebes verehrtes Fräulein. Durch dichtes Geröll hat sein Ungestüm Gassen gebrochen und mit dem Jubel sieghafter Kraft stürmt er in den tiefblauen Frieden des Gardasees hinein. Er kommt von dem hochgelegenen Lago di Ledro und es ist als brächte er innige Grüße von dem einsamen Gefährten. Ganz in der Höhe des Ponalfalles, zu dem die gleichnamige Kunststraße hart am Rande des Gardasees in breiten Bogen hinlenkt, hat vor zwei Jahren ein mächtiger Steinsturz stattgefunden, dessen Folgen noch deutlich sichtbar sind. Steht da ein stilles Häuschen mitten am Hang; der Friede wohnt drinnen, und der kleine Garten ist wie ein Wall gegen Welt und Wahn. – Und an einem

Frühjahrsmorgen geht die junge Frau, ihr Kindchen am Arm, den Hang seitlich hinan, den Hausziegen Futter zu finden, während der Mann tief im Keller der kleinen Behausung guten vino santo pflegt. Und während des Suchens vernimmt die Frau das dröhnende Grollen und nicht allzuweit von ihr rast es den Berg hinab wie ein Volk rachsüchtiger Giganten. Und just auf das Häuschen zu. Und als sie scheu und bebend, nachdem Staub und Sturm sich gesenkt, zur trauten Stätte wankt, erfaßt sie ein Taumel: der Hang ist glatt; Häuschen und Garten haben die rauhen Gesellen als Beute gewollt. Die Leute fanden sie ohnmächtig. Und als die Frau wiedererwachte und ihr ängstliches Kleines scheu beruhigte, da beugte sich auch der Vater über beide, der im Felsenkeller heil geblieben war. Und denken Sie: die drei glücklich lächelnd auf den Trümmern. Das Zittern des jähen Schreckens ist in ihren Gliedern wie ein leises Genesen nach schwerem Kranksein, Jubel und Dank macht ihre Augen hell und sie lieben sich – wie Kinder. Ich will gerne glauben, daß ihnen ein Händefalten kam. Es ist wie eine Legende. Und mir wird's zum Symbol. Zum Symbol des Weihefriedens, an den kein Weh mehr heranreicht, zum Symbol der Wunder und Zeichen, die durch alle Zeiten gehen und die ewige Zeugen jenes unendlichen Glaubens sind, für den kein Römer gestorben ist und der seine Seligkeit schon im Hier erfüllt, weil dieses Hier hereinreicht ins Ewige. Amen.«

Die kleine Legende mit dem pathetischen Schluß könnte für sich stehen und zum Beweise göttlichen Ratschlusses dienen. Doch der junge Rilke begnügt sich nicht damit. Er will hinter die christliche Fassade schauen und die »wilde Natur« erkennen (die ein Steinsturz ganz in der Nähe von Ponale noch im Februar 1999 mit einem Toten grausam bestätigte). So kommentiert Rilke selbst:« – Solche Wunder geschehn wohl gar viele hier. Nicht mißverstehn sie die Einheimischen, die an Straßen und Saumpfaden, an Seen und hoch im Gebirge Kapellen erbauen mit hilflosen Heiligenbildern. Und die große wilde Natur wischt mit leisem Lächeln alle diese Madonnen und diese zahllosen Heiligen wieder fort, wie ein klarer Morgen die Träume löscht im wangenwarmen Köpfchen des Kindes. Und dann bleiben die leeren Steinnischen, an denen welke Kränze hangen wie verlassene Altäre, die auf eine neue Gottheit warten, mitten im Fels zurück; und mancher, der in ihrem Schatten rastet fühlt es nahen durch den wogenden Frühling – das neue...«.

San Paolo

Natur und Religion gehen für Rilke in der Umgebung von Arco noch eine weitere merkwürdige Verbindung ein. Schauplatz sind »die ehemalige Einsiedelei und das Kirchlein S. Paolo« etwa eine Viertelstunde vor Ceniga »hart an und unter der Felswand des Calodrizuges – wie ein Schwalbennest angeklebt«, so Kuntze in der Beschreibung seines Spazierganges Nr. 11 »Ceniga – Drô«, den heute vor allem Läufer und Radler nutzen. Im Brief an Mathilde schildert Rilke im Anschluß an seine Überlegungen zur »wilden Natur« sein schauriges Erlebnis bei San Paolo:

»Auch Eremitagen gibt es hier. Die interessanteste habe ich auf dem Wege nach Ceniga einem kleinen Dörfchen im Sarcathale entdeckt. Unter einem überhängenden Fels, fast wie von der Wucht des mächtigen Schiefergesteins gedrückt, schimmert ein kapellenartiger Bau, mit steifen Fresken bemalt; unwirtliche Stufen steigen sacht zu dem wildverwachsenen Eingang, durch dessen Gitter man das Innere einer Kapelle sieht. Dieselbe scheint wohl ausgerüstet mit Bänken, Altartafeln und Leuchtern. Trotzdem keines wohl von den Geräthschaften der katholischen Messe fehlt, liegt über allen Gegenständen des Innern ein von gleichmäßiger uralter Dämmerung beherrschtes steinernes Starrsein, und das staubdichte Spinnenband, das querüber das Thürschloß läuft, scheint kaum mit Eisen und Flammen zerstörbar. – Hinter der Kapelle müssen noch 2 bis 3 Räume liegen.

Eremo San Paolo

Die Thüre neben dem Altar schattete so ungewiß und tief, daß ich jeden Augenblick das Gefühl hatte, in ihrem sanften Zurückweichen (...) die Gestalt eines alten Mönches zu sehen, der hereinsinken und mit greisem Gebahren und ebenso steinerner Miene ein eisiges Totenamt feiern wird. Und während seiner Gebete werden die Kerzen leise auflecken, Weihrauch wird aus den Becken qualmen und ein Lied wird erwachen tief im Felsengang ... Und mir war bang, daß dieser Alte nicht kommen wollte. Ich fühlte doch seine Gegenwart. Und dicht an die Thür gedrängt rief ich in den Moderathem der Gottesstube hinein: Priester! Dabei hatte ich das Spinnengeweb vor dem Thürschloß abgestreift und der Zauber war gebrochen. Ich sah die alte, armselige Kapelle in müßigem Dämmer und draußen das lichte Frühlingsland in dem die Mandelbäume ihren jungen Blütenüberfluß mit stummem Jubel hochhielten. Und über die Steinstufen lief ich hinunter ins liebliche Thal. Gegen Ceniga zu.« Das »liebliche Thal« ist heute derart vom Autolärm erfüllt, daß Rilkes Erlebnis erst recht wie aus einer anderen Welt wirkt. Etwas davon ist vermutlich auch in das Gedicht »Ave« eingegangen, das einen Tag nach dem Brief, am 24. März 1897, in Arco entstand und noch im selben Jahr im zweiten Heft der Prager Zeitschrift *Moderne Dichtung* erschien:

Ave

Ich hab einen Kirchhof gefunden,
drin lauter Blüten wehn
und drin die Dämmerstunden
wie schweigende Mönche gehen.

Ich weiß einen Kirchhof am Hange;
drin spätes Glühn beginnt,
wenn tief im Dorf schon lange
die Kinder schlafen sind.

Wanderziele

Zu den in seinem Reiseführer empfohlenen Wanderzielen Rilkes gehörte auch die Mühle »Casa bianca« auf dem Weg Nr. 9 »Laghel und Casa bianca«, die noch heute durch ihre Zypressen und ihre Felsenwasserbecken bekannte »Casota Bianca«. Sie liegt westlich oberhalb der Kirche S. Maria di Làghel (220 Meter, mit Kreuzweg von 1908), nordwestlich von Arco. Kuntze empfiehlt die Casa Bianca, von der er auch eine ganzseitige Zeichnung bietet, wegen ihrer schönen Aussicht: »Der Aufstieg dorthin (...) zweigt zur Linken unmittelbar vor der Kapelle ab, tritt gegenüber von zwei Cypressen in ein Anwesen ein, zieht an dem Bauernhaus zur Rechten vorbei und hat in 15 Min. die Höhe erreicht. Der Ausblick nordwärts in das steinig-öde, ernst stimmende Laghelthal contrastirt sehr mit dem Blick nach Süden auf die grünende, lachende, üppige Campagna zwischen Arco und Riva. Er ist jenem vom Schlossberge hinab ähnlich.« Rilke nahm das »Arco in Südtirol – Castell –, 24. März 1897« bezeichnete Gedicht zu diesem Ort ebenfalls in den Band *Advent* (1897) auf:

Casabianca

Am Berge weiß ich trutzen
ein Kirchlein mit rostigem Knauf,
wie Mönche in grauen Kapuzen
steigen Zypressen hinauf.

Vergessene Heilige wohnen
dort einsam im Altarschrein;
der Abend reicht ihnen die Kronen
durch hohle Fenster hinein.

Rilke bedenkt allerdings nicht nur Mathilde Nora Goudstikker mit Gedichten aus Arco. Am 25. März widmet er dem Münchener Landschaftsmaler und Dichter Heinrich von Reder (1824–1909) ein lyrisches »Aquarell«, das vielleicht ebenfalls von einer Wanderung zur Santa Maria del Làghel inspiriert ist:

Aquarell

Heinrich von Reder zu eigen

Tiefer Sonnentag entschlief,
und die leisen Gassen lauschen,
und ein Brünnlein hör ich rauschen,
und die Glocken atmen tief.

Müde schaut vom Brunnenstein
die ›Madonna mit den Übeln‹.
Schönes Kind mit Kupferkübeln
lächelt in die Flut hinein.

Noch am selben Tag faßt Rilke zudem für den Freund Bodo Wildberg, den Mitherausgeber des dritten Heftes der *Wegwarten*, auf einer Ansichtskarte mit dem Motiv »Malcesine« den lyrischen Ertrag seiner ersten Tage in Arco in dieses Stimmungsbild zusammen:

Alle Burgen, die wir träumen
Geh ich finden – und ich seh:
Hinter ew'gen Blütenbäumen
Zieht der Abend übern See.
Seine rothen Segel bauschen
rauschend in die Wellenruh –
Alle meine Träume lauschen
Blütentiefen Nächten zu.

An der Schwelle des Sonnenlandes

Etwa zur Hälfte seines Aufenthalts von rund zwei Wochen zeichnet sich für Rilke am 25. März die Möglichkeit ab, mit einem gemeinsamen Bekannten, Nathan Sulzberger, für einige Tage nach Venedig fahren zu können. Zwar muß Rilke, der seine Briefe und Gedichte an die ferne Freundin ähnlich nach neuen Sinnzusammenhängen tastend verfaßt wie einst Goethe an Charlotte von Stein, auf die eigentliche italienische Reise des großen Vorbildes aus finanziellen Gründen verzichten, wie er Mathilde berichtet: »Nun bin ich so nah an der Schwelle des Sonnenlandes, in dem alle stolzen Fürsten des Mittelalters ihre wahre Königsweihe empfingen und in dessen Blütenwerken jeder Künstler, als König einer neuen Zeit sein Kronrecht holen muß – und die Verlockung ist groß, der Aufforderung zu folgen. – Allein aus eigenen Mitteln kann ich die Geleitschaft nicht bestreiten und diese 3 Wochen als – Geschenk anzunehmen, widerstrebt meinem Stolz. Die Entschließung des Versagens war hart. Ich habe Sie im Geiste um Rath gefragt und gefühlt, daß Sie meinen zurückhaltenden Stolz gutheißen.« Zur Belohnung für diese harte Entscheidung nimmt Rilke die Einladung des amerikanischen Freundes nach Venedig an: »Wohl aber will ich mir eines gönnen. Die Reise von hier nach Venedig ist erschwinglich; und so will ich über Sonntag den 28. nach Venedig und dort zwei Tage des jungen amerikanischen Freundes Gast sein; nichtwahr damit sind Sie einverstanden? Dann kehre ich zurück – vielleicht nicht mehr nach Arco, sondern nach Meran, da meine Mutter inzwischen dort sein dürfte.« Venedig – »Wie ein Märchen ist mir«, schreibt er, und freut sich, Mathilde von der »Zauberstadt« erzählen zu dürfen. Das »Wunder« will er sich jedoch, im Vergleich mit Goethe, auf eigene Weise erschließen: »Ich las was Goethe in der Italienischen Reise von Venedig erzählt; das ist meist sehr nüchtern und dreht sich um die Schaubühnen und das Volksleben. Goethe war damals noch recht unmodern. Denn später scheint er mir viel mehr Empfinden für ›die Stimmung an sich‹ gehabt zu haben.«

Bei den Mühlen

Zur Vorbereitung der Reise hält sich Rilke weiter mit seinen Wanderungen um Arco in Form, steigt, wie schon gehört, »täglich die einsamsten Pfade zum Hochkastell von Arco empor«, und kündigt einen neuen Weg an: »Morgen werde ich von dem

Wege ›zu den Mühlen‹ (so steht es im Fremdenbuch) erzählen, den ich heute wandern will«. Dieser Weg, bei Kuntze Nr. 1 »Romarzolo (Chiarano – Vigne – Varignano)«, hat für Rilke noch weitreichende literarische Folgen. Wie versprochen berichtet Rilke am 27. März, »hart vor der Abfahrt nach Venedig«, von seinem Weg zu den Mühlen, zu den, laut Kuntze, »zwei ersten, zwischen Varignano und Vigne liegenden Mühlen, welche durch das, die felsige Rinne herunterkommende Wasser getrieben werden«, und zu den »zweiten Mühlen oberhalb Vigne« (heute Sorgente Molino oberhalb der Kirche S. Giacomo Maggiore von 1579). Rilke schreibt: »Das sind morsche Häuschen mit eingesunkenen Dächern und mürrischen Moosrädern, so recht alte, die am silbernen Olivenhang wie frierende Alterchen hocken und ab und zu mal träumerisch mit dem Rade rucken. Und das sieht dann aus wie das Daumenineinanderdrehen alter, müßiger Menschen.« An einem dieser Orte entsteht ein Gedicht, das erstmals im *Simplicissimus* am 17. Juli 1897 erscheint und im Band *Advent* den Titel »I Mulini« bekommt:

I Mulini

Du müde, morsche Mühle,
Drin Moosrad feiert Ruh;
Aus der Olivenkühle
Schaut dir der Abend zu.
Der Bach singt wie verloren
Menschenlieder nach …
Tiefer über die Ohren
Ziehst du dein trutziges Dach. –

Glocken von Tenno

Rilke nimmt für's erste Abschied von Arco, dankt seiner Freundin »für Ihr Führen durch Arcos junge Wunder« und geht »getrost und lächelnd und frisch – gen Venezia: Mit – Ihnen und meinem treuen Sangesmuth – René Maria«. In Venedig entsteht zwischen dem 28. und 31. März 1897 ein kleiner Zyklus von vier Gedichten, die Rilke an den Beginn des Abschnitts »Fahrten« seines Gedichtbands *Advent* setzt; erst danach folgen dort die Gedichte aus den Frühlingstagen in Arco. Auf der »Brenner-Fahrt« zurück nach München schreibt Rilke am 8. April 1897 das Gedicht »Tenno«, wohl in Erinnerung an eine, von Kuntz unter Nr. 3 beschriebene, Wanderung in das alte Bergdorf mit Kastell etwa fünf Kilometer westlich von Arco:

Tenno

Der Kirchhof hoch im Sommerschnee
gehört zum Bergdorf hin;
wie über einen Hochlandsee
wacht Frieden über ihn.
Da weiß kein Blühn vom Frühlingsstrahl.
Der Rasen schüchtert frühfrostfahl,
die Kreuze arm, die Hügel kahl,
und sacht und selten wächst die Zahl:
einmal.

Der Weg ist schlecht, der Weg ist schmal.
Im kleinen Dorf ist kleine Wahl
und kleines Glück und kleine Qual, –
drum läuten sie so fern im Tal:
einmal, – einmal, – einmal –

Das lautmalerische Gedicht entspricht ganz und gar nicht dem lieblichen oder idealisierten Italienbild der seinerzeit gängigen Dichtung. Es ist ein kleines Meisterstück, erarbeitet fern vom Motiv, als Summe dieser für Rilke so ertragreichen Frühlingtage in Arco. Kaum zurück in München, vergleicht Rilke am 16. April 1897 in einem Brief an den arrivierten Dichterkollegen Ludwig Ganghofer die »Wunderstadt« Venedig mit der »Stimmung« in Tirol und benutzt dabei das »bei den Mühlen« hinter

Arco gefundene Bild. Im Vergleich mit Venedig, so Rilke, herrsche: »(...) in Tirol eine ganz andere Stimmung. Diese vielen Burgen auf Hang und Hügel harren keiner Herren mehr; sie sind wie gutmütige Alterchen, die das bißchen Leben als gütiges Geschenk hinnehmen, mit guten alten Augen in die weißen Dörfer blinzeln, Daumen drehn und leise, leise einnicken, zu seligem End. Überhaupt dieses Tirol hat etwas Klares, Versöhntes; und ich bin von dort auch so klar und selbstversöhnt heimgekehrt.«

Selbstbewußt

Die Kurtage in Arco sind dem jungen Rilke demnach bestens bekommen. Sein poetisches Selbstbewußtsein ist gestärkt. Am 25. April 1897 beginnt Rilke einen Brief an Mathilde mit den poetisch-programmatischen Worten: »Mais j'ai raison. Je veux rendre / toutes mes plaintes au vent; / j'ai beaucoup de talent / à comprendre / tout ce que triste et dolant ...«. [Aber ich habe recht. Ich möchte / all meine Klagen geben dem Wind; / ich habe viel Talent / all das zu verstehen / was traurig stimmt und weh ...]. Am selben Tag übergibt er seiner Freundin den Einakter *Höhenluft* mit einer Widmung, die wie eine Summe der Wanderungen um Arco erscheint: »Widmung: / Viele müssen mühsam empor / Zu den alltagfremden Pfaden, / Göttliche gehen in lächelnden Gnaden / Früh durch der Freiheit flammendes Tor.« Und noch eine Woche später, auf einer verschollenen Nachricht vom 3. Mai 1897 aus Starnberg, summiert Rilke die Tage des stillen Einverständnisses mit seiner Freundin auf den einsamen Wegen in der Nähe des Gardasees:

Blühen blaue Enziane,
blühn im lichten Wiesenplane,
wie mit Händen winkt der Schleh,
träumend treibe ich im Kahne
und wie eine frohe Fahne
weht der Maitag überm See.

Und ich freue mich des schönen
Glanzes, der wie ein Versöhnen
über Land und Wellen lacht.
Denn er darf auch Dich bekrönen
und die Weihe darf Dir tönen,
die mich Dein gedenken macht.
R.M.R.

Lou

So vorbereitet und entschieden erlebt Rilke im folgenden Frühsommer die große Liebe seines Lebens und eine gründliche Verwandlung. Am 14. Mai 1897 lernt er in München die um vierzehn Jahre ältere Lou Andreas-Salomé (1861–1937) nach einem Theaterbesuch kennen. Die hochgebildete Tochter eines russischen Generals, Freundin des Philosophen Friedrich Nietzsche (der ihr vergeblich einen Heiratsantrag machte), Frau des Orientalisten Friedrich Carl Andreas und später eine der ersten Schülerinnen Sigmund Freuds, ist bereits eine angesehene Schriftstellerin. Rilke hat der schönen berühmten Frau, die seine Freundin Mathilde fotografisch portraitierte, anonyme Gedichte geschickt, und an seinem ersten offiziellen Brief nach der Vorstellung erkennt sie den anonymen Verehrer. Rilkes Werbung ist so intensiv, daß er Lou nicht nur für sich gewinnt, sondern mit ihr eine Liebe erlebt, die sein dichterisches Wesen elementar entfesselt. Ihren Ort findet diese große Liebe im Juni 1897 im Isartal von Wolfratshausen; und hier ändert Rilke unter dem Einfluß seiner Freundin seinen Vornamen in Rainer um. Anfang Oktober 1897 zieht Rilke nach Berlin um und wohnt ganz in der Nähe seiner Geliebten.

Zweiter Aufenthalt 1898

Im nächsten Frühjahr besucht Rilke erneut seine Mutter in Arco. Am 25. März dankt er von hier aus seinem Verleger Adolf Bonz in Stuttgart für die Freiexemplare seines ersten Prosabandes *Am Leben hin*. Er arbeitet zudem an Gedichten, die er in dem Band *Mir zur Feier* versammelt, der an Weihnachten 1899 erscheinen wird. Nach den Abschnitten »Beichten« und »Engellieder« folgt darin der Abschnitt »Landschaft«. Dort findet sich ein Gedicht, das am 20. März 1898 in Arco entstand. Es spielt ganz offenbar auf die »beliebtesten (...) Spaziergänge zu und unter den Oliven«, dem »passeggio agli ulivi« an, die Kuntze unter Nr. 7 ausführlich beschreibt und denen er im Anhang seines Büchleins mit dieser Unterschrift sogar eine Umgebungskarte von Arco widmet. Rilkes Gedicht wirkt entsprechend wie eine poetische Formel dieser Landschaft:

Agli ulivi

Und ich ahne: in dem Abendschweigen
ist ein völkeralter Opferbrauch;
seinen Atem hütet jeder Hauch:

Eine Güte will sich niederneigen.

Schwarzer Frühling füllt den Lorbeerstrauch,
und die zitternden Cypressen steigen
wie ein Rauch ...

Rilke geht, anders als im Vorjahr, über den unmittelbaren Anlaß eines Spaziergangs weit hinaus. Eine neue Ebene ist erreicht. Und er läßt es nicht dabei bewenden. Zehn Jahre später hat er das Gedicht in seine Sammlung *Die Frühen Gedichte* (1908) aufgenommen und dafür stark überarbeitet. Dort heißt es (die Veränderungen sind kursiv hervorgehoben): »Und ich ahne: in dem Abendschweigen / ist ein *einstiger* Opferbrauch; / *tiefer atmend hebt sich* jeder Hauch: // *ein Erfüllen* will sich niederneigen. // *zu dem schwarzen hingeknieten Strauch / Und die Sterne trennen sich* und steigen, / *und die Dunkelheiten steigen auch.*«

Ebenfalls in *Mir zur Feier* findet sich ein weiteres Gedicht, das während des zweiten Aufenthaltes in Arco am 23. März 1898 entstand. Es ist die »Ouverture«, das Eröffnungsgedicht aus dem folgenden Abschnitt »Lieder der Mädchen«. Anders als dort und in der Reprise der *Frühen Gedichte* hat die erste Niederschrift noch zusätzliche vier Verse:

Ihr Mädchen seid wie die Gärten
am Abend im April:

Frühling auf vielen Fährten,
aber noch nirgends ein Ziel.

Es wird sicher noch frieren,
und ihr werdet vielleicht
zum Leben die Liebe verlieren,
eh ihr es erreicht.

Rilke gewinnt darin einen Ton, der größere Zusammenhänge ermöglicht. Dennoch bleibt er dem jeweiligen Anlaß eng verbunden. Aus der Datierung der beiden folgenden Gedichte wird ersichtlich, daß er an diesem Tag, dem 23. März 1898, unterwegs nach Riva war. Dort entwarf er das Gedicht:

Müde Maria, sie haben Dich
ganz in den Gassen vergessen;
einmal nur rührt ein Begaben Dich, –
und dann weißt Du nicht wessen:
Eine, die Dir noch niemals glich,
lächelte milde und mütterlich
mitten in Deiner Messen.

Diesen Gedanken nimmt er auf, wohl auf dem Rückweg in San Nazzaro, etwa zwei Kilometer vor Riva, und dichtet dort:

... Und wenn die Glocken der Benedeiten
sich in heiligen Heimlichkeiten
über Bogen und Brücken breiten:
Alle eilen mit betbereiten
Herzen und Händen ins Aveamt, –

will ich mich träumen in roten Samt
und vom letzten Glanz umflammt
durch verlassene Gassen schreiten.

Auf diesen für Rilke so ertragreichen 23. März 1898 wird schließlich noch ein weiteres Gedicht aus *Mir zur Feier* datiert, das dort am Beginn des Abschnitts »Im All-Einen« wie ein überzeitlicher Gruß des heidnischen Pan an die Mutter Gottes steht:

Pan:
Mutter, du mit dem müden Knaben,
hör mich. Ich bin die Stimme im Wind.
Ohne mich kann kein Königskind
seine Märchen und Mythen haben.
Ich bin der Eine
vor dem die Haine
kein Geheimnis zu hüten haben;
denn ich bin, eh die Haine sind.
Ich bin der, welcher alles beginnt;
und wenn ich schreite über die Steine,
werden die Steine Blüten haben.

Rilke verdichtet das Bild der »wilden Natur«, das er im Vorjahr anläßlich des Steinsturzes von Ponale, der leeren Felsennischen für Heiligenfiguren und der Eremitage von San Paolo entwarf, in den heidnischen Gott der Landschaft. Doch die Rachegötter sind schon unterwegs. Der ungewöhnlich kalte Frühling 1898 zwingt Rilke drei Tage später leicht selbstironische, aber deutlich klagende Worte ab. Mit ihnen beginnt ein Briefgedicht an den Dichter Detlev von Liliencron (1844–1909), der mit seiner

Lyrik den jungen Rilke nicht nur begeistert, sondern ihn als erster bedeutender Dichter seiner Generation brieflich in den ersten Ansätzen bestärkt hatte. Wer nur einmal verschneite Ostern am Gardasee erlebt hat, wird sofort verstehen, was Rilke leidet:

Ich wollte eigentlich aus Frühlingserden
die Grüße pflücken, um sie Dir zu weihn,
und meine Lettern sollten leichter werden,
denn meine Worte wollten Blüten sein;
doch hoffend hocken wir an heißen Herden
und heizen alle unsre Wälder ein
und legen Licht und Land an unsre Öfen,
denn wilder Winter wartet in den Höfen.

Die Finger starren mir bei diesen Stanzen,
dieweil im Fußsack mir die Füße frieren,
und zwischen je zwei Zeilen muß ich tanzen,
um nicht die Lust am Leben zu verlieren.
Der Frühling, welchen jene Protzen pflanzen,
die in den Parken Palmen protegieren,
hat freilich trotz des Frostes nichts verloren
und fühlt sich stolz: ›Herr Lenz, Hochwohlgeboren.‹ (…)

Doch da der »mit allen Sinnen« gesuchte Lenz sich nirgends zeige, solle der Freund »vorlieb mit dem Novellenbuche« nehmen, das er ihm in den folgenden Versen des Briefgedichts nahelegt.

Zum Abschluß seines zweiten Aufenthalts in Arco sucht Rilke am 31. März 1898 noch einmal Riva auf und fertigt hier eine (im Rilke-Archiv erhaltene) Bleistiftzeichnung des Hafens mit den markanten Gebäuden, dem Apponale-Turm und der Statue des Hl. Nepomuk an. Danach führt den Dichter seine erste längere italienische Bildungsreise nach Florenz. Dort lernt er den Dichter Stefan George und den Künstler Heinrich Vogeler kennen. In Florenz und Viareggio bleibt Rilke von Anfang April bis Anfang Juni 1898, schreibt zahlreiche Gedichte und ein Tagebuch als Reisebericht für Lou Andreas-Salomé. Nach seiner Rückkehr empfindet er Prag als »zu enge«. Von seiner Herkunft löst er sich immer mehr.

Fassen und Lassen

Im März 1899 verbringt Rilke die ersten beiden Wochen wieder in Arco und lobt in einem Brief an Helene Woronin den »frühen Frühling dieser Berge«. Das sogenannte *Schmargendorfer Tagebuch*, das zwischen Juli 1898 und September 1900 an verschiedenen Orten zwischen Zoppot, Worpswede und eben auch Berlin-Schmargendorf geführt wurde, enthält die Abschrift »Aus einem Briefe« an Unbekannt, datiert »Arco, am 10. März 99«, aus dem Rilkes geistige Entwicklung zu diesem Zeitpunkt deutlich hervorgeht. Es geht um das für Rilke so wesentliche Schauen, um das Erkennen, Begreifen, aber nicht als Festhalten, sondern als Durchlassen. Es ist nichts weniger als Rilkes poetische und existentielle Maxime: »... denn in unserem Schauen liegt unser wahrstes Erwerben. Wollte Gott, daß unsere Hände wären, wie unsere Augen sind: so bereit im Erfassen, so hell im Halten, so sorglos im Loslassen aller Dinge; dann könnten wir wahrhaft reich werden. Reich aber werden wir nicht dadurch, daß etwas in unseren Händen wohnt und welkt, sondern es soll alles durch ihren Griff hindurchströmen wie durch das festliche Tor des Einzugs und der Heimkehr. Nicht ein Sarg sollen uns die Hände sein: ein Bett nur, darin die Dinge dämmernden Schlafes pflegen und Träume tun, aus deren Dunkel heraus ihre liebsten Verborgenheiten reden. Jenseits der Hände aber sollen die Dinge weiterwandern, stämmig und stark, und wir sollen von ihnen nichts behalten als das mutige Morgenlied, das hinter ihren verhallenden Schritten schwebt und schimmert. Denn Besitz ist Armut und Angst; Besessenhaben allein ist unbesorgtes Besitzen.«

Es scheint, als beruhe dieses poetische Credo Rilkes auf einem konkreten Erlebnis in der Nähe von Arco im März 1899, als Rilke noch einmal den Spaziergang Nr. 1 nach Chiarano und Vigne unternahm, den er schon vom Weg zu den Mühlen her kannte. Im November dieses Jahres unterbricht Rilke die Arbeit an einem geplanten »Militärroman«, genauer an der Erzählung *Die Turnstunde* (1902). Im *Schmargendorfer Tagebuch* schildert er statt dessen ausführlich seine Wanderung nach dem kleinen, etwa einen Kilometer westlich von Arco gelegenen Weiler Chiarano. Unter dem Titel *Ein Morgen* erscheint diese Mischung aus Erinnerung und Erzählung in der Weihnachtsbeilage des *Prager Tagblatt* am 24. Dezember 1899.

Im nebligen März ist der fremde Wanderer inmitten einer konkret benannten, aber ungeschönt gesehenen Umgebung unterwegs: »Zwischen dem Kastellfelsen von Arco und dem Dosso di Romarzolo, einem Bergrücken, der sich wie ein erwachender, durstiger Drache nach dem Gardasee schiebt, gibt es drei Ortschaften.« Sie heißen Chiarano, Vigne und Varignano, werden aber, wie schon Kuntze erwähnt, unter dem Namen Romarzolo zusammengefaßt. »Sie führen einen gemeinsamen Namen; so arm sind sie, daß keine von ihnen stark genug war, sich von der nachbarlichen dauernd zu unterscheiden. Am Rand der ersten Ortschaft [Chiarano] ist eine Kirche [San Marcello, 16. Jh.], weiß und neu, aber doch schon im ersten Drittel ihrer Mauern schmutzig wie ein nachgeschleiftes Kleid. Sie ist allen drei Ortschaften zulieb gebaut, obwohl die Einwohner des entferntesten Dorfes [Varignano] lieber zu den Bettelbrüdern in das sehr alte Kloster Santa Maria delle Grazie [bei Céole] beten und beichten gehen.«

Auf seinem Nebenweg blickt der Erzähler hinter die Kulisse des »Kurorts« Arco: »Am Saume des zweiten Ortes [Vigne] ist ein Gasthaus, von den Gästen Arco's nachmittags gerne besucht, und deshalb auch schon von den Fremden beeinflußt: ein helles Haus mit Aufschriften, Terrassen und kleinen Kübel-Oleandern, manchmal sogar mit einer Fahne bezeichnet. Und daneben ragt eine übergroße, vielfenstrige Dampfmühle [Tusculum] und verdeckt die Häuschen und ihren Himmel. Sie gehört dem Wirte und ist nichts, als das häßliche Geld der Arceser Kurgäste, mit welchem sie ihm den sauern *vino santo* teuer bezahlen. Und jeder, der da kommt, trinkt, einen Witz in das fettige Fremdenbuch schreibt und die Kellnerin um ihren Namen fragt, legt, ohne daß er es weiß, einen Stein zu dieser ungeheuren Mühle hinzu, die überdies noch jedes Jahr ein junges Häuschen kriegt.«

Hinter Chiarano »mit dem gemeinsamen Kirchlein am Rand« meint der Erzähler die »paar armseligen Häuser« zu erkennen durch eine ihm vertraute »steile Steinrinne mitten durch den Olivenwald, der gebückt und silbern, die Hänge im Hintergrund verhüllt«. Von der Schilderung schwenkt er in eine konkrete Erinnerung über: »Diesen Weg meine ich auch an einem frühen Morgen im März zu gehen.« Im sonnenhellen Nebel läßt sich der Erzähler von einer alten Steinmauer leiten. Er kommt zu einer verfallenen *»vendita di vino«* (Weinschenke), sieht Mädchen und Frauen aus den Häusern kommen, bemerkt für »einen Augenblick ein junges klares Gesicht, oder erwachte, tief innen glänzende Augen, oder eine schmale Stirn, über der das schwarze Haar sich leicht und ohne Zwang bewegte« – und hört gleich darauf im Nebel nur noch die »hölzernen Schuhe« der Mädchen und Frauen. Im Kontrast zu dem Wohlstand des Wirts vom Tusculum in Vigne entdeckt der Erzähler das alte Dorf Chiarano: »Plötzlich blieb ich stehen und löste aus dem feinen Nebel, wie aus weichen, verwirrten Haaren: einen Brunnen mit Steinrand, ja mit einem Relief sogar, eine kleine Mariensäule aus verwittertem Stein, mit einem schweren runden Dach über sich.« Aus der Säule wird die Ecke einer kleinen Kirche, San Antonio Abate (15. Jh.), die an den Außenwänden noch heute (trotz bedrohlicher Schrammspuren nebenan) »Reste von alter Freskomalerei« trägt (datiert auf den 28. März 1481). Zu sehen sind die Geburt Christi in einem Rahmen aus Scheinarchitektur, Christus im Grab zwischen den Heiligen Bernhard und Bernhardin und umgeben von den Symbolen der Passion sowie anderen Heiligen, daneben ein großformatiger Christophorus. Rilke vermutet in den Darstellungen »vielleicht ein Abendmahl«, sieht dann aber deutlich den großen Heiligen: »(...) auf der Seite der Eingangstür waren Kopf und Arme und ein Stück von den tüchtigen watenden Beinen St. Christophor's zu erkennen« (auf die »Riesenfigur des S. Christophorus« hatte schon Kuntze aufmerksam gemacht) »in großen Maßen, so, daß die Gestalt des Heiligen ein wenig gebückt schien, nicht nur durch die Last des Jesukindes, sondern auch aus Angst vor dem nahen Dach«. Mit einem Lächeln blickt der Wanderer zum Dach, das »sehr notdürftig zusammengefügt«, dennoch durch »viele Fugen und Risse« Licht auf die Mädchen und Frauen in den Bänken fallen läßt, die sich zur Messe versammelt haben: »Glanz (war) ausgestreut von oben, viel kleine Lichter, die vom Haar auf die Schultern fielen und dort hafteten, wie lauter Blätter einer großen Rose, die langsam zerflattert.« In der Armut dieser kleinen Kirche lebt für Rilke christlich-kosmische Schönheit, jede Frau ist eine Maria. Der Zwischenzustand aus arm und reich setzt sich fort, wenn der Priester, ein »kleiner Greis in einem Meßgewand aus blaßblauem Taft«, aus dem Evangelium so vorliest, »als ob er schliefe«. Zurück in den Gassen, hört der Erzähler, wie die Männer erwachen und nach ihren Frauen rufen, von denen keine antwortet; und nur der Wanderer weiß, »wo die Frauen sind, ehe die Männer wach werden.« Auf dem Rückweg durch die Oliven wendet er sich noch einmal zurück und sieht von oben wieder nur »die armen Hütten, mit schlechten Dächern, verwitterten Mauern, hohlen Fenstern und roten Schürzen, die auf Geländern trocknen und ein wenig winken im Morgenwind.« Dagegen wirkt »die häßliche, neue, weiße Kirche« San Marcello, in der für den Sonntagmorgen um 9 Uhr das

Hochamt angekündigt ist, deplaziert und als Rivalin der kleinen Kirche von Chiarano. Zwar erscheint das Kirchlein in der frühen Stunde, wenn die Mädchen und Frauen zur Messe kommen, souverän »wie die einzige Kirche auf der Welt.« Doch der neuzeitliche Konflikt zwischen Tradition und Moderne, da ist sich der Wanderer traurig sicher, bedroht die kleine Kirche und ihre schäbigen Mauern. Und so lautet sein Schlußsatz: »Ich bin nicht mehr nach Chiarano gegangen aus Furcht, diese kleine Kirche nicht mehr wiederzufinden.«

Der Grabgärtner

Eine zweite Geschichte, *Der Grabgärtner*, die Rilke 1903 unter dem Titel *Der Totengräber* veröffentlichte, folgt im *Schmargendorfer Tagebuch* unmittelbar auf *Ein Morgen*. Schauplatz ist vermutlich die Umgebung der kleinen Kirche San Rocco (15./16. Jh.) in Càneve gegenüber von Arco auf der anderen Seite der Sarca, und erzählt wird das tragische Schicksal eines Totengräbers, der mit einer besonders schönen Gestaltung des Friedhofes vor dem Ort dem Tode trotzen will. Noch als die Pest ausbricht, er mit seiner neuen Friedhofgestaltung dafür verantwortlich gemacht wird und seine junge Freundin beim Sturm des Pöbels auf sein Haus umkommt, hält der Totengräber aus. Aber als ihm in einer Nacht ohne Unterlaß Leichen von einem Karren über die Mauer geworfen werden, gibt er schließlich auf, wirft den Spaten weg und geht davon.

Aus einem Mädchenbriefe

Im *Schmargendorfer Tagebuch* kommt Rilke schließlich noch einmal auf seine Wanderungen zwischen Arco und Riva zurück. Unter der Überschrift *Aus einem Mädchenbriefe*, datiert »Riva am Gardasee, im April«, geschrieben jedoch in Schmargendorf zwischen dem 12. und 16. April 1900, heißt es im Bericht eines

Der Friedhof von San Rocco bei Càneve; im Hintergrund der Burgberg von Arco

Mädchens an ihre Freundin Helene über die ansonsten unscheinbaren staubigen Wege zwischen den Steinmauern: »(...) Im hellen, heißen Mittag sind hier die kleinen steinigen Wege zwischen den Weingärten ganz hell, blendend; um so mehr, als sie ganz leer sind um diese Zeit. Man geht da beständig zwischen Steinmauern, die mir (also auch Dir) bis über den Scheitel reichen. Der Blick ermüdet an dem weißen Staub des Weges und lehnt sich schläfrig an die Wände an. Auch diese blenden. Aber die Sonne fällt von ihrer Steile herunter auf den Pfad und läßt nur ihre helle Spur zurück. Auch sind sie uneben, runzelig, da der Bewurf abgesprungen ist, wärmer getönt, und der Blick kann sich an ihnen halten.« Jetzt schaut die Betrachterin genauer hin und entdeckt kleine feine Dinge, und die Sprache sucht sie zu erfassen und zu bewahren: »Es gibt rötliche Stellen an ihnen, als ob eine Marienblume abgefärbt hätte; kleine schmale Halme, die aus den Fugen treten, legen ihre Schatten vor sich hin, wie Teppiche, über welche Dein Auge zu ihnen kommt; aber am dunkelsten sind die Fugen selbst, wie Becher, bis an den Rand gefüllt mit Dunkel. Und Dein Blick beginnt von Fuge zu Fuge zu gehen, um aus jeder zu trinken.« Wer hätte je aus den Schattenfugen einer Steinmauer wie aus Bechern zu trinken vermeint? Rilke gelingt dieser erstaunliche Vergleich, verstärkt noch durch die »Teppiche«, so scheinbar mühelos und selbstverständlich, daß wir auch die Zurücknahme teilen: »Aber plötzlich flüchtet die tiefe Schwärze zurück, wie eine Welle geht durch die kleinen Gefäße – und sie sind leer, so daß Du ihnen auf den seichten grauen Grund schaust.« Jetzt wird die eigentliche Entdeckung möglich: »Das Dunkel aber tragen kleine raschelnde Tiere mit sich fort: Du hast es durch eine zu laute Bewegung verscherzt. Denn (erst später bemerkte ich es) weißt Du, worin mein Blick immer wieder gerastet hat: in Augen. In tausend schauenden Augen. In jeder Fuge war eine kleine Eidechse wach, und die Augen, mit denen sie mich ansah, waren das Schwarz darin. Tausend Eidechsen haben mich gesehen. (...)«.

Und dieses Ereignis ist das Aufwachen eines ganzen jungen Lebens: »In meinen Augen sind jetzt tausend Augen.« Ein unerhörtes Ereignis ist da geschehen, in all seiner Unscheinbarkeit und Größe. Es kommt stark von Rilke selbst her, entäußert sich aber ganz seines persönlichen Moments, so wie das namenlose Mädchen zur bewußten Person wird, indem es die unendliche lebendige Fülle der Welt wahrnimmt und zu verstehen beginnt. Verständlich wird, warum Gottfried Benn in seiner Rede über *Probleme der Lyrik* (1951) kritisch meinte, Rilke sei zwar »ein großer WIE-Dichter«, aber zugestand: »Rilke konnte das« – konnte über den Vergleich hinaus eine größere, transzendente Erkenntnis erreichen. Merkwürdig bleibt dabei, wie unterschiedlich drei Prager Dichter: Rilke, Max Brod und Franz Kafka einen Weg mit Eidechsen bei Riva erinnern! Dazu mehr im Kapitel über Kafka.

Clara

Die Phantasie *Aus einem Mädchenbriefe* ist vielleicht ein wenig Ersatz für die ausgefallene Arco-Reise 1900. Nachdem Rilke im Vorjahr von April bis Juni 1899 zusammen mit Lou das erste Mal nach Rußland gefahren ist, läßt ihn dieses Erlebnis nicht mehr los; die zweite russische Reise der beiden dauert von Mai bis August 1900. Unmittelbar nach seiner Rückkehr besucht Rilke Heinrich Vogeler in der Künstlergemeinschaft von Worpswede bei Bremen und lernt dort die Bildhauerin Clara Westhoff kennen, die er im nächsten Jahr heiratet.

Wie gewohnt besucht Rilke auch Anfang März 1901 seine Mutter in Arco. Einem Brief an Clara Westhoff vom 5. März 1901 legt er »Fragmente zu ›Die Pietà‹ von Arnold Böcklin« bei. Poetisch selbstbewußt beginnt im Brief vom 6. März das Gedicht auf die »schöne dunkle Laute«, die ihm gegeben sei, um seine »Meisterschaft« zu prüfen: »(...) spielen will ich auf dir das Leben!«

So wichtig wie die Augen sind ihm motivisch zeitlebens die Hände geblieben. Im selben Brief vom 6. März heißt es: »Meine Hände kommen weither, / waren lange auf dem Meer / und in fremden Städten. / Gingen irre in dem Saitenspiel (...)«. Schließlich »traurig und hoffnungslos« geworden, warten die Hände auf die eine Frau, »in der die Welt ist: *ihre* Welt ...«. Hier aber ist schon der Keim zum Dissens gelegt, denn der Dichter will die ganze Welt besingen, kann sich nicht mit der einen, erhofften, erwünschten Welt der Frau begnügen. Diese Erfahrung muß er noch machen. Rilke heiratet Clara Westhoff in Bremen am 28. April 1901, bekommt mit ihr am 12. Dezember die Tochter Ruth, aber es gelingt ihm nicht, einen gemeinsamen künstlerischen Hausstand zu gründen. Die Reise 1902 zum Bildhauer Auguste Rodin nach Paris eröffnet für Rilke eine neue künstlerische Phase, die in den skulptural gedachten *Neuen Gedichten* von 1907 und dem Großstadtroman der *Aufzeichnungen des Malte Laurids Brigge* (1910) kulminiert. Mit ersten Entwürfen auf Schloß Duino der Fürstin von Thurn und Taxis bei Triest beginnt im April 1910 für Rilke die langwierige Arbeit an den *Duineser Elegien,* die er erst 1922 in der Schweiz beenden kann.

Glocken sind Locken

Rilke war »ein leidenschaftlich Einsamer«, wie ihn der Psychotherapeut Victor-Emil Freiherr von Gebsattel (1883–1976) in einem bislang unveröffentlichten Brief (Privatbesitz) aus Gardone (Pension Maria Elisabeth) vom 26. Januar 1910 an Charlotte Veit in Weimar nennt: »Er ist ein leidenschaftlich Einsamer und seine Liebe noch, die gross ist von der Welt, ist Einsamkeit.« Etwas von diesem Konflikt klingt auch aus dem Glockenklang der Gedichte wider, die Rilke seiner Frau am 12. März 1901 aus Arco schickt. Der Sänger wird zum Glöckner (»Im Abend steht ein Turm allein«) und zur Glocke: »Läute dich aus über der Landschaft. / Glocken sind Locken in deinem

Haar. / Deine Verwandtschaft / mit allen Dingen, / die im Abend glänzen und klingen, / ist ergreifend und wunderbar«. Die angestrebte »Verwandtschaft mit allen Dingen« feiert den großen Glockenklang mit Bildern, die sich direkt auf Rilkes Wege und Gedichte in der Landschaft um Arco beziehen lassen:

Alles Lauschende will sich schmiegen an dein Gehör.
Chöre wollen in deiner Stimme leben.
Nirgends in keinen Gelenken
soll es Bewegung geben:
Du *sollst alles heben und senken.*
Sollst allem der Wind sein.
Blind sein wollen die Dinge. Denn tausende von Augen
wandern aus.

In deinen Augen wollen alle Augen ihr Haus haben und
wohnen.
Millionen
von Rosen wachsen auf,
um dir Duft zu sein, der dich streift, – leis –.
Und in allen Talen, die ich weiß,
denkt der Wein
an dich
wenn er reift …

Wirkt diese Verbindung von Auge und Stimme wie trotzig behauptetes Programm, so ist das vermutlich ebenfalls im März 1901 in Arco entstandene Gedicht »Nacht« viel mehr souveräne Gestaltung dessen, was Rilke als »wilde Natur« ohne Schmuck- und Schutzform kennt:

Nacht. Von den Treppen hängt das welke Haus
um seine schlaflos alten Brunnensteine.
Steinerne Munde hat das Ungemeine
und alle münden in die Nacht hinaus.

Die Menschen schlafen, die den Tag erfuhren,
in ihren Stuben, die nach Tagen riechen;

und langsam wandeln und wie Raupen kriechen
schwarze Gewichte aus den dunklen Uhren.

Verwachsen sind die Wege zu den Ohren,
als ob kein Klang sie jahrelang beginge;
die ausgesagte Satzung geht verloren
im unausholbaren Gehör der Dinge.

Da ist das Wasser nicht, das täglich zahm
herbeisprang auf den dunklen Ruf der Krüge.
Es geht vorbei, und kein Gefäß ertrüge
das schwere Wasser, das zu keinem kam.

Als risse es sich Bergen aus dem Schooß
zerreißt es Stoffe, die die Wurzeln weben –
und jene Schluchten sind schon namenlos,
wo aus dem Durst von Ungebornen groß
sich viele Munde ihm entgegenheben.

Weitere Aufenthalte Rilkes in Arco sind nicht nachweisbar. Ein letztes Mal taucht in den Papieren Rilkes der Ortsname Arco kurz nach dem Tod des Vaters Josef am 14. März 1906 in Prag auf. Seiner Mutter meldet der Dichter am 20. März aus Berlin nach seiner Rückkehr von der Beerdigung, er könne wegen der langen und kostspieligen Reise und seiner Verpflichtung als Sekretär des Bildhauers Rodin nicht nach Arco kommen. Von Reaktionen der Mutter ist nichts bekannt.

An die Mutter

Arco war demnach der erste wichtige italienische Ort auf dem dichterischen Werdegang des jungen René zum reifen Rainer Maria Rilke. Für längere Aufenthalte weilte Rilke zudem in Venedig (1897, 1910–12 und 1920), Florenz und Viareggio (1898), in Rom (1903/04), Neapel (1904; 1906), auf Capri (1906-08) und auf dem Schloß Duino an der Adria bei Triest (1910–12, 1914). Zwar haben die Aufenthalte Rilkes in Spanien und vor allem in Frankreich für ihn einen höheren Stellenwert. Doch neben wenigen dichterischen Versuchen auf Italienisch hat Rilke auch einiges aus dem Italienischen übersetzt, Gedichte von Gino Da Pistoia, Francesco Maria Molza, Torquato Tasso, Petrarca und vor allem die *Dichtungen des Michelangelo* (1936). Einige davon finden sich in einer Handschrift Rilkes mit eigenen und übersetzten Gedichten der Jahre 1902 bis 1917, darunter das 1913 entstandene Gedicht »An die Mutter« (non piangere più – weine nicht mehr) nach Anfang und Ende von Gabriele d'Annunzios »Consolazione« (aus den *Poema paradisiaco,* 1903), die Stefan George wiederum schon 1905 vollständig unter dem Titel »Trost« übersetzt hat. Rilkes Auswahl und Übersetzung ist selbst ein »zärtliches Geheimnis«, eine Hommage des Sohnes an seine Mutter Phia, zur Erinnerung an gemeinsame italienische Tage:

Gabriele D'Annunzio /
An die Mutter

Nicht weinen mehr. Nun kommt der Sohn ins Haus
zurück zu dir. Er ist des Lügens müd.
Komm, komm hinaus. Zeit ist, daß alles blüht.
Du bist zu weiß; so sehen Lilien aus.
Komm, komm hinaus. Der Garten, pfleglos zwar,
gewährt uns sicher irgend einen Pfad.
Und laß dir sagen, wie vor das, was war,
ein beinah zärtliches Geheimnis trat …
Alles wird sein, wie es vor Zeit bestand:
der Seele alte Einfachheit erreicht;
und wenn du willst, so kommt sie zu dir, leicht.
Wie Wasser kommt in eine hohle Hand.

Ausklang

Nach so viel feierlicher Dichtung sei zuletzt eine kleine Narrenschelle erlaubt. Einen ganz anderen, ironisch prosaischen Eindruck vom gesellschaftlichen Treiben in Arco gibt Thomas Mann. Während seines ersten Aufenthalts im Sanatorium Hartungen in Riva schreibt er in einem Brief vom 27. November 1901 an seinen Freund, den Pianisten und Komponisten Carl Ehrenberg in München, was er »in betreff der musikalischen Verhältnisse von Arco listig in Erfahrung gebracht habe«. Offenbar hatte Ehrenberg angefragt, wie die Aussichten für ein Engagement zusammen mit einem Tenor in Arco stünden. Thomas Mann, der nach Arco auf einem seiner Spaziergänge kam und für Hin-und Rückweg etwa zwei Stunden brauchte, setzt an: »Also: Wichtig ist gleich die erste Thatsache, daß dort überhaupt eine Kurkapelle besteht. Sie konzertirt am Vormittage im Freien mit schwacher Besetzung und spielt den aus dem letzten Loch pfeifenden Herrschaften, die dort lustwandeln, leicht faßliche und sanft ermunternde Weisen vor. Außerdem aber finden mehrmals in der Woche Nachmittags-Konzerte um 4 Uhr im Saale statt, die, wie es scheint, einen etwas höheren Styl zu haben pflegen. Man sitzt in Orchester-Fauteuils und an Gesellschaftstischen. Das Eintrittsgeld beträgt 30 Kreuzer. Der Kapellmeister heißt E. Zanolli. Bemerkenswert ist, daß bei diesen Konzerten hie und da Gäste auftreten. Wenigstens lasen wir neulich auf dem Programm, das wir irgendwo angeschlagen fanden: ›Unter gütiger Mitwirkung des Herrn …‹ folgte ein obskurer Name, der wohl irgend einem wandernden Virtuosen angehörte. Vielleicht fragst Du einmal an, ob sie Dir und Deinem Tenor die Reisekosten bezahlen wollen. Du kannst Dich ja an Herrn Zanolli oder (besser) an das Cur-Comité zu Arco wenden. Es wäre doch amüsant, wenn etwas daraus würde.« Soweit bekannt wurde leider nichts daraus. Und Thomas Mann und Rainer Maria Rilke gingen wieder ihrer verschiedenen Wege.

Riva del Garda

Der Wanderer und sein Schatten
Friedrich Nietzsche

Nur einen Monat, vom 13. Februar bis zum 13. März 1880, hat der Philosoph Friedrich Nietzsche (1844–1900) Erholung suchend in Riva verbracht; doch dieser kurze Aufenthalt in einer für ihn wichtigen Übergangszeit gewinnt im größeren Zusammenhang einen besonderen Stellenwert. Anfang Mai 1879 hatte der 35jährige Professor der klassischen Philologie an der Universität Basel seinen Lehrstuhl nach zehnjähriger Tätigkeit aufgegeben; ihm stand von nun an eine Pension von 3000 Franken pro Jahr zu. Der Grund für die Demission lag in Nietzsches eigenwilliger geistiger Entwicklung. Sein erstes großes Buch über *Die Geburt der Tragödie aus dem Geiste der Musik* (1872) stieß durch die, altphilologische Konventionen mißachtende, Unterscheidung zwischen apollinischem Geist und dionysischem Trieb auf heftige Kritik der Zunft. Nietzsche aber, der in diesem Buch zudem die Musik Richard Wagners als den neuzeitlichen Versuch verstand, in einer Wiederbelebung des tragischen Mythos die selbstgerechte Wissenschaft ebenso wie das abergläubische Christentum zu überwinden, entwickelte sich durch *Unzeitgemässe Betrachtungen* zu David Friedrich Strauss, zur »Historie«, zu Schopenhauer und Wagner zwischen 1874 und 1876 zum genialen Kritiker seiner Zeit. Den ersten Höhepunkt auf dem Weg zur eigenen freien geistigen Bestimmung bildete, nach dem Bruch mit Wagner (im Herbst 1876 in Sorrent), das Buch *Menschliches, Allzumenschliches. Ein Buch für freie Geister* (1878). Der letzte Text darin lautet »638. *Der Wanderer*« und beginnt: »Wer nur einigermassen zur Freiheit der Vernunft gekommen ist, kann sich auf Erden nicht anders fühlen, denn als Wanderer, – wenn auch nicht als Reisender nach einem letzten Ziele; denn dieses giebt es nicht. Wohl aber will er zusehen und die Augen dafür offen haben, was Alles in der Welt eigentlich vorgeht; desshalb darf er sein Herz nicht allzufest an alles Einzelne anhängen; es muss in ihm selber etwas Wanderndes sein, das seine Freude an dem Wechsel und der Vergänglichkeit habe.« Nach allen Mühen und »bösen Nächten« kommen aber auch »als Entgelt, die wonnevollen Morgen anderer Gegenden und Tage, wo er schon im Grauen des Lichtes die Musenschwärme im Nebel des Gebirges nahe an sich vorübertanzen sieht, wo ihm nachher, wenn er still, in dem Gleichmaass der Vormittagsseele, unter Bäumen sich ergeht, aus deren Wipfeln und Laubverstecken heraus lauter gute und helle Dinge zugeworfen werden, die Geschenke aller jener freien Geister, die in Berg, Wald und Einsamkeit zu Hause sind und welche, gleich ihm, in ihrer bald fröhlichen bald nachdenklichen Weise, Wanderer und Philosophen sind.« Der Aufbruch des ›Wanderers‹ vom festen Lehrstuhl war also überfällig.

Doch wohin? Die Suche nach neuen Orten hing bei Nietzsche immer auch mit Krankheiten zusammen, die ihn seit seiner Kindheit plagten, vor allem Kopf- und Augenschmerzen sowie, in Folge einer Erkrankung an Diphterie im Krieg 1870, Magenschmerzen. Vermutlich bereits in seiner Leipziger Studentenzeit (1865) hatte sich Nietzsche außerdem mit Syphilis angesteckt; nach langer Inkubationszeit mit geradezu euphorischen Arbeitsschüben in den achtziger Jahren führte die Krankheit im Januar 1889 in Turin zum paralytischen Schock und zur geistigen Umnachtung. Orts- und Klimawechsel zielten demnach bei Nietzsche wenigstens auf ein besseres Aushalten seiner Leiden, da er seiner Schwester noch am 6. Juli 1879 aus St. Moritz schreiben mußte: »An Besserung denke ich gar nicht mehr, geschweige denn an Genesung. Aber *aushalten-können* ist sehr viel.« Die Aussage »Warum ich so klug bin« begründet Nietzsche rückblickend in seiner eigenwilligen Autobiographie *Ecce homo* (1889) unter anderem mit dem Verständnis für die Beziehungen zwischen Ort, Klima und Geist: »2. (...) Paris, die Provence, Florenz, Jerusalem, Athen – diese Namen beweisen etwas: Das Genie ist *bedingt* durch trockne Luft, durch reinen Himmel (...).« Sein eigener Geist hätte sich nicht derart entfalten können, wenn ihn »nicht die Krankheit zur Vernunft, zum Nachdenken über die Vernunft in der Realität gezwungen hätte. Jetzt, wo ich die Wirkungen klimatischen und meteorlogischen Ursprungs aus lauter Übung an mir als einem sehr feinen und zuverlässigen Instrument ablese und bei einer kurzen Reise schon, etwa von Turin nach Mailand, den Wechsel in den Graden der Luftfeuchtigkeit physiologisch bei mir nachrechne, denke ich mit Schrecken an die unheimliche Thatsache, dass mein Leben bis auf die letzten zehn Jahre, die lebensgefährlichen Jahre, immer sich nur in falschen und mir geradezu verbotenen Orten abgespielt hat. (...)« Die ihm zuträglichen Orte Sils-Maria im Oberengadin und Turin fand Nietzsche nach einem langen Umweg, der in St. Moritz begann und ihn auch über Riva führte.

In Riva

Nach seiner Demission findet Nietzsche im Sommer in St. Moritz erste Linderung. Von dort aus gedenkt er, wie er seiner Schwester am 2. August 1879 schreibt, »den Winterort auszukundschaften«, sucht aber seiner Augen wegen einen Ort mit Schatten: »Ich habe an Meran Bozen vor allem Riva am Gardasee gedacht (von hier alles ziemlich *nah)* Riva hat von 1 Uhr an Schatten.« Den Schattenwunsch erneuert er Ende August auf einer Postkarte an seine Mutter: »Ich habe das viele Spazierengehen (ich bin 8 Stunden täglich im Freien!) so satt, meine Augen wollen Halbdunkel, und dann recht viel Vorlesen, damit ich nicht immer nachdenke – meine einzige Beschäftigung außer meinen ewigen Schmerzen.« Im Herbst ist Nietzsche wieder in Naumburg bei Mutter und Schwester, wo er aber nicht bleiben will und – nach einem schweren Migräneanfall mit lebensgefährlicher Ohnmacht – nicht bleiben kann. Nachdem ihm sein Freund, Schüler und wichtiger Helfer beim Korrekturlesen seiner Bücher, der Musiker Heinrich Köselitz (Künstlername Peter Gast, 1854–1918), aus Venedig erschreckend kalte Temperaturen gemeldet hat, schreibt ihm Nietzsche am 11. Dezember 1879: »Ich ängstige mich um Ihr Befinden in dieser Schnee-Welt. Mir selber geht es so schlecht, daß ich in 14 Tagen nach Riva (Gardasee) aufbrechen muß, um in meine einzige Existenzform, die des Spazierengehens, zurückzufallen.« Ein anderer Freund, der Theologieprofessor Franz Overbeck in Basel, erfährt ganz ähnlich: »In 2 Wochen werde ich nach dem Süden (nach Riva) abreisen, womöglich! Ich halte nur die Spaziergehe-Existenz aus, die jetzt bei diesem Schnee, dieser Kälte mir hier versagt ist.« Konkret fragt Nietzsche aber auch, ob sein Freund ihm nicht »bis dahin noch 4 Hundert Markscheine zusenden« könne. Seinem Verleger Ernst Schmeitzner gegenüber klagt Nietzsche, daß er in Naumburg »Anfälle über Anfälle« seiner Krankheiten ertragen müsse und daher »an eine Flucht nach dem Süden (denke) – vielleicht nach dem Gardasee. Aber vielleicht giebt es keinen ›Süden‹ mehr.« Ein Ohnmachtsanfall Ende des Jahres macht die Reise in den Süden unausweichlich.

Doch erst anderthalb Monate später, am 13. Februar 1880, ist Nietzsche endlich, nach mühsamer Reise, in Riva angelangt. Der Schwester schreibt er: »In Bozen zwei Tage krank gelegen. Heute trübe. Ich wohne in einem immergrünen Garten, der an den See stösst, abseits von der Stadt. Adr.: Hôtel du lac Riva, *Südtirol*« (das heutige Hôtel du Lac et du Parc) Die Mutter erfährt: »So bin ich in Riva, Wetter bisher trübe, heute Regen. Garten. Der Felsenweg entspricht meiner Erwartung.« Aber das Gesamtbefinden ist »Immer nicht wohl«. Für die kühle Witterung draußen benötigt er noch Kleidung: »Sende sofort bitte, den dünnen Überrock und die graue Hose und *ein* Nachthemd. Koffer nicht senden! Die warme Decke behalte zurück. Sehr gut geheizt. In meiner kleinen Einrichtung machen mir die Augen sehr viel Schwierigkeit.« Zwei Tage später meldet er dem Freund Köselitz in Venedig seine Adresse, kündigt seine Abfahrt dorthin für den 13. März an, fragt aber auch, ob sie sich schon vorher in Riva treffen sollen. Tatsächlich besucht Köselitz den Freund in Riva, was dessen Schwester am 24. Februar erfährt, mit dem Zusatz: »Befinden abwechselnd. Die Natur erheitert mich wieder.« Nur könne er, der Augen wegen, nicht an andere schreiben, was er zu entschuldigen bittet.

Heinrich Köselitz übernimmt in Riva, wie er später seiner Geliebten nach Venedig schreibt, einen »anstrengenden Samariterdienst«, wird dafür aber vielfach entschädigt. In einem ersten Situationsbefund vom 24. Februar 1880 schildert er, daß er am Vorabend bei Regen und Schnee angekommen sei und bereits ganz in Nietzsches Zauberbann stehe; bereits um halb sechs Uhr in der Frühe seien sie beide zu einem Spaziergang aufgebrochen, in der zum Glück falschen Annahme, das Wetter werde wieder schlechter. Dann gibt Köselitz seinen ersten Eindruck von der Landschaft anschaulich und differenziert wieder:

»Die Natur ist hier ganz südlich; wir sehen Olivenwaldungen, wie ich sie um Florenz nicht getroffen habe; im ganzen ist der Himmel noch zu umwölkt, als daß ich mir die Landschaft im Sonnenschein recht vorstellen könnte und mir auch schon ein Urteil über sie erlauben dürfte. Aber alles ist grandios, die Berge steigen schroff aus dem See zu einer ganz gewaltigen Höhe auf; oben liegt noch Schnee wie Streuzucker in den dunklen Rinnen, Rissen und auf den Kanten; die weißen Nebel gießen und wiegen sich um die Gipfel, und die Sonne dringt da oben fast hindurch. Die Farbe des Sees sah ich vom Ufer aus, an der die kupferrote Farbe vorherrschte, ins Bläuliche, dann ins hellste Smaragdgrün und ganz an der jenseitigen Felswand ins Dunkelfast Schwarzblaue übergehend. Das Hotel du Lac, worin wir wohnen, liegt ungefähr von der Stadt östlich gegen den See: ein großer, großer Garten geht direkt auf den Wasserspiegel, auf welchen ich von meinem Fenster aus hinschaue; Bäume Berge, Statuen, fließende Gewässer bilden das herrlichste südliche Landschaftsbild, das man sich nur wünschen kann.«

Friedrich Nietzsche, um 1880

In dieser Landschaft ist Köselitz mit Nietzsche auf philosophischen Spaziergängen unterwegs; vier Tage später berichtet er: »Hier war prächtiges Wetter in den vergangenen Tagen; wir sind daher viel in der Landschaft, am Felsen und am See hin, in den Olivenwäldern und der Ebene dahingestiegen, immer uns auf die angenehmste geistig heiterste Art unterhaltend«. Allerdings ist der Freund und Mentor noch sehr empfindlich: »Nietzsches Aussehen ist seinen Verhältnissen nach leidlich gut: er muß sich in jeder Hinsicht schrecklich in acht nehmen, nach ganz bestimmten, von ihm selbst gefundenen Regeln leben, im Sprechen und Denken, im Sehen und Hören Maßhalten; nur in der körperlichen Bewegung darf er so maßlos sein als er will, dies erhält ihn noch aufrecht.«

Nietzsche lobt den Freund seiner Mutter gegenüber am 28. Februar, Köselitz sei »ganz unübertrefflich«. Wie wichtig ihm die gemeinsamen Spaziergänge gewesen sind, zeigt die Ankündigung, daß er der Mutter demnächst ein »Bildchen, das einen Oliven-Spaziergang darstellt«, zusenden möchte. Allmählich verbessert sich Nietzsches Zustand. Der Mutter dankt er am 5. März, nachdem er »4 *böse* Tage« hinter sich hat, »für Briefe und

Sendung. Sehr erfreut über die wie neuen Hosen. Wetter im ganzen gut, schöne Spaziergänge. Weite Oelwälder, auch ein grünes Eichengehölz, sehr milde Luft.« Er freut sich am Umgang mit Köselitz; und auch der Schattenwunsch wird wahr: »Schöne Olivenwälder und Schatten, so viel ich haben will, giebt es hier.«

Kurz vor der Abreise nach Venedig erfährt Franz Overbeck allerdings, daß Nietzsche noch »recht unzufrieden« sei: » (...) mein Befinden ist in den 3 Wochen zurückgegangen, und der Schmerz fortwährend sehr peinigend. Nun also der vielerwogene Versuch mit Venedig, gegen den ich das Mißtrauen nicht los werde.« Er schickt an Mutter und Schwester am »13 März 1880 / zum Abschiede von Riva« das angekündigte Lichtbild vom »Olivenwald-Spaziergang« (vermutlich von der Spiaggia dei Olivi nahe dem Hôtel du lac) und bricht dann mit Köselitz nach Venedig auf, das ihm, wie er am 2. April an die Mutter schreibt, »viel wohler (thut) als Riva«. Ende Juni fährt er weiter nach Marienbad und denkt von dort am 18. Juli in einem Brief an Köselitz »an die angenehme Venediger Verwöhnung und an den noch angenehmeren Verwöhner.« Aus Stresa am Lago Maggiore schreibt Nietzsche am 14. Oktober an Mutter und Schwester kritisch, er sei »erstaunt, wie wenig südlich dieser See ist (gar nicht zu vergleichen mit dem Gardasee).« Und erst Ende Oktober, als ihm wieder »vor dem Winter mehr denn je (graut)«, erlebt er den Lago Maggiore »bei starkem Weststurm und reinem Himmel (... als) wirklich südlich (wie der Gardasee im Februar) aber nicht in der Wärme.«

Riva ist nur eine Zwischenetappe auf Nietzsches Weg zur völligen geistigen Befreiung. Die erstmals von Werner Krum mitgeteilte und danach in viele Reiseführer übernommene angebliche Äußerung Nietzsches, »er wolle sein Leben am liebsten als Eremit auf der Torre Apponale« in Riva verbringen, läßt sich nicht nur nicht belegen, sondern paßt überhaupt nicht zu Nietzsches prägender Grunderfahrung seiner ersten südlichen Tage.

Nietzsches »Olivenwald-Spaziergang« bei Riva

In Riva (und Venedig) erlebte er mit Berg und Meer erstmals jene beiden Landschaftsformen, in denen er während der nächsten zehn Jahren seine eigene Philosophie entwickeln konnte.

Trotz aller Behinderungen durch seine Krankheiten ist Nietzsche zu Beginn dieser Zeit unermüdlich fleißig; noch 1879 erscheint die zweite Ausgabe von *Menschliches, Allzumenschliches* mit dem ersten Anhang *Vermischte Meinungen und Sprüche*; und Ende des Jahres ist der zweite Nachtrag *Der Wanderer und sein Schatten* (1880) fertiggestellt. Der Titel und einige Aphorismen lassen sich auch als Vorwegnahme der südlichen Zeit in Riva lesen: »207. *Sonnenbahn der Idee.* – Wenn eine Idee am Horizonte eben aufgeht, ist gewöhnlich die Temperatur der Seele dabei sehr kalt. Erst allmählich entwickelt die Idee ihre Wärme, und am heissesten ist diese (das heisst sie thut ihre grössten Wirkungen), wenn der Glaube an die Idee schon wieder im Sinken ist.« Geradezu konkret vom Freundesschatten Köselitz aus entwickelt scheint Nr. 258: »*Eine lichte Art von Schatten.* – Dicht neben den ganz nächtigen Menschen befindet sich fast regelmässig, wie an sie angebunden, eine Lichtseele. Sie ist gleichsam der negative Schatten, den jene werfen.« Sodann wirken die Beobachtung einer Viehherde »über Hügel-Wellen, gegen einen milchgrünen See hin« (295. *Et in Arcadia ego*) und die Auflistung »332. *Die guten Drei.* – Ruhe, Grösse, Sonnenlicht (...)« als beschwörende Vorwegnahmen südlicher Tage.

In Riva selbst begann Nietzsche mit Aufzeichnungen, die er in Venedig fortsetzte und dort seinem Freund Köselitz unter dem Arbeitstitel »L'ombra di Venezia« (Der Schatten von Venedig) diktierte; daraus, und nach einer starken Arbeitsphase an der Küste bei Genua, entstand das Buch *Morgenröthe. Gedanken über die moralischen Vorurteile* (1881). Mit diesem Buch, so Nietzsche selbst in *Ecce homo*, eröffnete er seinen »Feldzug gegen die *Moral*« mit dem Ziel »einer *Umwerthung aller Werthe*« – der Weg ins 20. Jahrhundert wurde geistig gebahnt. Reminiszenzen in der *Morgenröthe* an das Meer (Nr. 423) oder an die Zeit in Venedig »*Unter den Südwinden*« (Nr. 492) zeigen, wo genau Nietzsche den »eigenen Weg« (Nr. 484) begann. Den gewünschten Ort mit südlichem Licht und schattigem Haus fand Nietzsche im Sommer 1881 in Sils-Maria im Oberengadin. Der *Morgenröthe* folgte *Die fröhliche Wissenschaft* (1882) oder »gaya scienza«, wie Nietzsche sie italienisch nannte, deren Methode für ein befreites, unakademisches Denken geradezu sprichwörtlich wurde. Von August 1881 bis Februar 1883 arbeitete Nietzsche an seinem Hauptwerk *Also sprach Zarathustra. Ein Buch für Alle und Keinen*, das in vier Teilen zwischen 1883 und 1885 erschien. Diese »individualistische Ersatzreligion« (Ivo Frenzel) ist aus einem Geist entstanden, den Nietzsche »halkyonisch« nannte und den er durch »die Lichtschauder des Südens« bestimmt erklärte.

Ein Mythos

Die halkyonischen Tage waren noch bis Ende des 19. Jahrhunderts als Zeit der Stille, der Ruhe, der Muße bekannt. Sie beziehen sich auf die stillen Wintertage, an denen der Eisvogel (Alcedo attis, griechisch halkyones) sein Nest baut und brütet. Dieses Brüten ist wiederum Symbol der Gattentreue in einer Verwandlungssage der *Metamorphosen* (um 10 n. Chr., 11. Buch) des Ovid. Dort kommt der Königssohn Ceyx bei einer Seereise um. Seine treue Gattin Alcyone, Tochter des Windgotts Äolus, stürzt sich klagend ins Meer, und aus Mitleid verwandeln die Götter die Toten in Eisvögel: »Die Gleiches erleidende Liebe / Blieb auch da, wie zuvor, und gelöst ward auch bei den Vögeln / Nimmer der ehliche Bund. Sie paaren sich, werden zu Eltern, / Und in der frostigen Zeit sitzt sieben beruhigte Tage / brütend Alcyone da in dem Nest, das schwimmt auf den Wogen. / Dann ist sicher die Fahrt; dann läßt die gehüteten Winde / Äolus nicht aus der Haft und gewährt Meerstille den Enkeln.« (ebd., 745 ff.)

In der unkonventionellen, unakademischen Philosophie gewann der Begriff halkyonisch Ende des letzten Jahrhunderts eine weitreichende neue Bestimmung. Er bedeutet den durch alle Schmerzen und Widrigkeiten erstrebten Zustand selbstgeschaffenen Glücks eines von Tradition und Konvention unabhängigen neuen Menschen. So lächelt der Gott Dionysos in Nietzsches Buch *Jenseits von Gut und Böse*, dem »Vorspiel einer Philosophie der Zukunft« (1886), »halkyonisch«, wenn er vom Menschen spricht: »(...) Ich bin ihm gut: ich denke oft darüber nach, wie ich ihn noch vorwärts bringe und ihn stärker, böser und tiefer mache, als er ist.‹« (9. Hauptstück: Was ist vornehm?, Nr. 295) Das »halkyonische Lächeln« des Dionysos führt ein Nachlaßfragment auf die »orgiastische Seele«, gar »die orgiastische Seele des Weibes« (Nr. 1,162) zurück. Kein Wunder also, daß ein alternativer Untertitel für *Jenseits von Gut und Böse* lautete *Allerhand Nachdenkliches / für halkyonische Geister* (Nr. 2, 27). Im Herbst 1887 entwarf Nietzsche gar den eigenständigen Buchtitel *Halkyonia. / Nachmittage eines Glücklichen* (Nr. 10,1).

Auch in Nietzsches Abrechnung *Der Fall Wagner*, der weitaus mehr ist als das im Untertitel angeführte »Musikanten-Problem« (1888), kommt der Begriff an wichtiger Stelle vor. Wagner, heißt es unter Nr. 10, sei vor allem von deutschen Jünglingen verstanden worden: »... Sie haben Recht, diese deutschen Jünglinge, so wie sie nun einmal sind: wie *könnten* sie vermissen, was wir Anderen, was *wir Halkyonier* bei Wagnern vermissen – la gaya scienza; die leichten Füsse; Witz; Feuer, Anmuth; die grosse Logik; den Tanz der Sterne; die übermüthige Geistigkeit; die Lichtschauder des Südens; das *glatte* Meer – Vollkommenheit...«. Im entsprechenden Nachlaßfragment heißt es dazu: »Sie vermissen nicht, was wir *Anderen* vermissen: Witz, Feuer, Anmuth; die große Logik; die übermüthige Geistigkeit; das halkyonische Glück; den glänzenden

Himmel mit seinen Sternenbildern und Lichtschaudern …« (Nr. 15, 6).

Zarathustra

Ganz aus halkyonischem Geist ist nach Nietzsches eigener Aussage aber vor allem sein Hauptwerk *Also sprach Zarathustra. Ein Buch für Alle und Keinen* (1883–1885) entstanden. Ausführlich verweist er darauf wiederum im Selbstkommentar *Ecce homo. Wie man wird, was man ist*, dessen Publikation Nietzsche 1889 zwar geplant hat, aber nach Ausbruch der Geisteskrankheit nicht mehr selbst vornehmen konnte. Das selbstbewußte Lob für die vier Teile des *Zarathustra* zielt auf den neuen »halkyonischen Ton« des Buches: » – Innerhalb meiner Schriften steht für sich mein *Zarathustra*. Ich habe mit ihm der Menschheit mein grösstes Geschenk gemacht, das ihr bisher gemacht worden ist. Dies Buch, mit einer Stimme über Jahrtausende hinweg, ist nicht nur das höchste Buch, das es giebt, das eigentliche Höhenluft-Buch – die ganze Thatsache Mensch liegt in ungeheurer Ferne *unter* ihm –, es ist auch das *tiefste*, das aus dem innersten Reichtum der Wahrheit heraus geborene, ein unerschöpflicher Brunnen, in den kein Eimer hinabsteigt, ohne mit Gold und Güte gefüllt heraufzukommen. Hier redet kein ›Prophet‹, keiner jener schauerlichen Zwitter von Krankheit und Willen zur Macht, die man Religionsstifter nennt. Man muss vor Allem den Ton, der aus diesem Munde kommt, diesen halkyonischen Ton richtig *hören*, um dem Sinn seiner Weisheit nicht erbarmungswürdig Unrecht zu thun. ›Die stillsten Worte sind es, welche den Sturm bringen, Gedanken, die mit Taubenfüssen kommen, lenken die Welt. –‹ (…)« (Ecce homo, Vorwort, Nr. 4).

Wie wichtig für Nietzsche in diesem Zusammenhang die Verbindung von Ort und Geist war, zeigt das Beispiel der Städte Rom und Nizza und ihr Einfluß auf die Entstehung des *Zarathustra*. In Rom, über der Piazza Barberini, entstand, Nietzsche zufolge, im Frühling 1882 das »Nachtlied« – »jenes einsamste Lied, das je gedichtet wurde« –, das den ersten »Blitz des Zarathustra-Gedankens« zündete (ebd., Also sprach Zarathustra, Nr. 4).

Weisheit und Übermut

Der »Blitz« zündete im übrigen auch in eine andere Richtung. Nietzsche lernte in diesen römischen Tagen durch die Schriftstellerin und Freundin Wagners Malwida von Meysenburg und den Philosophen und Arzt Paul Rée die russische Generalstochter Lou von Salomé kennen. Ebenso wie sein Freund Paul Rée verliebte sich auch Nietzsche in die schöne Frau, die später (1898) die wichtige Geliebte des jungen Dichters Rainer Maria Rilke werden sollte. Lou aber verschmähte beide und heiratete 1887 den Orientalisten Friedrich Carl Andreas. Im Sommer 1883 fand Nietzsche ebenfalls in Rom, wie er schreibt, »den zweiten Zarathustra«, und im »Winter drauf, unter dem halkyonischen Himmel Nizza's, der damals zum ersten Male in mein Leben hineinglänzte, (...) den dritten Zarathustra – und war fertig – Kaum ein Jahr, für's Ganze gerechnet.« (ebd.).

Was ist denn das Besondere an diesem Buch, könnte Nietzsche gefragt werden, und er könnte unbeirrt kühn antworten: »(...) – Hier ist in jedem Augenblick der Mensch überwunden, der Begriff ›Übermensch‹ ward hier höchste Realität, – in einer unendlichen Ferne liegt alles das, was bisher gross am Menschen hiess, *unter* ihm. Das Halkyonische, die leichten Füsse, die Allgegenwart von Weisheit und Übermuth und was sonst alles typisch ist für den Typus Zarathustra ist nie geträumt worden als wesentlich zur Grösse. Zarathustra fühlt sich gerade in diesem Umgang an Raum, in dieser Zugänglichkeit zum Entgegengesetzten als die *höchste Art alles Seienden* (...).« (ebd., Nr. 6).

Die ersten beiden Teile des *Zarathustra* erschienen 1883, der dritte Teil kam 1884 und der vierte und letzte Teil 1885 heraus.

In Nizza – »endlich, nach langen Umschweifen, zur Vernunft zurückgekehrt (welche in diesem Falle Nizza heißt)« (an Heinrich Köselitz, 24. November 1885) – summierte Nietzsche Anfang Dezember 1885 einige »Gründe zu lachen und den Rücken zu kehren« und hob besonders hervor, »daß Nizza und Sils-Maria entdeckt sind, und daß augenblicklich eine Art halkyonischer Zustand erreicht ist, der dem Zustandekommen einer Philosophie nicht ungünstig sein soll.« Dem Freund Heinrich Köselitz eröffnete Nietzsche zudem am 6. Dezember 1885, er sei »zur vollen Klarheit« gelangt, in Deutschland nichts mehr zu suchen zu haben: »Diese Klarheit hat mich nicht getrübt – Sie dürfen mir's glauben –, umgekehrt, noch niemals bin ich in einer solchen halkyonischen Meeresstille und Unbekümmertheit in meinem Süden angelangt (...).«

Kein Wunder also, daß Nietzsche, wie einige Nachlaßfragmente ausweisen, 1885/86 *Halkyonische Reden* (Nr. 1, 229) und vor allem *Halkyonische Lieder* (Nr. 1, 230) plante. Wer den *Zarathustra* zu anstrengend fand, dem wollte Nietzsche durch *Halkyonische Zwischenreden* (Nr. 2, 4) Erholung verschaffen. Besonders aufschlußreich erscheint, was Nietzsche am 29. Juli 1888 aus Sils-Maria an den Musikschriftsteller Carl Fuchs schrieb, der offenbar eine Abhandlung über den Philosophen plante. Nietzsche riet ihm nicht nur, bei ihm auf den Psychologen, den Schriftsteller (inklusive Dichter) und Immoralisten zu achten, sondern seiner Darstellung auch »eine Dosis Neugierde, wie vor einem fremden Gewächs, mit einem ironischen Widerstande« beizugeben – und besonders ein Buch von ihm zu lesen: »Die fröhliche Wissenschaft ›la gaya scienza‹ [1881/82] müssen Sie jedenfalls lesen: es ist mein mittelstes Buch, – sehr viel feines Glück, sehr viel Halkyonismus ...«.

So werden Nietzsches fragmentarische Überlegungen zur »Décadence« 1888 verständlicher, worin er freigeistig für Europa problematische neue Perspektiven entwarf, »(...) wo wir Halkyonier zumal mit aller Kraft den *Schuldbegriff* und *Strafbe-*

griff aus der Welt wieder zurückzuziehen, herauszunehmen, auszulöschen suchen (...)« (Nr. 15, 30). Das Dilemma zwischen dem selbstbestimmten Einzelnen und der unmündigen Menge konnte er freilich nicht aufheben, auch wenn es den von Nietzsche geforderten neuen Göttern nicht an einem »gewissen Halkyonismus und Leichtsinn« fehlen (Nr. 17, 4) sollte. Was aus diesen Vorgaben zur Welterlösung im 20. Jahrhundert politisch entstand, war vielfach furchtbar leichtsinnig und hatte alles andere als »feines Glück«. Anfang Januar 1889 erlitt Nietzsche in Turin auf der Piazza Carlo Alberto einen paralytischen Schock und fiel für die letzten elf Jahre seines Lebens in geistige Umnachtung. Die halkyonischen Tage schienen endgültig vorbei. Doch ihr Geist lebte weiter und sollte für eine merkwürdige Akademie in Salò schon bald nach Nietzsches Tod 1900 recht bedeutsam werden.

Atmosphärische Kuranstalt
Das Sanatorium von Hartungen

Ein roter Karneol, gefaßt in einen Ring, ist der Talisman einer österreichischen Arztdynastie, die im 19. und frühen 20. Jahrhundert zwischen Wien und Riva neue Heilmethoden mit großem Erfolg anwendete. Den Ring schickte der Begründer der Homöopathie, Samuel Hahnemann (1755–1843), noch im Todesjahr seinem langjährigen Schüler Christoph II Hartung (1779–1853) nach Wien als Zeichen höchster Anerkennung. Hartung hatte zuvor in Mailand zehn Jahre lang mit homöopathischen und hygienischen Methoden erfolgreich die Cholera bekämpft. Seine Patienten verliehen ihm 1842 als »Primo Omeopatico della Lombardia« eine Medaille und werteten so die noch umstrittene Heilmethode deutlich auf. Spektakulär erfolgreich war Christoph Hartung im Jahr zuvor bei dem prominenten Patienten Feldmarschall Graf Radetzky (1766–1858) gewesen, dem Gouverneur der Lombardei und Venetiens zwischen 1831 und 1857. Radetzky war lebensgefährlich am Auge erkrankt und von seinen Ärzten bereits aufgegeben worden, als Hartung auftrat und den Feldmarschall innerhalb von drei Monaten kurierte. Zum Dank wurde die Familie Hartung nobilitiert; aber erst Christophs Sohn Erhard I (1819–1893) nannte sich, nach dem verlorenen Krieg von 1866, seit 1867 Hartung von Hartungen.

Dr. Christoph IV Hartung von Hartungen, 1916/17

Als Arzt und Homöopath genoß Erhard I Hartung in Wien einen besonders guten Ruf, verstärkt noch durch ein Buch, das 1854 mit dem programmatischen Titel erschien: *Der homöopathische Selbstarzt. Ein verläßlicher Rathgeber bei den am meisten vorkommenden Krankheitsfällen. Nebst Anhang: Notwendige Winke für Reisende. Nach den neuesten und den besten Quellen bearbeitet von Dr. Hartung*. Die auf die Selbstheilung der Patienten zielende neue Naturheilkunde sowie die Unterstützung dieser Lehre durch eigene Schriften erfuhren bei Erhards Sohn Christoph IV eine Vertiefung und Weiterentwicklung, die mit eigenen Sanatorien in Riva und Mitterbad bei Meran ihren Höhepunkt fand und dort wohltuende Einflüsse auch auf Literaten wie Heinrich und Thomas Mann, Franz Kafka und Hermann Sudermann ausüben konnte.

Christoph IV Hartung von Hartungen (1849–1917) zielte auf eine Verbindung der verschiedenen naturheilkundlichen Reformbewegungen seiner Zeit. Die Wasserkuren nach Prießnitz (mit dem berühmten kalten Umschlag) und vor allem nach

Kneipp bildeten die Basis und wurden ergänzt durch die sogenannten »Terrain«- oder Geländekuren nach Oertel, also mit Spaziergängen und Wanderungen, sowie durch die Diätetik oder Lehre der gesunden Ernährungs- und Lebensweise sowie Heilkräuteranwendungen. Sebastian Kneipp zeigte sich in einem Brief an Hartungen sogar ausdrücklich damit einverstanden, daß seine Methode »in Fachmänner übergeht«. Das hieß nicht nur Therapie, sondern auch, und vor allem, Vorbeugen durch viel Bewegung in frischer Luft, durch gesunde Ernährung ohne Alkohol, Kaffee, Tee, Tabak, durch eine angestrebte Harmonie von Leib und Seele. Hartungen nannte sich entsprechend »erster Apostel Kneipps in Oesterreich«, aber er hatte Pläne, die über den Rahmen einer Stadtpraxis in Wien weit hinausgingen.

Die vielen Ideen zur Lebensreform Ende des 19. Jahrhunderts bereicherte Hartungen 1887 mit der Gründung des (nach der griechischen Göttin der Gesundheit, Hygieia, abgeleiteten) *Hygieinischen Vereins Oesterreich* und der von Hartungen selbst herausgebenen und finanzierten Zeitschrift *Freies Hygieinisches Blatt*. Damit schuf er den Ideen der Naturheilkunde ein Forum mit Verbreitungsmöglichkeiten innerhalb von Europa und bis nach Amerika. Die Mitgliederversammlungen des Vereins fanden regen Zuspruch, die Reformideen waren bald in ganz Europa bekannt. Da entschloß sich Christoph von Hartungen 1888 zur Gründung des Sanatoriums in Riva im österreichischen Südtirol. Er war zu diesem Zeitpunkt 39 Jahre alt.

Der Hauptgrund für die Übersiedelung an den Gardasee dürfte die Tuberkuloseerkrankung seiner 29jährigen Frau Clara Josefa, Mutter von fünf Kindern, gewesen sein. Aber im milden Klima Rivas sollte die »hygieinisch-diätetische Pension« Hartungens auch ein weiteres Angebot für diejenigen Patienten sein, die bereits ähnliche Sanatorien wie den *Weißen Hirsch* von Dr. Lahmann in Löschwitz bei Dresden oder von Dr. Guggenberg in Brixen (Bressanone) kannten. In Riva wohnte Hartungen anfangs in der Villa Rocchetta des Komponisten und Diri-

Villa Cristoforo I (heute: Hotel Villa Minerva)

genten Giosuè De Gregori am Corso Inviolata (heute Viale Roma Nr. 29). Unweit davon besaß eine Patientin Hartungens, die ungarische Edeldame Hermine von Nadosji, ein Haus, das Hartungen ihr im Juli 1889 abkaufte. Darin richtete er seine »hygieinisch-diätetische Pension« ein und nannte sie *Villa Cristofero* bzw. (ab 1891) *Villa Cristofero I* (heute Pensione Minerva, Viale Roma Nr. 40). Nun galt es, die Patienten zu locken. Das geschah über Anzeigen im *Freien Hygieinische(n) Blatt*, aber auch in einem der ersten Reiseführer vom Gardasee, den Hartungen 1891 für die Reihe *Städtebilder und Landschaften aus aller Welt* im Verlag Julius Laurencie, Zürich, verfaßte. Darin rühmte er die reine Luft, die Wärme, den fehlenden Wind (Windkuren wurden erst später eingeführt), die erholsamen Sonnenbäder, die ausgezeichneten Südfrüchte, Kuh- und Ziegenmilch, Heiß- und Dampfbäder, kalte Duschen, das Baden und Schwimmen im See, Rudern, Segeln und Wandern – was alles von der Villa Cristofero angeboten wurde. Ausdrücklich ausgeschlossen waren allerdings Patienten mit schweren Erkrankungen wie Tuberkulose.

Bald schon war der Andrang so groß, daß Hartungen 1891 eine zweite Villa gleich ums Eck am heutigen Corso Alberto Lutti Nr. 3 erwerben konnte; er nannte sie *Villa Cristoforo II* und errichtete auf dem Dach ein Glashaus für Sonnenbäder. All diese Anstrengungen waren jedoch für Hartungens Frau vergeblich; sie starb im Januar 1893 mit 34 Jahren. Im September des selben Jahres starb auch Hartungens Vater Erhard I. Doch Christoph trauerte nicht lange und heiratete bereits im Juni 1893 Vittoria de Baroni, eine Schwester der Gouvernante seiner fünf Kinder, und hatte mit ihr noch drei weitere Kinder. Und Hartungen expandierte weiter. Zusammen mit einem großen Grundstück hatte er schon 1890 ein Haus am Seeufer, östlich vom Hotel du Lac, erworben, und nannte es *Villa Seeblick* oder *Miralago* oder kurz *Villa Cristoforo III*. Das Haus diente als Hotel, nicht nur für die Patienten, sondern auch für Durchreisende und Touristen. Alle drei Villen fungierten spätestens seit 1894 unter dem Namen *Dr. v. Hartungens Sanatorium, Physiatrische Naturheilanstalt*. Doch damit nicht genug.

Hartungen veröffentlichte, anläßlich der Forschungen der Bakteriologen Robert Koch, dem Entdecker der Tuberkulose- und Choleraerreger, und Emil von Behring, dem Entdecker des Diphterie- und Tetanus-Antitoxins, in selbstverlegten Broschüren Gedanken zu *Wissenschaft und Publikum* (1895) und über *Die hygieinische Leibsorge des Lungenkranken* (1897). Weiter kaufte er 1903 an seinem Seeufer ein weiteres Grundstück mit zwei Villen und errichtete darauf eine Badeanstalt für Wassertherapien und Luftkuren. Zudem baute er bis 1906 in Mitterbad bei Meran, wo er in den Sommermonaten als Kurarzt gearbeitet hatte, die *Villa Hartungshausen*. So konnten seine Gäste beinahe durchgehend das ganze Jahr im Sanatorium verbringen: von Oktober bis Mai in Riva und von Juni bis September in Mitterbad.

Ein Prospekt von 1905 gibt nähere Auskunft über die *Atmosphärische Kuranstalt (Physiatrisches Sanatorium) – Luft-, Licht-, Dampf-, Wasserheilanstalt, Diätetische Kuren usw. des Rekonvaleszentenheim-Verein Riva-Gardasee, Tirol.* Arzneilos, naturgesetzlich wurden hier alle schwächlichen und geschwächten Konstitutionen behandelt wie Blutarmut, Bleichsucht, Erkältungen, Asthma, Gicht und Rheuma, Zuckerkrankheit, Verdauungsstörungen und Hämorrhoiden, nicht aber Tuberkulose oder Geisteskrankheiten; ausgeschlossen waren außerdem bettlägerige Patienten und Kinder unter sechs Jahren. Die ganzheitliche Betrachtung des Patienten stand im Vordergrund, »die wichtigsten natürlichen Heilfaktoren« waren »Luft, Licht, Ernährung, Wasser, Atmung, Bewegung und Ruhe« in Verbindung mit »den modernsten Anforderungen entsprechenden Kurmitteln« besonders in der Wasserheilanstalt. Auch die neuen psychoanalytischen Methoden fanden Anwendung.

Bei einer durchschnittlichen Aufenthaltsdauer von ca. vier bis fünf Wochen (die Woche kostete zwischen 50 und 80 Kronen, nach heutiger Rechnung etwa 500 bis 800 Mark) unterwarfen sich die Kranken der strengen Aufsicht ihrer »Heilkünstler« und einer »streng individuellen diätetisch-physikalischen Behandlung«. Die Tagesmahlzeiten bestanden aus Gerichten, die »rein, reizlos und nahrhaft« zubereitet waren und ohne Getränke, erst recht ohne »geistige Getränke«, eingenommen werden mußten. Die Schriftstellerin Cläre Sudermann gibt am 7. November ihrem Mann, dem Dramatiker Hermann Sudermann, einen Einblick in den Speiseplan. Gereicht wurden Gerstensuppe, Haferkleie, Polenta mit Pilzen, Rüben mit Bratkartoffeln, gekochtes Gemüse, Lattich, ausgewähltes Obst, Käse und Milch – und alles schmecke gut. Im Speisesaal war pünktliches

Erscheinen gewünscht; und die Gespräche, bei Tisch und anderswo, sollten mit Ruhe und Bedacht über alle anderen Themen geführt werden als über die der Krankheit. So herrschte dort, wie es in Heinrich Manns Novelle *Doktor Biebers Versuchung* (1898) heißt, »nervöse Stille«. Franz Kafka war damit einverstanden. Seinem Freund Max Brod schrieb er am 28. September 1913 aus »Dr. v. Hartungens Sanatorium und Wasserheilanstalt«: »Wie brauche ich das Alleinsein und wie verunreinigt mich jedes Gespräch! Im Sanatorium rede ich allerdings nichts, bei Tische sitze ich zwischen einem alten General (der auch nichts spricht, wenn er sich aber einmal zum Reden entschließt, sehr klug spricht, zumindest allen andern überlegen) und einer kleinen italienisch aussehenden Schweizerin mit dumpfer Stimme, die über ihre Nachbarschaft unglücklich ist.« Eine kleine Szene, beinahe wie auf dem *Zauberberg* Thomas Manns, die für Kafka ebenso wie für den Helden Hans Castorp am »Russentisch« noch Liebesfolgen haben sollte. Davon später mehr. Kritik oder gar Widerspruch waren jedenfalls im Sanatorium verpönt und führten nach der zweiten Mahnung zur Kündigung.

Die Therapien verteilten sich auf die Wasserheilanstalt, auf zwanzig Lufthütten direkt am Strand für jeweils zwei Personen mit Bett, Stuhl und Tisch und einem glaslosen Fenster, eine Liegehalle, eine kleine Mole, »einen Luftpark für Herren wie Damen«, Strand und See natürlich, und einen kleinen Tempel, dessen Existenz nur noch durch Baupläne und zwei Fotos erinnerbar ist.

Christoph IV übergab 1907 die Leitung des Sanatoriums seinem ältesten Sohn Erhard II (1880–1962). Noch im selben Jahr entstand in Riva am Seeufer das neue Kurhaus *Villa Belriguardo*, das Erhard 1909 durch Anbauten erweiterte, bevor er das Sanatorium ganz hierher verlegte und 1910 die beiden ersten *Cristoforo*-Villen verkaufte. *Belriguardo* verband die Annehmlichkeiten eines Hotels mit denen eines Kurhauses. Im ersten Stockwerk

Villa Belriguardo (um 1910/13), heute Kinderheim

standen den Patienten 19 Zimmer zur Verfügung, fast alle mit Blick nach Süden auf den See; im zweiten Stock darüber hatte die Familie von Hartungen acht private Zimmer. Im Speisesaal konnten 18 Personen essen, es gab einen Konversationsraum, ein Musikzimmer mit einem Stutzflügel, eine Bibliothek, Spiel- und Schreibtische, Sofa und Sessel. Elektrisches Licht und Zentralheizung verstärkten die Annehmlichkeiten. Inklusive der *Villa Miralago* konnten insgesamt 48 Gäste untergebracht werden; im Durchschnitt kamen 200 bis 300 Gäste pro Jahr.

Im Januar 1913 erschien der letzte Prospekt der Anstalt unter dem die Klientel erweiternden Titel *Dr. von Hartungen, Sanatorium und Wasserheilanstalt für Erwachsene und Kinder*. Der Herbst 1913, als Franz Kafka hier sorgenvoll Erholung suchte und eine kurze Liebe fand, sollte jedoch der letzte Herbst des Sanatoriums werden. Nach dem Ausbruch des Ersten Weltkriegs im August 1914 mußten die Brüder Hartungen bald einrücken; Militär beschlagnahmte das Sanatorium – und als nach vier Jahren Anfang November 1918 italienische Truppen in Riva eintrafen, war mehr als nur eine Epoche beendet. Zwar erhielt Erhard II die requirierte Anlage bald zurückerstattet; aber die notwendigen Investitionen für einen Neubeginn des Sanatoriums, dessen Klientel nie mehr zurückkehren würde, erschienen ihm zu hoch. Die Anlage wurde verkauft und ein Kinderheim dort eingerichtet. Seit mehr als 70 Jahren ist die *Colonia Infantile Provinciale Miralago* in den, zum Teil veränderten, weitgehend aber gleich gebliebenen, Anlagen des Sanatoriums Hartungen untergebracht.

Die herausragende Rolle des Sanatoriums Hartungen in Riva del Garda für die Kulturgeschichte Mitteleuropas hat Dr. Albino Tonelli beispiellos gründlich dargestellt. Die bisherigen und die folgenden Ausführungen sind seiner Studie *Ai confini della Mitteleuropa. Il Sanatorium von Hartungen di Riva del Garda. Dai fratelli Mann a Kafka gli ospiti della cultura europea* vielfach verpflichtet. Sie erschien im April 1995 anläßlich der gleichnamigen von der Comune, der Biblioteca und dem Museo Civico di Riva del Garda veranstalteten Ausstellung in der Seeburg (Rocca) und ist bislang über die Stadt- und Landesgrenzen hinaus noch viel zu wenig beachtet worden. Neben den ausführlichen Kapiteln über die Brüder Mann und Franz Kafka hat Dr. Tonelli auch die Aufenthalte des Schriftstellerehepaars Hermann (1857–1928) und Cläre Sudermann 1905 und 1906 recherchiert. Dank ihrer Beziehungen zum Sanatorium und zur Familie von Hartungen lassen sich zudem heute weitgehend vergessene, seinerzeit aber recht interessante Personen erinnern wie die extravagante Autorin Hermione von Preuschen (1857–1918), die von Heinrich Manns Roman *Die Göttinnen* (1903) so überaus begeistert, von der Begegnung mit dem Autor selbst jedoch schwer enttäuscht war, wie sie in dem postum erschienenen *Roman meines Lebens* (1926) berichtet. Die polnische Dichterin Kazimiera Illakowicz (1892–1983), erst Bohèmienne in Krakau und St. Petersburg, seit November 1918 Referendarin im Außenministerium, 1926 bis 1930 sogar Privatsekretärin des Kriegsministers Marschall Pilsudski, hielt auch nach dem Ende des Sanatoriums den Kontakt zur ihrem Arzt Erhard von Hartungen aufrecht. Den Besuchen der unglücklichen Schwester Carla der Gebrüder Mann widmet Tonelli ebenso nähere Beachtung wie Rudolf Johannes Schmied, dem literarisch begabten Bruder eben jener Inés Schmied, die beinahe Heinrich Manns erste Frau geworden wäre. Der südtiroler Schriftsteller und Sagenforscher Karl Felix Wolff, Maler wie der lange in Torbole ansässige Hans Lietzmann oder Carl Dietrich, der Christoph von Hartungens Gardaseeführer 1891 illustrierte, und der Maler und Zeichner Joseph Hermannsdorfer standen mit der Familie Hartungen ebenfalls in näherer Beziehung. Daniela von Bülow Thode konsultierte von Gardone aus immer wieder ihren Arzt in Riva. Erwähnenswert sind zudem Begegnungen und Kontakte mit Kollegen wie dem Begründer der Psychoanalyse Sigmund Freud und einem seiner ersten Schüler Wilhelm Stekel sowie im Frühling 1912 mit dem Neurologen, Psychiater und bahnbrechenden Forscher auf dem Gebiet der Homosexualität, Magnus Hirschfeld. Vor dem Krieg kam es auch mit Rudolf Steiner, dem Begründer der Anthroposophie, öfter zu Begegnungen, und in den letzten Monaten vor seinem Tod am 31. März 1914 erhoffte der schwer an Tuberkulose erkrankte Dichter Christian Morgenstern, einer der prominentesten Anhänger Steiners, wegen seines aussichtslosen Zustands nach Ablehnungen in Meran und Arco vergeblich die Aufnahme im Sanatorium Hartungen. »Die Heilung kann nur aus dem Geiste kommen« war eines seiner letzten Worte.

Heinrich Mann in Riva, um 1905

Die kleine Stadt
Heinrich Mann

Vom Himmel auf die Erde, von der Antike in die Gegenwart – die Entwicklung des Schriftstellers Heinrich Mann (1871–1950) läßt sich bereits an den Titeln seiner Romane *Die Göttinnen* (1902) und *Die kleine Stadt* (1909) ablesen. Sie sind das Ergebnis vieler ausgedehnter Aufenthalte in Italien durch beinahe zwanzig Jahre zwischen 1893 und 1911, besonders im Sanatorium Hartungen in Riva am Gardasee. Sie sind aber auch, zusammen mit weiteren Romanen und Novellen, das Ergebnis einer neuen literarischen Sicht auf Italien, weg vom ästhetizistischen Wunschbild, hin zum ungeschönten Alltag, zur Politik. Und sie eröffneten Heinrich Mann in der »Zeit meiner schärfsten Arbeit« (Brief an Paul Hatvani 1922) zwischen 1898 und 1908 einen neuen künstlerischen Weg zu seinen, wie er sie selbst nannte, »sozialen Zeitromanen«: *Im Schlaraffenland* (1900), der »unter feinen Leuten« in Berlin spielt; *Die Jagd nach Liebe* (1903), dem Münchener Gegenstück dazu; *Professor Unrat oder Das Ende eines Tyrannen* (1905, verfilmt 1930 von Josef Sternberg unter dem Titel *Der blaue Engel* mit Marlene Dietrich in der Hauptrolle) und vor allem *Der Untertan* (1918), das satirische Hauptwerk der wilhelminischen Epoche (verfilmt von Wolfgang Staudte 1951). Der Weg vom kritischen Realisten zum Vorbild der expressionistischen Generation und einem der maßgeblichen Autoren der Weimarer Republik führte Heinrich Mann also zunächst nach Italien und Südtirol und dort eben immer wieder nach Riva am Gardasee.

Er kam aus dem Norden. Sein Vater, der angesehene Getreidehändler und Finanzsenator Thomas Heinrich Mann (1840–1891), war in Lübeck im Oktober 1891 an einer Blutvergiftung gestorben. Damit erlosch das seit über 100 Jahren ansässige und erfolgreiche Handelshaus auf einen Schlag. Die aus Brasilien stammende Mutter Julia (1851–1923) liquidierte die Firma im

Jahr darauf und zog mit den beiden Töchtern Julia (1877–1927) und Carla (1881–1910) sowie dem Spätling Viktor (1890–1949) 1893 nach München. Der zweitälteste Sohn Thomas (1875–1955) folgte nach dem Schulabschluß 1894. Der »Verfall einer Familie«, den Thomas Mann in seinem Roman *Buddenbrooks* (1901) gestaltete, war also in den Grundzügen selbst erlebt.

Der Vater hatte offenbar die gefährliche Nähe von Dekadenz und Literatur erkannt und daher testamentarisch verfügt, den Neigungen seines ältesten Sohnes »zu einer s.[o] g.[enannten] literarischen Thätigkeit« entgegenzutreten. Aber Heinrich Mann selbst erinnert sich an die grandios dekadente Szene, als der Sterbende seinem Sohn ausdrücklich versicherte, daß er ihm helfen wolle. Wie auch immer – nach einer abgebrochenen Buchhändlerlehre in Dresden und einem Volontariat im Berliner Verlag Samuel Fischer erkrankt der junge Mann 1892 an einer Lungenblutung. Auf der Suche nach Sanatorien und klimatisch günstigen Orten beginnt für Heinrich Mann eine unstete und einsame Zeit, die erst 1914 endet, als er in München heiratet. Unterwegs zwischen Berlin (Sanatorium Dr. Oppenheimer), Wiesbaden, dem Schwarzwald, Lausanne, München und Florenz kommt der lungenkranke Heinrich Mann im Oktober 1893 erstmals nach Riva ins Sanatorium Hartungen. Christoph IV Hartung von Hartungen, der zu diesem Zeitpunkt sein naturheilkundliches Sanatorium bereits in zwei »Cristoforo«-Villen eingerichtet hat, wird sein Leibarzt: »Diesem Arzt und Freund bewahrte er immer dankbarste Gefühle, weil er die völlige Wiederherstellung seiner Gesundheit der Klugheit und Kunst des Doktors von Riva zuschrieb.« So Viktor Mann in seinen Erinnerungen. Wie Albino Tonelli herausgefunden hat, geht der Einfluß des Arztes auf seinen Patienten jedoch viel weiter. Geradezu familiäre Nähe, die vermuten läßt, daß Heinrich Mann in seinem Arzt auch einen fördernden Vaterersatz gefunden hat, konkrete medizinische Auskünfte und vor allem die Patienten im Sanatorium gaben dem jungen Autor reichlich Stoff für seine Bücher.

Doktor Bieber

Der erste Aufenthalt des 21jährigen Heinrich Mann in Riva ist durch einen Brief an seinen Jugendfreund Ludwig Ewers vom 1. Oktober 1893 aus dem »Hôtel de Bavière« (Hotel Bayerischer Hof, heute Hotel Europa) nachweisbar. Nachdem er von gefährlichen Versuchungen kulinarischer und weiblicher Art in Florenz berichtet hat, fährt er fort: »Hier ist es sehr still, und man ist solchen Gefahren nicht ausgesetzt. Der See ist wunderschön; es gibt Bootfahrt, Ausflüge, Wasserfälle, hübsches altes Städtchen, gutes Hotel und vorzügliche Verpflegung, was einem so ein unbeschreibliches Sicherheitsgefühl gibt. Die Luft ist sehr mild bisher, selbst wenn es wie heute gar nicht aufhört zu regnen. Dazu werde ich hier besser als an größeren Orten mit meiner Arbeit vom Fleck kommen.« Diese »Arbeit« ist der Roman *In einer Familie* (1894), dessen Erscheinen in einem Münchener Verlag die Mutter finanzierte. Vorbild dafür war, wie Thomas Mann 1931 schrieb, »die studierte und delikate Psychologie«, mit anderen Worten die Psychologie der Dekadenz des französischen Schriftstellers Paul Bourget gewesen. Den Roman des »gleichsam in geistiger Krankenluft lebenden« Helden, den keine positive Aussicht retten kann, hat Heinrich Mann 1947 in einem ausführlichen Brief an Klaus Lemke aus dem kalifornischen Exil allerdings vorbehaltlos als unreif verworfen. Es folgte ein bürgerlich-reaktionäres Zwischenspiel mit der Herausgabe der Zeitschrift *Das Zwanzigste Jahrhundert. Blätter für deutsche Art und Wohlfahrt* (1895/96), bevor den seit 1895 in Rom lebenden jungen Mann mit der Konzeption seines Romans *Im Schlaraffenland* 1897, wie er selbst im Rückblick sagte, das Talent überfiel: »Ich glaubte einen Bleistiftentwurf zu machen, schrieb aber den beinahe fertigen Roman. Mein Talent ist in Rom geboren, nach dreijähriger Wirkung der Stadt.« (an Klaus Lemke, 29. Januar 1947) Vielleicht war diese Befreiung von Vorbildern und Denkmustern auch Folge des literarischen Wettstreits mit dem Bruder, der zwischen 1896 und 1898 mit Heinrich in Rom und Palestrina lebte. Neben der Arbeit am Roman *Im Schlaraffenland*, der 1900 erschien, schrieb Heinrich Mann in dieser Zeit zahlreiche Novellen, in denen er auch die eigene Umgebung kritisch spiegelte. In der Titelgeschichte des ersten Novellenbandes *Das Wunderbare* (1897) berichtet der Erzähler, wie er nach einem »tollen Blutsturz« in der Genesungszeit an einem See eine junge Frau kennenlernt, die sich ihm als wundersam schwebende Existenz zeigt und am Ende stirbt. Anders als in einer zeitgemäß naturalistischen Novelle überlegt der Erzähler hier sehr modern den Unterschied zwischen bewußtlosem Erleben und bewußtem Gestalten des verlorenen Wunderbaren. Der Weg des Autors Heinrich Mann ist gebahnt. Der zweite Novellenband *Ein Verbrechen und andere Geschichten* (1898), im selben Jahr erschienen wie Thomas Manns erstes Buch, die Novellen *Der kleine Herr Friedemann*, stimmt in der Geschichte *Doktor Biebers Versuchung* den skeptischen Humor an, der Heinrich Manns kritische Einfühlung so deutlich von der distanzierten Ironie seines Bruders unterscheidet.

In der Kuranstalt Westermann schwärmen einige ältere Damen von Doktor Bieber, der sie auch mit Magnetismus und Hypnose zu therapieren versucht. Gegenspieler des Doktors ist der skeptische Herr Sägemüller, der bei der Beschreibung des Doktors kein Blatt vor den Mund nimmt: »›Spiritist, Vegetarianer, Jägerianer und Kommunist, Alkoholgegner und Wagnerianer‹« – darin ist konkret Christoph IV von Hartungen erkennbar, und der »Jägerianer« meint den »Frauenjäger«, als welchen Heinrich Mann den Arzt in seinem letzten Roman *Der Atem* (1949) entlarvt. Zwischen dem Doktor und dem Skeptiker steht die junge lungenkranke, etwas naive Gabriele. Doktor Bieber versucht, die »Reinigung des Willens« am Beispiel von Auszügen aus Wagners Oper *Tristan und Isolde* zu demonstrieren; dieser Wille könne auch die Außenwelt beeinflussen. Sägemüller leugnet dies und verleitet den Arzt zu einer Radfahrt, auf der er jedes Hindernis kraft seines Willens überwinden soll. Zusammen mit Gabriele auf dem Tandem gerät Doktor Bieber aber in Bedrängnis durch ein Fuhrwerk; und während Gabriele entschlossen hindurchfahren will, kann der Arzt den Zusammenstoß nur durch rechtzeitiges Umwerfen des Rades vermeiden. Sägemüller verliert die Achtung Gabrieles, und der Arzt gesteht am Ende, nur eine Rolle zu spielen. Freilich verstößt das kritische, herausfordernde Verhalten Sägemüllers völlig gegen die Hausordnung im Sanatorium Hartungen. Heinrich Mann hat sich demnach als Patient und als Autor von seinem Arzt emanzipiert. Dennoch kam er weiter zu ihm nach Riva: Der Arzt half ihm als Fachmann bei der Darstellung seines nächsten Romans.

Die Herzogin von Assy

Während Thomas auf Wunsch des Verlegers Samuel Fischer nach der günstigen Aufnahme des Novellenbands *Der kleine Herr Friedemann* in Rom seinen Roman vom »Verfall einer Familie« unter dem Arbeitstitel *Abwärts* begann, entschloß sich Heinrich zu einem ungleich ausgedehnteren Romanprojekt. In Riva konzipierte er 1899/1900 auf 86 Seiten den dreiteiligen Roman über *Die Leidenschaften der Herzogin von Assy*. Dem Verleger Albert Langen erläutert er am 2. Dezember 1900: »Es sind die Abentheuer einer großen Dame aus Dalmatien. Im ersten Theil glüht sie vor Freiheitssehnen, im zweiten vor Kunstempfinden, im dritten vor Brunst. Sie ist bemerkenswerther Weise ein Mensch und wird ernst genommen; die meisten übrigen sind lustige Thiere wie im ›Schl‹[araffenland]. Die Handlung ist bewegt, sie erstreckt sich auf Zara, Paris, Wien, Rom, Venedig, Neapel. Wenn alles gelingt, wird der I. Teil exotisch bunt, der 2te kunsttrunken, der 3te obscön und bitter.« Für die Ausführung rechnete Heinrich Mann etwa anderthalb Jahre. Tatsächlich schrieb er den Roman von November 1900 bis August 1902; noch im Dezember 1902 erschien das Werk bei Albert

Langen unter dem Titel *Die Göttinnen oder Die drei Romane der Herzogin von Assy*. Es ist der Abgesang auf die europäische Aristokratie. Die drei Teile *Diana*, *Minerva* und *Venus* entsprechen den drei Lebensaltern der Violante, Herzogin von Assy, »die letzte, zerbrechliche Tochter sagenhafter Riesenkönige«, aber auch der »Menschen der Entzweiung, der Schwärmerei, des Raubes und der heißen, plötzlichen Liebe«. Unterstützt die Herzogin als »Diana« zwischen Wien und Paris noch den Wunsch ihres Volkes nach Freiheit aus Abscheu vor der Armut, so lebt die »Minerva« in Rom bereits in falschen Kunstformen einer »hysterischen Renaissance«, bevor sie als »Venus« in haltlosen Liebesorgien untergeht und altert. Diesen letzten Teil nannte sein Autor auch »Roman des Climacteriums«, und in den Details ließ er sich darin von Dr. Hartungen beraten: »Das Schlußkapitel, worin die Herzogin stirbt, hat uns beide viele Unterredungen und einen Stoß Briefe gekostet«, schreibt Heinrich Mann seinem Freund Ludwig Ewers aus München am 29. September 1902. Daher ist auch ein Porträt des Dr. Hartungen unschwer in diesem Schlußteil auszumachen.

Nach den Ausschweifungen der »Venus« wendet sich die noch nicht 50jährige Herzogin von Assy mit schweren asthmatischen Anfällen in Paris an einen Arzt. Der rät ihr zu »›(...) Luftbädern, Gymnastik, Märschen. In allem wäre Mäßigung zu beobachten, denn leider ist das Rückenmark bedroht. In dieser Beziehung verhehle ich nicht meine Besorgnis. Wenn Sie mir folgen wollen, Madame, so begeben Sie sich nach Riva am Gardasee und unter die ärztliche Leitung eines meiner Freunde. Der Doktor von Männingen wird Ihnen, unterstützt durch das günstige Klima, mit ein wenig kaltem Wasser und geeigneter Bewegung in zwei Jahren Ihr vollständiges Gleichgewicht zurückverschaffen. Möge die Frau Herzogin nicht daran zweifeln‹, setzte er hinzu, leicht lächelnd.« (6. Kap.) So setzt der Arzt in seinem Schlußsatz auch auf die selbstheilende Kraft der Zuversicht, ganz im Sinne der Methode Hartungen.

Die Herzogin von Assy fährt also an den Gardasee, besteigt in Desenzano den Dampfer, erinnert sich aber unterwegs daran, daß in Maderno ihr einstiger Geliebter aus römischen Tagen, der Maler Jakob Halm, lebt, und steigt dort aus, um ihn zu besuchen. Sie findet ihn in einer bäuerlichen Idylle mit einer Magd, die den gemeinsamen Sohn auf dem Arm trägt. Auch er bestärkt sie in ihrer Absicht, den »Doktor von Männingen« aufzusuchen: »›(...) Eine bessere Wahl konnten Herzogin gar nicht treffen. Er ist ein wirklicher Arzt, also von einer sehr seltenen Gattung. Eine Persönlichkeit, die auf andere übergreift, nach allen Seiten austeilend, aufrichtend, fördernd, und selber beglückt durch das Gefühl ihrer Wirkungen. Er wird Sie auf wienerische Art mit betäubender Liebenswürdigkeit geistig vergewaltigen, daß Ihnen kein Besinnen auf Ihre Krankheit mehr freisteht. Sie werden ans Rudern, an Tiefatmungen, an Bergbesteigungen von ganzen zweihundert Metern einen Ehrgeiz verwenden! Das ist gesund, das beruhigt! Erinnern Sie sich Herzogin wohl, wie ich verbraucht, unstet, hoffnungslos, fertig war – damals? Nun, dem Doktor von Männingen verdanke ich's, daß ich heute mein Selbstvertrauen wiederhabe und ein festes Lebensmaß.‹« Die Aussicht aber auf ein derartig, wie sie sich denkt, »›gar zu mäßiges Leben‹«, bringt die Herzogin dazu, ihren Entschluß zu ändern und wieder heim nach Neapel zu fahren.

Die Umkehr wird zum Melodrama auf dem See. Jakob bietet sich an, die Herzogin nach Desenzano zurückzusegeln und gesteht nun selbst seine künstlerischen Verluste: »›(...) Sehen Sie diesen Nebelsee voll von gedämpften Spiegelbildern. Wie mich das früher aufgeregt hätte! Jetzt geht's mich gar nichts an – gar nichts.‹« Die beiden segeln los: »Sie sagten lange nichts. Die Wellen wurden größer, ihr Boot stieg und fiel. Die See war weit wie ein Meer. Die Ufer waren verloren hinter tiefziehenden Wolken. Sie sahen kein Schiff, sie waren miteinander ganz allein.« Da erkennt der Maler in der abgelebten, todkranken Frau vor sich sein letztes großes Bild: »›(...) mein Werk, mein größtes auf immer: das Bildnis der sterbenden Herzogin von Assy!‹« Die aber, obwohl sie in diesen Worten endlich den Maler und Freund von einst wiedererkennt, winkt nur ab. Da wünscht der Maler pathetisch, mit ihr im See zu sterben, und bringt beinahe das Boot zum kentern. Doch auch er sieht ein, daß diese Frau einen anderen Ort für ihr Sterben braucht, und bringt sie sicher nach Desenzano. Ans Sterbebett seiner Freundin in Neapel schickt der Maler dann das große fertige Bild.

Heinrich Mann hat das Sterben seiner Heldin ganz aus dem Vorschlag seines Arztes Christoph IV von Hartungen entwickelt. In einem undatierten Brief, den Christophs Sohn im Auftrag seines Vaters an den Autor richtete, heißt es: »Sie soll bis zum letzten Augenblick bei Bewußtsein bleiben und nur in Folge reiner Erstickung durch Brustkrampf hervorgerufen durch ein hinzutretendes Rückenmarksleiden sterben.« Mehrere Ärzte versammeln sich zur vergeblichen Beratung. Und nach genauer Schilderung der Einzelheiten schließt die Beschreibung: »Im Ganzen das Bild eines hysterischen Krampfzustandes doch ohne alle entzündlichen Erscheinungen.« Heilung ist dieser Protagonistin einer ganzen Epoche, die mit ihr schon lange vor dem Ersten Weltkrieg untergeht, nicht mehr möglich.

Die Reaktionen auf das Buch waren positiv; wie schon beim »Schlaraffenland« wurde zwar der Einfluß Gabriele d'Annunzios bemerkt, aber auch Heinrich Manns Eigenständigkeit hervorgehoben. In einem Brief an Ludwig Ewers vom 7. Januar 1903 verwahrte sich Mann nachdrücklich gegen eine »Schülerschaft d'Annunzio gegenüber«; er habe ihn nie gelesen, gestehe jedoch zu, »daß (...) in meiner Abstammung, in meinem Bildungsgang und in meiner körperlichen und geistigen Beschaffenheit vielleicht Momente sind, die bewirken, daß ich ganz selbständig auf ähnliche Sachen verfalle wie d'Annunzio.«

Die Jagd nach Liebe

Kaum sind *Die Göttinnen* erschienen, konzipiert Heinrich Mann bereits den nächsten Roman »– was sollte ich weiter tun«, fragt er den Freund Ewers in einem Brief aus der Villa Cristoforo in Riva vom 20. Dezember 1902. Wenige Tage später, am 7. Januar 1903, ist er, wie Ewers erfährt, in San Vigilio: »Ich bin auf dieser kleinen Landzunge, in landschaftlich schöner Natur und im Schutze einer zerbröckelnden Renaissance-Villa, der einzige Gast. Die Einsamkeit befördert die Konzeption meines Romans.« Noch im selben Jahr erscheint, ebenfalls bei Albert Langen, der Roman *Die Jagd nach Liebe*, eine kritische Gesellschaftsstudie aus München als der Kunststadt des Jugendstils. Thema ist die unglückliche Liebe des reichen Privatiers Claude zu der Schauspielerin Ute (mit Zügen von Heinrich Manns Schwester Carla); beide leben in ihren jeweiligen Kunstwelten und bleiben trotz vieler Worte und Gesten getrennt. Mehr Verständnis findet Claude nur bei Utes Bühnenrivalin Gilda, mit der er spontan aus der beiderseitigen Misere im Winter an den Gardasee flieht, genauer ins menschenleere San Vigilio, in das Gasthaus neben dem Palast der Villa Guarienti di Brenzone: »Das Gasthaus war noch unbewohnt; niemand kam im Januar nach San Vigilio. Es brauchte viel Zeit, die nie geheizten Räume zu erwärmen.« Sie gehen vor die Tür: »Wie stolz und schwermütig setzte der zerbröckelnde Palast seine Stufen ins Wasser. Es erschauerte nur noch leise unter einer letzten Liebkosung des Windes. In einem starren Bogen schritten Zypressen um das Ufer her. Aus dem Garten des Palastes drängten hohe Pflanzen sich über die Mauer.« Gilda bewundert die schönen Myrten, erblickt eine Tafel mit einer lateinischen Aufschrift und Claude entziffert: »›Diese Myrten und Zitronen pflanzte Venus selbst und ließ sie blühen. Mit den Tränen junger Menschen begoß die Liebe sie selbst. Süß und bitter zugleich, eisig und glühend wachsen die Früchte. So wächst in unserer Brust die Liebe.‹« Dieser zeitlose

Kommentar trifft auch auf das traurige Liebespaar zu. Gilda erkrankt schwer an Gelenkrheumatismus und stirbt; Claude überlebt sie nur um wenige Jahre. Die kalten Wintertage Heinrich Manns in San Vigilio sind demnach bis ins Detail in das Schlußkapitel seines Romans eingegangen.

Novellen

Heinrich Mann hat in diesen Jahren keinen festen Wohnsitz; nach Aufenthalten in München, Berlin und an der Côte d'Azur kommt er immer wieder auch nach Riva ins Sanatorium Hartungen oder selbständig in die Villa Leonardi, mehrmals zusammen mit dem Bruder Thomas, im Mai 1905 mit der Mutter, Schwester Carla und der kurzzeitig Verlobten Inés Schmied. Er ist weiter erstaunlich fleißig. So erscheinen 1905 der Novellenband *Flöten und Dolche*, der Roman *Professor Unrat oder Das Ende eines Tyrannen*, der Essay *Eine Freundschaft. Gustave Flaubert und George Sand* sowie die Übersetzung der *Gefährlichen Liebschaften* von Choderlos de Laclos. Als Vorbild für den *Professor Unrat* gilt übrigens »ein alter reicher Kohlenhändler aus Bielefeld«, den Heinrich Mann – wie sich Christoph V erinnert – im Sanatorium Hartungen kennenlernte.

Während er die ersten Skizzen zu *Der Untertan* entwirft, läßt Heinrich Mann 1906 gleich drei Novellenbände erscheinen: *Schauspielerin*, *Mnais und Ginevra* und *Stürmische Morgen*. Zwei Erzählungen aus letzterem Band spielen konkret lokalisierbar am Gardasee. In einer Pension in Torbole, zwischen dem Hafen mit seinem »Steindamm« und dem oberhalb gelegenen »Weg nach Nago«, also im Gebiet der vom Sanatorium Hartungen empfohlenen »Terrainkuren« oder Spaziergängen, setzt die Novelle *Jungfrauen* im kalten Frühjahrsklima ein: »Die letzten Gäste kamen fröstelnd herein. Sie schalten über die erfrorenen Blüten, den Sturmhimmel, die Schwärze des Sees. Auf dem Monte Baldo hatte es geschneit! Italien erfüllte alle mit Bitterkeit.« Sonnenstrahlen fallen erst metaphorisch ins Zimmer, als der Sänger Schumann hereinkommt und zwei jungen Schwestern den Kopf verdreht. Eine etwas verunglückte gemeinsame Bootsfahrt, Liebeskummer, Streit, Zugluft, Fieber und Versöhnung sind die weiteren Stationen. Zuletzt hat sich auch das Wetter gebessert: »Nun waren alle mit Italien zufrieden; es war blau und gelind, es sang, fächelte und plätscherte mit seinem See und seinen Menschen.«

Ungleich dramatischer ist die in Riva spielende unglückliche Liebesgeschichte der *Heldin* Lina, ihres Freundes Roland und der Nebenbuhlerin Grete. Der Torre Apponale, der alte Uhr- und Wachturm am Hafen, ist hier der »stille, graue Wachtturm« und es wird erläutert: »›Seit tausend Jahren steht er dort; hinter sich die Stadt, vor sich den See in seinen blauen Luftschleiern, worin der Umriß des Gebirges sich verstrickt, aus denen sonst, wie aus der Ewigkeit, Feinde auftauchten und in die sie, abgeschlagen, zurücksanken. Wie viele Geschlechter haben dem alten Wachtturm ihr Heil verdankt! Noch das heutige geht, ohne selbst darum zu wissen, in seinen breiten Schatten hin.‹« Deutlich erkennbar ist die in einem Bogen auf die heutige Piazza III. Novembre führende Via Fiume als »Lange Straße«: »›Jetzt werden wir die Lange Straße hinansteigen, das holprige Pflaster mit den Marmorfliesen darin; und zu beiden Seiten schlummern die bröckelnden Paläste. Die Säulen der Portale ragen vor den halbrunden Fasaden; Rosengestrüpp fällt über die Türen; in den spitzbedachten Fenstern lauert es schwarz, hinter knotigen Eisengittern; das Lämpchen unter dem Madonnenbild funkelt.‹« Albino Tonelli hat dazu den Tabakhändler Bertanza und den alten Weinhändler als seinerzeit stadtbekannte Figuren identifiziert. Auch die naturheilkundlichen Lebensregeln des Sanatoriums Hartungen klingen an, wenn Grete Roland auffordert, er solle »›mehr schwimmen und rudern. Wozu sind Sie denn hergekommen?‹« Aber das Unheil ist nicht aufzuhalten: Am Ende der Geschichte nimmt Lina willentlich Rattengift zu sich.

Die unstete Lebensform, die Sympathie für Italien und Frankreich, waren bei Heinrich Mann das Ergebnis seiner Herkunft. In einer autobiographischen Skizze hat er 1904, mit dem Blick auf die eigene Familiengeschichte im Roman *Buddenbrooks* seines Bruder, festgestellt: »Nachdem wir zwei dicke Bände lang hanseatische Kaufleute gewesen waren, brachten wir es endlich kraft romanischer Blutmischung – laut Nietzsche bewirkt so etwas Neurastheniker und Artisten – bis zu Künstlertum. Ich ging, sobald ich konnte, heim nach Italien. Ja, eine Zeitlang glaubte ich zu Hause zu sein. Aber ich war es auch dort nicht; und seit ich dies deutlich spürte, begann ich etwas zu können.« Der Impuls zur künstlerischen Arbeit entstand bei Heinrich Mann demnach aus der Differenz zwischen dem hanseatischen väterlichen und dem brasilianischen mütterlichen Erbe. »Das Alleinstehn zwischen zwei Rassen stärkt den Schwachen, es macht ihn rücksichtslos, schwer beeinflußbar, versessen darauf, sich selbst eine kleine Welt und auch die Heimat hinzubauen, die er sonst nicht fände.« Aus dieser Einsicht schrieb Heinrich Mann den Roman *Zwischen den Rassen* (1907), zum Teil angelehnt an die Kindheitserinnerungen der Mutter. Das Schicksal der Hauptfigur Lola, in Deutschland nicht heimisch geworden zu sein und die eigentliche Heimat vergessen zu haben, ließ sich ohne weiteres auf Mutter und Sohn übertragen. Noch dazu war Heinrich Mann zwischen 1905 und 1909 mit Inés Schmied, der aus Argentinien stammenden Tochter eines Plantagenbesitzers, verlobt. Kennengelernt hatte er sie und ihre Mutter natürlich im Sanatorium Hartungen. Thomas Mann las den Roman daher »vorwiegend als persönliches Dokument und Bekenntnis«, wie er seinem Bruder in einem Brief vom 7. Juni 1907 gestand. Während Thomas Mann durch die Heirat mit Katia Pringsheim 1905 sich in der besseren Münchener Gesellschaft etablieren konnte und mit der Arbeit an dem Roman *Königliche Hoheit* (1909) begann, blieb

Heinrich allein. Dafür eroberte er sich seine neue Heimat literarisch mit dem Roman *Die kleine Stadt* (1909).

Die kleine Stadt

Ganz ähnlich wie der Roman *Buddenbrooks* (1901) war auch der Roman *Die kleine Stadt* (1909) zunächst als Novelle für die Zeitschrift *Simplicissimus* geplant, wuchs sich aber unter dem Schreiben erheblich aus. Von November 1907 bis März 1909 arbeitete Heinrich Mann an diesem Buch: »Wurde in anderthalb Jahren das Stärkste, was ich gemacht habe. Ich war achtunddreißig« (Brief an Klaus Lemke, Los Angeles, 27. Januar 1947). Das Buch lese sich, meinte Bruder Thomas in einem Brief aus Bad Tölz vom 30. September 1909, »wie ein hohes Lied der Demokratie«; man gewinne den Eindruck, »daß eigentlich nur in einer Demokratie große Männer möglich sind.« Demokratie – das bedeutete 1909 den Gegensatz zu Aristokratie, Monarchie und besonders zum wilhelminischen Kaiserreich. Im Roman geht es um das bürgerliche Selbstbewußtsein in Italien nach der Einigungsbestrebung des Risorgimento (1850– 1870) und der Einrichtung des Königreichs Italien (1870– 1918). Im Roman stehen sich beispielhaft der fortschrittlich liberale Advokat Bellotti und nationalistisch konservative Gemeindesekretär Camuzzi gegenüber. Angelegt wie ein Drama in fünf Akten, schildert der Roman in fünf Kapiteln den Einbruch einer Künstlertruppe in die kleine Stadt, um dort die Oper *Die arme Tonietta* des einheimischen Komponisten Enrico Dorlenghi aufzuführen. Angefeindet vom Priester Don Taddeo und seinen Treuen, entwickeln sich schnell allerlei Liebeshändel und Intrigen. Die Aufführung der Oper im dritten Kapitel führt zu großer Begeisterung, da sich die Menschen in dem Geschehen wiedererkennen. Das Schüren der Konflikte endet im letzten Kapitel mit der großen Versöhnung aller Gegensätze. Nur zwei Außenseiter, der Tenor Nello Gennari und die für das Kloster bestimmte Alba Nardini, die eine heimliche und selbstsüchtige Liebe verbindet, kommen am Ende um: Alba ersticht den untreuen Geliebten und sich selbst.

Das Drama in Romanform läßt die beinahe einhundert Personen fast ohne Kommentar nur in ihren eigenen Worten und Diskussionen auftreten. Die Kombination von Alltag, Kunst und Politik sollte, wie Heinrich Mann hoffte, eine »Vergeistigung« des Volkes zeigen, eine in die Zukunft gerichtete Möglichkeit freier, demokratischer Selbstbestimmung. Das Mittel dazu war die Musik, und im Hinterkopf hatte Heinrich Mann dazu die Opern Giacomo Puccinis (1858–1924), besonders *La Bohème* (1896) und *Tosca* (1900). Puccini war für Heinrich Mann derjenige Komponist »nicht nur des leidenschaftlichen Gesanges, auch des gehobenen Mitgefühles seiner Mitwelt«, der »eine einzige ›kleine Stadt‹ singend zu machen« verstand: »Der Maestro Puccini hat es für eine Welt getan, bevor ihr aller Gesang verging. Mein junger Kapellmeister, seine glühende Sehnsucht, Musik für ein ganzes Volk zu ersinnen, ist meine Anschauung des werdenden Puccini: meinen Roman hätte ich sonst nicht geschrieben.« So Heinrich Mann in seinen Erinnerungen.

Das Buch war ihm daher auch von seinen Romanen »der liebste«, denn, wie er Ludwig Ewers in einem Brief aus Nizza vom 13. Dezember 1909 begründete, »er ist nicht nur technisch eine Eroberung, auch geistig. Es ist Wärme darin, die Wärme der Demokratie (...), ein Glaube an die Menschheit, – zu dem die Welt, wie mir scheint, wieder gelangen wird, zuletzt vielleicht in Deutschland, denn dort steht er am Tiefsten: aber gleichviel, das 19. Jahrhundert, das den Glauben an die Menschheit nicht hatte, wird überwunden werden.« Welche Perspektive wurde hier entwickelt und im Ersten Weltkrieg vernichtet! Heinrich Mann sah es deutlich: Der »Untertan« sollte die nächsten Jahrzehnte bestimmen.

Aber zurück zum Romandrama in der kleinen Stadt. Als Schauplatz galt bislang vor allem Palestrina, wo sich Heinrich

Mann mit seinem Bruder zwischen 1896 und 1898 öfter aufhielt. Albino Tonelli hat nun herausgefunden, daß Topographie, Ambiente und Personennamen des Romans vielfach ganz konkret auch auf Riva zu beziehen sind. Heinrich Manns handschriftliche Skizze der Piazza mit dem dominierenden Turm,

Heinrich Mann: Skizze zu »Die kleine Stadt«, Feder, um 1908

den Häusern mit Café und Apotheke und dem Brunnen läßt sich leicht auf die einstige Piazza Benacense (heute Piazza 3 Novembre) in Riva beziehen, vorausgesetzt der in Palestrina seinerzeit nachweisbare Brunnen wird durch das Standbild des Heiligen Johannes Nepomuk ersetzt. Auch wenn der »Dom« direkt neben dem Turm wieder für Palestrina spricht, so weisen die im Roman erwähnte »Piazza Montanara« (Via und Porta Montanara) und die »Via del Torchio« (Viccolo del Torchio) ebenso auf Riva wie der Palazzo Municipale (1482) mit seinen antiken Schrifttafeln an der Nordseite auf »die lateinischen Inschriften (...), die auf alten Marmorbrocken in der Fassade des Rathauses staken«. Auch die Umgebung Rivas kommt ins Spiel. Zum abgelegenen und kaum zugänglichen Gehöft »Villascura« (Dunkles Haus) der Familie Nardini gehört ein Wasserfall, den die Stadt »›ein wenig teuer‹« gepachtet hat und mit dem sie eine »›Elektrizitätsanlage‹« betreibt. Der Advokat Bellotti ist begeistert und rühmt vor dem Tenor Nello Gennari: »›Scheint es nicht ein Traum? Am Ende dieses Ganges von Rosen und Zypressen das stille Haus, mit seinen zwei weit vorgreifenden Flügeln und dem verschwiegenen Trakt in ihrer Mitte, tief dahinten in grünlicher Dämmerung, unter der Bergwand! Wenden Sie nicht ein, solche Lage nach Norden sei ungesund: ich weiß es zu gut; – aber wie poetisch ist dieser Schatten, feucht duftend, durchrauscht vom Wasserfall, über dem Sie dort oben unser neues Elektrizitätswerk erblicken, und erfüllt mit Blumen. Ah! Mein Herr: Blumen, Musik und Frauen!‹« Der Ort mit dem Ponalefall an der westlichen Felswand vor Riva war lange nur mit dem Boot erreichbar und besaß sogar ein bescheidenes Restaurant: »An der Landungsstelle (...) die Ruine eines Hauses inmitten verwilderter Oliven, schon vor langer Zeit das Opfer des durch Regengüsse besonders angewachsenen Wildbaches. Etwas höher in der Schlucht ein kleines, aber sauberes Wirtshaus, dann das *Elektrizitätswerk* von Riva, das durch die Kraft des Ponalefalles die Beleuchtung der Stadt vermittelt.« (Schmalix 1907) Das

1895 am Fondo Ponale gebaute und 1903–1906 oberhalb an der Finestra Biacesa mit Zugang zum Wasser des Ledro-Sees erweiterte Elektrizitätswerk verfiel während des Ersten Weltkriegs; 1925 erbaute Giancarlo Maroni, der Architekt Gabriele d'Annunzios und des »Vittoriale degli Italiani« in Gardone, das neue große Elektrizitätswerk »La Centrale del Ponale«.

Noch deutlicher werden die Bezüge zwischen Riva und dem Roman Heinrich Manns bei den Personen und ihren Namen. Der Schneider Chiaralunzi, der Friseur Bonometti sind direkt nachweisbar. Geringfügig verändert wurde der Name des Kapellmeisters Dorlenghi (von Borlenghi). In Riva geradezu sprichwörtlich bekannt und für den Roman geradezu von leitmotivischer Bedeutung ist die Person der »Hühnerlucia« oder besser, wie Heinrich Mann sie auf der Skizze selbst italienisch nennt, »Lucia dei Pollastri«. Die Alte lebt in der nach ihr benannten Gasse, die durch »übelriechende Frische« auffällt; die »Hühnerlucia« ist, wie der Advokat Bellotti dem Tenor Nello Gennari erklärt, »›das Unterhaltendste, was wir haben‹«, solange keine Künstler in der Stadt sind. Und so verläuft einer ihrer Auftritte: »Man sah sie stehn und Flügel schlagen mit ihren langen Armen. Von allen Seiten bedrängte sie das Volk, das gackerte, und die Alte verrenkte umsonst ihr krummschnäbeliges, rotes kleines Gesicht, um lauter zu gackern als alle. Da durchdrang ein Schrei von ihr den Lärm; sie stürzte sich, die Arme voran, über den Brunnen nach einem Huhn, das aufgeflattert und hineingefallen war. Die Jungen stießen sie mit dem Gesicht ins Wasser, sie spritzte es mit den Händen um sich, man kreischte, man floh ...«. Weiter ist der Name der Schauspielerin »Italia Molesi« nicht nur Zeichen für das neue nationale Selbstbewußtsein; er läßt sich auch direkt vom Namen der Schauspielerin Italia Vitaliani ableiten, die im Oktober 1905 in Riva gastierte, als Heinrich Mann in der Villa Cristoforo II zu Gast war und an der Novelle *Heldin* schrieb, die wiederum ebenfalls in Riva spielt und sogar als Vorstudie zum Roman gelten kann.

In einer autobiographischen Notiz faßte Heinrich Mann 1910 seinen bisherigen Werdegang zusammen: »Meine Bildungsmittel waren französische Bücher, Krankheit, das Leben in Italien, und zwei Frauen. Jetzt bin ich 39 Jahre alt und sehe hinter mir den Weg, der, durch sechs Romane hindurch, von der Behauptung des Individualismus zur Verehrung der Demokratie geführt hat. In meiner *Herzogin von Assy* habe ich einen Tempel errichtet für drei Göttinnen, für die dreieinige, freie, schöne und genießende Persönlichkeit. Meine *Kleine Stadt* aber habe ich dem Volk erbaut, dem Menschenthum.«

Thomas Mann zeigte sich vom Roman seines Bruders sehr beeindruckt und war, wie er Heinrich am 30. September 1909 mitteilte, auf die Wirkung des Buches »viel neugieriger, als auf die von ›K[önigliche] H[oheit]‹«, die im selben Jahr erschien wie *Die kleine Stadt*. Während die junge Generation das literarisch-humane Programm des Buches aufnahm – »Sonderlich jetzt biegen wir um, Bücher, wie die kleine Stadt von Heinrich Mann versprechen uns die Möglichkeit von Romanen« erklärte Carl Einstein 1912 stellvertretend – verschärfte sich der Konflikt zwischen den Brüdern Thomas und Heinrich Mann nach dem Ausbruch des Ersten Weltkriegs. Heinrich Mann hatte für seine Arbeit die Kombination von *Geist und Tat* (1910) bestimmt; in seinem Essay *Zola* (1915) attackierte er die ästhetisch reservierte Haltung seines Bruders. Der revanchierte sich mit den umfangreichen *Betrachtungen eines Unpolitischen* (1918), worin er das politische Engament seines Bruders mit dem Begriff des »Zivilisationsliteraten« abwerten wollte. Der beispiellose Erfolg von Heinrich Manns Roman *Der Untertan* (1918) vertiefte den Zwist nur noch. Erst zu Beginn der Zwanziger Jahre, als sich Thomas Mann zum Sozialdemokraten wandelte, kam es zur Aussöhnung der Brüder.

Heinrich Mann übersiedelte 1928 von München nach Berlin

und wurde dort 1931 zum Vorsitzenden der Sektion Dichtkunst bei der Preußischen Akademie der Künste berufen. Nach dem Machtantritt der Nazis mußte Heinrich Mann am 21. Februar 1933 aus Deutschland fliehen. Er lebte bis 1940 in Nizza; in diesen Jahren entstanden die beiden Teile des historischen Romans *Jugend* und *Vollendung des Königs Henri Quatre* (1935/38). Heinrich Mann floh nach der Besetzung Frankreichs über die Pyrenäen nach Spanien und Portugal und gelangte per Schiff am 13. Oktober 1940 nach New York. Anders als sein vielfach geförderter Bruder lebte Heinrich Mann in seinen amerikanischen Jahren unter schwierigen Bedingungen. Der starken Resignation, besonders nach dem Freitod seiner zweiten Frau Nelly Kroeger, setzte er jedoch bis zuletzt seine literarische Arbeit entgegen.

In seinem Lebensbuch *Ein Zeitalter wird besichtigt* (1946) reiht er daher auch keine Anekdoten aneinander, sondern wertet die erinnerten Gestalten immer im Bezug zur Epoche. So taucht im Abschnitt über »Arthur Schnitzler« des achten Kapitels »Die Gefährten« auch Doktor Christoph IV von Hartungen auf: »(...) Ein anderer Alt-Österreicher wanderte mit mir in den italienischen Alpen, soweit sie noch der Monarchie gehörten. Wir betraten ein Wirtshaus, über dem Sofa grüßte das Bildnis des Kaisers. ›Hier bin ich zu Hause‹, sagte der Wiener Doktor und nahm Platz. Nach Jahrzehnten am Gardasee sprach er italienisch noch immer wie ein Fremder. Aber die Völkerschaften und ihre Streitigkeiten hätte er gern vergessen. Ein einziger überzeugte ihn von seiner Nation und gab ihm sein Vaterland.« Deutlicher kann der politische Dissens zwischen dem jungen Autor und dem konservativen Arzt kaum formuliert werden.

Der letzte Roman Heinrich Manns, *Der Atem* (1949), ist in vielem Rückblick, Spiegel, der erzählten Figur ebenso wie ihres Autors. Es ist ein wunderliches Buch, meisterhaft in seiner sprachlichen Verknappung, aber manchmal auch traumhaft verloren. Am Vorabend des Zweiten Weltkriegs geistert in Nizza die alte, verarmte und schwindsüchtige Heldin Gräfin Traun in Kleidern von 1910 durch die Straßen und fragt immer wieder auf einer Bank vergeblich nach einer Überweisung ihres früheren Geliebten. Als sie ihren Wahn erkennt, gewinnt sie mit geschenktem Geld im Spielcasino von Monte Carlo ein riesiges Vermögen und feiert eine wilde Orgie; aber auf dem Sterbebett verschenkt sie es an die Armen. Sterbend erinnert sie sich an die Zeiten der Gesundheit und des Glücks, die für sie, wie auch für Heinrich Mann selbst, das Sanatorium in Riva und den Doktor von Hartungen bedeuteten: »Lydia schlief ein. (…) Die besten Tage ihres Lebens, hier träumte sie davon ohne zu schlafen, die besten waren die leichtesten gewesen. Hohe Berge ersteigen, ohne vom Atem zu wissen. Lachen, lieben, leben: wenn es glücklich war, hat sie wenig Mühe davon verspürt. Auf das Glücklichste war alles geordnet von ihrem Sonnengeflecht, ein Nervensystem der Mitte, das wenige bei sich entdecken. Über sie, die hier schlummert, hat es geboten«.

Dieses »Sonnengeflecht« oder »Solar plexus« (lat. *plexus solaris*), das Faserngeflecht des sympathischen Nervensystems, das dicht unter dem Zwerchfell auf der Vorderseite der Hauptschlagader liegt und mit den Nerven aller im Bauchraum gelegenen Organe in Verbindung steht, dieses »Sonnengeflecht« verwandelt sich in der geträumten Erinnerung der Heldin zu einem konkreten Menschen: »Sie sieht das System, menschengleich, in Gestalt des Mannes, der sie einst darüber belehrt hat. Ein Fünfziger mit gestutztem weißem Bart, einmal verbauert, einmal ein eleganter Wiener Doktor, Frauenjäger wie die Genies seiner Art. Er kann schrecklich herabgestimmt werden, aus dem Tiefsten ist er heiter. Er war der Mann, der atmen lehrte, in seiner Gewißheit über die Erregungen der körperlichen Mitte. Das Sonnengeflecht beherrscht die Funktionen, samt ihrer höchsten. Es ist das Sonnengeflecht, es bestimmt das Denken, macht es hinfällig oder groß. Sieh, der Doktor besucht sie in ihrer Lufthütte; viele davon standen auf seinem Grundstück am Gardasee, stehen in diesem einsamen Traum wieder da.« Der Traum wird sogar noch konkreter, wird zur Therapie des direkten Fingerzeigs: »Er erscheint, das ist das Wort. Geht gerade auf sie zu, drückt ihr seinen kurzen Zeigefinger vor den Magen, sie biegt sich, es schmerzt. ›Sie sehen, Comtesse, daß sie an eine Person anders denken als recht wäre. Ihr Atem ist falsch. Gleich werden sie atmen, ohne es zu bemerken.‹« Sie stirbt – ganz ähnlich wie einst die Herzogin von Assy, und die Resignation seiner Figuren erreicht den Autor schließlich selbst, der im Schlußsatz schreibt: »Die Welt schlief wie gelähmt wie in Nächten ihrer ausgebrochenen Katastrophen, wenn auch wir müde sind und das Wort niederlegen.« Heinrich Mann starb am 12. März 1950 in Santa Monica. Die Berufung zum ersten Präsidenten der Deutschen Akademie der Künste in Berlin hatte ihn noch erreicht; die Rückkehr nach Deutschland blieb ihm verwehrt.

Tristan im Sanatorium
Thomas Mann

Gemeinsam haben Heinrich und Thomas Mann (1875–1955) fast zwei Jahre zwischen 1895 und 1898 in Rom und Palestrina gelebt. Es war die Zeit ihres literarischen Debüts. Aber während Italien und besonders Riva mit dem Sanatorium Hartungen für Heinrich Mann beinahe zur zweiten Heimat wurden, verwarf der mehr am Norden interessierte Thomas Mann, bei aller Hochschätzung der literarischen Klassiker Petrarca, Dante und Michelangelo, ganz ähnlich wie sein Held *Tonio Kröger* (1902) das Klischee der italienischen »bellezza«. Am deutlichsten wird dieser »Kontrapunkt zum klassizistischen Italien-Mythos« (E. Koppen) in der berühmten Erzählung vom *Tod in Venedig* (1913) und dem in Palestrina angesiedelten Gespräch des Komponisten Adrian Leverkühn mit dem Teufel im Roman *Doktor Faustus* (1947). Thomas Manns erster Besuch in Riva fand vermutlich

Alfred Kubin: Titelzeichnung zu Thomas Manns Novellensammlung Tristan, *1903*

erst im Mai 1901 auf der Rückreise von Florenz statt, doch dürften ihm der Ort, die Person des Doktor Hartungen und sein Sanatorium aus den Schilderungen seines Bruders bestens vertraut gewesen sein. In Heinrich Manns Novelle *Doktor Biebers Versuchung* (1898), dessen Titelheld Züge des Arztes trägt, klingen bereits einige für beide Autoren folgenreiche Motive in der Verbindung von Krankheit und Musik an. Doktor Bieber spielt seinen Patienten aus *Tristan und Isolde* vor, um ihnen »›in gehobener künstlerischer Stimmung eine ungewöhnliche seelische Macht‹« zu verleihen. Wenn dagegen die kranke Patientin in der Novelle Thomas Manns ihrem Leidensgenossen ebenfalls den »Liebestod« vorspielt, bricht der »Überschwang einer ungeheuren Lösung und Erfüllung herein« und nimmt darin das eigene Sterben vorweg. Doch wir greifen vor.

Tristan

Thomas Mann begann seine erste Sanatoriumsgeschichte *Tristan* Anfang 1901 und beendete sie im Juni dieses Jahres. Bei seinem ersten nachweisbaren kurzen Besuch in Riva Ende Mai auf der Rückreise von Florenz dürfte die Novelle demnach weitgehend fertig gewesen sein. Auch kam er nicht als Patient und logierte vielleicht, wie einer späteren Erinnerung im *Lebensabriß* 1930 zu entnehmen ist, im »Hotel zur Sonne« direkt am Hafen. Bis dahin hatte Thomas Mann, wie Peter de Mendelssohn schreibt, »noch kein Lungensanatorium oder überhaupt irgend eine Art von Sanatorium und seinen Betrieb gesehen«. Da dennoch »Zeitgenossen, die es wissen müssen« versichert hätten, »das Sanatorium ›Einfried‹ sei eine sehr treffende Abbildung der Villa Cristoforo in Riva am Gardasee, Dr. von Hartungens Etablissement«, ist es immerhin denkbar, daß Thomas Mann zur Abrundung der Novelle nach Riva kam.

In seiner umfangreichen Studie über die Brüder Mann und ihre Beziehungen zu Riva und das Sanatorium Hartungen bezweifelt Albino Tonelli daher auch mit guten Argumenten Verbindungen zwischen dem literarischen und dem konkreten Sanatorium. Das Haus und sein weiter Garten hätten gar nichts mit den damals bestehenden Villen Cristoforo I-III gemeinsam, Winter und Schnee deuteten auf eine Höhenlage, die medizinischen Anwendungen spielten keine große Rolle und der Arzt werde als Despot geschildert. Wenn auch zugestanden wird, die Umgebung, in der »tannengrün, massig und weich zerklüftet die Berge himmelan (ragen)«, sei auch in Riva vorstellbar, gilt die Ansicht de Mendelssohns insgesamt als »unzulässiger Vergleich«.

Es stellt sich hier wieder die Grundsatzfrage, wieweit ein konkret nachweisbarer Ortsbezug für den Text und sein Verständnis wichtig sind, gerade wenn, wie noch zu zeigen ist, eben doch der konkrete Ort gemeint, aber aus ganz bestimmten, für Thomas Manns freilich nicht ganz einfaches literarisches und künstlerisches Selbstverständnis sehr wesentlichen, Gründen verschleiert wird.

In einer Art Vorstudie des Romans *Der Zauberberg* (1924) stellt Thomas Mann in seiner Novelle Typen vor, die allgemeinere Bedeutung haben und für mehr stehen als bloß für konkrete Vorbilder. Im Sanatorium »Einfried« begegnet der dekadente Schriftsteller Detlev Spinell der vermeintlich nur an der Luftröhre erkrankten Gattin Gabriele des »Großkaufmanns« Klöterjahn. Sie nähern sich ein wenig an, und eines Nachmittags, als sie allein im Haus sind, spielt Gabriele dem Dichter auf dem Klavier Auszüge aus Wagners Oper *Tristan und Isolde* (1859) vor. Spinell schreibt daraufhin dem Gatten einen Brief, worin er ihm »eine unauslöschliche Vision«, sein schwärmerisches Bild Gabriele Klöterjahns, schildert. Aufgebracht und wütend kanzelt der Kaufmann den Dichter in dessen Zimmer kurzerhand ab, unterbrochen freilich von dem Hilferuf, der ihn zu seiner Frau ruft. Die verdeckte Tuberkulose ist ausgebrochen – ein Fall der sich im Sanatorium Hartungen, wo Tuberkulose-Patienten ausgeschlossen waren, hin und wieder ereignet haben kann – und Gabriele stirbt.

Der Anstaltsvorstand Doktor Leander ist seinen Patienten gegenüber notwendigerweise kurz angebunden, da sie eben zu schwach sind, um Eigeninitiative zu entwickeln. Das emsige Fräulein von Osterloh als Haushaltsvorstand ist ebenfalls keine Erfindung, wie Thomas Mann später selbst in einem Brief aus der Villa Cristoforo berichtet. Erst recht ist das natürliche Heilmittel »Ozon und stille, stille Luft« im Sanatoriumsprospekt zu finden. Ebenso wendet sich der Prospekt auch an »Lungenkranke«, sofern sie eben nicht an Tuberkulose leiden. Die übrigen »Patienten aller Art« in »Einfried« hätte Hartungen sicher ohne weiteres ebenfalls aufgenommen: »Es gibt hier gastrisch Leidende wie die Magistratsrätin Spatz, die überdies an den Ohren krankt« – wie beginnt noch der Roman *Der Untertan* (1918) Heinrich Manns: »Diederich Heßling war ein weiches Kind, das am liebsten träumte, sich vor allem fürchtete und viel an den Ohren litt« – »Herrschaften mit Herzfehlern, Paralytiker, Rheumatiker und Nervöse in allen Zuständen. Ein diabetischer General verzehrt hier unter immerwährendem Murren seine Pension«. Vorstellbar im Sanatorium Hartungen sind sie alle, außer vielleicht den Paralytikern und den nicht sichtbaren »›Schweren‹«, den Fällen, von denen niemand etwas erfährt. Aber auch für sie gäbe es Platz. In einem Brief an Hedwig Fischer, die Gattin seines Verlegers Samuel Fischer, empfiehlt Thomas Mann am 22. März 1906 den Arzt und sein Sanatorium in einer vollständigen Übersicht: »(...) Der alte Doctor ist ein außerordentlich liebenswürdiger und in Nervendingen erfahrener Mann der (...) schon rein persönlich auf Ihren Gatten günstig wirken würde. Er ist (...) Homöopath, und wenn seine Pülverchen nichts nützen, so schaden sie doch jedenfalls nichts. Die Frage, ob Allopathie oder Homöopathie, ist ja bei nervösen Leiden eigentlich irrelevant, da diesen Leiden gegenüber die ›natürliche‹ Heilkräfte die wichtigsten (...) sind (...). Das Essen ist sehr gut (oesterreichische Küche) und reizlos zubereitet. Alkohol kommt nicht auf den Tisch, für noch so vieles Geld. Das Publikum ist natürlich, wie man's trifft. Da das Institut nicht den Namen eines Sanatoriums sondern eines ›Erholungsheims‹ führt, ist es meistens von einfach Erholungsbedürftigen und Nervösen niederen Grades, also keinen Schwerkranken besucht. Solche kommen wohl auch vor, aber man merkt nichts von ihnen, da sie nicht bei Tische sind (...).« Der letzte Satz scheint direkt aus *Tristan* übernommen und läßt wieder vermuten, daß die Novelle insgesamt auf das Sanatorium Hartungen zu beziehen ist, denn Thomas Mann dürfte Hedwig Fischer zu diesem Zeitpunkt keine Versprechungen mehr gemacht haben, die nur auf seiner literarischen Erfindung beruhten. Die Aufzählung der Anwendungen in *Tristan* könnte ebenfalls wieder im Prospekt der Anstalt stehen: »(...) das Massieren, Elektrisieren und Injizieren, das Duschen, Baden, Turnen, Schwitzen und Inhalieren in den verschiedenen, mit allen Errungenschaften der Neuzeit ausgestatteten Räumlichkeiten ...«.

Den entscheidenden Hinweis aber, daß es sich bei »Einfried« um ein Sanatorium handelt, das aus Erzählung und Bericht des Bruders über das konkrete Sanatorium Hartungen und aus unmittelbar anderer Anschauung entwickelt wurde, gibt der Titelheld selbst. Der trägt zusätzlich vielleicht auch einige Züge des darüber verstimmten Schriftstellerkollegen Arthur Holitscher, entpuppt sich jedoch vielmehr, wie noch zu zeigen ist, als Spiegelbild seines Autors. Der Held Detlev Spinell ist nicht wirklich organisch krank. Er läßt sich, wie er Gabriele gesteht, zwar ein wenig elektrisieren, hält das aber für nicht der Rede wert. Dafür hat er einen gravierenderen seelischen Defekt, er verfällt immer wieder »in ästhetischen Zustand«, blättert dann in seinem Roman mit dem wirren Jugendstilornament und der preziösen Salonthematik, schreibt viele Briefe – und flüchtet so in Schwärmerei und Wahn. Ihm reicht »›der verwischte Schatten‹« bei der Begegnung mit einer schönen Dame, um seine Phantasie anzuregen. Und das in Anführungszeichen gesetzte »Arbeiten« des Dichters besteht darin, Herrn Klöterjahn in einem langen Brief seine »›unauslöschliche Vision‹« zu schildern, die er von dessen Gattin hat. Das Schreiben fällt ihm ebenso schwer wie seinem Autor, der diese Mühsal, wie noch zu hören ist, wahrlich gut kannte: »Die Worte schienen ihm durchaus nicht zuzuströmen; für einen, dessen bürgerlicher Beruf das Schreiben ist, kam er jämmerlich langsam von der Stelle, und wer ihn sah, mußte zu der Anschauung gelangen, daß ein Schriftsteller ein Mann ist, dem das Schreiben schwerer fällt als allen anderen Leuten«.

Der Konflikt des Helden in *Tristan* zwischen Kunst und Leben war auch der Grundkonflikt seines Schöpfers. Ganz konkret sind hier zwei für Thomas Mann selbst entscheidende Aspekte seines Frühwerks angesprochen. Die erste bekannte Veröffentlichung Thomas Manns war die als »Prosa-Skizze« bezeichnete *Vision* (1893). Und wie sehr das langsame Schreiben des unglücklichen ›Tristan‹ Spinell im Sanatorium auf Thomas Mann selbst zutrifft, wird im Rückblick aus den beiden folgenden Aufenthalten des Autors in Riva und ihrem literarischen und brieflichen Ertrag besonders gut sichtbar. Man erinnere sich: Der junge Autor hatte vor drei Jahren seinen ersten Novellenband *Der kleine Herr Friedemann* (1898) veröffentlicht; im Sommer 1900 war das umfangreiche Manuskript seines ersten Romans *Buddenbrooks* fertig geworden und nach einigem Hin und

Her im Sommer 1901 von S. Fischer veröffentlicht worden. Die weitere Entwicklung Thomas Manns hing jetzt von der Aufnahme seines Buches in der literarischen Welt ab. Die Unruhe führte zu Magenbeschwerden und Verstimmungen, und Thomas Mann suchte im Sommer 1901 erste Erholung in Mitterbad. Hier war Christoph Hartungen IV Kurarzt und bot seinen Patienten Gelegenheit, die Zeit zwischen Juni und September, in der das Sanatorium in Riva geschlossen war, sinnvoll zu nutzen. Thomas kam zusammen mit seinem Bruder Heinrich und arbeitete an der München-Novelle *Gladius dei* (1902).

Doch die Aufregung hielt an, und so war der erste Sanatoriumsaufenthalt in Riva unumgänglich. Er kündigte ihn in einem Brief an seinen Freund Otto Grautoff aus München vom 6. November 1901 auf sehr bezeichnende und in der Eigendiagnose schon recht fortgeschrittene Weise an. Zu der Zeit, schreibt er, da »unter Nebel und Frost, der Herbst in den Winter überzugehen (beginnt)«, beginne in ihm selbst eine seltsame Veränderung: »Sonderbar! Alljährlich, um die Zeit, wenn die Natur erstarrt, bricht in die sommerliche Vereisung und Verödung meiner Seele das Leben ein und gießt Ströme von Gefühl und Wärme durch meine Adern!« Und mit dem Eintreffen der »Saison« komme auch ein Reiseziel in Sicht: »Inzwischen bin ich gezwungen, mich verabredeter und versprochener Maßen, nachdem die Winterfrische meiner Seele schon begonnen, noch in eine verspätete Sommerfrische zu begeben, nämlich nach Riva.« Die Abreise sei aber wegen eines Vortragsabends auf Ende November verschoben. Die vielen literarischen Pläne und die ersten Reaktionen auf den Roman *Buddenbrooks* schlagen ihm buchstäblich auf den Magen: »Bisweilen kehrt sich mir vor Ehrgeiz der Magen um. Überhaupt scheint es, daß bei mir eigentlich alle Affekte ihren Sitz im Magen haben, weshalb ich ihn jetzt auch kurieren muß – ».

So kommt Thomas Mann also Ende November 1901 zu seinem ersten Sanatoriumsaufenthalt nach Riva in die Villa Cristoforo II. Nach außen hin unterwirft er sich den strengen Anstaltsregeln, unternimmt – mit ärztlichem Lese- und Schreibverbot belegt, wie Kurt Martens am 25. November erfährt – ausgedehnte Spaziergänge nach Arco oder, literarisch besonders folgenreich, zum Wasserfall von Varone. Doch der Ehrgeiz hält an. Brieflich drängt er Otto Grautoff am 26. November, er solle *Buddenbrooks* in einer Rezension »aufs Beste« empfehlen; und von seinem literarischen ›Entdecker‹, dem Dichter Richard Dehmel in Wien, verlangt er am 2. Dezember eindringlich, dessen »Meinung über das Buch zu hören«. Immerhin plagt ihn ein schlechtes Gewissen. Seinem Freund Carl Ehrenberg, dem er von einem Kurkonzert in Arco berichtet, gesteht er sein Dilemma in einem Brief vom 27. November aus der Villa Cristoforo: »Verzeih die Flüchtigkeit meines Styles und die Kürze dieses Briefes; ich schreibe und lese hier nur verstohlen. Übrigens glaube ich die gute Wirkung des Ruderns und der übrigen Maßregeln schon zu verspüren und verspreche mir viel Nutzen von den nächsten vier Wochen«. Tatsächlich findet er, wieder zurück in München, er habe in Riva »gesundheitlich viel profitiert« und plane für das nächste Jahr sogar etwas ganz Neues, »etwas halbwegs dramatisches« – aber dieser Plan zum Schauspiel *Fiorenza* (1905) muß noch etwas auf seine Ausführung warten.

Tonio Kröger

Der zweite Aufenthalt Thomas Manns in Riva in der Villa Cristoforo II vom 2. Oktober bis zum 15. November 1902 hatte einen zwingenden Grund: In der Ruhe des Sanatoriums wollte er die für ihn persönlich besonders wichtige Novelle *Tonio Kröger* rechtzeitig zum Abschluß bringen. Sie sollte zunächst in S. Fischers Zeitschrift *Neue Deutsche Rundschau* erscheinen (was im Februar 1903 geschah) und anschließend in den zweiten Novellenband *Tristan* (1903) aufgenommen werden. All das gelang vorzüglich und ermöglichte dem kleinen Band eine außergewöhnlich gute Resonanz. Doch im November 1902 war Thomas Mann noch nicht so weit. Wie gut ihm allerdings die Umgebung von Riva und die freie Bewegung taten, schildert er in einem Brief an Kurt Martens vom 16. Oktober 1902 mit Worten, die zu den schönsten gehören, die jemals über den Gardasee geschrieben wurden:

»Hier ist es schön, und ich erhole mich merklich. Das Wetter ist sehr warm und, wenn auch unbeständig, so doch meistens gut. Morgens rudere ich immer mehrere Stunden lang auf dem See und war besonders zu Anfang wieder ganz bezaubert. Es hat etwas sonderbar Rührendes, wenn man nach langer unruhvoller Zeit zum ersten Male wieder in diesem sacht flüsternden und plätschernden, von ernsten Bergen eingehegten Sonnenfrieden umhergleitet.«

So konnte er seine Kräfte sammeln und auf die Novelle konzentrieren. Aber Thomas Mann war kein Schnellschreiber, und im Sanatorium ging es noch ein wenig langsamer voran als sonst: »Ich arbeite sogar, wenn auch sehr behutsam und noch zeilenweiser, als gewöhnlich, denn was ich vorhabe, (eine längere Novelle) ist wieder etwas so difficiles, daß es durchaus Weile haben will.« Hier hören wir aus der Feder des Autors das selbe Problem seines Helden in *Tristan*. Und die Novelle verlangte noch dazu besondere Aufmerksamkeit. Seine »beziehungsreiche kleine Dichtung« schrieb Thomas Mann, wie er 1930 in seinem *Lebensabriß* erklärt, also »sehr langsam. Namentlich das lyrisch-essayistische Mittelstück, das Gespräch mit der (durchaus fingierten) russischen Freundin, kostete mich Monate, und ich erinnere mich, daß ich das Manuskript während eines meiner wiederholten Aufenthalte in Riva am Gardasee, in R. von Hartungens ›Haus zur Sonne‹, bei mir hatte, ohne um eine Zeile vorwärtszukommen.« Kann das falsche Vornamenskürzel vielleicht noch als Druckfehler durchgehen, so deutet der Hausname »zur Sonne« auf das im Baedeker von 1902 nachweisbare »Hotel Impérial zur Sonne« mit Terrasse am Seeufer. Die Verwechslung zeigt vielleicht, daß Thomas Mann sich während seiner Aufenthalte in Riva seine Freiheiten gegenüber dem Sanatorium wohl zu behaupten wußte. Interessanter ist aber sicher, daß Thomas Mann im Anschluß an diese Ortsangabe von der sonderbaren Korrekturtechnik schreibt, alles Gestrichene mit schwarzer Tinte zu schraffieren: »Die Schraffierungen durften nicht gelöscht werden, sondern mußten an der Luft trocknen, und so war bei dieser Schlußarbeit das ganze Manuskript, in seine Einzelblätter aufgelöst, auf allen Möbeln und dem Fußboden ausgebreitet«. Da nun aber die »Schlußarbeit« nachweislich zu einem erheblichen Teil in Riva und dort in der Villa Cristoforo II stattfand, gewährt diese Angabe nicht nur einen Einblick in die Zimmersituation des jungen Autors; mehr noch kommt die tintentrocknende Sonne seiner Arbeit auch ganz praktisch zugute.

Ein Tag am See

Die offenbar erreichte Selbstdisziplin des Autors, die ihn von den strengen Anstaltsregeln dispensiert haben dürfte, erlaubte ihm einen wunderbar ausführlichen und selbstironischen Brief, der sich liest, als bestätige er die seinerzeit ja nur erfundene Geschichte des *Tristan*. Gerichtet ist er an seine Freunde, die Brüder Carl und Paul Ehrenberg in München. Dem Komponisten und Pianisten Carl Ehrenberg, »dem Musiker für manche klingende Stunde«, ist die Novelle *Tristan* in der Erstausgabe gewidmet; und mit dem Maler Paul Ehrenberg verband Thomas Mann sogar eine homoerotische Liebe. In dem Brief an die Freunde vom 22. Oktober 1902 schildert also der junge Dichter, »auf welche raffinierte Art man hier vom Schreibtisch ferngehalten wird. Hört, wie mir der Tag vergeht! Ich stehe um 7 Uhr auf, und mit den üblichen Handlungen (Gymnastik, Toilette, Frühstück) vergeht die erste Morgenstunde. Um 8 Uhr lasse ich mich wahrhaftig am Schreibtisch nieder, nehme das Manuskript hervor, an dem ich gerade schustere und sehe zu, daß ich vielleicht ein paar Zeilen schreibe oder daß sich mir die Sache wenigstens nicht entfremdet, damit ich sie in München rasch fertig machen kann. Um 1/2 9 Uhr unterbricht mich der Briefbote, der Zeitungen, Correcturen, Briefe bringt. Um 9 Uhr stecke ich ein Buch in die Tasche und begebe mich zum See, der von meinem Zimmer in zwei Minuten erreichbar ist. Mein Schiffer löst mir den hübschen blau-weißen Lohengrin-Nachen von der Kette, den ich für 10 Gulden monatlich gemietet habe, elastisch schwinge ich mich hinein und gewinne mit markigen Ruderschlägen das Weite«. So beginnt er, ein wenig Dandy, ein wenig Hans Sachs, ein wenig Wagner. Und was erlebt er beim Rudern?

»Ich habe Euch ja gleich am ersten Tage mit wenigen suggestiven Worten ein Bild zu geben gesucht, wie lieblich es ist, in der sonnigen, sanft athmenden und plätschernden, von ernsten Bergen eingefriedeten Stille umherzugleiten. Aber zuweilen ist das Bild ein anderes, düsteres. Tief und unheilschwanger hangen des Himmels Wolken hernieder, und gräßlich tost der Wind über die empörten Gewässer hin, die er in wildem Anprall gegen die nackte Brust der zerklüfteten Felsen wirft. Allein ich fürchte nichts! Aufrecht und einsam im Wüthen der Elemente steht meine stämmige Gestalt im Hintertheile des Kahnes, und mit nervigen Fäusten halte ich, scharfäugig umherspähend, den Wogen Widerpart, welche rasend den zarten Bug meines Schiffchens umschäumen. Der Donner brüllt, bang ächzt der gebrechliche Nachen; und im schweflichen Schein der Blitze – – Nein, Gott Lob! So schlimm ist es nicht, sondern meistens recht mild und beschaulich, und wenn ich des Ruderns müde bin, lasse ich mich treiben, lese ein bischen und denke an dies und das.« Meeresbrausen, Sonnenglanz: Eine veritable Opernszene in Worten – kam der *Fliegende Holländer* vorbei? – und mit zwei Bindestrichen wieder weggenommen. In diesem speziellen Fall zielt der sublime Spott ein wenig auch auf die seinerzeit weitverbreiten Ansichtskarten des Malers Zeno Diemer, wie aus einer Eintragung im Notizbuch 7 hervorgeht: »Freude an der Natur, wenn sie ein gewisses kitschmalerisches Ideal erreicht. Man rechnet es ihr hoch an, wenn sie die Kunst verwirklicht: wenn der Gardasee Farben zeigt wie eine Postkarte von Zeno Diemer«.

Die längste Zeit des Tages verbringt Thomas Mann also angeblich in seinem Kahn auf dem See: »So vergehen drei Stunden, und um 1 Uhr mit dem Glockenschlage setzt dann das Mittagessen ein, ein sehr gutes, sehr ausgiebiges Mittagessen, das nicht so bald vorüber ist.« Stark an *Tristan* erinnert sodann die »Tischgesellschaft«. Sie »besteht zur Zeit aus der Repräsentationsdame, die an Stelle des Doctors (der in seiner Familie speist) die Honneurs macht, einer reichen Brauersfamilie, Mann, Weib und Kind, aus Halle, einer sehr komischen und gutherzigen Jungfer aus Rumänien, einem litterarisch angehauchten und auch sonst nicht ganz gesunden Studenten – und mir. Wenn die Leutchen wüßten, wie ich sie schon mit all ihrer amüsanten Gewöhnlichkeit in mein Notizbuch eingefangen habe, würden sie sich wohl weniger vertrauensvoll mit mir zu Tische setzen«. Unsichtbar sitzen wir daneben, zusammen mit den tragikomischen Haupt- und Nebenfiguren in *Tristan* und später vor allem *Der Zauberberg* – und ruhen ebenfalls nach dem Essen aus. Um »1/2 4 Uhr kommt der Arzt zur Massage. Hierauf erfolgt ein zweistündiger Spaziergang (ins Gebirge, nach Arco, nach Torbole), und wenn man dann etwa noch ein paar Töne Musik gemacht hat, schellt es zum Abendessen. Nachher sitzt man noch eine Weile beisammen, geht noch ein paar Schritte ins Freie, liest vielleicht noch ein paar Seiten – und geht schlafen. So vergehen mir hier die Tage, und wie ich dabei diesen Brief zustande bringe, das gehört zu den hehren Geheimnissen, deren Schleier zu lüften frivol wäre.« Demnach gibt es also doch noch freie Zeiten zum eigentlichen Arbeiten, doch sie werden nicht verraten. Und so weiß Thomas Mann als Fazit kaum etwas Neues zu berichten: »Ich bin ziemlich eingebrannt und glaube, daß mir diese paar Wochen schon recht gut gethan haben. Im Übrigen bin ich manchmal guter und manchmal schlechter Laune, manchmal aller guten Hoffnungen voll und manchmal am Rand der Verzweiflung. Aber das war schon immer so und muß wohl so sein ...«.

Diese medizinisch-therapeutischen Erfahrungen hat Thomas Mann nicht vergessen. Die ausgedehnten Spaziergänge mit seinem Hund Bauschan entlang der Isar im Münchener Herzogpark sind im »Idyll« *Herr und Hund* (1919) ausführlich beschrieben. Und als er zwischen 1919 und 1924 in Feldafing am Starnberger See das »Villino« seines Freundes Georg Martin Richter mehrmals zu einsamem Rückzug für die Arbeit am Roman *Der Zauberberg* nutzen konnte, unternahm er immer wieder Ruder- und Segelfahrten auf dem See, spazierte nach Tutzing und über die Waldschmidt-Schlucht zurück. Nicht ohne Grund bezeichnete er daher seine Tage im Feldafinger »Mausloch« im Tagebuch vom 22. Mai 1919 als »Tonio-Kröger-Einsamkeit« – auch darin lassen sich Anklänge an die Arbeitstage von Riva 1902 erkennen.

Der Wasserfall von Varone

Einer seiner Spaziergänge in die Umgebung von Riva sollte sich während seines ersten Aufenthalts im Mai 1901 für Thomas Mann dank einer Notiz literarisch noch besonders lohnen. Es war der etwa einstündige Spaziergang zum Varone-Wasserfall. Der Wasserfall war seit 1874 erschlossen und galt zusammen mit dem Ponale-Fall als Touristenattraktion. Seit 1895 wurde er elektrisch beleuchtet, zum Teil mit roten Lampen. Der Eintritt kostete 60 Heller, und es wurde vom Reiseführer geraten: »vorher abkühlen und Mantel mitnehmen wegen des Wasserstaubes«.

Zahlreiche italienische Dichter, allen voran Andrea Maffei, haben den Wasserfall besungen. Zwei recht unterschiedliche Betrachtungen des Wasserfalls finden sich bei den Brüdern Mann –

Edward T. Compton: Varoneklamm bei Riva

bei Heinrich die knapp umrissene Kulisse einer innerlichen Ausweglosigkeit; bei Thomas die grandios geschilderte Kulisse eines akustischen Weltuntergangs.

In Heinrich Manns Roman *Die Jagd nach Liebe* (1903) fährt im letzten Kapitel das Liebespaar Claude und Gilda auf Anraten des Arztes – Gilda ist schwer an Gelenkrheumatismus erkrankt – vom kalten San Vigilio über den See nach Riva. Beide sind auf der Flucht; Claude vor seiner unglücklichen Liebe zur Schauspielerin Ute; Gilda auf der Flucht vor den Häschern, die sie wegen des Mordes an ihrem ehemaligen Geliebten, dem Delegado Silvio, suchen: »In Riva ging die Sonne früh hinter den Berg; sie machten, um sie wiederzufinden, eine Spazierfahrt nach Varone. An der Straße, schon im Schatten, badete ein Bach die Wurzeln zarter Büsche, entlockte ihnen, wie im Spiel, ihre feinen Düfte. Dann hörte man von fern ein Gemurmel wie von tausend Stimmen, eine feierliche Anrufung dieses ringsum von Bergen eroberten Himmels. Aus dem Schoß der Berge, mit der Stimme des Wasserfalls, drang das mystische Verlangen – wohin, nach wem. Gilda seufzte; Claude fühlte, nicht um ihn.« Die beiden legen in einem Gasthaus eine Ruhepause ein; und bei Einbruch der Dunkelheit machen sie sich auf den »Weg zur Kaskade«, zum Gang in die Unterwelt. Am Eingang verbinden sich die drohenden »finstergrünen Massen« der Felsenwände und ein »Mondstrahl, durch dicke Tannen gefiltert« zu einer besonderen Botschaft für Gilda: »Claude sah zu, wie sie diese Botschaft empfing. Sie würde dennoch sterben, sie gehörte dem Toten.« Dann gehen sie in den Berg und in eine beklemmende Ausweglosigkeit hinein: »Das Innere des Berges strahlte elektrisch. Der Fall toste, eine enge Brücke führte darüber hinweg. Claude ging voran, Gilda berührte seine Hand mit Widerstreben. Er spürte mit den Fingern ihr Mißtrauen. Er hatte den Steg fast schon überschritten, da schrak sie auf, tastete sich, rückwärts schreitend, schaudernd, die Augen überfüllt mit Angst, ans Ufer zurück: ganz mit sich allein. Claude, drüben und allein, wendete sich um. Und an den beiden Enden des zitternden Brückchens, durch Gischt und Prasseln getrennt, und unter dem Rest Nachthimmel, den die schräg zusammensteigenden Felsen erstickten, wechselten sie den traurigsten Blick ihres Lebens.« Am nächsten Tag fahren die beiden wieder nach San Vigilio; kurze Zeit später, während eines Seesturms, stirbt Gilda in den Armen ihres Freundes an rheumatischem Fieber.

Ganz anders hat dagegen Thomas Mann im Notizbuch 7 seine Eindrücke vom Varone-Wasserfall als großartig akustisches Ereignis dargestellt: »Der Varone-Fall: Im Hintergrund der hohen, engen Schlucht aus Felsmassen gebildet, bauchig, nackt, glitschig, wie ungeheure Fischleiber, stürzte die Wassermasse mit einem unsinnigen Lärm hernieder. Das irre und übermächtige Brausen betäubte, erregte Furcht und verursachte Gehörhalluzinationen. Man hörte hinter sich, über sich, von allen Seiten drohende und warnende Rufe, Posaunen und rohe Männerstimmen. Oben, von der Gallerie blickte man in den phantastischen Schlund hinab, in dem zutiefst das elektrische Licht roth glühte: ein Eingang zur Hölle, zur Schmiede des Vulkans.« Der Eindruck sollte später einmal bei Gelegenheit Verwendung finden. Sie ergab sich im Sommer 1924 während der Schlußarbeit an seinem Roman *Der Zauberberg*.

Die Geschichte der siebenjährigen Verzauberung des Helden Hans Castorp im »Internationalen Sanatorium ›Berghof‹« von Davos, dieser »Ideenroman«, diese »Weltdebatte« (Peter de Mendelssohn) der sterbenden Epoche vor dem Ersten Weltkrieg, ist, wie Thomas Mann 1939 vor Studenten der Universität Princeton erklärt hat, musikalisch zu verstehen: »Der Roman war mir immer eine Symphonie, ein Werk der Kontrapunktik, ein Themengewebe, worin die Ideen die Rolle musikalischer Motive spielten«. Die von seinem Lieblingskomponisten Richard Wagner entlehnte »Benützung des Leitmotives«, das er zaghaft erstmals in »Tonio Kröger« verwendet habe, werde »im ›Zauberberg‹ in einem viel weiteren Rahmen auf die komplizierteste und alles durchdringende Art angewandt«. So ordnet sich auch der Ausflug zum Wasserfall im Flüeltal diesem Ganzen ein.

Schon zu Beginn seines Aufenthalts auf dem *Zauberberg* (Kapitel IV, 5) ist Hans Castorp eines Sonntags allein zu dem Wasserfall gewandert, hat sich dort auf eine Ruhebank gesetzt, dem Wasser gelauscht – »denn rauschendes Wasser liebte Hans Castorp wie Musik, ja vielleicht noch mehr« –, sich dann aber in einem heftigen Anfall von Nasenbluten auf die Bank gelegt. Dabei denkt er zurück an den Jugendfreund »Hippe« – so heißt auch der Abschnitt – mit seinen »Kirgisenaugen«, die so sehr den Augen der Russin Clawdia Chauchat ähneln, die mit ihm auf dem »Zauberberg« lebt, und die er liebt.

Im letzten Kapitel (VII, 5) geht es in vier Abschnitten hauptsächlich um eine dominierende Person, die zuletzt stirbt; der letzte ihr gewidmete Abschnitt ist doppeldeutig überschrieben »Mynheer Peeperkorn (Schluß)«. Darin versammeln sich noch einmal die Hauptpersonen des Romans, Hans Castorp, seine so gegensätzlichen ›Lehrer‹, der Aufklärer und Humanist Ludovico Settembrini sowie der Jesuit und Kommunist Leo Naphta;

sodann Hans Castorps große Liebe Clawdia Chauchat mit ihrem neuen Begleiter, dem »holländischen Kaffekönig im Ruhestand« Mynheer Peeperkorn (in dem sich mißvergnügt der Dichter Gerhart Hauptmann wiedererkannte) mit malaiischem Kammerdiener, und schließlich zwei Nebenfiguren namens A. K. Ferge (der Bote) und – unglücklich in Clawdia Chauchat verliebt – Ferdinand Wehsal. Peeperkorns Auftritt im Sanatorium ist von überwältigender Nichtigkeit; in großen Gesten, halben Sätzen oder bloß Ausrufen hält er seine Umgebung in Bann. Peeperkorn hat das Ziel festgelegt. »Ein Wasserfall ist immer ein anziehendes Ausflugsziel«, heißt es, und an einem schönen Tag im Mai fährt die kleine Gruppe in zwei Landauern los. Am Waldrand angekommen, läßt sich von fern bereits »ein leises, zuweilen der Wahrnehmung noch wieder entkommendes Zischen, Schüttern und Brausen« vernehmen. Zu Fuß geht es weiter. Dann sind sie am Ziel: »Eine Wegbiegung gab den Blick auf die überbrückte Wald- und Felsenschlucht frei, in der der Wasserfall niederging; und indem man seiner ansichtig wurde, kam auch die Gehörswirkung auf ihren Gipfel, – es war ein Höllenspektakel. Die Wassermassen stürzten senkrecht nur in einer einzigen Kaskade, deren Höhe aber wohl sieben oder acht Meter betrug und deren Breite ebenfalls beträchtlich war, und schossen dann weiß über Felsen weiter. Sie stürzten mit unsinnigem Lärm, in welchem sich alle möglichen Geräuscharten und Lauthöhen zu mischen schienen, Donnern und Zischen, Gebrüll, Gejohle, Tusch, Krach, Geprassel, Gedröhn und Glockengeläut, – wahrhaftig wollten einem die Sinne davon vergehen. Die Besucher waren dicht herangetreten auf schlüpfrigem Felsengrunde und betrachteten, feucht angeatmet und angesprüht, in Wasserdunst eingehüllt, die Ohren überfüllt und dicht verpolstert vom Lärm, dazu Blicke tauschend und mit verschüchtertem Lächeln die Köpfe schüttelnd, das Schauspiel, diese Dauerkatastrophe aus Schaum und Geschmetter, deren irres und übermäßiges Brausen sie betäubte, ihnen Furcht erregte und

Gehörstäuschungen verursachte. Man glaubte hinter sich, über sich, von allen Seiten drohende und warnende Rufe zu hören, Posaunen und rohe Männerstimmen.« Was ist aus der Notiz Thomas Manns vom Mai 1901 geworden? Eine akustische »Dauerkatastrophe« als Präludium des großen »Donnerschlags« des Ersten Weltkriegs, mit dem der Roman endet. Und Peeperkorn, der zum Erstaunen aller an dieser unwirtlichen Stelle zur Vesper einlädt, hält in diesem »Höllenspektakel« seine letzte, nun völlig unverständliche, da unhörbare Rede, aus der nur die Schlußworte als die sattsam bekannten Ausrufe »›Perfekt‹« und »›Erledigt‹« von seinen Lippen ablesbar sind. Es ist sein letzter »Auftritt«. Kaum zurück im Sanatorium, begeht er, der kurz zuvor Hans Castorp als ehemaligen Geliebten seiner Freundin entlarvt hat, Selbstmord mit Schlangengift. Dem »Höllenspektakel« des Wasserfalls entspricht dann kontrapunktisch, nach dem Abschnitt »Der große Stumpfsinn« über sinnlose Gesellschaftsspiele, die »Fülle des Wohllauts«, die Hans Castorp am Grammophon beim Abspielen seiner Lieblingsplatten erlebt. Und nach »Fragwürdigstes« und »Die große Gereiztheit« endet der Roman entsprechend mit dem »Donnerschlag« des Kriegsausbruchs. So hat der Wasserfall von Varone seinen Ort in eben dem Buch Thomas Manns gefunden, dessen großer Erfolg 1929 die Verleihung des Nobelpreises für Literatur an seinen Autor – wenn auch erklärtermaßen ausdrücklich für *Buddenbrooks* – nach sich zog.

Getrennte Wege

Allem Anschein nach ist Thomas Mann noch einmal für knapp drei Wochen vom 16. April bis 7. Mai 1904 nach Riva gekommen, um sich dort »von allerlei Strapazen« zu erholen. Diese Worte sind am 26. April an Carl Ehrenberg gerichtet, der auch erfährt, daß sein Freund die Zeit bis zur Abreise Anfang Mai »garnicht auf anmuthigere Art totschlagen (könnte). Ich rudere, radle, athme gute Luft und bin im Ganzen mit der Situation so ziemlich zufrieden«.

Thomas Mann hat sich damals in Riva ein letztes Mal für länger mit seinem Bruder Heinrich getroffen. Ihm hatte er brieflich von München aus am 27. März angekündigt, er denke »Mitte April nach Riva zu gehen, sodaß wir noch 14 Tage dort zusammensein und eine Welt von Dingen besprechen könnten«. Aber ihre Wege trennten sich schon in dieser Zeit. Thomas Mann hatte mit dem Roman *Buddenbrooks* und mit *Tristan* bereits großen Erfolg, der seinem Bruder noch lange, bis zum Erscheinen des *Untertan* (1918), verwahrt blieb. Zudem stand Thomas im Begriff, auch seine bürgerlichen Pläne durch die Verlobung im Oktober 1904 mit der Tochter Katia des angesehenen Mathematikprofessors Alfred Pringsheim zu verwirklichen. Kein Wunder also, daß er Heinrich am 23. Dezember 1904 brieflich bat, Grüße auszurichten an »Doctor von Hartungen, den ich ebenfalls in schamloser Weise vernachlässigt habe«. Doch der Hochzeit am 11. Februar 1905 blieb Heinrich demonstrativ fern. Und während Thomas Mann wieder unendlich langsam seinen nächsten Roman *Königliche Hoheit* (1909) voranbrachte, schrieb sein Bruder *Professor Unrat* (1905) und *Die kleine Stadt* (1909). Thomas Mann, der mit seiner festen Überzeugung bis 1918, die Kunst stehe über der Politik, einen (nicht erschienenen) Essayband *Geist und Leben* nennen wollte, stand Heinrichs Auffassung genau entgegen, und er bündelte sie im Titel seiner Essaysammlung *Geist und Tat* (1910). Ihre Wege trennten sich während des Ersten Weltkriegs auf geradezu programmatische Weise. Erst nach dem Krieg, nach Thomas Manns Wandlung zur Sozialdemokratie und im Zeichen einer schweren Krankheit Heinrichs, versöhnten sich die Brüder wieder.

In dieser Zeit verlor Thomas Mann auch das Sanatorium in Riva völlig aus den Augen, erst recht nach dem Tod Christophs IV 1917. Zwar ist es sehr plausibel, daß er auch für den Fragment gebliebenen Roman der *Bekenntnisse des Hochstaplers Felix*

Krull (1911/1954) in einer konkreten Szene die fachkundigen Erläuterungen des Doktors von Hartungen zu Rate gezogen haben wird. Es geht dabei um den fingierten Epilepsieanfall in der Musterungsszene. Aber auch hier wie beim Ortsbezug sind die genauen Angaben in die souveräne Darstellung eingegangen, und es ist müßig, sie isolieren zu wollen.

Das Spazierengehen hat Thomas Mann zeitlebens beibehalten. Ob auf langen Wegen um sein Landhaus in Bad Tölz (1909–1917), um das »Villino« oder »Mausloch« in Feldafing (1919–1923), vor allem als Herr mit Hund durch den Münchener Herzogpark (1910–1933) und noch in den späten Jahren des Exils in Kalifornien und in der Schweiz – das Spazierengehen war Thomas Manns Ausgleich zur sitzenden Arbeit am Schreibtisch, Erholung und Stärkung in einem.

Anders der Bruder. Nach langen trüben Jahren, nach Exil und Emigration in die USA, starb Heinrich Mann 1950 am 12. März 1950 in Santa Monica (Kalifornien). Die Nachricht vom Tod des einstigen Freundes erreichte auch Erhard II von Hartungen, den ältesten Sohn Christophs IV. Auf sein Beileidschreiben aus Innsbruck an Thomas Mann dankte dieser mit einem ausführlichen Brief aus Pacific Palisades am 24. September 1950, worin er auch den Tod des Bruders schilderte: »(...) Er war geistig frisch und tätig bis zum Schluss, und sein Tod war von neidenswerter Milde. Eines Nachts, nachdem er lange seinem guten Musikapparat gelauscht, erlitt er im Schlaf eine Gehirnblutung, die sofort, ohne dass die Pflegerin im Nebenzimmer einen Laut oder eine Regung von ihm gehört hätte, tiefe und nicht mehr zu störende Bewusstlosigkeit mit sich brachte. Das Herz arbeitete noch vierundzwanzig Stunden lang bei nicht mehr messbarem Blutdruck, bis er unmerklich erlosch.« Die Begründung für diese genaue Schilderung ist die Erinnerung an »verschollene Jugendtage«: »Ich berichte Ihnen das so ausführlich, weil es Sie als Arzt interessieren wird. Von ihrem unvergesslichen Vater ist zwischen uns in all den Jahrzehnten so manches mal noch die

Rede gewesen, wenn wir unserer gemeinsamen Aufenthalte in Riva und auch der Begegnungen mit Ihnen im Gespräch erinnerten«. Doch was in der Erinnerung verblaßt, gewinnt Dauer in der Literatur.

DER JÄGER GRACCHUS
FRANZ KAFKA

Riva 1909. Ein Urlaub zu dritt. Im September fahren Franz Kafka (1883–1924), sein Freund Max Brod (1884–1968) und dessen Bruder Otto (1888–1944) zur Erholung von Prag nach Riva. Für eine Woche lassen sie ihre Arbeit hinter sich. Der promovierte Jurist Franz Kafka ist nach einem Dreivierteljahr in der Prager Zweigstelle der Versicherungsgesellschaft »Assicurazioni Generali« (mit dem Hauptsitz in Triest) seit einem Jahr Beamter in der halbstaatlichen »Arbeiter-Unfall-Versicherungs-Anstalt für das Königreich Böhmen in Prag«; er hat zwar für seine erste Stelle etwas Italienisch gelernt, war aber bislang noch nicht in Italien. Der ebenfalls promovierte Jurist Max Brod hat eine beamtete Stelle als Personalreferent bei der Postdirektion.

Das eigentliche Interesse der Freunde aus jüdischem Elternhaus ist die Literatur. Von Max Brod, zu diesem Zeitpunkt Mittelpunkt im »Prager Kreis« deutschsprachiger Literaten wie Franz Werfel, Hugo Salus und Egon Erwin Kisch, liegen bereits sechs Bücher mit programmatischen Titeln vor: Die Erzählungen *Tod den Toten!* (1906), der Gedichtband *Der Weg des Verliebten* (1907), vier Geschichten *Experimente* (1907), *Schloß Nornepygge. Der Roman des Indifferenten* (1908), *Die Erziehung zur Hetäre. Ausflüge ins Dunkelrote* (1909) und der »kleine Roman« *Ein tschechisches Dienstmädchen* (1909). Franz Kafka dagegen hat, vermittelt durch Max Brod, in der Zeitschrift *Hyperion*, die Franz Blei in München zwischen 1908 und 1910 herausgibt, im März 1908 erst acht kleine Prosastücke und im Mai 1909 zwei Prosagespräche veröffentlicht; dazwischen erschien im Februar 1909 eine Rezension zu Franz Bleis Buch *Die Puderquaste. Ein Damenbrevier*. Literarisch ist ihm sein Freund also beträchtlich voraus. Aber Max Brod weiß um das singuläre Talent seines Freundes, der aus dem Zwiespalt zwischen Lebenswelt und Literatur zeitlebens nicht herausfindet und oft an seiner vielbeklagten »Unfähigkeit« verzweifelt. Um Kafka aus einer längeren Stagnation herauszuhelfen, hat Brod ihm schon im Sommer 1909 einen literarischen »Zweikampf« um die jeweils bessere Beschreibung von Erlebnissen und Beobachtungen vorgeschlagen; aus dieser Anregung entstehen Kafkas Tagebücher mit zahlreichen Erzählfragmenten. Mit Riva setzt Max Brod nun auf einen therapeutischen Urlaubsort für seinen Freund.

Heinrich Mann

Bereits im Vorjahr 1908 hatten Max und Otto Brod Riva erkundet. Otto Brod gelang es dabei sogar, Heinrich Mann, das literarische Idol der Brüder, im Sanatorium Hartungen zu besuchen. Max Brod berichtet anschaulich von der überragenden Wirkung Heinrich Manns auf die junge Generation: »Wie beglückend, daß mein Bruder, zugleich auch durch Zufall den Dichter antraf, der für uns nichts anderes als eine südlich-mythische Figur, einen Exorzisten der Leidenschaft darstellte. Das Sanatorium Hartungen war der Ort der Begegnung. Dort mag mein Bruder dem Verehrten von unserer gemeinsamen Schwärmerei erzählt haben (von der Kafka allerdings nichts wissen wollte)«. Zur Erinnerung gab es eine »Photokarte«: Heinrich Mann lehnt am Mast eines Segelbootes, Otto Brod steht neben ihm. Auf die Rückseite schreibt der Dichter gönnerhaft und stolz: »›Nichts kann einem Schriftsteller so wichtig sein wie die Liebe der Jungen, die sich noch nicht oft hingegeben haben‹«.

Auch wenn Franz Kafka nicht für Heinrich Mann schwärmte, dürfte ihm die Nähe des Sanatoriums den Entschluß zur Reise erleichtert haben. Mit Sanatorien war der begeisterte Anhänger der Naturheilkunde und Vegetarier schon länger vertraut. Im Sommer 1905 und nach der Promotion 1906 hatte er die Ferien im »Sanatorium Dr. Ludwig Schweinburg und Wasserheilanstalt« im schlesischen Zuckmantel verbracht; hier war er, wie er Max Brod am 24. August 1905 schrieb, »leichtsinnig« und »sehr viel unter Menschen und Frauenzimmern und ziemlich lebendig geworden« – »Das Süße des Verhältnisses zu einer geliebten Frau« habe er nur in Zuckmantel und später in Riva einmal erlebt, erinnert sich Kafka am 24. Januar 1915 in seinem Tagebuch.

In Riva logierten die jungen Männer Anfang September 1909 vermutlich, wie Max Brod im Vorjahr, im »Hotel Riva«, und legten von dort einen etwa 800 Meter langen Weg am Westufer zu einer öffentlichen Badeanstalt der »Bagni della Madonnina« (am Ort des heutigen Hotel Excelsior) zurück. Das war gewissermaßen ein öffentliches und billiges ›Sanatorium‹ für Luft- und Lichtkuren, noch dazu an einer der schönsten Stellen des Sees, wie Albino Tonelli rühmt: von hier aus war der ganze nördliche Seebereich von Riva bis Malcesine zu überschauen. Es war damit genau der richtige Ort für den »Geheimbund froher Naturanbeter« der Freunde, die das Baden als tiefe Verbindung mit der Landschaft verstanden. Max Brod erinnert sich: »Die erste gemeinsame Sommerreise startete am 4. September 1909 und führte nach Riva. Kafka, mein Bruder Otto und ich verlebten die beschaulichsten Stunden in der kleinen Badeanstalt unter der Ponalestraße, in den ›Bagni della Madonnina‹, – als ich nach dem ersten Weltkrieg wieder nach Riva kam, fand ich die lieben besonnten grauen Bretter nicht mehr, sah nicht mehr die funkelnden Eidechsen über die Gartenwege schlüpfen, die den

Werbeseite im Arco-Reiseführer von Kuntze, 1898

Übergang von der autobefahrenen staubigen Straße zum kühlen Frieden des Bades gebildet hatten. Unvergeßliches bescheidenes Etablissement unter der ragenden Felswand, ich habe dir und unserem Glück in deiner Bucht einen Nachruf gewidmet, – hier waren wir bei der Ruhe, bei der klassischen Einfachheit des Südens selbst zu Gast gewesen. Nie hat er sich uns je wieder so lieblich und so erhaben gezeigt«.

Es ist eine gute Zeit für die Freunde. In der Badeanstalt führen sie lebhafte »Diskussionen mit dem Dichter und Naturapostel [Carl] Dallago« (1869–1949) aus Innsbruck; wahrscheinlich diskutieren sie dabei über dessen Buch *Ein Mensch* (1909). Die Freunde ruhen sich aus, aber sie unternehmen auch Ausflüge zum Castell Toblino. Da erregt ein großes Ereignis, der erste Flugtag in Italien, ihre ganze Aufmerksamkeit.

Aeroplane in Brescia

In großer Aufmachung hatte die Tageszeitung *La Sentinella Bresciana* am 9. September vom ersten Tag des »Circuito Aereo« berichtet, der noch bis zum 21. September auf dem Aerodrom von Montichiari, ca. 20 km südwestlich von Brescia, mit prominenten Fliegern aus England, Frankreich und Italien abgehalten wurde. Das wollten sich die Freunde, allen voran der an technischen Dingen sehr interessierte Kafka, nicht entgehen lassen. Max Brod schlug listig vor, den Ausflug für einen Wettstreit um das beste Feuilleton über den Lufttag zu nutzen. Seine Absicht, den Freund damit aus seiner literarischen Lethargie herauszulocken, gelang vollständig.

Die Fahrt nach Brescia ist gut nachvollziehbar. Die Freunde fuhren vermutlich gegen Mittag mit dem Schiff von Riva los, waren um 17 Uhr im italienischen Desenzano und kamen abends in Brescia an. »Brescia war überfüllt. Da wir sehr sparen mußten, übernachteten wir schließlich in einem Zimmer, das wir für eine Räuberhöhle hielten und in dessen Fußbodenmitte

(...) ein kreisrundes Loch in die darunter liegende Wirtsstube blicken ließ. Wir glaubten, jeden Augenblick müsse Sparafucile bei uns eintreten.« Aber während Max Brod den Räuber aus Verdis Oper *Rigoletto* (1851) erwartet, beobachtet Franz Kafka den Wirt genauer und erkennt den Scharlatan: » (...) stolz für sich, demütig für uns, immerfort die Ellbogen rührend und mit den Händen (jeder Finger ist ein Kompliment) über sein Gesicht neue und neue Schatten werfend, mit lauter Beugungen des Körpers, die wir alle später auf dem Flugfeld z. B. an Gabriele D'Annunzio wiedererkennen«. Am nächsten Morgen geht es mit der Lokalbahn in die »künstliche Einöde«, auf das Flugfeld von Montichiari, wo sich etwa 20.000 Schaulustige versammeln. Kafka schildert jedes Detail des Geschehens, die Stimmen der Menge, die hochrangigen Gäste wie die Principessa Borghese, den Dichter Gabriele d'Annunzio, der, »klein und schwach, (...) scheinbar schüchtern vor dem Conte Oldofreddi, einem der bedeutendsten Herren des Komitees (tanzt)«, aber auch mit dem Flieger Mario Calderana sein erstes Flugerlebnis hat; und er sieht den Komponisten Giacomo Puccini, der mit einer Trinkernase von der Tribüne herüberschaut. Kafka drängt das mehrstündige Schauspiel auf wenige Seiten zusammen – aber er gibt nicht nur bis ins Detail das ganze chaotische Geschehen wieder, er durchschaut zugleich den Leerlauf dieser Veranstaltung und damit letztlich jedes derartig rekordsüchtigen Wettbewerbs: »Was geschieht denn? Hier oben ist 20 M. über der Erde ein Mensch in einem Holzgestell verfangen und wehrt sich gegen eine freiwillig übernommene unsichtbare Gefahr. Wir aber stehn unten ganz zurückgedrängt und wesenlos und sehen diesem Menschen zu.« Erst am Abend auf der Rückfahrt werden aus den wesenlosen Teilnehmern wieder »selbständige Existenzen«, die eine schlimme Nacht in Desenzano erwartet, wie sich Max Brod erinnert. Die Freunde wurden »von den unter Hunderten von Heiligenbildern lauernden Wanzen auf die Straße getrieben (und) fröstelten auf den Bänken am Quai des

Sees dem Morgen entgegen«. Am Morgen fahren sie dann mit dem Schiff nach Riva zurück, und am nächsten Tag, dem 13. September 1909, nehmen sie den Zug nach Hause. Bereits am 2. September erscheint Kafkas Aufsatz *Aeroplane in Brescia* um einige Absätze gekürzt in der Prager Tageszeitung *Bohemia*. Damit aber hatte er nicht nur den Wettstreit mit dem Freund gewonnen, der im Oktober seinen Aufsatz *Flugwoche in Brescia* in der Münchener Zeitschrift *März* des Albert Langen Verlag unterbringen konnte. Franz Kafka begann nach und nach wieder mit dem Schreiben und legte dafür ein Tagebuch an.

Ein Fußweg in Italien

Eine ganz andere Reaktion auf den Fußweg zu den »Bagni della Madonnina« und die dort gesehenen Eidechsen läßt sich in den Tagebüchern Franz Kafkas an versteckter Stelle feststellen. In einer Eintragung unter dem Datum des 26. März 1911 entwirft er eine Kritik an Max Brods Roman *Jüdinnen* (1911). Kafka schreibt, die »Lösung der Judenfrage« werde in der Erzählung ausgespart, könne aber nur generell durch Selbstvertrauen und Selbstbestimmung erreicht werden. Der folgende bildliche Vergleich scheint direkt vom erwähnten Uferweg abgeleitet: »So freut uns auch auf einem Fußweg in Italien das Aufzucken der Eidechsen vor unsern Schritten ungemein, immerfort möchten wir uns bücken, sehn wir sie aber bei einem Händler zu Hunderten in den großen Flaschen durcheinander kriechen, in denen man sonst Gurken einzulegen pflegt, so wissen wir uns nicht einzurichten.« Es ist denkbar, daß Kafka diese Gefäße, in denen Eidechsen als Heilmittel gegen allerlei Krankheiten angeboten wurden, auch in Riva selbst gesehen hat. Doch wie existentiell anders als Max Brod erinnert Kafka den Fußweg in Italien; von diesem Eindruck erfährt auch der Käfer-Held in Kafkas berühmter Erzählung *Die Verwandlung* (1915) einen tieferen Sinn.

Entstanden ist die Geschichte der *Verwandlung* in einer geradezu ekstatischen Schreibperiode Kafkas von zwei Monaten zwischen Ende September und Ende November 1912. In dieser Zeit gelang Kafka der lang ersehnte Durchbruch zum eigenen Schreiben – in einer langen Nacht, vom 22. auf den 23. September 1912, schrieb er *Das Urteil* und begann danach sofort die neue Fassung seines Romans *Die Verschollenen.* Schon Anfang Oktober 1912 konnte Kafka seinem Freund Max Brod *Das Urteil* und das als *Der Heizer* bekannte erste Kapitel des Amerika-Romans vorlesen. Noch dazu erschien Anfang Dezember 1912 Kafkas erstes eigenes Buch, die Sammlung *Betrachtungen* bei Ernst Rowohlt in Berlin. Das erste Exemplar seines Buches schickte Kafka mit einer Widmung an eine junge Frau in Berlin, die er im August bei Max Brod kennengelernt hatte. Mit Felice Bauer (1887–1960), der Prokuristin in einer Firma für Diktiergeräte und sogenannte Parlographen, unterhielt Franz Kafka seit dem 20. September 1912 eine ungewöhnliche Beziehung in zahlreichen Briefen; der literarische Durchbruch in dieser Zeit ist Kafka möglich durch die räumliche Ferne der Frau und sein dadurch mögliches intensiv schöpferisches Alleinsein. Damit aber verschärft sich auch Kafkas grundsätzliches Dilemma zwischen Leben und Schreiben, denn daraus gibt es noch weniger einen Ausweg, wenn er die, gesellschaftlich erwartete, und aus seiner allmählich erwachenden Liebe zu Felice auch gebotene Konsequenz zieht und sie heiratet. Aus diesem Zwiespalt, der im Laufe der Jahre zu zwei Verlobungen und zwei Entlobungen bis zum endgültigen Bruch 1917 und dem Ausbruch der Tuberkulose im selben Jahr führen sollte, flieht Kafka im Sommer 1913 in die südliche Atmosphäre von Riva, auch in Erinnerung an die schönen Tage mit den Freunden 1909. Diesmal wählt er seinen Aufenthalt allerdings gezielt als Patient im Sanatorium Hartungen.

Das Ziel war nicht ungewöhnlich. Schon im September 1911

hatte er im Anschluß an eine ausgedehnte Urlaubsreise mit Max Brod durch die Schweiz und Oberitalien nach Paris für eine Woche das Naturheilsanatorium Erlenbach am Zürichsee aufgesucht; und im nächsten Jahr schloß er an die einwöchige Urlaubsreise mit Max Brod Ende Juni 1912 auf den Spuren Goethes nach Weimar einen erholsamen dreiwöchigen Aufenthalt in »Jungborn«, der »Heimstätte und Musteranstalt für reines Naturleben. Pension, Erholungsheim, Harzidyll« in Stapelburg (Harz) an.

Im Sommer 1913 findet sich Kafka jedoch auf einem seelischen und körperlichen Tiefpunkt. Die Schreibekstase ist vorbei, zwischen Februar 1913 und Juli 1914, als er mit dem Roman *Der Process* beginnt, gelingt ihm keine größere Arbeit. Zwar erscheint *Der Heizer* mit dem Untertitel *Ein Fragment* im Mai 1913 in der Reihe *Der Jüngste Tag* des Verlags Kurt Wolff in Leipzig, und in dem von Max Brod im selben Verlag herausgegebenen Jahrbuch *Arkadia* ist Anfang Juni *Das Urteil* mit der Widmung »Für Fräulein Felice B.« zu lesen. Aber die Synthese aus Leben und Schreiben ist Kafka nicht möglich. Er macht Felice im Juni den ersten Heiratsantrag und lädt sie zu einer Reise ein, rät ihr, »an den Gardasee zu fahren und würde Dir dort erklären, warum.« (17. Juni 1913). Zugleich weiß er aber auch, daß er, der nur »aus Literatur (bestehe)« (14. August 1913) zum Schreiben allein sein muß (26. Juni 1913). Im Tagebuch notiert er am 1. Juli: »Der Wunsch nach besinnungsloser Einsamkeit. Nur mir gegenübergestellt sein. Vielleicht werde ich es in Riva haben.« Am selben Tag gesteht er Felice »eine unsinnige Angst vor unserer Zukunft« – die Verzweiflung erscheint ausweglos.

Riva 1913

Die alljährliche Urlaubsreise wird zur Flucht aus der Misere. Sie beginnt am 6. September 1913 und führt Kafka zunächst mit dem Direktor und seinem Vorgesetzten in der »Arbeiter-Unfall-

Versicherungs-Anstalt« zu einem »Internationalen Kongreß für Rettungswesen und Hygiene« nach Wien. Kafka läßt etwa zwanzig Vorträge über sich ergehen. Zugleich besucht er den einwöchigen »XI. Zionistenkongreß«, der bis zum 9. September in Wien stattfindet. Am 10. September notiert er im Tagebuch die bisherige Reise; dann schreibt er bis zu seiner Rückkehr nach Prag nur noch Briefe und Postkarten.

Umständlich reist er am 14. September von Wien weiter nach Triest, und setzt mit dem Dampfer nach Venedig über, wo er seekrank ankommt. Von dort schreibt er am 16. September an Felice, er sehe den einzigen Ausweg aus seiner Verstrickung in der Trennung: »Wir müssen Abschied nehmen«. Wenige Tage darauf sitzt er am 20. September in der Kirche S. Anastasia in Verona »müde in einer Kirchenbank« und fühlt sich existentiell weit entfernt: »Von der Post bin ich ganz abgeschnitten, bekomme sie erst übermorgen in Riva, bin dadurch wie auf der andern Welt, sonst aber hier in allem Elend.«

Das ist der Befund einer tiefen Krise, er fühlt sich, als wäre er schon gestorben. Und es kommt noch schlimmer. Der Weg nach Riva führt ihn von Verona zunächst zur Dampfbootstation nach Desenzano. Dort ist er, wie er Felice nach seiner Rückkehr und der einmonatigen Briefpause am 29. Oktober gesteht, »wirklich am Ende« gewesen. Zwei eindrucksvolle Zettel aus Desenzano, die er dem Brief an Felice vom 6. November 1913 beilegt, unterstreichen dieses Gefühl, nicht leben und nicht sterben zu können:

»Desenzano, am Gardasee, Sonntag [21. September 1913], im Gras, vor mir die Wellen im Schilf, der Ausblick ist für mich umgrenzt von der Landzunge von Sirmione rechts, links vom Seeufer bis Manerba, sonnig, jetzt haben sich 2 Arbeiter in der Nähe ins Gras gelegt.

Mein einziges Glücksgefühl besteht darin, daß niemand weiß, wo ich bin. Wüßte ich eine Möglichkeit, das für immer fortzusetzen! Es wäre noch viel gerechter als Sterben. Ich bin in allen Winkeln meines Wesens leer und sinnlos, selbst im Gefühl meines Unglücks. Ginge es doch jetzt anstatt ins Sanatorium auf eine Insel, wo niemand ist.« Ausgesetzt, allein, innerlich unbewegt fühlt er sich, »wie ein großer Stein, in dessen Allerinnerstem das Lichtlein einer kleinen Seele flackert«. Das ist ein Märchenbild, das Symbol einer Verzauberung. Wie ein Fluch lastet auf ihm die Erkenntnis: »Das Genießen menschlicher Beziehungen ist mir gegeben, ihr Erleben nicht.« Doch sein Unglück und den Fluch verwandelt Kafka in Literatur.

Elende Bretterbude

Am Montag, dem 22. September 1913, kommt Kafka mit dem Schiff in Riva an und nimmt Logis im Sanatorium Hartungen. Niemand, am wenigsten der Direktor Erhard von Hartungen, ahnt, daß die letzte Saison des Sanatoriums vor dem Ausbruch des Ersten Weltkriegs begonnen hat. Kafka unterwirft sich den strengen Anstaltsregeln und schreibt darüber einige aufschlußreiche Briefe. So erhält seine Schwester Ottla zwei fortlaufend beschriebene Ansichtspostkarten (mit den Motiven »S. Vigilio« und »Isola Garda e Monte Baldo«) aus Riva vom 24. September 1913: »Sei mir Ottla nicht bös, daß ich Dir bisher so wenig geschrieben habe, weißt Du, auf der Reise bin ich zerstreut und habe noch weniger Lust zum Schreiben als sonst. Jetzt aber, da ich ruhig im Sanatorium bin, werde ich Dir schon schreiben oder vielmehr nur Karten schicken, denn zu erzählen habe ich, wie immer, nur wenig und das wenige läßt sich nicht einmal schreiben, das werde ich Dir einmal später im Badezimmer erzählen. (...).«

Am selben Tag schreibt er an den Schriftsteller Oskar Baum nach Prag ziemlich ernüchtert über seine Sonnenkuren in der Liegehalle am Ufer: »Jetzt wohne ich, wenigstens solange Sonne ist, in einer elenden Bretterbude am See mit einem langen Sprungbrett in den See hinaus, das ich aber bisher nur zum Lie-

Die »elende Bretterbude« am Seeufer

gen benützt habe. Die ganze Anlage hat ihr Gutes und ich wälze mich dort, da ich ganz allein bin, langsam und schamlos herum.« Am folgenden Sonntag (28. September 1913), dem üblichen An- und Abreisetag der Gäste, unternimmt Kafka einen Ausflug nach Malcesine, um sich dort das Abenteuer Goethes zu veranschaulichen. Auf einer Ansichtspostkarte an die Schwester Ottla mit dem Motiv des Hafens von Riva »colla torre Apponale« vom selben Tag berichtet er: »Heute war ich in Malcesine, wo Goethe das Abenteuer gehabt hat, das Du kennen würdest, wenn Du die ›Italienische Reise‹ gelesen hättest, was Du bald tun sollst. Der Kastellan zeigte mir die Stelle, wo Goethe gezeichnet hat, aber diese Stelle wollte mit dem Tagebuch nicht stimmen und so konnten wir darin nicht einig werden, ebensowenig wie im Italienischen«. Er wirft die Karte ein, und geht zum Abendessen in den Speisesaal des Sanatoriums, wo sich eine Tischgesellschaft versammelt, die noch immer an Thomas Manns Erzählung *Tristan* erinnert. So erfährt Max Brod unter dem Briefkopf »Dr. v. Hartungen / Sanatorium / und Wasserheilanstalt / Riva am Gardasee« ebenfalls am 28. September: »(...) Wie brauche ich das Alleinsein und wie verunreinigt mich jedes Gespräch. Im Sanatorium rede ich allerdings nichts, bei Tisch sitze ich zwischen einem alten General (der auch nichts spricht, wenn er sich aber einmal zum Reden entschließt, sehr klug spricht, zumindest allen andern überlegen) und einer kleinen italienisch aussehenden Schweizerin mit dumpfer Stimme, die über ihre Nachbarschaft unglücklich ist.« Den General identifiziert W. G. Sebald in seiner eindrucksvollen Erzählung »Dr. K.s Badereise nach Riva« (1990) übrigens mit dem Husarengeneral a. D. Ludwig von Koch, der noch während Kafkas Aufenthalt Anfang Oktober 1913 verstorben und in Riva, in Anwesenheit Kafkas, begraben worden sei.

Es scheint, als müsse Kafka sich mit geballten Fäusten immer wieder das Alleinsein einreden. Die Verbindung mit einer Frau scheint ihm unmöglicher denn je. Schon der Gedanke an die körperliche Berührung einer Frau verursache ihm Ekel. Sein Dilemma mit Felice lautet: »Ich kann mit ihr nicht leben und ich kann ohne sie nicht leben.«

In einem etwa gleichzeitigen Brief an Felix Weltsch bezeichnet er sich entsprechend als »Unglücksmensch«, der eigentlich »nicht mehr auf der Welt« sei, »sondern irgendwo in der Vorhölle herumtreibe«. Eine elegante Russin habe neulich sechs Patienten Karten gelegt. Einem Fräulein, der erwähnten »Schweizerin«, wurde etwas banal geweissagt, daß sie eine alte Jungfrau werde. Bei ihm aber seien, was sich sonst nie ereignet hätte, in den Karten alle menschlichen Figuren an den Rand gerückt und machten Platz für ›Sorgen‹, ›Reichtum‹ und ›Ehrgeiz‹. Der Brief schließt mit einer verzweifelten Sentenz: »Hätte ich nur die geringste Hoffnung, daß es etwas hilft, ich würde mich an dem Pfosten des Sanatoriums festhalten, um nicht abreisen zu müssen.«

Gerti Wasner

Da zeigt sich ein kleiner Funken Hoffnung – und Kafka bleibt. Anstatt, wie er in einem Brief an Felice am 2. September geplant hatte, im Anschluß an den Sanatoriumsaufenthalt noch »eine kleine Reise durch Oberitalien« zu machen, verlängert er den Aufenthalt in Riva. Der Grund ist einfach und gewichtig zugleich: Franz Kafka hat sich in die »kleine Schweizerin« verliebt. Lange nach seiner Rückkehr gesteht er in einem Brief an Felice vom 29. Dezember 1913 diese Liebe lakonisch ein: »Ich habe mich im Sanatorium in ein Mädchen verliebt, ein Kind, etwa 18 Jahre alt, eine Schweizerin, die aber in Italien bei Genua lebt, im Blut mir also möglichst fremd, ganz unfertig, aber merkwürdig trotz Krankhaftigkeit sehr wertvoll und geradezu tief. Es hätte ein viel geringfügigeres Mädchen sein können, um sich meiner in meinem damaligen leeren, trostlosen Zustand zu bemächtigen, meinen Zettel aus Desenzano hast Du ja, er ist etwa 10 Tage vorher geschrieben. Es war mir wie ihr klar, daß wir gar nicht zueinander gehörten und daß mit dem Ablauf der 10 Tage, die uns zur Verfügung standen, alles zuende sein müßte und daß nicht einmal Briefe, keine Zeile geschrieben werden durfte. Immerhin bedeuteten wir einander viel, ich mußte große Veranstaltungen treffen, daß sie beim Abschied nicht vor der ganzen Gesellschaft zu schluchzen anfing, und mir war nicht viel besser. Mit meiner Abreise war alles zuende«.

Doch nichts war zu Ende. Die eigentliche, die literarische Beziehung hatte bereits begonnen. Das erste war die Verschleierung der Person, entstanden aus dem Versprechen, nichts über sie zu sagen. Die zufällige Veröffentlichung eines Fotos brachte 1985 den Namen und die Lebensgeschichte des Mädchens ans Licht. Sie hieß Gertrud (Gerti) Wasner (1895–1922), stammte aus einer Lübecker Kaufmannsfamilie, lebte demnach in der ›holsteinischen Schweiz‹ und könnte ohne große Lüge eine ›Schweizerin‹ sein. Auch der italienische Bezug war nicht aus der Luft gegriffen. Ihre Mutter stammte aus Südtirol, und die in Bozen lebenden Großeltern könnten den Aufenthalt im Sanatorium Hartungen vermittelt haben. Im Brief an Max Brod vom 28. September hatte er die »kleine Schweizerin« ja bereits erwähnt. Da Kafka am 12. Oktober abreiste, dürfte er mit der jungen Gerti Anfang Oktober näher zusammengekommen sein. Im Tagebuch verwandelte er die Begegnung nach und nach in Literatur.

Jäger und Barke

Der Eintrag am 15. Oktober 1913 faßt zusammen: »Der Aufenthalt in Riva hatte für mich eine große Wichtigkeit. Ich verstand zum ersten Mal ein christliches Mädchen und lebte fast ganz in seinem Wirkungskreis. Ich bin unfähig etwas für die Erinnerung Entscheidendes darüber aufzuschreiben. (...).« Doch diese immer wieder gebetsmühlenhaft betonte Unfähigkeit stachelt Kafka offenbar an, es weiter zu versuchen. Am 20. Oktober erinnert er sich, bezeichnenderweise aus der Unlust am Tagebuchschreiben, welche literarische Alternative er sich für Gertrud ausgedacht habe: »Gerne wollte ich Märchen (warum hasse ich das Wort so?) schreiben, die der W. gefallen könnten und die sie einmal beim Essen unter dem Tisch hält, in den Pausen liest und fürchterlich errötet, als sie bemerkt, daß der Sanatoriumsarzt schon ein Weilchen hinter ihr steht und sie beobachtet. Manchmal, eigentlich immer ihre Erregung beim Erzählen.« Die Schwierigkeit des Erinnerns, sieht Kafka ein, korrespondiere mit der Schreibverweigerung, aus der wiederum die Abmachung erkennbar wird, die Kafka mit seiner jungen Freundin getroffen hat: »Alles wehrt sich gegen das Aufgeschriebenwerden. Wüßte ich, daß darin ihr Gebot wirkt, nichts über sie zu sagen (ich habe es streng, fast ohne Mühe gehalten) dann wäre ich zufrieden, aber es ist nichts als Unfähigkeit«. Von wegen Unfähigkeit – die Geschichte sucht sich ihren eigenen Weg. Die Bedingungen – kein Tagebuchbericht, eher ein Märchen mit Schweigegebot – sind gegeben.

Nüchtern und drastisch klingt dagegen die Überlegung, was er durch die Bekanntschaft mit dem jungen Mädchen an sexuellen Freuden mit der kartenlegenden Russin eingebüßt habe, die ihn »vielleicht, was nicht ausgeschlossen ist, nachts in ihr Zimmer eingelassen hätte, das schief gegenüber« dem seinen lag. Stattdessen habe er sich auf den umständlichen und mühevollen Umgang mit dem Mädchen eingelassen. Sein »abendlicher Verkehr« habe darin bestanden, daß er »in einer Klopfsprache, zu deren endgültiger Besprechung wir niemals kamen, an die Decke meines unter ihr liegenden Zimmers klopfte, ihre Antwort empfing, mich aus dem Fenster beugte, sie grüßte, einmal mich von ihr segnen ließ, einmal nach einem herabgelassenen Bande haschte, stundenlang auf der Fensterbrüstung saß, jeden ihrer Schritte oben hörte, jedes zufällige Klopfen als ein Verständigungszeichen irriger Weise auffaßte, ihren Husten hörte, ihr Singen vor dem Einschlafen«. Kafka ist verliebt, keine Frage, und das Erlebnis bedeutet ihm viel – aber wirkt dieser klopfende, stundenlang wartende, lauschende Mann, gerade durch den Vergleich mit der sexuell leichter erreichbaren ›Beute‹, nicht auch wie ein Jäger im Ansitz?

Das erste Erzählfragment zum *Jäger Gracchus* folgt fast unmittelbar auf diese erste Erinnerung an Gerti im Tagebuch am 21. Oktober 1913 und berichtet von den Vorbereitungen einer

Kolorierte Ansichtskarte von Zeno Diemer: Verladen einer Barke

Barke zur Ausfahrt: »Im kleinen Hafen eines Fischerdorfes wurde eine Barke zur Fahrt ausgerüstet. Ein junger Mann in Plunderhosen beaufsichtigte die Arbeiten. Zwei alte Matrosen trugen Säcke und Kisten bis zu einer Anlegebrücke, wo ein großer Mann mit auseinandergestemmten Beinen alles in Empfang nahm und irgendwelchen Händen überantwortete, die sich aus dem dunklen Innern der Barke ihm entgegenstreckten. Auf großen Quadersteinen, die einen Winkel des Quais umfaßten[,] saßen halb liegend fünf Männer und bliesen den Rauch ihrer Pfeifen nach allen Seiten. Von Zeit zu Zeit kam der Mann in Plunderhosen zu ihnen, hielt eine Ansprache und klopfte ihnen auf die Knie. Gewöhnlich wurde hinter einem Stein eine Weinkanne, die dort im Schatten aufbewahrt wurde, hervorgeholt und ein Glas mit undurchsichtigem roten Wein wanderte von Mann zu Mann.«

Die Barke ist auch für Kafka ein altes poetisches Lebenssymbol. Er war selbst, mehr tot als lebendig, mit dem Schiff nach Riva gekommen. Und er und Gerti waren wie ein Liebespaar in einem Boot ausgefahren, das zeigt der Eintrag vom nächsten Tag, dem 22. Oktober 1913: »(...) Die Süßigkeit der Trauer und der Liebe. Von ihr angelächelt werden im Boot. Das war das Allerschönste. Immer nur das Verlangen zu sterben und das Sich-noch-halten, das allein ist Liebe«. Tod und Liebe, Leben und Tod so nahe beieinander. Die Geschichte nimmt eine erste Gestalt an.

Liebeswirren

Im Traum reist er am 24. November 1913 direkt ins Sanatorium Hartungen zurück, das »durch die Säulenhalle, die als Vorbau des Sanatoriums diente«, unschwer als Portikus von Belriguardo erkennbar ist. Kurz vor dem Essen sieht er »eine der Bedienerinnen, ein junges zartes Mädchen, in sehr leichtem oder aber schwankendem Gang« durch eben die Säulenhalle in den Garten kommen mit einem Brief für Kafka. Der nimmt erstaunt den dünnen Brief mit einer ihm fremden Schrift, öffnet ihn, und es fallen viele dünne Blätter in dieser Schrift heraus, die ihn erkennen lassen, daß es doch wohl ein wichtiger Brief, und zwar von Felices Schwester ist. Er fängt »mit Begierde zu lesen an«, da sieht ihm jemand in das Schreiben hinein, er schreit »Nein!« und »Die Tafelrunde nervöser Leute fängt zu zittern an«. Vom eigenen Schrei aufgewacht, zwingt sich Kafka noch einmal in den Schlaf, liest auch noch »zwei drei nebelhafte Zeilen des Briefes, von denen ich nichts behalten habe und verliere im weitern Schlaf den Traum«. Dieser schöne Traum ersetzt die beiden ihm wichtigen Frauen, das junge zarte Mädchen und Felice, durch verwandte Figuren und verbindet sie in dem Brief mit der fremden Schrift und vor allem mit dem Schreib- oder Benennungsverbot. Auch im Traum arbeitet Kafka an seiner Geschichte. So erstaunt es nicht, daß er einen Monat später, am 29. Dezember 1913, Felice seine Liebe zu dem jungen Mädchen in Riva eingesteht und meint, die Geschichte sei zu Ende. Zu Ende sind vorerst nur die Schreibversuche der Erinnerung und der Vergewisserung dieses für ihn so entscheidenden Liebeserlebnisses.

Es läßt ihn nicht los. Die erste Verlobung mit Felice löst er schon nach einem Vierteljahr im Juli 1914. Kurz darauf fährt er an die Ostsee. Am 27. Juli plant er von Travemünde aus einen Besuch bei Gerti in Gleschendorf nördlich von Lübeck am Plönitzer See, doch nach einem Telefonat mit ihr reist er weiter und sieht seine Sommerliebe nicht wieder. In diese Zeit nach Ausbruch des Ersten Weltkriegs fällt die Hauptarbeit an seinem Roman *Der Process* (1925); weiter schreibt Kafka das letzte Kapitel des *Verschollenen*, der unter dem Titel *Amerika* (1927) ebenfalls von Max Brod aus dem Nachlaß herausgeben wird. Schließlich gelingt ihm im Oktober 1914 noch die lange Erzählung *In der Strafkolonie,* die er bei Kurt Wolff 1919 veröffentlicht. Darin entkommt der »Reisende« am Ende nach dem grauenvollen Erlebnis einer schreibenden Tötungsmaschine in einem Boot, das ihn zu einem Dampfer bringen soll.

Anfang 1915 konstatiert er wieder die alte »Unfähigkeit«, das Schreiben stockt. Auch eine Begegnung mit Felice Ende Januar in der nördböhmischen Grenzstadt Bodenbach endet resigniert mit der Frage, warum es mit ihr weder körperlich noch seelisch zu einer Vereinigung kommen wird: »Wir haben miteinander noch keinen guten Augenblick gehabt, während dessen ich frei geatmet hätte. Das Süße des Verhältnisses zu einer geliebten Frau wie in Zuckmantel und Riva hatte ich F. gegenüber außer in Briefen nie, nur grenzenlose Bewunderung, Unterthänigkeit, Mitleid, Verzweiflung und Selbstachtung« (Tagebuch, 24. Januar 1915). Kafka unterscheidet hier genau zwischen den zahllosen sexuellen Erlebnissen, die er als eifriger Bordellgänger kannte, und dem wertvollen liebenden Vertrauen. So wiederholt und erweitert er diese Erinnerung noch einmal im Tagebuch vom Juli 1916 nach einer erneuten Begegnung mit Felice: »Ich war noch niemals außer in Zuckmantel mit einer Frau vertraut. Dann noch mit der Schweizerin in Riva. Die erste war eine Frau, ich unwissend, die zweite ein Kind, ich ganz und gar verwirrt. Mit F. war ich nur in Briefen vertraut, menschlich erst seit 2 Tagen. So klar ist es ja nicht, Zweifel bleiben. Aber schön der Blick ihrer besänftigten Augen, das Sichöffnen frauenhafter Tiefe.« So klar hat Kafka gesehen und beschrieben, was für ihn ein so furchtbares Verlustgefühl gewesen ist.

Der Jäger Gracchus

Die Liebesgeschichte mit Gerti Wasner blieb Kafka als Ideal in Erinnerung. Und er vergaß auch nicht, daß er seiner Freundin einst ein »Märchen« erzählen wollte. Drei Jahre nach der Begegnung in Riva setzte er noch einmal an, und das Ergebnis ist das »Märchen« vom *Jäger Gracchus*. Allerdings gibt es von Kafka keine geschlossene Erzählung mit diesem Titel. Max Brod hat verschiedene Erzählfragmente nach dem Tod des Freundes 1924 aus den Tagebüchern ausgewählt, geordnet und erstmals 1931 in dem Band *Beim Bau der Chinesischen Mauer. Ungedruckte Erzählungen und Prosa aus dem Nachlaß* (Berlin: Gustav Kiepenheuer Verlag) herausgegeben. Erst die Kritische Ausgabe der Werke Franz Kafkas löste 1990 die einzelnen Erzählfragmente wieder aus ihrem mittlerweile gewohnten Zusammenhang und läßt den offenen Text dieser Erzählung erkennen.

Als Fragmente zum *Jäger Gracchus* gelten folgende Texte in den Tagebüchern Kafkas. Etwa Ende November 1916 entsteht im Oktavheft »A« die Skizze *Auf dem Dachboden.* Kinder entdecken auf »dem Dachboden in einem tiefen Winkel inmitten des Gerümpels eines ganzen Jahrhunderts (...) einen fremden Mann« mit Pelzmütze, weitem Mantel, einem Säbel und Stiefeln mit Sporen, der völlig verstaubt dasitzt. Der kleine Hans, Sohn des Advokaten, stellt sich ihm vor, und der Fremde gibt zur Antwort, er heiße ebenfalls Hans, »›Hans Schlag‹«, und sei ein »›badischer Jäger‹«. Diesen Beginn wie aus einem Märchen von Andersen hat Kafka nicht weiter ausgeführt.

Im Oktavheft »B« aus der Zeit von November 1916 bis Februar 1917 findet sich der größte Teil des titellosen Erzählfragments. Das Oktavheft »D« aus der Zeit bis April 1917 enthält zusätzlich das Gespräch eines Unbekannten mit dem Jäger Gracchus. Im Tagebuch vom 6. April 1917 findet sich schließlich die Notiz von einer fremden, unansehnlichen Barke im kleinen Hafen neben zwei Passagierdampfern; der windschiefe schwere alte Kahn gehört dem Jäger Gracchus, der alle zwei, drei Jahre damit ankomme.

Damit läßt sich nicht nur die Entstehung der *Jäger Gracchus*-Fragmente auf die Zeit Ende 1916 / Anfang 1917 festlegen. Tatsächlich liegt das konkrete Erlebnis in Riva drei Jahre zurück. Kafka erzählt seiner abwesenden Freundin das versprochene Märchen. Der Verlust von Leben und Liebe wird Literatur.

In der Maske des Jägers Gracchus ist Kafka selbst erkennbar. Das beginnt schon beim Namen, der sich vom lateinischen »graculus« für die Dohle ableiten läßt; eine Dohle (tschechisch

»kavka«) war das Geschäftsemblem von Kafkas Vater. Die Geschichte selbst ist so genau wie sonst nicht mehr bei Kafka auf einen bestimmten Ort, Riva am Gardasee, beziehbar. Dort kommt der Jäger Gracchus auf einer Barke im kleinen Hafen an, wird auf einer Bahre in ein »gelbliches, zweistöckiges Haus« getragen und spricht darin mit dem Bürgermeister von Riva über sein Schicksal. Vor vielen Jahren ist er als Jäger im Schwarzwald bei der Verfolgung einer Gemse abgestürzt und gestorben. Aber auf der Fahrt mit dem »Todeskahn« ins Jenseits geschah dem Fährmann ein Mißgeschick, das den Jäger auf der Erde festhielt. »›So reise ich, der nur in seinen Bergen leben wollte, nach meinem Tode durch alle Länder der Erde.‹« Kafka selbst hatte sich im September 1913 auf dem Weg nach Riva in Verona »wie auf der andern Welt« gefühlt, fand sich in Desenzano »leer und sinnlos«, »wirklich am Ende« – und so wie der Jäger Gracchus, nicht lebendig und nicht tot, fuhr Kafka selbst seinerzeit mit dem Schiff nach Riva.

Bezüge

Der Jäger Gracchus geistert heran: »Eine Barke schwebte leise, als werde sie über das Wasser getragen, in den kleinen Hafen«. Auf der alten Piazza Benacense sind Männer, Knaben und ein Mädchen mit verschiedenen Tätigkeiten beschäftigt; das auffällige Denkmal mit einem »säbelschwingenden Helden« leitet sich vom Standbild des Heiligen Nepomuk ab, der ein Kreuz in der Hand trägt und bis 1916 direkt am Hafen stand (heute unterhalb der Rocca; statt des Schwertes trägt der Heilige heute einen Holzstab in der Hand). Unbemerkt von den Menschen legt der Bootsmann an, seine Frau Julia zeigt sich mit einem Kleinkind, und hinter dem Bootsmann tragen zwei Männer »eine Bahre, auf der unter einem großen blumengemusterten, gefransten Seidentuch offenbar ein Mensch lag« – das ist der Jäger Gracchus. Sie tragen ihn hinüber zu einem in österreichischem Herrschaftsgelb gestrichenen zweistöckigen Haus, dem »Palazzo Municipio«. Dort landet ein »Taubenschwarm, der bisher den Glockenturm umflogen hatte« – unschwer als der markante Torre Apponale zu erkennen. Hinter dem Haus erhebt sich »eine kahle, grauschwarze Felsenwand«, der Monte Englo mit der Bastion.

Der Jäger wird im Bürgersaal aufgebahrt, und ihm werden »zu Häupten der Bahre einige lange Kerzen« aufgestellt. Ihn erwartet bereits ein Herr, der sich als »›Bürgermeister von Riva‹« vorstellt; der seinerzeit amtierende podestà hieß Gedeone Bernardinelli. Ihm erzählt der Jäger seine Geschichte.

Hätte Gerti Wasner diese Geschichte jemals lesen können, wären ihr nicht nur das »Frauentuch«, sondern vielleicht vor allem die christlichen Bezüge aufgefallen. Nicht ohne Grund betonte Kafka in seinem Tagebuch vom 15. Oktober 1913 doch vor allem: »Ich verstand zum ersten Mal ein christliches Mädchen und lebte fast ganz in seinem Wirkungskreis.« Nepomuk und Taubenschwarm sind schon erwähnt. Eine Taube, »aber groß wie ein Hahn« (der Petrus' Verrat anzeigt), hat den Jäger angekündigt. Der Bürgermeister heißt »Salvatore«, der Erlöser; und, wie Albino Tonelli meint, könnte damit auch der Begründer des Sanatoriums Hartungen, Christoph, der Christträger, gemeint sein. Unerreichbar ist dem Jäger das Himmelstor am Ende der »unendlich weiten Freitreppe«, auf der er, in einen Schmetterling verwandelt, unstet herumfliegt. Aus dem Wunsch, hinaufzugelangen, wacht er immer wieder in seinem »alten, in irgend einem öden irdischen Gewässer steckenden Kahn« auf. In seiner Kajüte steht ihm zu »Häupten eine Kirchenkerze und leuchtet mir«, zugleich aber fühlt er sich vom Bild eines heidnischen Buschmanns, der mit dem Speer auf ihn zielt, in seinem »Holzkäfig« ganz ähnlich wie der Affe in Kafkas *Bericht für eine Akademie* (1917) bedroht.

Noch einmal kommt er auf sein Unglück zu sprechen, auf die Verfolgung einer Gemse im Schwarzwald, seinen Fehltritt und das Unglück der falschen Fahrt ins Jenseits. Die Frage nach der Schuld weist der Jäger von sich mit der auffälligen Begründung: »›Meine Arbeit wurde gesegnet. ›Der große Jäger vom Schwarzwald‹ hieß ich. Ist das eine Schuld?‹« Damit ist nicht nur allgemein etwa der Jagdsegen des Hubertus gemeint. Ganz konkret erinnert diese Stelle an den stundenlang auf seiner Fensterbrüstung des Sanatoriums lauernden Kafka, den das geliebte christliche Mädchen von oben segnete. Und erst recht hätte Gerti Wasner möglicherweise das mit Kafka vereinbarte Schweigegebot im folgenden Satz des Jägers erkannt:»›Niemand wird lesen, was ich hier schreibe, niemand wird kommen, mir zu helfen‹«. Dieser rätselhafte Satz – Werner Kraft nennt ihn »unverständlich« – geht jedoch über das Schweigegebot weit hinaus. Kafka läßt für einen Moment die Maske seiner Figur fallen und verweigert seinem Text die Öffentlichkeit. Der Grund dafür ist die existentielle Ausweglosigkeit sowohl Kafkas als auch seiner Figuren. Der Bootsmann, Fährmann ins Jenseits wie der antike Charon auf dem Unterweltfluß Styx, mit Frau, die den Namen der unglücklichen Julia von Verona trägt, und Kind, ähnlich kombiniert wie ihr Vorbild Joseph, Maria und Jesus auf der Flucht nach Ägypten, sowie der Jäger Gracchus als ›ewiger Jude‹ Ahasver, dem kein Salvator helfen kann, bilden die kleine Gruppe der zu einem unsteten Leben in der »Vorhölle« (Kafka an Felix Weltsch, Riva, September 1913) Verdammten. So liest sich auch das Ende dieses Abschnitts als Schlußstrich, in Erweiterung des Erlebnisses mit dem christlichen Mädchen im Sanatorium Hartungen, als resignierter Abschluß einer in den Tagen mit ihr vielleicht erwogenen Konversion und zuletzt als die an Felice gerichtete radikale Einsicht in die Unmöglichkeit einer liebenden Verbindung: »›Der Gedanke, mir helfen zu wollen, ist eine Krankheit und muß im Bett geheilt werden‹«. Schließlich kann der Jäger, der sonst alles weiß, nicht sagen, ob er in Riva bleiben wird, am Fluchtort seines anderen Ich, des Erzählers Kafka. Sein Fazit ist düster: »›Ich bin hier, mehr weiß ich nicht, mehr kann ich nicht tun. Mein Kahn ist ohne Steuer, er fährt mit dem Wind, der in den untersten Regionen des Todes bläst.‹«

Nachschrift

Aus Paul Zaunerts Sammlung Natursagen *Von Nixen und Kobolden und anderen Geistern* (1914) in Kafkas Besitz kann geschlossen werden, daß ihm das Motiv des ›wilden Jägers‹ und dessen unstetes Irren nach dem Tod bekannt war. Die Quelle für Kafkas »Märchen« findet sich aber eher in einer anderen, sehr prominenten Sagensammlung. Es handelt sich dabei um die Sage *Der Gemsjäger*, Nr. 301 in der Sammlung *Deutsche Sagen* der Gebrüder Grimm (München: Georg Müller Verlag 1911). Hier stellt sich die Frage nach der Schuld des Jägers ganz anders. Er ist von einem zwergenhaften Schutzgeist der Gemsen vor die Wahl gestellt worden, entweder zu sterben, oder aber, wenn er der Jagd entsagt, alle sieben Tage mit einem geschlachteten Gemstier dafür belohnt zu werden. So geschieht es, der Jäger findet alle sieben Tage »eine fette Gemse in den Ästen eines Baumes vor seiner Hütte«. Aber diese »ruhige Lebensart« behagt ihm wenig, er wird seiner Faulheit überdrüssig und begibt sich wieder auf die Jagd. Kaum zielt er auf »einen stolzen Leitbock« und fühlt sich unbeobachtet, da reißt ihn der Zwerg plötzlich »am Knöchel des Fußes nieder, daß er zerschmettert in dem Abgrund sank«. Vielleicht hat Kafka in Gerti die Gemse und sich selbst in dem Gemsjäger gesehen, als er im Sanatorium faul in der Sonne lag und sich »langsam und schamlos« herumwälzte. Mit der Heirat, so fürchtete Kafka, hätte er seine einsame Jagd auf die Geschichten – »Kann ich die Geschichten nicht durch die Nächte jagen, brechen sie aus und verlaufen sich« (Tagebuch, 4. Januar 1915) – aufgeben müssen und damit seine ganze Existenz, die er allein durch die Literatur definierte – »Die Lust[,] für das Schreiben auf das größte Glück zu verzichten, durchschneidet mir unaufhaltsam alle Muskeln« (an Felice, 2. September 1913). So enden seine beiden bekenntnishaften Texte mit der »extrem autobiographischen Tendenz« (Hartmut Binder), enden *Das Urteil* und *Der Jäger Gracchus* tödlich und hoffnungslos. Anfang Juli 1917 verlobte sich Kafka eine zweites Mal mit Felice Bauer. Im August erlitt er einen Blutsturz, die Tuberkulose brach aus. Im Dezember löste er die Verlobung mit Felice ein zweites Mal und endgültig. In den folgenden Jahren erschienen noch *Ein Landarzt. Kleine Erzählungen* (1920 in München und Leipzig bei Kurt Wolff) und im Todesjahr 1924 die *Vier Geschichten* unter dem Titel *Ein Hungerkünstler* (Berlin: Verlag Die Schmiede). Kafka starb am 3. Juni 1924, auf den Tag einen Monat vor seinem 41. Geburtstag, im Sanatorium Kierling bei Wien. Testamentarisch verfügte er, seinen literarischen Nachlaß zu verbrennen.

ZWEI SCHWESTERN
ADALBERT STIFTER

Seltsame Geschichte. Ein Dichter schickt seinen Helden auf die Suche nach einem verschollenen Freund, beschreibt dafür ausführlich eine See- und Felsenlandschaft, die er gar nicht kennt, überzeugt aber durch die grandiose literarische Darstellung. Ein seltsamer Autor? Adalbert Stifter (1805–1868) ist geboren im böhmischen Walddorf Oberplan (heute Horní-Planá in Tschechien) als Sohn eines Leinwebers und Flachshändlers. Nach dem Unfalltod des Vaters 1817 ermöglicht der Großvater die Aufnahme in der benediktinischen Lateinschule von Kremsmünster. In Wien studiert er ab 1826 Jura, interessiert sich aber auch für Naturwissenschaften, malt und schreibt. Er macht keinen Abschluß, hat auch keine Lust auf ein Amt und führt ein Künstlerleben, ohne sich auf Malerei oder Literatur festzulegen. Er bringt sich als Hauslehrer durch, unterrichtet sogar den Sohn des allmächtigen Staatskanzlers von Metternich.

Von dem späten literarischen Debüt des 35jährigen im Jahr 1840 ist außer der unglücklichen Liebe zu einem unerreichbaren Bürgermädchen und seiner kurzentschlossenen Heirat mit einer Modistin nur wenig bekannt. Sein literarisches Werk – neben den Erzählungen wichtige Aufsätze zur Zeit, zu Fragen der Bildung und der Kunst – schafft ihm die Voraussetzung für ein nach 1848 übernommenes, existenzsicherndes Amt als Schulrat in Linz. In dieser Zeit erscheinen seine bekanntesten Werke, die Sammlung *Bunte Steine* (1853) sowie die Großerzählungen *Der Nachsommer* (1857) und *Witiko* (1865/67). Die Zeitgenossen vermißten darin jedoch die Spannung der frühen Texte.

Schon seine erste Veröffentlichung, die Erzählung *Der Condor* (1840), die Ballonfahrt zweier englischer Wissenschaftler und einer jungen Wienerin durch eine Vollmondnacht, läßt im kosmischen Schauder der vordem so selbstbewußten Frau die irritierenden Grundthemen des Dichters erkennen: die Unheimlichkeit der Welt und der schmale Grat zwischen Glück und Katastrophe. Diesen existentiellen Riß zeigen mehr oder minder deutlich alle folgenden Erzählungen Stifters mit Meisterwerken wie *Die Mappe meines Urgroßvaters* (1841/42), das Schicksal des Juden *Abdias* (1843) und die selbstbestimmte *Brigitta* (1844). Höhepunkte seiner Beschreibungskunst sind zudem die in Wien beobachtete *Sonnenfinsterniß am 8. July 1842* oder die beklemmende Schilderung eines Dauerschneefalls *Aus dem bairischen Walde* (1868). Thomas Mann hat 1949 zu Stifter treffend bemerkt, »daß hinter der stillen, innigen Genauigkeit gerade seiner Naturbetrachtung eine Neigung zum Exzessiven, Elementar-Katastrophalen, Pathologischen wirksam ist« und schließt mit der Bemerkung: »Stifter ist einer der merkwürdigsten, hintergründigsten, heimlich kühnsten und wunderlich packendsten Erzähler der Weltliteratur, kritisch viel zu wenig ergründet.« Die am Gardasee spielende Geschichte der *Zwei Schwestern* ist dafür ein gutes Beispiel.

Die Schwestern

Von Stifters Erzählung sind zwei Fassungen bekannt. Unter dem Titel *Die Schwestern* erschien die erste im Herbst 1845 in dem Taschenbuch *Iris für 1846* des Verlegers Gustav Heckenast im ungarischen Pest. Diese sogenannte Journal-Fassung überarbeitete Stifter später gründlich für die Buchausgabe seiner aus insgesamt dreizehn Erzählungen zusammengestellten *Studien* (1844–1850). Im sechsten und letzten Band der *Studien* erschien die während der Revolutionszeit besonders sorgfältig neuformulierte und auf beinahe doppelten Umfang angewachsene Erzählung 1850 unter dem Titel *Zwei Schwestern*.

Die Schwestern Maria und Teresa Milanollo. Nach einem Stahlstich von J. Altringer (um 1840)

Die ersten Schwestern dieser Geschichte sind zwei italienische Geigenvirtuosinnen, die Schwestern Teresa (1827–1904) und Maria (1832–1848) Milanollo. Sie hatten mit ihren Konzerten seit dem Debüt in Paris 1840 vielerorts großen Erfolg. Auch Stifter gehörte zu ihren Zuhörern, als sie im Frühjahr 1843 für mehrere Konzerte in Wien gastierten. Die zweiten Schwestern der Geschichte sind Camilla und Maria, die Töchter von Francesko Ricchardi in der ersten bzw. Franz Rikar in der zweiten Fassung. Diese Schwestern sind 25 und 24 Jahre alt und leben mit Vater und Mutter in einem Landgut auf einer Hochebene am Westufer des Gardasees, die bislang, allerdings ohne nähere Begründung, in Tremosine zwischen Limone und Campione vermutet wurde. Die dritten Schwestern der Geschichte sind die Allegorien »Kunst« und »Leben«. Doch der Reihe nach.

Der »Nacherzähler« der *Zwei Schwestern* beginnt nach der »Einleitung« im zweiten Abschnitt »Die Reisefreunde« mit einer Begegnung in einem Reisewagen zwischen dem tatsächlichen Erzähler Otto Falkhaus, einem schwarzgekleideten Mann, den er scherzhaft als »falschen Paganini« anspricht, und zwei jungen Mädchen. In Wien treffen sich Otto und der falsche Paganini als Zimmernachbarn zufällig wieder. Paganini heißt tatsächlich Franz Rikar und muß einen großen Prozeß durchstehen; Otto ist als Bittsteller unterwegs. Gemeinsam besuchen sie ein Konzert der Geschwister Milanollo – es sind die jungen Mädchen aus dem Reisewagen –, was Rikar ungewöhnlich traurig stimmt. Er verliert den Prozeß, erkrankt, wird von seinem Nachbarn gepflegt, und reist schließlich ab nach Meran.

In den folgenden Jahren erbt Otto ein Landgut »Treulust«, heiratet aber nicht. Hin und wieder spielt er Geige in einem Dilettantenquartett. In der Absicht, seinen einstigen Zimmernachbarn aufzusuchen und ihn zu bitten, nach Treulust zu kommen, bricht Otto im dritten Abschnitt »Reisebesuch« nach etwa zehn Jahren zu einer lange schon gewünschten italienischen Reise auf. In Meran erfährt er, sein Bekannter »lebe jetzt in den Steinen nicht weit von dem Gardasee, wo eine unfruchtbare Gegend sei, und sehr wenige Menschen wohnen«. Diese Stelle aus *Die Schwestern* ist in der Überarbeitung durch den Hinweis ersetzt, Rikar wohne jetzt am Gardasee, wo er geboren sei, in Riva oder in der Nähe davon.

Otto macht sich auf den Weg nach Riva, aber dort kennt niemand seinen Bekannten. Mit dem Fischer Gerardo unternimmt er daraufhin eine Bootsfahrt am westlichen Felsufer entlang, in der Hoffnung, irgendwo, irgendwann an sein Ziel zu kommen.

Stifter hat die Landschaft am Gardasee nicht aus eigener Anschauung dargestellt. Zwar fuhren seit 1827 das dampfgetriebene Holzschiff »Arciduca Ranieri« (benannt zu Ehren des früheren Vizekönigs des lombardisch-venetianischen Königreichs, Erzherzog Rainer (1783–1853), anläßlich der Geburt seines Sohnes Ferdinand) und seit 1843 das Dampfschiff »Benaco« von Desenzano nach Riva. Doch Tourismus auf dem Gardasee und entsprechende Reiseführer sind erst seit dem Aufschwung der Kurorte Arco (1872), Gardone (1881), Sirmione (1888) und Riva (1893) verbreitet. Stifter dürfte daher, nach einer plausiblen Vermutung Ulrich Dittmanns, den Gardasee durch mündliche Mitteilungen eines Freundes kennengelernt haben. Der Historien- und Landschaftsmaler, Zeichner und Schriftsteller Anton Ritter von Perger (1809–1876), Mitarbeiter der in mehreren Lieferungen erschienenen, von Stifter herausgegebenen Stadtbeschreibung *Wien und die Wiener*, kannte Italien von Wanderungen nach Triest und Rom und wußte am 7. März 1840 in der *Wiener Zeitschrift* von einem »Bad im Lago di Garda« zu berichten. Mit seinen Maleraugen hat Perger die Schiffahrten auf dem See unter motivischen Aspekten gesehen und Stifter offenbar davon erzählt. Jedenfalls entschließt sich der Erzähler in der ersten Fassung der *Schwestern*, unterwegs in Richtung Mailand, nach Osten umzukehren und zur Schiffsstation nach Desenzano zu fahren: »Ich (...) traf am zweiten Tage an den Ufern des Gardasee's ein. Ich verweilte daselbst nicht lange, sondern bestieg ein Schiff und schiffte dem nördlichsten Punkte desselben zu. In Riva, welches so malerisch gegen die Schluchten und Spalten der Berge liegt, stieg ich wieder ans Land (...).« Unterwegs hat der Erzähler bemerkt, daß eine Bootsfahrt am Ufer entlang »vorzüglicher« sei »als eine längs der Mitte des See's, wo alles, was schön ist, nur in allgemeinen Bildern unentfaltet vorüber rükt.« Gerade dieser Eindruck dürfte sich einer realen Schiffahrt des Malers Perger auf dem See verdanken.

Stifters Erzählung umgeht jedoch topographische Genauigkeit. Wichtiger ist die Vorstellung von Wirklichkeit, von wilder Natur im Kontrast zu einem Ideal von Kultur und Leben mitten in der Ödnis. Die Suche nach dem verschollenen Freund ist schon lange bevor der Erzähler das in den Bergen versteckte Landgut findet, ein kulturstiftendes, ja weltgestaltendes Unternehmen, und sein Mittel ist das genaue Wahrnehmen etwa beim Vorüberfahren im Boot an einer schroffen und anscheinend kultur- und menschenlosen Felsenlandschaft. Dabei werden Differenzierungen sichtbar, die ein ungewohntes Kulturbild entstehen lassen. So beginnt also eine mehrfach »sonderbare Reise« – der Autor war nie da, sein Erzähler ist auf der Suche – und doch entwickelt sich die italienische Reise dieser Erzählung zum würdigen Gegenstück der Tagebucheintragungen Goethes von seinen selbstbezogenen *Iphigenie*-Tagen in Torbole und dem zufälligen Abenteuer in Malcesine. Die fällige Reverenz gegenüber Goethes *Italienischer Reise* findet sich übrigens in der zweiten Fassung der *Schwestern*, als der Erzähler auf dem Landgut seines Freundes in der Nacht, von Geigenspiel geweckt, nicht gleich wieder einschlafen kann. Er nimmt sich »Göthes Reise nach Italien« zum Lesen vor: »Obwohl mir das Werk ohnehin sehr gut bekannt war, übte es doch wieder eine sehr freundliche Wirkung auf mich aus, und ich las länger, als ich vorgehabt hatte. Dann löschte ich die Lichter aus und entschlief.«

Die Bootsfahrt

Die Bootsfahrt (vermutlich in einem Segelschiff mit Ruderunterstützung) des Erzählers beginnt als eingestandene Phantasie:

»Wir begaben uns auf unsere sonderbare Reise, und wurden durch das herrlichste Wetter und manch anderes seltsame Ding belohnt. Was in mir von früheren Zeiten träumerisch war, war ganz geeignet gewekt zu werden. Für Freunde landschaftlicher Natur und Entwicklung ist eine solche langsame von häufigem Anhalten unterbrochene Fahrt an den Ufern bei weitem vorzüglicher, als eine längs der Mitte des See's, wo alles, was schön ist, nur in allgemeinen Bildern unentfaltet vorüber rükt.«

Geweckt wird also die Phantasie des Erzählers, und er nähert sich den Felsen am »Gestade«, also am poetisch umschriebenen Ufer, das als bloße vorhandene Stätte anfangs auch ohne menschliche Ansiedlung in seinen Einzelheiten wahrgenommen wird:

»Wir fuhren stets an den Gestaden. Bald war es ein großer unermeßlich scheinender Fels, den wir umschifften, und der wie ein Stük Alpe in das seichte Fahrwasser des Sees geworfen schien. An seinem Körper spielten die grauen Lichter und die violetten Schatten, und an seinem Fuße plauderten oder flüsterten die Wellchen, die unbemerkt und unablässig an seinem Korne wuschen. – «

Der große Fels könnte der Corno di Reamol vor Limone (heute mit Panoramablick) oder der Berg von Campione del Garda (mit der aufgelassenen Textilfabrik) am Torrente S. Michele sein. An Felsbuchten wie in Limone und Campione gibt es tatsächlich ein schmales flaches Ufer vor dem ansonsten steilen Felsabsturz, allerdings kaum ein »seichte(s) Fahrwasser«. Die spielenden, plaudernden und flüsternden »Wellchen« verbinden vielmehr ein kindlich romantisches Bild, das an die kecken Quellen in Mörikes Gedicht *Um Mitternacht* (1827) erinnert, mit der »unablässig« die Sand-Körner aus dem Fels waschenden und so in eine Sand-Uhr übergehenden Zeit.

»Ein ander Mal war es wieder wie eine blendende Sandbank, die gegen das Dunkelblau des Wassers hinaus ging. Hinter ihr klomm das reine Grün empor, das wieder oben in Felsen überging, die dann blaulich in die noch blauere fast funkelnde Luft hinein dämmerten. Oft stach eine solche Zunge gleichlaufend mit dem Ufer weit in den See hinaus, und jenseits derselben lag das ruhigste dunkelblaueste Wasser wie ein geborgenes Band an dem Gürtel des Gestades dahin. Wenn wir dann in die Langbucht einfuhren, so entwikelte sich eine Hütte, ein Häuschen, ein Landsitz, wo wir früher nur einen grauen oder schwachweißen Punkt gesehen hatten.«

Licht- und Farbenwechsel, Hell gegen Dunkel, hervorstechend oder geborgen, und beim Einfahren in die »Langbucht« (vielleicht die von Salò) werden im Näherkommen aus ungenauen Punkten konkreter erkennbare Gebäude: Aus der schroffen Natur »entwikelt« sich die menschliche Kultur, zu verstehen sowohl als Vorgang der Zivilisation als auch der bloßen Wahrnehmung. Noch einmal, wie in einer musikalischen Reprise oder besser Umkehrung, stehen Dunkel und Hell gegenüber, verstärkt noch durch das dunkle Spiegelbild:

»– Oft wurde das breite Wasser des Sees ganz schwarzblau, unendlich dunkler, als die Luft, und längs des fernen Saumes glänzte, wie eine lichte Kalkwand, das Zierathenwerk der Felsen, und warf sein Gitter zauberhaft in die Fläche des schwarzen Spiegels.«

Und aus der folgenden Darstellung klingt es wie der Originalton des Freundes und Kollegen Stifters Anton Ritter von Perger, der seine heute noch ebenso mögliche Wahrnehmung der Felsenwände des Westufers vom vorbeifahrenden Segelboot aus dem begierig lauschenden Freund geschildert haben dürfte, auch wenn das »wir« im folgenden den Erzähler und seinen Fährmann meint:

»Wenn wir manchmal eine Wand sahen, und meinten, sie sei weithin die glatteste rizenloseste Mauer, so that sie sich, wenn wir an ihr entlang fuhren, auf einmal auf, und trug in ihrer Faltung eine niedersteigende von dichtem Buschwerke bewucherte Furche, in der das klareste glasdurchsichtigste Alpenwasser nieder strömte. Und wenn wir dann um die Sandhügel, die sich heraus schoben, herum fuhren, und in die Bucht einlenkten, die sich darstellte, so sahen wir, daß der Schauplatz sehr groß sei, und an seinem Rande statt des grünen Wucherwerkes, welches wir erblikt hatten, riesengroße schöne Bäume trug, und in mancher Eke noch ein aus rohen Steinen oder Stämmen zusammen gefügtes Fischerhäuschen barg.«

Spätestens hier wird klar, wie sehr der wahrnehmende Erzähler annimmt, daß die mit bewegten Augen (und nicht mit einer bewußtlosen Kamera) abgetastete Landschaft sich zeigt, sich »darstellt«, zum »Schauplatz«, zur Bühne wird. Das ist nicht mehr eine bloß gefühlvoll romantische Schilderung; das ist eine moderne Sicht, die darum weiß, wie sehr die Wahrnehmung aus dem Ineinander von Betrachter und seinem Gegenüber besteht; daß jeder Blick eine eigene Welt zeigt, daß sich die Perspektive mit jedem Schritt verändert. Es ist zwar banal, bleibt aber für das Verständnis aller Erzählungen Stifters wesentlich: Veränderungen der Wahrnehmung sind wichtiger als große Ereignisse. Räumliches wie zeitliches Näherkommen verdeutlicht die Eindrücke, Entfernung von den Gegenständen läßt die Erinnerung verdämmern und später ganz vergessen. Im konkreten Fall der *Schwestern* bedeutet das zudem: Es gibt keinen Halt, keine Sicherheit, keine festgegründete Wahrheit, nur einen steinigen, steilen Weg zu ihr, den jeder selbst und nur für sich zu gehen hat.

Hieronymus

Einen Tag verbringen der Erzähler und sein Begleiter auf dem See, essen im Boot zu Mittag und übernachten »in einem einsamen Gasthause (...), das mit seinen schimmernden Mauern wie ein weißes Blatt Papier an die Felsen angeklebt schien, und von einem ganz verwikelten Geländer des grünsten Weinlaubes umgeben war.« Aus diesem merkwürdigen Vergleich wird in der zweiten Fassung zwar »eine weiße Tafel«, aber genauere Angaben gibt es nicht. Da tagsüber die Ora von Süden her weht, dürften die beiden Segler aber auch in Wirklichkeit nicht weit gekommen sein und haben vielleicht in der Herberge am

Ponalefall übernachtet. Dagegen spricht wiederum, daß sie am nächsten Morgen vor der Weiterfahrt die Häuser von Riva in weiter Entfernung nur noch »wie kleine Papierstreifchen auf dem Wasser schwimmen« sehen – in dem unscheinbaren Bild scheint Stifter zu sagen: Schaut her, es ist nur eine Papierwelt, in der ihr Leser unterwegs seid, die Wirklichkeit ist es nicht.

Und doch tauchen Menschen auf, Fischer, die ihre Netze richten, und ein junger Ziegenhirt namens Giuseppe weist den Weg zu dem legendären »Geigenmann« oben im Berg. Vorher muß noch das »Höllwasser« mit einer gewaltigen Schuttlawine umfahren werden – dann begibt sich der Erzähler auf den steilen und wilden Weg in die Felsen, durch eine »Tiefspalte« zunächst hinauf zum weißen Haus des alten Hieronymus Rüdheim, der dort oben mit einer Magd in der »Sommerkühle« lebt. Hieronymus ist der Name des auch als Kirchenvater bekannten Einsiedlers, und »Rüdheim« verstärkt den Eindruck einer ›rüden‹ oder kargen Grotte. Costanza Lunardi vermutet, in Anlehnung an Umberto Perini, das Haus des Hieronymus aus guten Gründen im Gebiet des heutigen ausgedehnten Parco Alto Garda Bresciano auf dem Gebirgsrücken des Cima Comer oberhalb von Gargnano bei der Einsiedelei San Valentino. In diese Einsiedelei aus dem 17. Jahrhundert mit angehängter kleiner Kirche zog sich 1842 ein Eremit zurück, dessen Name Geremia Paladini di Casson an den Hieronymus der Erzählung Stifters anklingt. Das ist ein erstes Indiz. Die Grafen Bettoni wissen zudem noch von ihren Urgroßeltern, daß sich der Eremit über den Weiler Bettoni in das etwa einen Kilometer westlich vom Monte Beole liegende Razone begab, um hier eine Suppe zu bekommen. San Valentino liegt auf 770 Meter; das mächtige Gut Razone, Jagdhaus und Sommersitz der Familie Bettoni mit einer angebauten Kapelle, darüber auf 1000 Meter. Der Weg hinauf von Gargnano über Musaga und Sasso nach Razone ist mühsam und steil; die Belohnung durch den Ausblick von der Höhe um so eindrucksvoller. Die nähere Geschichte des Gutes, das 1648 erbaut und lange

Das Jagdhaus Razone der Grafen Bettoni

Zeit ein Franziskaner-Kloster war, ist nachzulesen bei Umberto Perini (Kap. VII). Danach wurde die Kirche der Madonna von Razone 1705 von einem Baron Giovanni Battista della Zuana neu erbaut. Er war Kammerherr am kaiserlichen Hof in Wien; und über ihn kam sogar die Kopie eines Madonnengemäldes von Lucas Cranach nach Razone (das Bild befindet sich heute aus Sicherheitsgründen im Schloß Bogliacco) – Grund genug für den Wiener Maler Perger, wie angenommen werden kann, diese im westlichen Bergland über dem Gardasee einmalige Verbindung von Natur, Kultur und Religion zu bemerken und seinem Freund Stifter davon zu berichten. Ein in der Pinakothek von Brescia bewahrtes Ölgemälde von Faustino Joli aus dem 19. Jahrhundert zeigt Razone di Gargnano mit dem Monte Castello di Gaino, dem Monte Pizzocolo und dem auffallend großen und weißen Jagdhaus der Grafen Bettoni, dem vermutlichen Vorbild für das »Haidehaus« in Stifters Erzählung.

Dort hinauf weist Hieronymus dem Wanderer Otto den weiteren Weg. Er kommt durch eine Ödnis aus »Millionen Steinen«, unfruchtbar und öde – und doch ist der Erzähler von der »Felsenlandschaft« und der »unermeßliche(n) Ausicht« hingerissen: »Kein Landschaftsmaler hat noch diese Dinge gemalt: da war kein Baum, kein Gesträuchlein, kein Haus, keine Hütte, keine Wiese, kein Feld – nur das sehr dürftige Gras und die Felsen – kein Pinsel hätte das je für die Aufgabe eines Meisters gehalten, wenn nicht etwa die ganz neuere Kunst, und in ihr ein gewaltiger Mann gezeigt hätten, wie die düstere Schönheit solcher Oeden auf die Seele des Menschen zu wirken vermag.« Der »gewaltige Mann« ist der Maler Carl Rottmann (1797–1850) aus dem Künstlerkreis um den bayerischen König Ludwig I., der Begründer der ›heroischen Landschaft‹ besonders Griechenlands. Davon angeregt zeigt sich dem Erzähler in den öden Felsen eine andere Schönheit als auf seinem fruchtbaren Landgut Treulust. Er steht »in einer epischen Einsamkeit (...), in einer unfruchtbaren Größe, wo die Natur mit gar keinen Mitteln dichtet, und eine ruhige Schönheit darlegt, davor die Seele schauert, weil alle ihre Mittel nichts sind gegen den einfachen Ton, den die Natur in ihrer Wildniß hin legt.« Da ist wieder der existentielle Bezug, verknüpft mit der episch-poetischen Darstellung – und es ist nachvollziehbar, daß nicht nur der Erzähler, sondern auch sein »Nacherzähler«, also Stifter selbst, von diesem Eindruck »ergriffen und gebeugt« sind. Die literarisch-künstlerische Vision triumphiert über die reale Situation.

Diese sowohl für die Erzählung als auch für den Autor wichtige Schlüsselstelle der ersten Fassung hat Stifter bei der Überarbeitung auf bezeichnende Weise verkürzt. Jetzt zeigt sich ihm die »ruhige Schönheit« der felsigen Öde nur noch so, »als legte die Natur ein einfach erhabenes Heldengedicht vor mich hin« – das folgende Erlebnis wird erheblich aufgewertet.

Endlich gelangt der Erzähler an sein Ziel, er findet bei Einbruch der Dunkelheit das kultivierte »Haidehaus« seines Freundes auf der Hochebene, umgeben von Gärten mit Obstbäumen, einem Springbrunnen und einem Kastanienwäldchen. Franz Rikar hat sich nach dem verlorenen Prozeß dorthin als auf sein letztes verbliebenes Eigentum mit seiner Frau Viktoria und den 25 und 24 Jahre alten Töchtern Camilla und Maria zurückgezogen. Mitten in der Nacht erwacht der Erzähler von einem Geigenspiel, das er mit Teresa Milanollo in Verbindung bringt – aber er hört auch »ein schreiend Herz, das sich erkannt hat«, also seiner selbst schmerzhaft bewußt geworden ist und nun inbrünstig schwärmt, »als müßte es das Weltall an die Seele reißen, oder es in Stücke zertrümmern«. Das ist wieder der radikale Ton Stifters, doch nur in der ersten Fassung der Erzählung; in der zweiten wird das musizierende Mädchen stärker bedauert. Gespielt hat allerdings nicht Teresa Milanollo, sondern Camilla Rikar. Gemeinsam ist den beiden ihre völlige Hingabe an die Musik, und der Erzähler erkennt in der ersten Fassung vielsagend: »Ich weiß es nun, warum sie [Camilla] in ihrem Spiele der Theresa Milanollo nicht ähnlich ist, der sie doch so ähnlich ist.« Camilla ist angekränkelt von der Musik. Die Kunst, die »irdische Schwester der Religion«, bedarf eines natürlichen Ausgleichs, sonst wirkt sie zerstörerisch. In Camillas außerordentlicher Schönheit liegt schon »etwas Verkommenes«. Das »todte Wesen an ihr« steht in Kontrast zu ihrer jüngeren Schwester Maria, die sich lebhaft und tüchtig in der Landwirtschaft bewährt. Die Erzeugnisse des Landguts werden mit dem Etikett »›vom Berge Sankt Gustav‹« weit über den See hinaus verkauft. Ihre Kenntnisse hat Maria aus Büchern und von einem auf dem Nachbargut lebenden etwas älteren Freund, Alfred Mussar. Die beiden scheinen füreinander bestimmt, doch da Camilla ebenfalls Alfred liebt, verzichtet Maria schweren Herzens, als Alfred um ihre

Hand anhält. Der Erzähler wiederum hat sich in Camilla verliebt, gesteht diese Liebe aber nicht ein, und reist bald darauf ab, um seine italienische Reise fortzusetzen. So endet die Erzählung in der ersten Fassung, und als sich der Erzähler im Boot wieder vom Ufer entfernt, schwimmen »die Dinge ineinander – ich sah (...) den Geröllstrom nicht mehr, nur ein kleines weißes Dreieck saß auf dem Wasser auf, und endlich auch dieses nicht mehr – man sah nur Berge im Allgemeinen, und keiner sagte, ob ein Thal, wie ich es eben verlassen, hinter ihm sei oder nicht. Viel später, lange nach seiner italienischen Reise, die ihn bis nach Rom, Sizilien und Malta geführt hat, zu einer Zeit, »da die Bilder bleichten«, stellt sich der Erzähler vor, daß die einzige Frau für ihn doch nur Maria sein könnte.

Reiseziele

Die zweite Fassung der *Schwestern* hat auch einen erweiterten Schluß. Im vierten Abschnitt »Reiseziele« kommt der Erzähler nach zwei Jahren im Frühling nach Riva zurück. Wieder fährt er mit Gerardo zum Höllwasser, wieder steigt er den Felsenweg hinauf. Aber bevor er im weißen Haus Rikars sein Anliegen vortragen kann, muß er erst die Veränderungen bewundern. Alfred hat, einem geheimen Wunsch Marias folgend, Camilla geheiratet, die daraufhin in Klarheit und Lebenskraft neu erblüht. Aber dem Erzähler selbst gelingt es nicht, Maria seinen Antrag zu machen – ihm bleibt, so meint er gegen Schluß, nur, zu »erkennen, was einzig schön und göttlich ist, um es dann auf ewig ferne zu haben«. Doch mit diesem der Erzählung und ihrem Autor so wesentlichen Verlustgefühl will der »Nacherzähler« die Leser nicht entlassen und eröffnet in einem kurzen »Nachwort«, daß auch auf Maria und Otto das Glück warte.

Die erste Rezension der Erzählung, erschienen im *Grenzboten* noch im Dezember 1845, sieht in Stifters *Schwestern* wieder eine »seiner eigentümlichen Novellen«, in der, ein wenig irritiert aber doch treffend, »wir fort und fort aus der gewohnten in eine fremde, fast nur geahnte Welt uns hineingedrängt sehen«. Zuviele, »fast ängstlich« genau geschilderte Einzelheiten bemängeln die *Österreichischen Blätter für Literatur und Kunst* im Januar 1846, halten aber zugute, daß erst »durch Zusammenfassung von allen kleinen Nuancen vor dem Auge das beabsichtigte, in Zeichnung und Farbe ganz eigentümliche Bild entstehe« – die Verstörung durch diese seltsame Prosa scheut vor einem wirklich kritischen Wort zurück. Das wagen erst nach dem Erscheinen der Buchausgabe die *Blätter für literarische Unterhaltung* im März 1850, die »durch ein lästiges Zuviel Unzufriedenheit und Tadel« aufkommen sehen, noch im selben Satz aber zugestehen, daß Stifter sich taktvoll »kein überflüssiges Wort« gestatte. Stifter selbst beurteilte seine Erzählung, an der er so lange gearbeitet hat wie an keiner anderen – auch der geänderte Titel ist einmalig –, außerordentlich positiv. Er glaube, so schrieb er seinem Verleger am 20. März 1850 nach dem Abschluß der zweiten Fassung, »daß diese Schilderung die reinste ruhigste verstandes- und kunstgemäßeste sei, die ich gemacht habe.« Die Forschung sieht in den beiden Schwestern »reine Allegorien von Kunst und Leben« (Naumann), versteht die »Naturdarstellung« als »Funktion der ästhetischen Erfahrung« und die Wegsuche des Helden als Suche nach seiner Identität (Beckmann). Die dreidimensionale Raumgestaltung und die Wahrnehmungsformen in dieser »Erzählung einer Annäherung« weisen zudem, wie richtig bemerkt wird, »auf den konsequent durchgeformten Landschaftsraum des *Nachsommer*« hin (Gradmann). So ergibt sich die für Stifter so zutreffende »paradoxe Einfachheit« (Roedl), daß seine *Schwestern* zum einen sehr wenig, wenn auch nicht gleich »schlechterdings nichts« (Rüdiger), zum anderen aber auch sehr viel mit der Felsenlandschaft am Gardasee zu tun haben. Moriz Enzinger hat den Sachverhalt bündig zusammengefaßt: »Stifters Italienbild entspricht nicht mehr dem der Romantik, es ist wirklichkeitsnäher, wenn es auch Phantasiebild ist. Aber es beruht auf Wirklichkeitsvorstellungen. Es ist ein realeres Italien, als man es bisher gesehen hatte (...). In der Steinwüste einen Garten zu schaffen, das war das Problem.«

Es ist also erlaubt, in Stifters Text mehrere Sinnebenen der Gegensätze »Natur« und »Kultur« sowie »Kunst« und »Leben« zu sehen. Sehr originell und in seiner Einseitigkeit bestechend ist daher ein Versuch, in Stifters Erzählungen eine unbewußte sexuelle Schicht aufzudecken. Stifters späterer Schriftstellerkollege Arno Schmidt hat diese Schicht im Nachwort zu seiner Studie über Karl May (1963) mit einer überwältigenden Zahl von Belegen auch am Beispiel der *Zwei Schwestern* vorgestellt. Von der »Tiefspalte« über die »bewucherte Furche« bis zum »Geigen« sieht Arno Schmidt unter dem naiv verstehbaren Lesemodell der ersten Schicht »ganze Ketten zottiger Weiblichkeiten« lauern. Damit rüttelt er heftig an eben dem stilisierten Denkmal des Dichters, das Stifter selbst schon zu Lebzeiten gegen alle Widrigkeiten errichtet hat, nicht im Großen, sondern in dem von ihm emphatisch gepriesenen »Kleinen«. So in der Vorrede zu *Bunte Steine* (1852), und so in der abschließenden Stelle aus einem Brief an Louise Freifrau von Eichendorff aus Linz am 22. März 1853: »Mit Menschen menschlich sein, mit Höheren das Höhere lieben, an Gottes Schöpfung sich freuen, die fest gegründete Erde nicht verachten, sich immer praktischem Handeln hingeben, es nicht verachten, wie Maria in den Schwestern selbst Gemüse zu pflanzen und Gartenbeete zu düngen und doch ein höherer, opferfreudiger Mensch zu sein, endlich mit fühlenden, geistigen Menschen gleichsam einen unsichtbaren Umgang zu haben, das war ungefähr die Grundlage meiner Schriften.«

Gargnano

Zwielichtiges Glück
D. H. Lawrence und Frieda von Richthofen

Im August 1912 wandert ein Liebespaar über die Alpen. Es sind eine verheiratete deutsche Baronesse und ein lediger englischer Dichter. Sie haben kaum Geld, sind noch ohne Ziel, wissen nur, daß sie in ihr bisheriges Leben nicht mehr zurück können und wollen. Vor fünf Monaten, im März, haben sie sich in Nottingham kennengelernt. Der 27jährige David Herbert Lawrence (1885–1930) spricht im Hause seines Englisch-Professors Ernest Weekley wegen einer Lektoratsstelle in Deutschland vor. Weekley verspätet sich um eine halbe Stunde. Diese Zeit nutzen Lawrence und Weekleys 33jährige Frau Frieda, geborene Freiin von Richthofen (1879–1956), Mutter dreier Kinder, zu einem intensiven Gespräch. Es geht um Literatur, von Goethe bis Thomas Mann (über den Lawrence den ersten englischen Essay geschrieben hat), und um das bisherige Leben des Bergmannssohns aus Mittelengland, dem vor zwei Jahren die überaus geliebte Mutter gestorben ist, der, schon immer anfällig für Krankheiten, eben erst eine schwere Lungenentzündung überstanden hat, nicht mehr Lehrer sein will, und nach dem Erscheinen seines ersten, noch konventionellen Romans *The White Peacock* (Der weiße Pfau, 1911) neue Wege sucht. Der zweite Roman mit dem alarmierenden Titel *The Trespasser* (Auf verbotenen Wegen) erscheint im April 1912. Dieser Roman nimmt sich gerade in den sexuellen Passagen seinerzeit unerhörte Freiheiten, so daß Richard Aldington ganz zu Recht später meint, *The Trespasser* sei »in allem der Vorläufer des Romans *Lady Chatterley's Lover,* nur jugendlicher, keuscher, poetischer, weniger bitter, mit keiner sexuellen ›Botschaft‹ belastet«.

David Herbert Lawrence, 1912

Frieda Weekley, geb. von Richthofen, um 1912

Sympathetischer Funkenflug – für Frieda klingt das alles sehr spannend. Sie kennt die Ideen der künstlerischen Moderne aus eigener Erfahrung. Über ihre Schwester Else, die mit dem Nationalökonomen Edgar Jaffé verheiratet ist, aber den verheirateten Soziologen Max Weber liebt, hat Frieda 1907 in München viele Lebensreformer der Schwabinger Bohème persönlich kennengelernt; besonders fasziniert zeigt sie sich von dem drogensüchtigen Psychoanalytiker Dr. Otto Gross (1877–1920). Aus den Gesprächen mit Gross gewinnt Frieda die Formeln »Freiheit der Liebe« und »Freiheit durch Liebe« und bleibt dem Freund, der auf Antrag seines Vaters und sogar seines Lehrers Sigmund Freud 1908 in eine psychiatrische Klinik eingewiesen wird, auch nach ihrer Rückkehr brieflich verbunden. Die monotone Ehe mit dem englischen Professor ist also schon vor der Begegnung mit dem jungen Lawrence gefährdet. Aus der ersten Faszination entflammt eine leidenschaftliche Liebe, freilich auch um den für Frieda so bitteren Preis, auf Dauer von ihren Kindern getrennt zu sein. Brieflich drangsaliert vom tobenden Ehemann, der bald die Scheidung einreicht, sucht das Liebespaar eine erste Zuflucht in Bayern. In Beuerberg verleben Frieda und Lawrence ihren »honeymoon«, dann vermittelt Schwester Else das Ferienhaus »Villa Vogelnest« ihres Freundes Alfred Weber (dem Bruder Max Webers) in Icking bei Wolfratshausen. Als Weber sein Haus selbst benötigt, rät Else zu einer Reise nach Italien. Dort könne man billig leben, und schon auf dem Weg Eindrücke gewinnen, die sich literarisch und damit finanziell verwerten lassen.

Am 5. August 1912 beginnen Frieda und Lawrence ihre Fußreise über die Alpen. Der Weg ist anstrengend; die Erholung in den Heuschobern gering, Lawrence spart unerbittlich. In Mayrhofen stoßen zwei Freunde dazu, David Garnett, der Sohn Edward Garnetts, desjenigen Literaturkritikers, der Lawrence mit Nachdruck fördert, und Davids Freund Harold Hobsen, der Lawrence unterwegs einmal mit Frieda hintergeht. In seinem autobiographischen Roman *Mr Noon* (1983), der die Liebesgeschichte zwischen Gilbert und Johanna alias Lawrence und Frieda und ihre Wanderung in allen Details nacherzählt, antwortet Gilbert auf Johannas trotziges Geständnis ihres Seitensprungs gelassen verzeihend: »›Wir tun Dinge, ohne zu wissen, daß wir sie tun.‹« Während die beiden jungen Männer zurück nach München fahren, setzen Lawrence und Frieda ihren schwierigen Weg fort. Die zahlreichen und formal unterschiedlichen Kruzifixe zwischen Bayern und Südtirol bewegen Lawrence später zu einer fulminanten kulturhistorischen Studie, die das Buch *Twilight in Italy* (1916) mit den Aufsätzen seiner Reise einleitet.

In Trient ist Frieda am Ende ihrer Kräfte; vor dem Dante-Denkmal kann sie nur noch heulen. Den Ausweg findet Lawrence, als er Frieda vorschlägt, mit der Bahn an den Gardasee zu fahren. Am 4. September, einen Monat nach Beginn ihrer Reise, kommen sie mit dem »Nebenzug« der Schmalspurbahn MAR von Mori über Arco in Riva an. Für sieben Monate, bis Anfang April 1913, bleiben sie am Gardasee und bestehen die erste, nicht gerade einfache Probe auf ihr Zusammenleben.

Riva

»Riva is still Austria, but as Italian as an icecream man.« Riva liegt zwar in Österreich, ist aber so italienisch wie ein Eisverkäufer (Lawrence an Arthur McLeod, Riva, vermutlich 17. September 1912). Obwohl sie es sich kaum leisten können, logieren Frieda und Lawrence in Riva in der Villa Leonardi am Viale Giovanni Prati 8 (nach der Porta San Marco). Von dort schreibt Lawrence am 7. September 1912 an seinen Förderer Edward Garnett, daß er und Frieda sich in der Nähe von Riva niederlassen wollen. »Es ist sehr schön, und völlig italienisch – etwa 5 Meilen von der Grenze. Das Wasser des Sees ist von der schönsten dunkelblauen Farbe, die Du Dir vorstellen kannst – purpurrot im Schatten, und smaragdgrün, wo es über die weißen Felsen wäscht.« Frieda und er haben ein schönes, aber etwas zu teures Zimmer. Besonders gefällt ihnen der Garten, mit Rosen, Oleander und Weintrauben. Lawrence bittet um Geld, beklagt die Querelen des verlassenen Ehemannes Weekley und hofft auf einen Besuch des Freundes – man könne so gut im See schwimmen, und die Früchte seien ein Traum von Billigkeit und Feinheit.

Wenige Tage später, am 11. September 1912, schildert Lawrence dem Freund die beschwerliche Reise hierher und die tragikomische Haussuche (househunting) mit geringem italienischen Wortschatz. Er arbeitet unter den Olivenbäumen mit Blick auf den See an seinem neuen Roman *Paul Morel* (*Sons and Lovers*). Frieda sei auf diese Arbeit eifersüchtig, weil sie seine ganze Aufmerksamkeit beanspruche (was Frieda in einer Nachschrift als Lüge abtut). Wie wichtig diese ersten Tage in Riva für seine persönliche und literarische Entwicklung waren, verrät wieder der autobiographische Roman *Mr Noon*. Höhepunkt und Abschluß des zwar schon 1920/21 in Taormina geschriebenen, aber erst 1984 veröffentlichten Fragments ist Gilberts Erlebnis einer inneren Befreiung. Riva findet er »herrlich«. Da sind der Apponale, »der breite, alte Turm mit seinem großen, blauen Ziffernblatt«, der »gekräuselte, lebhafte See mit seinem recht dunklen, schwarzblauen, durchscheinenden Wasser«, die Boote mit den »leuchtend gelben und rot-orangenen Segeln«; und da ist vor allem die Lebensart, »eine Freundlichkeit, ein Glitzern, eine Leichtigkeit, die unsagbar köstlich war, südländisch in ihrer Leichtigkeit und nordländisch in ihrem regen Zauber.« Gilbert erlebt seine seelische Befreiung als »tiefe, sinnliche, seidige Wonne!« Er besiegt die »alten Mutter-Tage«, bricht wie bei einer Geburt aus dem Gefängnis seines bisherigen Daseins aus und wird in Riva »ein neues Geschöpf in einer neuen Welt«. Damit endet der Roman; die anschließende Geschichte vom Besuch einer Schwester Johannas bricht mitten im Satz ab. Das weitere Geschehen zwischen dem Liebespaar spielt anderswo, jenseits der Grenze, im italienischen Gargnano.

Auf Empfehlung ihrer Wirtin in Riva haben Lawrence und Frieda auf einem Erkundungsausflug eine Bleibe für den Winter am Westufer des Gardasees in Gargnano, genauer im Vorort Villa, entdeckt. Sie sind dort an den grauhaarigen Pietro di Paoli (der Frieda gefällt) und seine 40jährige Frau Gemma (die Lawrence gefällt) verwiesen worden und können in deren (bis 1971 rot gestrichenen, heute gelben) Villa Igéa an der Via Colletta 44 das untere möblierte Stockwerk mieten: »(...) Eßzimmer, Küche, zwei Schlafzimmer – große, hübsche Zimmer, die über die Straße und jenseits auf den See blicken – einen netten großen Garten mit Pfirsichen und Bambus, nicht groß – für 80 Lire im Monat – etwa 66 Shilling monatlich – alles inbegriffen, alles nett, nichts ist ordinär – 3 Fenster im Eßzimmer – sauber wie eine Blüte.« (an Edward Garnett, Riva, vermutlich Montag, 16. September 1912) Im ersten Stock wohnt ein buckliger Maler mit Mutter und Dienstmädchen. In zwei Tagen, am Mittwoch, den 18. September, wollen sie einziehen. Gargnano, »ein ziemlich baufälliger Ort am See«, liegt ziemlich abgeschieden und ist damals nur mit dem Dampfer oder von Brescia aus erreichbar. Somit gibt es auch keinen »Touristenbetrieb«, und die Einheimischen und ihre Gäste haben den Ort, den Dorfplatz wie die »Weinberge und Olivenwälder und Zitronenhaine« auf den Hügeln ringsum für sich (ebd.). Das Liebespaar umarmt sich in der Freude über diesen schönen Ort am See. Lawrence ist zuversichtlich, hier gut arbeiten zu können. Die Druckbögen seiner Gedichte *Love Poems and Others* (1913) sind zu korrigieren. Und er hofft vor allem, den sonnigen Winter über den Roman *Paul Morel* zu überarbeiten und eine neue Erzählung zu beginnen. Es wird tatsächlich ein sehr fruchtbares halbes Jahr für ihn, sein eigentlicher literarischer Beginn.

Frieda erinnert sich so: »In Gargnano mieteten wir uns in der Villa Igea für den Winter ein. Zum erstenmal hatte Lawrence

Gargnano, Villa Igéa, 1996

eine eigene Wohnung, – das Erdgeschoß einer großen Villa, mit der Aussicht über den See auf den Monte Baldo und seinen rosigen Sonnenuntergängen und dem grünen Stern Sirius, der über den See hintröpfelt, wie Lawrence in einem seiner Gedichte sagt.« Das Gedicht heißt *Winter Dawn* und ist ein Resümee zum Jahreswechsel. Es beginnt mit den Versen »Green star Sirius / Dribbling over the lake; / The stars have gone so far on their road, / Yet we're awake (...)«.

Lawrence steht früh um 8 Uhr auf und sorgt als tüchtiger Sohn seiner Mutter für den Haushalt, schrubbt den Boden, reibt den Käse. Frieda, der »Novellen-Vielfraß«, bleibt dagegen bis Mittag im Bett und liest. Sie kann nicht kochen, alles brennt an; wäscht sie Bettücher, steht der Küchenboden unter Wasser. Aber sie läßt sich das Frühstück ans Bett bringen und einen Skorpion aus dem Spucknapf entfernen. Außerdem hilft sie Lawrence, seinen Roman *Paul Morel* unter psychoanalytischen Aspekten neu zu schreiben. Daraus wird *Sons and lovers,* das Buch, das laut Lawrence die Tragödie aller englischen Männer schildert: den Konflikt zwischen Müttern, Söhnen und Geliebten. Und noch mehr: »Es ist wie bei Goethe und seiner Mutter und Frau von Stein und Christiane«, meint Lawrence selbstbewußt (an Edward Garnett, 14. November 1912). Frieda schreibt sogar einige Passagen selbst, wenn Lawrence sie beispielsweise auffordert, sich an einer bestimmten Stelle in seine Mutter zu versetzen. Diese Zusammenarbeit läßt Frieda vermuten, daß ein Mann zweimal geboren werde, »das erstemal von seiner Mutter, dann von der Frau, die ihn liebt«. Das Gedicht *Everlasting Flowers / For A Dead Mother* ist das herausragende Zeugnis einer endgültigen Trennung und Befreiung, nicht ohne Grund am Schluß mit der Ortsangabe »Lago di Garda« versehen.

Art for my sake

Das italienische Leben behagt Lawrence sehr; die Villa Igéa wird sein »erstes eigenes Heim« (an die Schwester Ada Lawrence Clarke, vermutlich 25. März 1913). Er lernt mit Frieda Italienisch bei der strengen Lehrerin Signorina Feltrelline (an David Garnett, 19. November 1912), zeichnet, aquarelliert und schreibt wiederholt im Freien, etwa in einem Olivenhain am See »im Sonnenuntergang eines gelungenen Tages. Die Bergkämme gegenüber sind rot gefärbt. Im Zwielicht auf dem See darunter rudern die Fischer stehend. Einer zieht seine Linie, in glitzerndem Silber« (an Edward Garnett, vermutlich 5. November 1912).

Lawrence ist sehr fleißig. In Gargnano entstehen einige Gedichte für die Sammlung *Love Poems and Others* (1913), der Zyklus *Look! We have come through!* (1917) und drei kleine Theaterstücke, darunter *The Daughter-in-Law* (1965). Unter den Gedichten ragen einige heraus. »Sunday afternoon in Italy« läßt einen Mann und eine junge Frau in Gargnano nebeneinander einhergehen und das allmählich stärker prasselnde Feuer hören, das die beiden verzehren wird. Dem entgegen stehen der stille »Giorno dei Morti« (Totengedenktag) und »All Souls« (Allerseelen), abgelöst wieder von dem Hymnus auf »Lady Wife« Frieda. Außerdem beginnt Lawrence mit der Arbeit an den Romanen *The Insurrection of Miss Houghton* (später *The Lost Girl*, 1920) und *The Sisters*, aus dem sich wieder die Romane *The Rainbow* (1915) und *Woman in Love* (1920) entwickeln. Er schreibt zahlreiche Briefe, in denen alle Motive der späteren Aufsätze vorkommen, die geliebte Frau, die Nachbarn, die Blumen, der See. Seine literarische Arbeit versteht er existentiell auf sich selbst bezogen; er betreibt, so sein Motto, »›Art for my sake‹« (Kunst mir zuliebe; an Ernest Collings, 24. Dezember 1912). Er zieht die körperlichen Bedürfnisse von »Blut« und »Fleisch« dem Verstand vor. Wie der Flamme, die nur für sich selbst leuchte, gehe es im Leben nur um konkrete Bedürfnisse, nicht um abstrakte Ideen (an Ernest Collings, 17. Januar 1913). Mit Frieda habe er in diesem schwierigen Herbst erfahren, was Liebe sein *könne*. Sein Lebenswerk sei es, für die Liebe zwischen Mann und Frau alles zu geben. Er werde über seine Bücher hinaus ein »priest of love« bleiben und sich das Herz aus dem Leib predigen (an Mrs. S. A. Hopkin, Weihnachtstag 1912).

Ein zwielichtiges Glück. In die Suche nach sich selbst platzen »immer wieder Briefe und Tragödie«, erinnert sich Frieda. Der Ehemann zürnt weiter, verbietet strikt ein Wiedersehen mit den Kindern und stürzt Frieda in tiefe Depressionen. Lawrence zwingt sie nicht zum Bleiben. Wie er an Friedas Schwester Else am 14. Dezember 1912 schreibt, würde er Frieda gehen lassen, wenn dadurch die Kinder glücklicher würden. Doch nehme er an, daß dieser Rückschritt den Kindern insgesamt eher schaden würde, weil sie später erst das Opfer der Mutter wett machen müßten, anstatt schon jetzt, wenn auch schmerzhaft, »ihre innere Freiheit« zu gewinnen. Das ist zwar bitter, aber konsequent – Art for my sake.

Aus den Briefen entwickelt Lawrence die sieben inspirierten Reiseberichte »On the Lago di Garda« der Sammlung *Twilight in Italy* (1916). Ungeschönt zeigen sie an konkreten Beispielen die großen Veränderungen in der Seelandschaft, das Verschwinden uralter Traditionen im Zeitalter von Industrialisierung und Auswanderung nach Amerika. Da wird nichts mehr romantisch geschönt, doch Italiens mythische, ja kosmische Spiritualität ist zu erkennen. Was Lawrence schildert, hat er unmittelbar vor Ort gesehen und erlebt; der »Scharfblick des Arbeiters« (Richard Aldinton) oder besser der »scharfe und prüfende Blick« (Jessie Chambers) des Dichters richtet sich vom Detail auf größere menschliche, natur- und kulturgeschichtliche Zusammenhänge. So in »Die Spinnerin und die Mönche«. Schon der Vergleich der »Taubenkirche« des Klosters San Franceso Gargnano (1286) mit der »Adlerkirche« San Tommaso Apostolo (15. Jh., Neubau 1721) oberhalb von Villa verblüfft. Noch mehr die Korrektur, die Italiener seien weniger »›Kinder der Sonne‹« als vielmehr »›Kinder des Schattens‹« und lebten in dunklen, labyrinthischen Gassen. Kreatürliche Verbundenheit mit ihrer Umgebung findet Lawrence bei einer alten Spinnerin, ein Erlebnis, das ihn im Vergleich zwischen Mikro- und Makrokosmos bis zu den Sternen trägt. Ebenso gehören zwei Mönche, die er heimlich auf einem Wandelgang in einem Garten beobachtet, zu den unveränderlichen Fügungen dieser Landschaft wie die Berge und der See. Doch die Welt der Mönche liegt im Zwielicht, zwischen Tag und Nacht, zwischen Gut und Böse, im neutralen Bereich »jenseits der Grenze von Sehnsucht und Einsamkeit«.

In »Die Zitronengärten« (so der Titel einer eigenen Erzählung) seines Wirtes Piero di Paoli gelangt Lawrence über das Problem mit einem Türschloß, das er mit einem klugen Handgriff löst. Zum Dank zeigt ihm Piero seine Gärten. Von der Lehrerin hat Lawrence erfahren, »daß Franz von Assisi die Zitrone eingeführt habe, als er an den Gardasee kam und eine Kirche und ein Kloster gründete« – natürlich in Gargnano. Nach Jahrhunderten bewährter Kultivierung der *limonaie* – Lawrence schildert alle wichtigen Zurichtungen von den Holzlatten über den Pfeilern bis zum Züchten der Zitronen und süßen Apfelsinen »auf dem Stamm der bitteren Orange« – rentiert sich der Zitronenanbau neuerdings nicht mehr und vielerorts »leuchten den ganzen Sommer über die Reihen nackter Pfeiler aus dem grünen Laubwerk wie Tempelreste«. Später, in San Gaudenzio, empfindet Lawrence die verlassenen Zitronengärten »schrecklicher in ihrer Stille und Abgeschiedenheit als Pompeji«. Der Grund für dieses Sterben ist die industrielle »Zerstörung des natürlichen Lebens«, die von England aus die ganze Welt erobert habe. Ihr wird noch mehr zum Opfer fallen als nur die Zitronenkultur am Gardasee.

Dank seiner immer besseren Sprachkenntnisse kann Lawrence in Gargnano sogar ins Theater gehen, das seit dem frühen 19. Jh. in der alten Chiesa della Disciplina (S. Maria Maddalena) eingerichtet war. Er sieht Stücke von Ibsen (*Die Gespenster*) und D'Annunzio und amüsiert sich als englischer Ehrengast über eine italienische Aufführung des *Amletto* alias *Hamlet* (an Arthur McLeod, 17. Januar 1913). Ausführlich schildert er diese Abende in »Das Theater«, und erklärt darin, warum D'Annunzios »törichtes, romantisches Stück« *La Fiaccola sotto il moggio* (*Das Licht unter dem Scheffel*) so viel Erfolg beim italienischen Publikum habe. Das Geheimnis liege in der Rhetorik: »Ein Italiener will nur gepackt werden. Die Bewegung, der leibliche Effekt der Sprache, die ins Blut geht, befriedigt ihn am meisten. Sein Verstand ist dabei kaum angesprochen. Er hört zu wie ein Kind, ohne zu begreifen. Er will eine sinnliche Befriedigung. Darum ist d'Annunzio in Italien ein Gott.«

Von Gargnano aus unternehmen Lawrence und Frieda ausgedehnte Erkundungen in die Umgebung. So berichtet Lawrence am 6. Oktober 1912, einem stürmischen Freitag (»Der See ist schwarz und voller weißer Lämmer. Der Dampfer schaukelt im Vorbeifahren. Kein Segel gleitet vorüber«) in einem Brief an Arthur McLeod vom Erlebnis des Wetterwechsels auf dem gestrigen Gang nach Maderno: »Wir kletterten von einem Olivenwäldchen hinunter und schwammen. Es war Abend, so geisterhaft, und eine große schwarze Wolke schleppte sich über den See. Ganz winzige Lichter von Dörfern kamen heraus, tief unten, auf der anderen Seite des Wassers. Dann barsten große Wetter hervor.« Im benachbarten Bogliaco interessiert ihn nicht der prächtige Palazzo Bettoni, sondern eine kleine Weinschänke. Die Familie ist beim Abendessen und erinnert ihn mit ihrer »Lebenswärme« an die eigene Kindheit zuhause. Campione ist für ihn »ein merkwürdiger Ort – bloß ein ebener Streifen Land am Fuß großer Steilhänge, und bloß Baumwollfabriken und Arbeiterwohnungen – das Ganze völlig isoliert auf einer schmalen Leiste, die der See bespült.« (an David Garnett, 18. Februar 1913) Nebenbei: Die Baumwollfabrik von Giacomo Feltrinelli, eingerichtet 1896, bestand bis 1980; die Fabrikanlagen sollen nach und nach in Ferienhäuser umgewandelt werden.

Mühsam klettern Lawrence und Frieda den Berg hinauf: »Dann waren wir im Schnee, alles wild zerklüftet. Und diese einsamen italienischen Dörfer liegen wie Geröll zwischen den Hügeln. Über einem verschneiten Feld, das wie Silber glänzte, schwankten dürre Maisstengel im eisigen Wind. Hübsch!« (ebd.) Hoch oben, in Gardola di Tignale, erleben die beiden eine Blaskapelle, die einem aus dem italienischen Krieg gegen Tripolis (1912) zurückgekehrten Oberst ein Ständchen bringt. Doch Libyen und die Zeitgeschichte sind fern, und das Familienleben im Gasthof nimmt auch die beiden englischen Wanderer freundlich auf.

Genaueres ist der Geschichte »John« zu entnehmen, womit einer der fünf Bläser der Kapelle gemeint ist. Er ist der Sohn des Wirts, heißt eigentlich Giovanni, und erzählt später, daß er mit 17 Jahren nach Amerika gegangen sei, es dort bis zum Geschäftsführer gebracht habe, nach drei Jahren zurückgekommen sei, um den Militärdienst abzuleisten und nun wieder hinüberwolle, auch wenn er nicht genau sagen könne, warum. Immerhin hat er mit den Dorfbewohnern einen Drahtseilaufzug gebaut, »eine lange Trosse, mit der er die Waren bis dort zu den Klippen am Hang hochwinden könne, nur einen guten Kilometer vom Dorf entfernt. Darauf war er sehr stolz. Und manchmal ließ er sich selbst mit der Drahtseilbahn bis zum Wasserspiegel hinab in sein Boot, etwa, wenn er es eilig hatte. Auch das machte ihm Spaß.« Für Lawrence ist John bereits tragisch entwurzelt, strebt er doch aus dem zerfallenden Leben am See in die zerstörerische neue Welt.

San Gaudenzio

Kurz vor dem Abschied von Gargnano-Villa wandern Lawrence, Frieda und eine englische Bekannte namens »Mrs Anthony« mehrmals in den hochgelegenen Ort San Gaudenzio. Seinerzeit war die kleine, dem Bischof von Novera aus dem 5. Jh. geweihte Friedhofskirche auf der Höhe nur über einen steilen Bergpfad zu erreichen, den Col di San Gaudenzio, der sich bis nach Muslone hinaufzog. In San Gaudenzio, »das über dem See auf dem Bergesrand hockt«, finden die beiden gegenüber der Kirche auf der anderen Straßenseite einen »Bauernhof mit Oliven« der Familie Capelli in »einer traumhaft schönen Lage« (an Edward Garnett, 11. März 1913) und bleiben dort Anfang April für eine Woche. Dieser Frühlingswoche verdanken sich allein vier der sieben Gardasee-Texte von Lawrence: »San Gaudenzio«, »Der Tanz«, »Il Duro« und »John«.

San Gaudenzio mit Blick auf den Monte Baldo

Den Grund für den Aufstieg gibt Lawrence in »San Gaudenzio« so an: »Wir konnten es unten im Dorf nicht mehr aushalten, als sich die Tage nun weit und geräumig öffneten, und die Abende im Sonnenschein hinzogen. Wir ertrugen die vier Wände nicht mehr, als über uns die Gipfel in der hellen Luft strahlten.« Die Capellis nennt er in seiner Erzählung mit den richtigen Vornamen Paolo (1853–1932) und Maria (1868–1939), aber gibt ihnen, vielleicht wegen der vielen Blumen ringsum, den Namen Fiori. Ihre Kinder nennt er Giovanni (statt Giacomo), Marco (statt Richardo) und Felicina (statt Giuseppina). Ihr Haus am Steilhang mit sechs Räumen und fünfzig Jahre alt liegt in einem kleinen »Garten Eden«. Doch dieses Paradies ist nicht mehr von Dauer. Die alte, bäuerlich und religiös bestimmte Lebensordnung von Paolo und Pietro di Paoli, »schwand aus der schönen, kleinen Gegend. (...) Jetzt herrscht die Lebensordnung der Reichen, die die Ordnung der Signoria ersetzt.«

Ausführlich widmet sich Lawrence dem Ehepaar, das seinerzeit schon nach drei Wochen geheiratet hat und sich nun, nach einem Leben »grauenhafter Zusammenstöße« vollständig auseinander gelebt hat. Die beiden haben für ihn eine geradezu kosmische Bedeutung, sind in ihren Gegensätzen wie »Licht und Schatten«. Paolo habe sich auch in fünf Jahren, die er in Amerika verbracht habe, nie wirklich von San Gaudenzio entfernt; Maria dagegen habe sehnsüchtig nach neuen Möglichkeiten Ausschau gehalten. Sie richtet eine Bar ein, Gäste kommen, sie läßt aufspielen, so daß die englischen Frauen mit den einheimischen Bauern eigenwillige und immer wildere Polkawalzer tanzen können, wie sie »Der Tanz« aufleben läßt. Während Maria gut verdient, taucht ein Mann namens Faustino auf, genannt »Il Duro« (Der Harte), ein, wie Lawrence ihn nennt, 32jähriger Satyr, der insgesamt sieben Jahre in Amerika gearbeitet hat und nun in einer vollständigen Einsamkeit lebt. Er ist die Gegenfigur zu »John«, mehr noch aber zu Lawrence selbst: »Es gab zwischen uns nichts außer vollkommener Unterschiedlichkeit. Es war, als ob Tag und Nacht aufeinander zu flögen.« An diesem Gegensatz erkennt Lawrence die sprachschaffende, also schöpferische Kraft der Ehe, und an einer eher versteckten Stelle ehrt er den für ihn sicher größten Gewinn seiner Tage mit Frieda am Gardasee: »Die Ehe findet im Geiste statt. Im Fleisch gibt es die Vereinigung, aber nur im Geist entsteht etwas Neues aus der Vereinigung zweier antithetischer Dinge. Leiblich bin ich mit dem Weib vereint. Aber im Geist schafft meine Vereinigung mit ihr ein Drittes, ein Absolutes, ein *Wort*, das weder ihr noch mir gehört, das weder ihr noch mir entstammt, sondern absolut ist.« Welch' ein Gewinn – der Dichter hat ganz zu sich, zu seiner Frau und zu einer angestrebten Objektivierung gefunden. Mit dem in San Gaudenzio entstandenen Hymnus »Spring Morning« verabschiedet er sich vom Gardasee: » (...) We have died, we have slain and been slain, / We are not our old selves any more. / I feel new and eager / To start again.« (Wir sind gestorben, wir haben erschlagen und sind erschlagen worden / wir sind nicht mehr wir selbst / Ich fühle mich neu und gespannt / wieder zu beginnen.)

Rückkehr

Über Bayern kehren Lawrence und Frieda im Juni kurz nach England zurück; die Mutter kann zweimal heimlich ihre Kinder sehen, bevor ihr Mann jede weitere Begegnung mit ihnen richterlich verbieten läßt. Als die Ehe im Oktober geschieden wird, sind Frieda und Lawrence wieder in Italien, im kleinen Nest Fiascherino am Golf von La Spézia. Lawrence ist allein zu Fuß vorausgegangen. In den beiden letzten Reiseberichten von *Twilight in Italy* erinnert er an eine Begegnung mit »Italienern im Exil«, genauer in einem Gasthaus hinter der Schweizer Grenze bei Schaffhausen. Die Männer aus Venedig und Verona machen die »›Bergbauern‹« vom Gardasee schlecht, sind sich aber, so Lawrence, nicht bewußt, daß sie auch in ihren eigenen Orten das alte Italien nicht mehr wiederfinden werden, ja, daß sie überhaupt nicht mehr zurückkehren können. Mit Schrecken wendet sich der Wanderer ab: »(…) bloß weg!« »Die Rückreise« durch die italienische Schweiz gibt Lawrence schließlich Gelegenheit, nüchterner als beim ersten Mal die Umgebung und seltsame Reisekameraden zu schildern. Er ist keineswegs so enttäuscht von seiner zweiten Reise nach Italien wie seinerzeit Goethe, dessen Mignon-Lied Lawrence einfällt, als er wieder auf der »Südseite« der Alpen angekommen ist. Doch weder der Lago di Lugano (»nicht schön, nur malerisch«) noch der Lago di Como (»Er muß herrlich gewesen sein, als die Römer kamen«) können sich mit seiner Liebe für den Gardasee messen. Der »Auflösungsprozeß« einer Kultur ist in der Seelandschaft ebenso in vollem Gang wie in der nahen Großstadt Mailand. So lautet der Schlußsatz des Buches pessimistisch: «(…) alles roch nach dem gleichen Plan, nach der Mechanisierung, der perfekten Mechanisierung des menschlichen Daseins.«

Den Winter 1913/14 verbringen Frieda und Lawrence in Fiascherino. Sie heiraten am 13. Juli 1914 in London, wenige Tage vor Ausbruch des Ersten Weltkriegs. Nach Italien sind sie noch mehrmals zurückgekehrt, so nach Florenz, Capri und Taormina in den Jahren 1920/22. Auf Sardinien entstand 1921 das Buch *Sea and Sardinia*. In der Florentiner Villa Mirenda lebte das Ehepaar zwei Jahre von 1926 bis 1928. Hier entstanden die geistvollen Aufsätze über *Etruscan Places* (1932) und vor allem die ersten Fassungen von *Lady Chatterley's Lover* (1928). Die Freizügigkeit des Romans, seine radikale Auffassung der »wahren Liebe«, sorgte für einen lange anhaltenden Skandalerfolg. Übersehen wird meist, daß der Roman unserem im ersten Satz konstatierten »tragischen Zeitalter« die Menschenwürde der Liebe und der »tenderness« (Zärtlichkeit, so der erste Arbeitstitel des Romans) entgegenstellen will. Im größeren Zusammenhang gesehen, liegt der Roman auf einer freigeistigen und befreienden Linie, die bei den Lulu-Dramen Frank Wedekinds beginnt und über Lawrence zu den Romanen Henry Millers führt.

Lawrence starb am 2. März 1930 in Vence (Südfrankreich) an Lungentuberkulose im Alter von 44 Jahren. Frieda übersiedelte 1931 auf die Kiowa-Ranch in San Cristobal, New Mexico, auf der sie 1923/24 glückliche Tage mit Lawrence verlebt hatte. 1935 sorgte sie für die Überführung der Urne ihres Mannes und deren Beisetzung in einer speziellen Kapelle auf der Ranch. 1950 heiratete sie dort ihren langjährigen Lebensgefährten Angelo Ravagli. Sie starb am 11. August 1956.

Gardone Riviera

Novellen vom Gardasee
Paul Heyse

Vom Dorf Gardone zum Winterkurort Gardone Riviera, von noblen Villen und Hotels zum »Vittoriale degli Italiani« – die aus acht Dörfern bestehende Gemeinde Gardone Riviera hat zwischen 1875 und 1925 die erstaunlichste Entwicklung und Verwandlung aller Orte am Gardasee durchgemacht.

Die mittelalterliche Burg oder Große Warte an der Stelle der heutigen Kirche S. Nicola (1740) in Gardone di sopra war schon lange verschwunden, der einstige Besitz der Bischöfe von Brescia, dann der Familie Ugoni, der Visconti und schließlich der Republik Venedig bereits Geschichte, als der Wiener Ingenieur Ludwig Wimmer (1842–1883) 1875 nach Gardone kam, um in dem milden Klima des wärmsten Ortes im nördlichen Italien (Baedeker 1909) eine Lungenkrankheit zu kurieren. Der 33jährige erkannte schnell, daß sich Gardone mindestens ebenso gut zum Kurort eigne wie Arco oder Riva, und ging tatkräftig ans Werk. Er erwarb den Landsitz Cargnacco, ließ sich 1877 in den Gemeinderat wählen, wurde 1881 sogar Bürgermeister, ließ die erste Wasserleitung, den »Acquedotto Wimmer«, nach Gardone legen und begann mit dem Bau des ersten Hotels im Ort namens »Pizzocolo«. Dessen Vollendung und vor allem die kolossale Erweiterung zum Grand Hotel Gardone unter der Aufsicht seiner Witwe Emilie durch den Architekten Angelo Fuchs erlebte er jedoch nicht mehr; Wimmer starb am 14. August 1883 im Alter von 41 Jahren. Im Jahr 1897 wurde der Platz an der Dampferanlegestelle nach »Luigi Wimmer« benannt.

Wimmers Rechnung ging auf. Der Lungenfacharzt Ludwig Rohden aus Bad Lippspringe, von Wimmer nach Gardone geholt, um das dortige Klima zu erforschen und den Kurort aufzubauen, richtete in der Pension Quisisana (heute Kurhaus Villa Gemma in Fasano) die erste Praxis ein. Ihm folgte 1885 sein Kollege Dr. Karl Königer (1850–1906), der 1886 den Kurverein von Gardone gründete, im selben Jahr den ersten Reiseführer über den Ort schrieb und 1896 in seiner Villa Primavera (heute Palazzo Comunale, Via Carere 5) ein Sanatorium mit 30 Zimmern eröffnete. Nach Königers Reiseführer, der 1894 schon in dritter Auflage erschien, hatte sich die Zahl der Kurgäste innerhalb von fünf Jahren von 406 (1888) auf 1380 (1893) mehr als verdreifacht; in der Saison 1900/01 waren es dann bereits 7.800 Gäste. Kein Wunder, wurden doch die von Königer aufgestellten klimatischen Bedingungen für einen Winterkurort in der Zeit von Mitte September bis Mitte Mai von Gardone mehr als erfüllt: »*Temperatur*, die genügend warm ist, um täglichen langen Aufenthalt im Freien zu ermöglichen und deren *Schwankungen* nur mässige sind, *mittlerer Feuchtigkeitsgehalt* der Luft, *mässig reichliche Niederschläge*, *Windschutz*, *Staubfreiheit* und sonstige Reinheit der Luft, *reichliche Besonnung*.« Die weiteren Forderungen – »ausreichender Komfort, gute Beköstigung und grösstmögliche Abwechselung in Spaziergängen verbunden mit schöner landschaftlicher Umgebung« – wurden ebenfalls erfüllt: Die Elektrifizierung (1890), der Telefonanschluß (1907), die Einrichtung der Seepromenade »Lungolago Italia« (1909, heute Lungolago D'Annunzio) und zahlreiche ausführlich beschriebene Spaziergänge in der Umgebung boten beste Bedingungen für die mitteleuropäischen Gäste und Patienten der feineren Gesellschaft, um die sich bald sieben Ärzte zwischen Salò und Gardone bemühten. Gardone Riviera eignete sich (nach Heinzelmann) für Lungenkranke (allerdings nicht mit schwerer Tuberkulose, ähnlich wie im Reformsanatorium Hartungen in Riva), für »der geistigen Ausspannung Bedürftige«, Kehlkopfkranke, Rekonvaleszenten, Bleichsüchtige und Herzkranke sowie Fettleibige.

Schloßartige Villen entstanden am Seeufer. Am auffälligsten etablierte sich der Unternehmer Richard Langensiepen aus Magdeburg. Er ließ neben dem Hotel Garda & Suisse die Villa Ruhland (heute Villa Turati) mit dem auffälligen, heute zum Vittoriale gehörenden Turm S. Marco erbauen. Ihm ist zudem die imponierende Villa Alba zu verdanken, die, in Anlehnung an die Villa Achilleion der Kaiserin Elisabeth von Österreich auf Korfu, zwischen 1904 und 1910 als schönster Palast von Gardone mit Wintergarten und großem Park entstand.

Seit Februar 1900 (und bis zum Kriegsausbruch 1914) erschien während der »Fremdenzeit« im März und April jeden Sonntag sogar *Der Bote vom Gardasee*, »die einzige deutschsprachige Zeitung Italiens« (ab 1906 in Konkurrenz zur Südtiroler *Gardasee-Post*), mit Informationen und ausführlichen Fremdenlisten, herausgegeben erst von Ottomar Piltz in Maderno, dann von Martin Birnbaum in Salò. In großer Aufmachung erfuhren die Kurgäste schon in Nr. 3 am 18. März 1900 vom 70. Geburtstag eines berühmten Villenbesitzers in Gardone, des Dichters Paul Heyse.

Paul Heyse

Zehn Winter hat der Dichter und spätere Nobelpreisträger (1910) Paul Heyse (1830–1914) zwischen 1899 und 1909 in der nach seiner Frau Anna benannten Villa Annina (heute Itolanda, Corso Zanardelli 158, gleich neben der Villa Fiordaliso) verbracht. Das hatte zum einen gesundheitliche Gründe; Heyse mußte hier 1899 eine Lungenentzündung auskurieren und nutzte fortan die Möglichkeit, wie er im Eingangsgedicht »Ankunft« seines *Wintertagebuchs* (1903) schreibt, »Die Welt zu meiden winterlang, um länger auf der Welt zu sein«. Zum anderen aber war ihm Italien seit seiner Studentenzeit vertraut. Im 19.

Villa Paul Heyse, um 1905

Jahrhundert war Heyse der wichtigste Vermittler italienischer Dichtung nach Deutschland. Sein *Italienisches Liederbuch* (1860), das Hugo Wolf 1890/91 vertonte, die Übertragungen der Gedichte von Giuseppe Giusti (1875) und Giacomo Leopardi (1878), die sechsbändige Ausgabe *Italienische Novellisten* (1877), darunter Ippolito Nievo, Anton Giulio Barrili und Salvator Farina sowie die vierbändige Sammlung *Italienische Dichter seit der Mitte des 18. Jahrhunderts* (1889), ergänzt noch durch einen fünften Band (1905) mit Übersetzungen älterer und neuerer Dichter, darunter Giosuè Carducci, Ada Negri und Gabriele d'Annunzio (An die Schwester; Einladung zur Jagd), und nicht zuletzt die kurz vor Heyses Tod 1914 erschienenen *Italienischen Volksmärchen* sind die Zeugnisse einer beispiellosen Vermittlertätigkeit. Dem verzagten Schriftsteller Ettore Schmitz alias Italo Svevo schickte er 1897 nach Triest ermunternde Worte für dessen ersten Roman *Una vita* (Ein Leben, 1892), den er »in süßen Mußestunden in Salò am Gardasee gelesen habe«. Aber auch in Heyses eigenem Werk spielt Italien eine große Rolle. Der durch seine Tagebücher aus der Zeit des Dritten Reichs wieder bekannt gewordene Romanist Viktor Klemperer stellt in seiner Heyse-Biographie (1907) heraus, »wie den Dichter sein innerstes Wesen zu den Italienern ziehen musste«, so daß viele seiner »Geschichten auf italischem Boden spielen«, wie etwa Heyses berühmteste Novellen, »L'Arrabiata« (1855) und »Andrea Delfin« (1862), aber auch »Annina« (1860) oder »Die Frau Marchesa« (1876). Klemperer fährt fort: »Heyses Reichtum an italienischen Sprichwörtern ist unerschöpflich; er hat deren so viele über seine Novellen und Dramen ausgestreut, dass sie gesammelt eine wunderhübsche Ergänzung des italienischen Liederbuches ergeben würden.«

Goethe gratuliert

Paul Heyses 70. Geburtstag am 15. März 1910 war für die deutsche Kolonie in Gardone Riviera ein großes Ereignis. Im Stil einer Hofberichterstattung gab *Der Bote vom Gardasee* am 18. März genaue Kunde darüber, wer alles den Dichterfürsten »in seiner sonnigen Villa am Seeufer« aufsuchte und die eigentlich nur »im engsten Familienkreise« geplante Feier öffentlich machte: »Die deutschen Schriftsteller waren vertreten durch Ernst Wichert, Ludwig Fulda, Max Kalbeck, Ernst Lange und Emma Klingenfeld, die bekannte Ibsenübersetzerin. Brieflich eingestellt hatten sich der Großherzog von Sachsen-Weimar, der dem Dichter auch den Stern zum Falkenorden sandte, Prinz Leopold von Bayern mit seiner Gemahlin Prinzessin Gisela und unzählige andere«. Das Telegraphenamt war völlig überlastet. Am gelungensten aber erscheint der Gruß vom literarischen Olymp, den Elsa Königer, die Tochter des Arztes, mit Frühlingsblumen überreichte. Heyses Goethe-Nachfolge ist kaum witziger und treffender benannt worden als in diesem Gelegenheitsgedicht, das Heyse selbst kaum besser hätte machen können:

Im Dichterhimmel sitzt der alte Goethe,
Blickt sinnend nieder auf die kleine Erd'
Und denkt, was sie ihm Ungenossenes böte,
Wär ihm Wiederkehr dorthin bescheert.

»Ich kann«, spricht er bei sich, »mich nicht beklagen,
Mein Leben war gar reich an Freud und Glück,
Und auf die lange Reih' von schönen Tagen
Blick ich mit dankerfülltem Herz zurück.

Doch eines muß ich heute mir gestehen:
Ich hab im Leben vieles noch versäumt,
Manch lieblich Blümlein hab ich übersehen,
Indess von hohen Zielen ich geträumt.

Es reut mich oft in diesen kühlen Hallen,
Dass ich in der Italier sonn'gem Land,
– (Es hat mir dorten ja so gut gefallen) –
Nicht länger weilte an Benacos Strand.

Ach, hätt ich zu betreten nicht vermieden
Sein sanftes Ufer, das doch gar so schön,
Wär eine zweite Erdreis' mir beschieden,
Man würde bald mich in Gardone sehn.

Das hilft nun nichts und zwecklos ist das Klagen,
Ich sitze fest im hohen Dichterhaus;
Denn wer die Ehr' hat, muss das Joch auch tragen,
Wer einmal drin ist, kommt nicht wieder raus.

Doch, – wenn wir nun mal bei uns selbst beriethen? –
Halt! – ein Gedanke durch das Hirn mir schoss –
Wie wär's, versucht ich's, einem Freund zu bieten,
Was ich, der alte Goethe, nicht genoss! –

Ihm, der mir nachgefolgt auf meinen Wegen,
Durch seine Sprache innig mir verwandt,
Ihm will ins Herz ich den Gedanken legen
Genesung such' er an Gardone's Strand!« –

Und so kamst Du zu uns und hast vor allen
Durch Deine Gegenwart den Ort geehrt!
Wir hoffen sehr, er habe Dir gefallen
Und die Erholung, die Du suchst, bescheert.

So wünschen wir Dir heut, dass unsre Sonne
Noch lange Jahre Dir Gesundheit beut,
Auf dass gar oftmals noch zu unsrer Wonne
Uns Deine hohe Gegenwart erfreut. –

Wie sehr bestätigen diese Verse die frechen Verse der neueren Generation, die sich etwa Otto Julius Bierbaum alias Martin Möbius in seinen *Steckbriefen / erlassen hinter dreißig literarischen Uebelthätern gemeingefährlicher Natur* schon 1900 gegenüber Heyse herausnahm: »Nun aber flüstert leise: / Ich singe von Paul Heyse. / Blast duse, alle Flötchen, / Es gilt jetzt unser Goethchen, / Der Damen holdsten Sänger, / Den süßen Backfischfänger. / Gesalbt sind seine Löckchen, / Und alle Unterröckchen / Beginnen bang' zu zittern, / Wenn seinen Duft sie wittern: / Klettenöl und Patschuli, / Höheretöchterpoesie.« Heyse jedenfalls dankte seinen Verehrerinnen und Verehrern mit dem Gedicht »Meinen Freunden«, den *Der Bote vom Gardasee* am 1. April abdruckte, und der Bitte, mit einem Händedruck vorlieb zu nehmen, »Den ich euch warm vom Süden schicke!«

Glück und Schmerz

Geboren in Berlin als Sohn des preußischen Altphilologen und Sprachwissenschaftlers Karl Heyse und über die jüdische Mutter Julie mit der Familie Mendelssohn-Bartholdy verwandt, schloß Heyse 1852 ein Romanistikstudium mit einer Doktorarbeit über den Refrain bei den Troubadours ab. Ein Reisestipendium führte ihn anschließend mit einem Freund nach Italien. Er besuchte in Rom seinen Onkel Theodor, den »Onkel Catull«, lernte den Maler Arnold Böcklin kennen, war mit den Historikern Jakob Burkhardt und Ferdinand Gregorovius zusammen und studierte in der Vaticana alte Handschriften – bis zum Verbot wegen unerlaubter Abschriften. Heyse nutzte die freie Zeit und lernte auf einer Reise nach Neapel und Sorrent Italien erst richtig kennen.

Kaum zurückgekehrt, wurde Paul Heyse, auf Empfehlung seines Freundes Emanuel Geibel, 24jährig als Berufsdichter mit einem lebenslangen Jahresgehalt nach München in den Kreis der Dichter und Künstler am bayerischen Hof des Königs Max II. berufen. Mit Geibel und Hermann Lingg gehörte Heyse außerdem zum renommierten Dichterkreis der »Krokodile«. Kurz nach seiner Berufung heiratete er Margarete Kugler, mit der er vier Kinder bekam. Eine außerordentliche Phantasiebegabung in Verbindung mit strenger Disziplin und großem Fleiß ermöglichte dem Hofpoeten und späteren Dichterfürsten ein kaum zu überschauendes Werk in allen literarischen Gattungen. Den größten Erfolg hatte er dabei mit seinen insgesamt 177 Novellen, die er jeweils aus einem bezeichnenden Detail, dem sogenannten »Falken«, entwickelte. Theodor Fontane äußerte sich in einem Brief aus Berlin vom 6. Mai 1866 anläßlich der Zusendung von *Fünf neue Novellen* (1866) sehr treffend über die Arbeiten des Freundes: »Mit der bekannten Versicherung des graziösen Stils will ich Dich nicht peinigen. Was mir immer das hervorragendste an allen deinen Arbeiten bleibt, ist ihre Kraft bei aller Glätte, ihr Sturm bei aller Ruhe, ihre Leidenschaft bei Blond und Blau. Samthandschuh, aber eine Faust darin.«

Nach zehn Jahren war Heyse bereits finanziell und somit ›politisch‹ unabhängig. Als der neue König Ludwig II. Heyses Freund Geibel wegen dessen Sympathie für Preußen 1868 die Pension strich, gab Heyse aus Solidarität seine Pension ebenfalls zurück. Der wachsende Wohlstand ermöglichte ihm 1874 den Bau einer eigenen Villa in München an der Luisenstraße 49. Das vermeintliche Glückskind hatte jedoch unter familiären Katastrophen zu leiden. Nach dem Tod seiner ersten Frau (1862) und der Heirat mit Anna Schubart (1867) starb 1869 das erste Kind Marianne aus zweiter Ehe; 1871 starb der Lieblingssohn Ernst aus der ersten Ehe in derselben Nacht, in der das zweite Kind, Wilfried, der zweiten Ehe geboren wurde; Wilfried starb dann sechsjährig. Nach dem qualvollen Sterben seines Schwagers Hans Kugler nahm sich Heyses Schwiegermutter 1873 das Leben. Diese Schicksalsschläge führten bei Heyse und seiner Frau zu chronischen Nervenkrankheiten, Magenleiden und Gliederschmerzen. Um sie mit Opium und Morphium zu bekämpfen, war immer eine Spritze im Haus. Diese Leiderfahrung führte Heyse ab den siebziger Jahren aber auch zu seiner speziellen Form der »psychologischen Problemnovelle« (Hillenbrand), die in den *Novellen vom Gardasee* (1902) ungewöhnlich spannend variiert wird. Sie sind zudem eine deutliche Antwort auf die Angriffe der neuen Generation der literarischen Naturalisten, die in Heyse den Klassizisten und Epigonen entschieden attackierten.

Novellen vom Gardasee

Paul Heyse dürfte zum erstenmal um 1873 an den Gardasee gekommen sein, und zwar, auf Vermittlung seines Freundes, des Malers Bernhard Fries (1820–1879), nach Toscolano. So jedenfalls berichtet er selbst in der autobiographischen Novelle »Gefangene Singvögel« (1901), der ersten der sechs *Novellen vom Gardasee.* Heyse schrieb die Novelle in Gardone im Februar und März 1901 und gibt darin an, er sei »fast ein volles Vierteljahrhundert«, genauer »dreiundzwanzig Jahre« nach seinem ersten Besuch, mit seiner Frau von Salò nach Toscolano zurückgekehrt. Da diese Rückkehr in dem Gedicht »Toscolano« aus dem Zyklus »Frühling am Gardasee« (1897) thematisiert wird, läßt sich der erste Besuch Heyses auf den Beginn der Siebziger Jahre zurückdatieren.

Nach Goethe habe, so Heyse, Bernhard Fries den Gardasee künstlerisch neu entdeckt, als ein Landschaftsmaler, der noch im alten Stil gemalt und noch nicht den »Begriff der Schönheit gegen den der Stimmung« eingetauscht habe. Von seinen herbstlichen »Skizzen und Ölstudien« angeregt, kommt Heyse am 3. Oktober 1877 mit dem Schiff von Desenzano nach Toscolano und nimmt Logis im dortigen einzigen Gasthof, dem »Cavallo bianco« oder »Weißen Roß« (Via Trento 29–33, heute geschlossen) in einer »sonnenlosen Gasse« gegenüber dem Café eines sangesfreudigen Neapolitaners, Luigi Caramella. Der anfängliche Argwohn legt sich am nächsten Morgen, als er den Gardasee am Ufer von einem Olivenhain aus erlebt: »Es war in der Tat eine Szenerie von so überschwenglichem Glanz des Lichtes und der Farben, der Monte Baldo drüben ruhte so feierlich über dem fast unwahrscheinlich purpurblauen Seespiegel, den die Ora noch nicht kräuselte, die Wellchen, die am Strande verrauschten, blitzten wie flüssiges Gold in den ersten Morgenstrahlen und ein Traum schien die silbernen Wipfel der Olivenhalde zu wiegen, da sonst kein Lüftchen zu spüren war.« Heyse ist als dilettierender Landschaftszeichner unterwegs, füllt sein Skizzenbuch allerdings auch mit Versen, da er einen »glücklichen Anfall akuter Lyrik« erlebt. Doch die gedrückte Stimmung im Ort wird ihm schnell bewußt. Mißernten in den letzten Jahren, so erfährt er durch seinen Wirt, hätten manchen dazu gezwungen, »in der Papierfabrik drüben in der Schlucht von Toscolano für sich oder seine Kinder Arbeit zu suchen, die schlecht bezahlt wurde und den Menschen, das Ebenbild Gottes, zu einer Maschine mache«. Am nächsten Tag macht sich Heyse auf den Weg in das derart verpönte Valle delle cartiere. Auf dem Rückweg aus dem Tal hört er an der Brücke über den Toscolano aus einem alten Haus ein Lied singen, das er von Luigi Caramella her kennt. Im Näherkommen bemerkt er einige Käfige mit gefangenen Singvögeln, die von einer alten Frau gehütet werden. Vergeblich müht er sich darum, die Vögel zu kaufen und sie freizulassen. Die Frau, »ein buckliges altes Hexenweibchen« namens Giudetta, beendet zudem mit einem lauten Ruf den Gesang aus dem

Haus. Gesungen hat Adele, die jüngere Schwester der Frau, von ihr gehütet wie die Singvögel und für das Kloster bestimmt. Beide kommen Heyse am nächsten Tag entgegen. Dem Dichter gelingt es, Adele zu einer Portraitsitzung in sein Gasthaus einzuladen und sie dort zu zeichnen; er bedankt sich mit einem Geldstück. Doch Adele wird von der häßlichen Wirtstochter verraten, und Giudetta stellt sich ein, um dem Dichter das Geld zurückzugeben.

Ein Vierteljahrhundert später kommt Heyse nach Toscolano zurück. Das Gasthaus heißt inzwischen »Cavallino bianco«. Heyse erfährt, daß Adele seinerzeit mit Luigi Caramella eine Nacht auf dem See verbracht hat und ein Kind, die kleine Adelina, bekommen habe. Luigi sei jedoch bald darauf hoch verschuldet getürmt. Mit acht Jahren habe Adelina die Mutter und mit 18 die Tante verloren, die der Schlag getroffen habe, als sie bemerken mußte, daß Adelina, »schlank und geschmeidig wie eine Eidechse«, aus dem Haus entwichen und nach Verona in die Gesellschaft von Musikanten geflohen sei. Tatsächlich erlebt Heyse drei Wochen später in Verona einen Auftritt dieser Musikanten zusammen mit Adelina, die dasselbe Lied singt, das Heyse einst von ihrer Mutter gehört hat. Er winkt die junge Frau zu sich und gibt ihr das Geldstück, das er einst ihrer Mutter nicht geben konnte.

Liebeskummer und Antiquarische Briefe

Aus den Geschichten der *Novellen vom Gardasee* läßt sich eine kleine Orts- und Kulturgeschichte der Landschaft am südlichen Gardasee um 1900 herauslesen. Dabei kommen jedoch die einheimischen Italiener kaum zu Wort. Thema sind dafür die seelischen Probleme der fremden meist weiblichen Kurgäste innerhalb einer »therapeutischen« (Kroes-Tillmann) oder gar »homöopathischen Landschaft« (Beller). So spielt die (im Sirmione-Kapitel näher dargestellte) Novelle »Die Macht der

Stunde« (1899) zwischen Salò und Sirmione mit dem Motiv des ungeplanten Seitensprungs. Die Irrungen und Wirrungen einer falschen Verlobung in einer »deutschen Pension, die ziemlich in der Mitte zwischen Gardone und Fasano am schönsten Punkte des sanft ansteigenden Ufers stand«, und eine abenteuerliche Flucht im Ruderboot ans andere Seeufer sind Themen in der umfangreichen Erzählung »San Vigilio« (1900). Schauplatz der tragischen Liebesgeschichte »Entsagende Liebe« (1901) zwischen einer jungen kranken Frau Ellen, ihrem gesunden Mann, dem Fabrikanten Eduard, und ihrem Geliebten, dem jungen kranken Veit, ist die Villa Primavera, das private Sanatorium des Doktor Königer in Gardone (heute Palazzo Comunale) in Gardone di sopra. Es geht darin um Treue und Schuld, denn der Ehemann wird hintergangen. Doch er reagiert großherzig, weiß er doch um die Situation der »in Decken gewickelten Patienten, die, lang ausgestreckt auf ihren Ruhebetten, keiner anderen Beschäftigung oblagen, als die köstlich reine, staubfreie, mild durchsonnnte Luft einzuatmen«. Gerade an dieser kleinen Geschichte ließe sich gut der Unterschied aufzeigen zu Thomas Manns Novelle »Tristan«, die im selben morbiden Milieu und mit derselben Personenkonstellation zu weitaus krasseren Folgerungen kommt. Wo Heyse den gesellschaftlichen Zusammenhang, bei aller Gefährdung, bestätigt oder gar bestärkt, zeigt Thomas Mann bereits die Risse auf, die den Untergang nach sich ziehen. Noch stärker betont Stefan Zweigs ebenfalls in Gardone spielende Novelle »Untergang eines Herzens« aus dem Band *Verwirrung der Gefühle* (1927) die Unvereinbarkeit zwischen der alten Welt eines jüdischen Kaufmanns, der sich seinen Reichtum hart erworben hat, und der Welt seiner Tochter, die diesen Reichtum selbstverständlich nutzt und verspielt.

Tragikomisches Gegenstück zu Heyses trauriger Dreiecksgeschichte »Entsagende Liebe« ist »Eine venezianische Nacht« (1901). Die junge Amerikanerin Evelyn B. aus New York wird in Gardone von einem jungen Mann, »Frank R., Kunst- und Buch-

Paul Heyse mit seiner Frau Anna, dem Hund Flock und einem Diener auf dem Gardasee

verleger aus F.«, seit drei Wochen umworben. Als der »Mandolinistenklub von Salò« eine venezianische Nacht mit großem Feuerwerk veranstaltet, gesteht sie ihm bei einer Bootsfahrt vom Grand Hotel Gardone aus, warum sie sich, trotz großer Sympathie, nicht auf ihn einlassen könne. Seitdem sie einen Dichter zurückgewiesen hat, der sich daraufhin erschoß, steht sie unter einem Fluch. Ihr späterer Mann Fredy ist auf merkwürdige Weise durch einen Schreckschuß ums Leben gekommen. Evelyn fürchtet um eine Wiederholung und bittet Frank daher, sie keineswegs im Hotel aufzusuchen. Frank jedoch hält nicht an sich; doch als er um Mitternacht an Evelyns Türe steht und sie öffnet, kracht ein Schuß durchs Fenster und die geliebte Frau sinkt ihm ohnmächtig in die Arme. Sie nimmt Abschied – und am nächsten Morgen wird ein Junge geschimpft, der mitten in der Nacht eine vom Feuerwerk übrig gebliebene Rakete gezündet hat.

Die letzte der sechs Novellen, »Antiquarische Briefe« (1900), spielt in Maderno. Von dort schreibt die 50jährige Rosa Maria Smidt aus Hamburg zwischen dem 28. Oktober und dem 20. Dezember aus einem der neunziger Jahre des letzten Jahrhunderts an einen »Sanitätsrat und Freund«. Nach dem Verlust von Schwester, Bräutigam und Schwager sowie eines Dompfaffs und eines Kätzchens hat sie sich geschworen, niemals mehr »etwas Menschliches oder Animalisches ins Herz zu schließen«; so reist sie im Süden herum, um alte Möbel zu suchen und sich abzulenken. Über »kleine Spazierschliche« kommt sie in Maderno und in der Umgebung herum, findet im sonnenlosen Salò (ein »einziger langer, steinerner Darm«) einen interessanten Antiquar, steigt auf der Rückfahrt in Gardone aus, geht zu Fuß nach Fasano und trifft dort das neunjährige Mädchen Ippolita mit ihrem schwarzen Hündchen. Das arme Kind hat nur noch eine todkranke Mutter, der sie etwas Milch besorgen will. Rosa nimmt sich des Kindes an, kauft üppig ein und besucht die kranke Mutter in deren Elendsquartier noch kurz vor ihrem Tod. Ippolitta jedoch flieht aus dem Waisenhaus, weil ihr Hündchen dort keinen Platz hat, zu Rosa, wird von ihr adoptiert und mit nach Hause genommen.

Die Kritik urteilte gnädig und stellte, wie *Die deutsche Rundschau* im Juli 1903, Heyse in die Tradition des literarischen Imperialismus: »Goethe machte Italien zur schönsten Provinz der deutschen Dichtung: dieser von Goethe eroberte Boden ist es, auf dem uns Paul Heyses Novellen vom Gardasee erblühen.« Die *Österreichische Rundschau* stellte 1905 immerhin fest, daß »nur wenige heimische Gestalten«, dafür meist »Fremdlinge aus dem Norden« in den Novellen vorkommen. Insgesamt aber sei der Dichter »an seinem Lebensabende« um seine »so reichen und schönen Dichterblüten« zu beneiden.

Riva

Ein Gedicht der *Verse aus Italien. Skizzen, Briefe und Tagebuchblätter* (1880) reflektiert eine Beobachtung Heyses bei einem Besuch am Gardasee, entweder bei seinem ersten Aufenthalt um 1873 oder um 1880. Das Gedicht ist das letzte von insgesamt 12 »Städtebildern«, darunter sind »Brescia«, »Venedig« und »Verona«. Es ist ein Beleg dafür, wie genau Paul Heyse Italienisch verstand und in seinen dramatischen Höhepunkten selbst an unscheinbarem Ort aufzufinden wußte, wo mit diesem unheilabwehrenden Spruch der »wilden Natur« (Rilke) am Ponalefall Einhalt geboten werden soll:

Riva

Tu adesso riposa, vil maledetto, che
sei venuto dall' alta montagna per
venir qua giù abassa a rompere il
disopra della porta senza dire!

Ich stieg von Riva jenen Pfad hinan,
Den breitgebahnten, nach dem Ledrothale,
Durch den in Katarakten der Ponale
Sich stürzt; und eh' ich noch die Schlucht gewann,

Fand ich ein Haus am Weg. Ein Stück daran
War frisch gemauert über dem Portale,
Daneben trug die alte Wand, die kahle,
Die Kohlen-Inschrift, die der Zorn ersann:

»Du halt' nun Ruh, vermaledeiter Wicht,
Der du vom Hochgebirg zu dieser Mauer
kamst, wider Recht den Thürsturz einzubrechen!«

Vater Shakespeare, dein Kothurn ist nicht
Zu hoch für sie! Wie lernte dieser Bauer
Wie deine Könige und Helden sprechen?

Frühling am Gardasee

Der Zyklus »Frühling am Gardasee« aus dem Band *Neue Gedichte und Jugendlieder* (1897) zeigt deutlich, daß Paul Heyse wohl schon Mitte der neunziger Jahre längere Ferien am Gardasee verbrachte. Die Gedichte wirken wie ein erstes Abtasten des neuen Themas. So ruft der Dichter in der einleitenden »Vision« die Sonne und seine Muse an. Der Sonne erklärt der Langschläfer, er weile »hier an deinem / Schönen See in Ferienlaune«. Die Muse beschämt ihn jedoch wegen seiner Faulheit und er gelobt gleich Besserung, verspricht ihr »Helle Lieder«. Eines davon ist »Salò«, aber es ist alles andere als hell und entspricht der negativen Darstellung in der Novelle »Antiquarische Briefe«: »Straßen, arm an Sonnenschein / Kieselpflaster, spitz und klein, /in der kellerkühlen Luft / Käse-, Öl-, Limonenduft«, so beginnt das Lied und führt über Frauen, Kinder, den »blauen See«, Möwen, Monte Baldo und die Dampfschiffsirene zu den zeitunglesenden Männern im Café: »(...) Männer im Café zuhauf / Blicken von der Zeitung auf, / Ihres süßen Nichtstuns froh – – / ›Wenn ich solche Worte singe, / Braucht es dann noch großer Dinge, / Dich zu preisen‹, mein Salò?«

Stark autobiographisch ist das Gedicht »Toscolano«. Nach einer ersten Begegnung mit dem See um 1873 kommt Heyse um 1896 wieder nach Toscolano und in das dortige Gasthaus »Cavallo bianco«, sein »gesegnet Herbstasyl« in der Via Trento, zurück. Bei einem Besuch Heyses in Toscolano am 5. Mai 1900 hieß das Gasthaus, wie dem Tagebuch zu entnehmen ist, bereits »Cavallino bianco« (Weißes Pferdchen).

Toscolano

Ja, das sind die alten Gassen,
Mauerschluchten, schauerkühl,
Wie ich damals dich verlassen,
Mein gesegnet Herbstasyl.

Über jener dunklen Türe,
Die sich gastlich mir erschloß.
Hängt verwittert noch das früh're
Herbergsschild, das »weiße Roß«.

Kahl und düster war mein Zimmer,
Doch das Bette breit und rein;
Eßbar wohl die Kost nicht immer,
Aber trinkbar stets der Wein.

Und wie herrlich all die Pfade,
Bei dem Kirchlein steil hinab,
Wo am blauen Seegestade
Mir der Ölwald Schatten gab!

Steil hinauf zu den Zypressen
Um Gainos Klösterlein,
Wo ich saß und weltvergessen
Träumte weit ins Land hinein.

Wenn die Sonne dann versank, o
Wie beglückt ich heimwärts ging,
Wo mich im cavallo bianco
Mein frugales Mahl empfing!

Bracht' ich doch im Skizzenbuche
Manches Landschäftchen mit heim,
Sehr bescheidne Pfuschversuche
Und dazwischen manchen Reim.

Dann mit meinem Wirt vertraulich
Schwatzt' ich noch im Gärtchen lang,
Wenn die Nachtluft weich und laulich
Überm See die Flügel schwang.

Liebste, und es nimmt dich wunder,
Daß ich gern hier blieb zu Gast,
Da mir all der eitle Plunder
Der Kulturwelt tief verhaßt?

Ihre Fratze stört mich minder
Hier am Busen der Natur,
Unter Menschen, die wie Kinder
Harmlos gehn auf ihrer Spur.

Etwas Einsamkeit und Stille,
Etwas Schönheit ringsumher,
Traum und Zauber der Idylle –
Was bedarf ein Dichter mehr?

Da ich all dies hier besessen,
Dünkt mich wie ein Zauberschloß
Trotz dem mangelhaften Essen
Toscolanos »Weißes Roß«.

Wie wunderbar despektierlich klingt neben dieser Selbststilisierung ein »Blechschmiedevers« des Dichters Otto Erich Hartleben (s. Salò) auf einer Postkarte aus Toscolano vom 17. Februar 1903 an Dr. John Schikowski (Hartleben reagiert damit auf *Die Blechschmiede* (1902), den Gedichtband seines Freundes, des Naturalisten und Neutöners Arno Holz):

Blechschmiedevers.

Im weißen Rößl sitz ich hier
im Cavallino bianco –
und plötzlich triumphierts in mir:
Ich hab nen Reim auf Pankow!

Zurück zu Paul Heyse. Der Josefstag am 19. März (»San Guiseppe«) ist ihm ebenso Thema wie der Tod des befreundeten Komponisten Johannes Brahms sowie der Sophie, der Großherzogin von Sachsen. Dem Gedicht über »Sermione« (s. dort) folgt der »Abschied«. Von seinem »Lieblingspfad« geht er einer Schenke zu mit dem vielsagenden Namen »Al tempo perduto« (Zur verlorenen Zeit). Dort bewundert er die junge Wirtin und ihre »reiche Armut«: »Ein Haus voll Liebe, / Lebensgenüg' und

Frieden!« Im Streit der beiden Seelen in Heyses Brust siegt – im Ton Heinrich Heines – einstweilen die italienische:

Letztwillig

Und schließ' ich einst die Augen zu,
Nie wieder aufzuwachen,
So gilt mir's gleich, wo man zur Ruh
Mir wird das Bette machen.

Doch schlüge mein letztes Stündlein hier
An dieser Seeflut Borden,
So wünscht' ich mir, man erließe mir
Die Brennerfahrt gen Norden.

Man grübe mir ein stilles Grab
Dort unter den Zypressen,
Wo ich in wonnigen Träumen hab'
So manchesmal gesessen.

Mein Deutschland, immer liebt' ich dich
Vor allen Ländern der Erden,
Doch nach Italien flüchtet' ich
Gar oft, um warm zu werden.

Es heißt, ein armer Toter soll
Manchmal vom Schlaf erstehen,
Neugierig und gedankenvoll
Ein bißchen spuken gehen.

Im Norden sind die Nächte rauh,
da schlotterten mir die Gebeine.
Hier unten weht die Luft so lau
Nachts im Zypressenhaine.

Da säß' ich nieder in guter Ruh
An meines Sees Gestade
Und hörte dem Rauschen der Wellen zu,
Dem Zirpen der Zikade;

Und grüßt' hinüber, wo dämmrig glänzt
Das Berghaupt schlummertrunken
Des Monte Baldo, die Stirn umkränzt
Von kleinen Sternenfunken.

Italiens Himmel strahlte herab
Ins Tal der Tränen so heiter –
Da schlüg' es Eins. Zurück ins Grab
Schlüpft' ich und schliefe weiter.

Das Wintertagebuch

Gardone ist noch einmal Thema in Heyses ebenfalls autobiographischem *Wintertagebuch* (1903) mit den altersstraurigen, zum Teil ausführlich erzählenden Gedichten. Heyse beginnt am 15. November 1901 mit der »Ankunft«, der Aussicht auf die nun folgende Langeweile am See (»Und Langweil hüllt uns dichter ein, als hoch im Norden Eis und Schnee.«). Aber er faßt sich bald, sieht den gesundheitsfördernden Zweck und bemüht sich, dem »Winterschlaf hier unter Palmen (...) seine stillen Reize« abzugewinnen.

So folgt zunächst der historische Abriß »Andere Zeiten«. Von den einschlägigen Reiseführern der Ärzte angeregt, schlägt der Dichter den Bogen von den alten ruhmreichen Geschlechtern und ihren Kämpfen bis in die unmittelbare Gegenwart, in der nur noch die Hotels sich um die Gäste streiten – »Und statt der Ritter, die aufs Roß sich schwingen / Mit holden Frau'n, aus Furcht, sich zu entadeln / Wenn sie gutbürgerlich zu Fuße gingen, // Siehst du die feine Welt – vorüberradeln.« Die seinerzeit aufkommende Mode des Radfahrens war ein stilles Vergnügen. Heute, da sich die Mountain-Biker am Gardasee sogar auf eigens empfohlene steile Bergwege wagen, sind die Uferstraßen mit dem allgegenwärtigen Autolärm für Radler kaum passierbar. So ist die Stille der einstigen Mittagsruhe ebenso kaum noch nachvollziehbar wie das Gedicht, das sie besingt:

Mittagsruhe

Goldner Nebelsonnenduft
Überhaucht Gebirg und Flur
Droben steht ein Wölkchen nur
In der windstill reinen Luft.

Auf dem See ein Fischerkahn
Mit den Segeln gelb und blau,
Drauf gemalt die Himmelsfrau,
Zieht wie träumend seine Bahn.

Rings kein Laut der wachen Welt
Um des Monte Baldo Thron.
Gleich als wüßten's Alle schon,
Daß der Alte Siesta hält.

Leis am Ufer gluckst die Flut;
Auch der Kummer, der zu Nacht
Mich um meinen Schlaf gebracht,
Hält den Athem an und ruht.

Heyse hat auch einen Blick für die eher abseitige Kulturgeschichte am See und erinnert an den Benediktinermönch Teofilo Folengo (1491–1544) aus der Abtei Maguzzano bei Lonato, der als Merlin Cocai witzige sogenannte »macheronische« Gedichte in witzigem Küchenlatein schrieb. Sein berühmtestes Gedicht ist das Epigramm »De Benaco« und lautet in Heyses Übersetzung:

Wie vortrefflich Natur all ihre Geschäfte besorgt hat,
Willst du, o Freund, den Beweis? Höre nur meinen Bericht.
Ein italischer See – in Brescia heißt er Benacus –
Thut es an Fruchtbarkeit all den andern zuvor.
Reichliche Fische schmaust man aus ihm, Sardinen und Aale,
Karpfen und Schleie, dazu edle Forellen genug.
Doch was gilt dem Gaumen ein Fisch, fehlt würzige Feuchte?
Muß doch in siedendem Öl brotzeln im Pfännchen der Fisch.
Darum wachsen gedrängt ringsum an den Ufern Oliven,

Und ein Inselchen liegt, Sirmio, mitten im See.
Dorther stammen das Öl, der Fisch, der Fischer, und Brescia
Liefert, so viel man will, eiserne Pfannen dazu.

Die lebendigen italienischen Mädchen sind ebenso Thema (»Pasqua«, »Chi bella non é...«) wie die todkranken jungen Patienten (»Der Fürstensohn«) und Patientinnen (»Flirt«). Ein Freund stirbt (»Wilhelm Hertz«), ein anderer, Ernst Wichert, erscheint dem Dichter wenige Tage nach seinem Tod im Traum. Advent und Weihnachten werden ebenso besungen wie »Die Pergola« im Garten oder »Das Concert«, eine Reproduktion des Gemäldes von Giorgione in Heyses Arbeitszimmer:

(...) In das seelenvolle
Gesicht des Spielers blickend, ist es mir,
Als höb' ein sanftes Klingen geisterhaft
Sich an und dringe mir mit magischer
Gewalt an Seel' und Sinn und fülle mir
Das Herz mit Wonneklang, indeß von draußen
Der See, anstürmend an die Uferwehr,
Mit tiefem Orgelbaß die Melodie
Begleite. (...)

Kaum noch auffindbar sind die Wege, die Heyse allein oder in Begleitung seines Hundes geht. Einer davon ist der Fahrweg an der 1896 erbauten evangelischen Kirche vorbei nach Gardone di sopra. Durch ein Gittertor gelangte man einst in die Wimmerschlucht (unterhalb von Cargnacco, dem heutigen Vittoriale):

Die Schlucht

Tret' ich, die Brust zu lüften, aus dem Haus
Aufathmend in den Wintertag hinaus,
So lockt mich, eh' ich fünfzig Schritte that,
Vom Fahrweg links hinweg ein Schattenpfad
Zu einem Gitterthor. Da tret' ich ein

Und mich empfängt ein lichter Erlenhain,
Sich wölbend über eines Bächleins Lauf.
Links steigt der Abhang dichtbelaubt hinauf,
Rechts breitet sich ein sanfter Wiesengrund
(Der Lieblingstummelplatz für meinen Hund)
Und drüber, auf des Thales Rand erhöht,
Ein weiß Kapellchen. Ihm zur Seite steht
Ein dunkles Paar Cypressen, hingestellt
Als Wächter dieser traumhaft stillen Welt.
Rings unten auf dem dichtbegras'ten Plan
Und zu den schattigen Halden hoch hinan
Wird, wenn die ersten lauen Lüfte wehn,
Ein märchenhafter Lenzesflor erstehn,
Von Primeln schimmert's golden, Veilchen blühn,
Aus wilden Myrten äugelt Immergrün,
Doch jetzt ist Winter. (...)

Im »Idyll« beobachten Herr und Hund ein Liebespaar; und dann sind die beiden noch einmal unterwegs, in einer traurig-komischen Weise, die an Eduard Mörikes existentielles Gedicht »Denk es, o Seele« (1852) erinnert und Thomas Manns »Idyll« *Herr und Hund* (1919) vorwegnimmt:

Flock

Täglich steig' ich in stiller Mittagssonne
Nach Gardone di sopra und Morgnaga
Oder höher hinauf den weitgeschwungnen
Bergpfad über die Schluchten bis Fasano.
Mir zur Seite, doch öfter voraus mir,
Trabt mein Wandergenoß, mein kleines Hündchen
Flock, ein munterer Spitz. Zwar reiner Rasse
Kann er nicht sich berühmen, doch so manchem
Preishund läuft er den Rang wohl ab an Schönheit
Und an Temperament. Wenn er so hinspringt,
Hoch das Näschen, den Schweif wie eine Fahne

Aufrecht tragend, gespitzt die braunen Öhrchen,
Grüßen ihn die Gardoner Gassenkinder
Schon von weitem, und Flocki! Flocki! rufend,
Suchen schmeichelnd sie ihn heranzulocken.
Doch er windet sich ungerührt und vornehm
An der jungen Verehrerbrut vorüber,
Läßt zuweilen zu kleiner Köter Spielen
Sich leutselig herab und rauft mit großen,
Die ihm neidisch am Hals das rothe Schleifchen
Bös zerzausen, worauf aus ehrenvollen
Wunden blutend er heiter mir zurückkehrt,
Ein geschlagener Held, doch ein Charakter.

Manchmal, wenn ich im duft'gen Lorbeerschatten
Müd vom Klettern auf einem Bänklein raste –
Schön ist's droben; die sanften Lüfte fächeln
Rings das silberne Laub der Ölbaumhalden,
Und mit purpurnem Blau durch ihr Gezweige
Schimmert drunten der See – mein Flock ist freilich,
Wie die Hunde gewöhnlich, kein Naturfreund.
Ruhig liegt er im Gras an meiner Seite,
Manchmals schnappend nach einer kleinen Fliege,
Manchmals still mich betrachtend, gleich als fragt' er:
Woran denkst du nur jetzt? 's ist unbegreiflich,
Daß die Menschen beständig denken müssen.
Wir sind klüger. Schon Lessing sagt: wer möchte
Denken, wenn er genießt! Und ich genieße
Meine Ruhe, die wohlverdient, nachdem ich
Heut Lacerten [Eidechsen] *gejagt und ganze sieben*
Todt zur Strecke gebracht. (Denn dies ist leider
Eine noble Passion, von der bisher ihn
Zu entwöhnen mir nicht gelang. Es fröhnen
Hohe Herren ja auch des edlen Mordwerks,
Nicht zur Ehre der Menschheit.) Und zur Antwort
Auf die schweigende Frage sag' ich: Flöckchen,
Was ich eben gedacht, hat einem andern
Deiner Brüder gegolten – Schnautz geheißen,

Schnäutzlein nannten wir ihn – der auch vor Zeiten
Mich getreu zu begleiten pflag auf manchem
Bergweg, bis er zuletzt so fett geworden,
Daß nur keuchend er aufwärts kroch. Ich mußt' ihm,
Da ihm irdische Freuden nicht mehr blühten,
Selbst verkürzen die Qual. Doch wie er dalag,
Um das struppige Haupt – er war vom Stamm der
Rattenfänger – ein dickes Tuch, getränkt mit
Chloroform: an des Herzens Schlägen sah ich,
Daß schon nahe das Ende. Da auf einmal
Aus dem feuchten Verband hervor sich windend,
Hob der Sterbende auf zu mir sein treues,
Still anklagendes Aug', als wollt' er sagen:
Bessres hofft' ich um dich verdient zu haben,
Als so kläglichen Tod von deinen Händen! –
Ach, er wußte ja nicht: zu seinem Bestreb
Ihm durchschnitt ich den morschen Lebensfaden,
der nur quälend die zott'ge Brust umschnürte.
Doch mir folgte noch lang in meine Träume
Dieser scheidende Blick. Nicht wünsch' ich, Flöckchen,
Je dein Auge mit ähnlich stummem Vorwurf
Auf mir ruhen zu sehn. Du bist der Jüngre,
Sollst noch lange, wenn ich dahingeschieden,
Deines Lebens dich freu'n, Lacerten jagend
Und darüber des guten Herrn vergessend,
Rascher, als er dich selbst vergessen würde,
Wenn ihn später als dich Freund Hein besuchte.

Skepsis herrscht vor in der Darstellung eines italienischen »Wintersturms«: » – viel Lärmen um nichts!« Außerdem ist Heyse entschieden gegen das »Jagdvergnügen« beim Schießen auf Singvögel. Sehr gelungen in seiner traumhaften Zweideutigkeit ist das »Nachtgesicht«, die Vision von den Wassernixen im Gardasee nach dem Anschauen einer Böcklin-Mappe am Vorabend. Wie Bekenntnisse wirken die Gedichte auf Friedrich Rückert (»Als ich zur Winterflucht mein Bündel schnürte ...«)

und Horaz (»Dein College Catull drüben auf Sirmio / Ruhlos bis an den Tod brannte das Herz in ihm. / Du [Horaz] taugst besser zum weisen / Hausfreund einem Gealterten.«)

Am 20. Mai 1902 nimmt Heyse »Abschied«: »Hab' ich nun ausgeträumt / Meinen Wintertraum im Süden ...« und kehrt nach München zurück. Bei der »Heimkehr« sieht er nicht nur, wie weit zurück Blumen und Pflanzen noch sind; vielmehr erfährt er, gestern habe es »wieder einmal / Geschneit in den Münchner Frühling«. Doch in der Freude über die Rückkehr obsiegt die deutsche Seele in seiner Brust: »(...) Und in mir ruft's: Sei froh der Heimkehr! / Hier bist du zu Haus und drunten / An deinem See nur zu Gast. Denn deines Wesens tiefste Wurzeln / Sind zäh gesenkt in die deutsche Erde, / Wenn auch der Wipfel sich gern / In italischen Lüften wiegt. (...)«.

Die Gedichte kamen gut an. *Der Bote vom Gardasee* befand am 26. April 1903 in der unbezeichneten »Rivierachronik«: »(...) Das Buch enthält epische und lyrische Gedichte, die eine erstaunliche Kraft und Frische athmen. Der Dichter, der doch die Siebzig überschritten hat, ist eben nur seinen Jahren nach gealtert – in seinen Werken regt sich frohes junges Leben. Alles was Heyse von jeher ausgezeichnet hat: die Kraft seiner Sprache, seine feinsinnige, abgeklärte Art und Weise des Gestaltens, kommen in den Gedichten zur Geltung. (...)«

Abschied

Heyses 75. Geburtstag am 15. März 1905 gab Ottomar Piltz Gelegenheit, in seinem Artikel »Paul Heyse am Gardasee« für den *Boten vom Gardasee* am 19. März das Lebenswerk des Dichters zu resümieren: »Er hat in den vielen Jahren seines dichterischen Wirkens gegen 130 Novellen verfasst, 30 Dramen, 3 grosse Romane und 4 Gedichtbände.« Und der 80. Geburtstag wurde 1910 selbstverständlich auch in Gardone wieder groß begangen. *Der Bote vom Gardasee* brachte am 13. März 1910 erneut eine umfangreiche Abhandlung von Rudolf Hunziker über »Paul Heyse am Gardasee«. Noch im selben Jahr verlieh die Schwedische Akademie Paul Heyse als erstem deutschen Dichter den Nobelpreis für Literatur; außerdem erhielt er den persönlichen bayerischen Adel. Die Villa Annina wurde im April 1910 an Clara Fritsche-Staackmann, die Gattin des Leipziger Verlegers Staackmann verkauft. Geplant war ein Erholungsheim für die Autoren des Verlags wie Peter Rosegger, Otto Ernst, Max Geissler und Franz Karl Ginzkey. »(...) So lange das Haus diesen Zwecken dient, verbleiben die schönen antiken Basreliefs im Hausflur, grösstenteils Geschenke von Freunden und Verehrern Paul Heyses, die zahlreichen Bilder und Photographien sowie die Bibliothek in der Villa Annina.« (*Der Bote vom Gardasee*, 17. April 1910) Im Herbst 1910 erhielt das Haus den Namen »Zweisonnen«: » (...) die eine Sonne scheint den beneidenswerten Autoren in ihrer Mäcenin, die andere aber tragen sie in sich: im Lichte beider also blühen und reifen ihre Werke«, kommentierte *Der Bote vom Gardasee* am 6. November 1910. Für den Aufenthalt in diesem Haus bedankte sich Franz Karl Ginzkey zu Beginn seiner Novelle *Rositta*, die bei Staackmann 1921 erschien, mit der gedruckten Widmung: »Frau / Clara Staackmann / in Erinnerung der gastlichen Tage / im Hause Zweisonnen / Gardone-Riviera«.

Tempi passati. Seit 1920 gehörte die Villa dem holländischen Weltreisenden Van Waveren, der 1925 bauliche Veränderungen vornahm. Seitdem heißt das Haus – in der Verbindung von Italia und Olanda (Holland) – Villa Itolanda. Heute kann das Grundstück zwischen der Villa Fiordaliso und einer Werft nur unter Lebensgefahr zu Fuß über die stark befahrene Autostraße erreicht werden. Der Efeu wuchert am Eisenzaun, und die verlorene Zeit ist weiter weg denn je.

Somnii explanatio (Des Traumes Deutung)
Henry Thode

Hans Thoma: Bildnis Henry Thode, 1895, Öl auf Malkarton, 72 x 60 cm

Das Landhaus Cargnacco in Gardone di sopra hat eine ebenso merkwürdige wie beispielhafte Entwicklung durchgemacht. Im 18. Jahrhundert erbaut, gehörte es in den Anfangsjahren des Kurortes den Hotelbesitzern Emilia und Ludwig Wimmer. Auf dem Lorbeerweg von Morgnaga nach Fasano gelegen, war das Landhaus berühmt für seinen großen Garten mit Magnolien, verschiedenen Bambusarten, großen Zitronenhainen, immergrünen Laubbäumen und Koniferen. Nach Koenigers Reiseführer von 1894 zeigten die »beiden dazu gehörigen Schluchten (Eingang oberhalb des Hauses) mit hübschen Wasserfällen (...) besonders im Herbst vielartige Belaubung, grossen Blumen- und Farnreichtum« und erinnerten an Madeira. Zu Beginn der neunziger Jahre vermietete die Witwe Wimmer das Landhaus an den renommierten deutschen Kunsthistoriker Henry Thode (1857–1920), der das Haus 1910 kaufte. Diesen Besitz eignete sich 1921 der Dichter Gabriele d'Annunzio an und verwandelte ihn in den »Vittoriale degli Italiani«. Doch der Reihe nach.

Henry Thode, gebürtig aus Dresden und Sohn eines Bankiers, hatte nach dem Studium in München, Berlin und Wien sowie der Promotion 1881 mit der umfangreichen Studie über *Franz von Assisi und die Anfänge der Kunst der Renaissance in Italien* (1885) ein Standardwerk als Ausgangspunkt für seine weiteren Forschungen und Publikationen zur italienischen Kunst und

Kultur vorgelegt. Die wissenschaftliche Laufbahn schien vorbestimmt. Zusammen mit Hugo von Tschudi, dem späteren Generaldirektor der Bayerischen Staatsgemäldesammlungen, gab Thode seit 1884 das *Repertorium für Kunstwissenschaft* heraus, habilitierte sich 1886 in Bonn, lehrte dort bis 1889 und wurde danach für zwei Jahre Direktor des Städelschen Kunstinstituts in Frankfurt am Main. Seit 1886 verheiratet mit Daniela Senta von Bülow (1860–1940), der ältesten Tochter des Dirigenten Hans von Bülow aus dessen Ehe mit Cosima (der Tochter des Komponisten Franz Liszt und späteren Frau Richard Wagners), hatte Thode seine Forschungen auch auf *Die Malerschule von Nürnberg im 14. und 15. Jahrhundert bis auf Dürer* (1891) ausgeweitet, und Richard Wagner wurde sein Leitstern. Doch Thodes eigentliches Forschungsgebiet blieb die italienische Kunst, und sein Ansatz dabei war das nachfühlende und nachforschende hohe persönliche Engagement.

Ein halb wissenschaftliches, halb künstlerisches Intermezzo führt ihn 1892 für zwei Jahre nach Venedig, von wo aus er auch den Gardasee entdeckt. Seinem Freund, dem Maler Hans Thoma (1839–1924), schildert er aus dem Hotel Salò am 23. Mai 1892 erste Eindrücke: »(...) dieser See ist *Dein* See. Er gehört Dir ganz ausschließlich: Dein Gefühl sagte Dir das Richtige, als Du ihn im Vorbeifahren sahest. Groß, feierlich, blau – und dabei in dieser Bucht von Salò von üppiger Pracht der Vegetation. Die Färbungen in ihrer unerschöpflichen Mannigfaltigkeit sind berauschend. Da steige ich nun den ganzen Tag auf den Bergen herum zwischen den Oliven, deren grauer Flor, ganz wie in Toskana, von frischem jungen Grün der Weinpflanzungen und Obstbäume durchbrochen, die Abhänge überzieht und zart aus dem gesättigten Ufergrün zu den grauen Felsenmassen überleitet. Ich lagere mich unter den Zypressen, die ihren feierlichen Zug hinter blitzenden weißen Mauern halten, sehe die Sonne auf die zwischen hellen Pfeilern hervorlugenden Zitronenbäume herabglühen – und erhole von Glanz und Licht das trunkene Auge in den blauen Wassern des Sees und den blauen Schatten der fernen Berge.« Das ist wie mit einem Malerauge gesehen und entspricht eher Thodes literarischen Absichten. In diesen Jahren entstehen die Gedichte *Federspiele* (1892), die Hans Thoma ebenso illustriert wie das historisch und novellistisch wunderbare »Erlebnis« *Der Ring des Frangipani* (1895), worin ein zufällig von Bauern gefundener Ring nicht nur auf einen der Kriegszüge Kaiser Maximilians I. 1515 gegen Venedig verweist, sondern vielmehr eine innige Liebesgeschichte über die Zeiten hinweg bewahrt.

Für seine Studien mietet sich Thode 1893 »droben bei der paradiesisch-friedlichen Villa Cargnacco ein«, von wo aus er eine großartige Aussicht genießt: »Ich habe laut hinausgejubelt, zu allen Tageszeiten ließ ich den Blick über Wasser und Land schweifen, noch lagert auf dem Monte Baldo der Schnee, und die Wellen glühen schon im sommerlichen Blau!« (an Hans Thoma, Venedig, 16. Februar 1893). Anfang April ist der Umzug überstanden, und Thode schreibt dem Freund Hans Thoma: »Gardone, Lago di Garda, Villa Cargnacco, 8. April 1893. Gestern sind wir in unserer Villa eingezogen! Nach zehn Tagen unausgesetzt heißer Arbeit ist das Werk so gut wie vollendet, und meine ersten Zeilen, die ich am wiedergewonnenen Schreibtische aufsetze, sollen an Dich gerichtet sein! Mir dünkt alles unbeschreiblich behaglich und hübsch gelungen, alle unsere lieben Sachen, Bilder, Möbel, Stoffe gelangen zu viel besserer Wirkung, als in Frankfurt, und das Ganze ist von großer Bequemlichkeit. Von der Herrlichkeit der Natur, die der Blick aus jedem Fenster umfaßt, will ich ganz schweigen, denn das läßt sich nicht schildern.«

In seinem Arbeitszimmer hat sich Thode nur mit Bildern Thomas (»Adam und Eva, kleines Paradies, Apollonia, schlafender Endymion, Gerbermühle, Frau mit weidendem Schimmel«) und einem Dürer umgeben – »so ist der Raum selbst zu einem Bekenntnis geworden«. Weitere Werke Thomas sind für den Salon und das Speisezimmer vorgesehen. Mit allen Mitteln wirbt Thode um einen Besuch des befreundeten Ehepaars Thoma: »Von München nach Riva ist es ja gar nicht so weit – und von Riva ist es eine wonnige Spazierfahrt auf blauen Wassern. Ach, bitte, bitte! Ihr bekommt auch ein Zimmer, wo Himmel, Berge und Wasser Euch Tag und Nacht eine jubelvolle Sinfonie aufspielen und – kurz, es wird in allen Farben blühen, der Garten ist jetzt schon wie mit Schnee bestreut, und zwischen den grauen Oliven schimmern rote Mandelbäume.« Thoma bedauert jedoch, dem lieben »Lockvogel« einstweilen absagen zu müssen.

Erst im März 1897 kommt es zu einem zweimonatigen Besuch; noch im selben Jahr entstehen die Bilder »Lorbeertälchen« und »Olivengarten am Gardasee« sowie »Blühende Kirschbäume bei Gardone«, später kommen der »Blick auf den Monte Baldo« (1898), die »Landschaft am Gardasee (1899), der japanisch wirkende »Morgen am Gardasee« (1905, im Besitz von Henry Thode) sowie die ländlichen Szenen »Am Gardasee« und »Dämmerung am Gardasee (1906) dazu.

Im Paradies

Es ist ein schönes Leben, anregend für Leib und Seele, ein privates Sanatorium der Extraklasse. Morgens Schopenhauer, nachmittags Goethe, abends Luther – »Das erhält den Geist so gut in der Höhe, wie die angenehmste Sommerluft den über Berge wandernden und über Wasser rudernden Körper« (an Hans Thoma, Gardone, 8. Juni 1893). Die Ernte im Herbst übertrifft alle Erwartungen: »In üppiger Pracht lasten an allen Weinstöcken die Reben; Körbe mit saftreichen Früchten wandern jeden Tag ins Haus: solcher Reichtum der Natur stimmt die Seele zur Heiterkeit und rührt sie zugleich – die Zeiten des Paradieses scheinen zurückgekehrt!« (an Hans Thoma, Gardone, 29. September 1893).

Beflügelt von diesen Möglichkeiten nimmt Thode 1894 einen Ruf auf den Lehrstuhl für Kunstgeschichte an die Universität Heidelberg an; dort unterrichtet er bis 1911. In diesen Jahren entstehen mehrere Studien zur italienischen Kunst: *Mantegna* (1897), *Correggio* (1898), *Giotto* (1899), *Tintoretto* (1901) und, gewissermaßen als Gegenstück zum Buch über Franz von Assisi, das mehrbändige Hauptwerk *Michelangelo und das Ende der Renaissance* (1902–1913).

Bis 1898 kommt Thode immer wieder mit seiner Frau zur Erholung nach Gardone. Am 8. März 1895 läßt ihn die Freude über sein Frühlingsglück geradezu poetische Worte dem Freund Hans Thoma gegenüber finden: »Da sitzen wir und baden uns in Sonnenschein, in blauer Luft über blauem See. Als wir gestern im Schneegestöber von München und über den Brenner gefahren, nachmittags hier eintrafen, hatten wir die Empfindung, als gäbe es ein Reich ewiger Schönheit, ewiger Sonnenpracht, ewigen Blühens, ewiger Heiterkeit – und das ist Gardone. Die Phantasie kann sich gar nicht mehr vorstellen, was Winter ist. Es ist eine andere Welt hier: ein anderer Himmel und eine andere Erde. Nur droben der weiße Hermelinmantel der Berge wirkt als eine Vision von Schnee, welche auch dieses selige Land einen kurzen Augenblick gehabt – sonst könnte man glauben, es gebe hier keinen Wechsel der Jahreszeiten. Die ersten Röschen erwachen im Garten, die Olea fragrans beginnt ihre süßen Düfte zu verhauchen, die Schluchten sind mit gelben Schlüsselblümchen und Veilchen bedeckt. Und das Silber der Ölbäume und das Gold des Lorbeers bilden mit dem Blau des Himmels und des Sees den ewig gleich entzückenden Dreiklang. Überall auf den Bergen frohe Frühlingsarbeit – und nun sitzt man den halben Tag im Freien in der Sonne und schaut und schaut und atmet Wonne ein. Es ist mir zumute, als wäre ich einem lichtlosen Kerker entstiegen nach viermonatiger Haft, und als streckte ich alle Glieder, von Kraft geschwellt, in Freiheit. – Doch man kann davon nicht sprechen – man könnte es nur jubeln, singen, in unartikulierten Lauten seligen Fühlens des Lebens!« Das Glück kommt zwar der konzentrierten Arbeit zugute, gefährdet sie aber auch: »Von uns könnte ich nur in Frühlingsliedern melden – der Vormittag vergeht mit Gedankenarbeit meist im Freien (ich arbeite mein ästhetisches System weiter aus), der Nachmittag auf herrlichen Bergesspaziergängen und der Abend mit gemeinsamer Lektüre. Jetzt ist mein Liebling unter allen Erzählern, Walter Scott, wieder an der Reihe. – Diese Stille, Konzentration und das Aufgehen in Anschauung ist eine große Wohltat und füllt die Seele hoffentlich wieder mit der nötigen Spannung zur Produktion. Das nächste soll eine längere allgemeine Abhandlung über das Wesen Michelangelos und seiner Kunst sein; – aber jeden Morgen lasse ich mich wieder verführen vom Schreibtisch hinweg in die goldene Sonnenherrlichkeit – und das ist am Ende auch vernünftiger. Man möchte hier nichts wie Empfänglichkeit sein!« (an Hans Thoma, Gardone, 18. März 1895)

Drei Jahre später jedoch gibt Thode, vermutlich aus beruflichen Gründen, Anfang November 1898 das Paradies von Cargnacco auf, um ganz nach Heidelberg zu übersiedeln; Hab und Gut sind in vier Eisenbahnwaggons verladen. Erst im Herbst 1900 verbringt er mit seiner Frau erneut »wundervolle Wochen« in Salò – »und nun blaut, blauer denn je, in südlicher Sonne der geliebte See vor uns, der für mich doch der See aller Seen bleibt« (an Hans Thoma, Salò, 1. Oktober 1900). In den folgenden Jahren ist Thode vielfältig engagiert und kommt vermutlich kaum noch in den Süden. Doch die Erinnerung an das Paradies am Gardasee läßt ihn nicht los. Etwa zeitgleich mit dem Werkverzeichnis *Thoma. Des Meisters Gemälde in 874 Abbildungen* (1909) erscheint Thodes Buch *Somnii explanatio. Traumbilder vom Gardasee* (1909), die bis heute einfühlsamste und dichteste Kulturgeschichte der Seelandschaft, konzentriert auf San Vigilio und den Palazzo Brenzone mit seinem Zypressengarten, den antiken Statuen und alten Inschriften. In der Erkundung dieses Gartens, verbunden mit einer Lustfahrt von Freunden im Jahr 1553 von Desenzano einmal um den See bis nach San Vigilio, zur Villa des Humanisten Agostino Brenzone, findet Thode die Deutung seines Traumes (somnii explanatio) vom Gardasee. Hier, am »schönsten Ort der Welt«, wie Agostino Brenzone unwiderlegbar beweist, dort wo, wie Jacopo Bonfadio um 1540 schreibt, »unsere Geister wohnen werden, wenn sie diese Erde« zugunsten ewigen Lichtes und ewiger Ruhe verlassen haben werden, findet Thode in der kleinen Kapelle des San Vigilio, die dem Ort den Namen gibt, die Statue eines »leicht bewegten, schlanken Daniel, der ein Buch und den Zettel: En Somnii explanatio hält« – Daniel, der Visionär und Traumdeuter der Bibel, hält die Zauberformel nicht nur für den Gardasee in der Hand.

Erneut im Paradies

Geschrieben wurde das Buch im Sommer 1909, als Ausgleich zur Arbeit an den zwei Bänden *Michelangelo. Kritische Untersuchungen über seine Werke* (1908), die Thode als Anhang zu den drei Bänden über *Michelangelo und das Ende der Renaissance* ansah. Das Buch ruft in Thode wieder »den alten Zauber jener paradiesischen Gegend« wach (an Hans Thoma, Heidelberg, 25. Februar 1910), in der er so glücklich gewesen ist, und als Thodes Frau Daniela so erkrankt, daß ein Genesungsaufenthalt in Gardone nötig wird, ergreift Thode die sich bietende Möglichkeit, Cargnacco laut Kaufvertrag vom 10. März 1910 für 60 000 Lire von der Witwe Emilia Wimmer zu kaufen. Er will im September umziehen, den Abschied von der Universität nehmen und sich endgültig in Gardone niederlassen. Hans Thoma sieht seine Freunde »einer neuen Lebensperiode« entgegengehen (an Henry Thode, 27. Februar 1910) und wünscht ihnen, ihr »neues altes Heim möge (...) für Euch beide ein stiller Friedensort sein« (an Henry Thode, 18. November 1910). Noch im selben Jahr verleiht (laut Karin Michaëlis) der italienische König Viktor Emanuel III. Thode für seine Verdienste um die italienische Kunst und Kultur den Orden »Grande Ufficiale dell' Ordine di S. Maurizio e Lazzaro«. Thode plant als Hauptwerk eine große Kulturgeschichte Venedigs; die Ausführung bleibt ihm verwehrt. Immerhin kann er Ende März 1913 in Gardone, an seinem »oft verlassenen Schreibtisch« (an Hans Thoma, 27. März 1913), den dritten Band seiner *Kritischen Untersuchungen* und als sechsten Band der Michelangelo-Studie insgesamt das »Verzeichnis der Zeichnungen, Kartons und Modelle« für den Druck vorbereiten. Unterdessen ist das Glück aus dem Haus verschwunden.

Vertreibung und Ende

Thode und seine Frau haben sich auseinandergelebt; sie lassen sich 1914 scheiden. Anfang Juli 1914 heiratet Thode in Kopenhagen die dänische Hofviolinistin Hertha Tegner. Noch im selben Jahr erscheinen Michelangelos Gedichte in Thodes Übersetzung. Der Ausbruch des Ersten Weltkriegs und Italiens Kriegserklärung gegen Österreich-Ungarn im Mai 1915 und gegen das Deutsche Reich Ende August 1916 hindern das Ehepaar daran, nach Gardone zurückzukehren und »das Heim am Gardasee, das wie ein fernes, Traumbild vor unseren Augen schwebt, wiederzugewinnen« (an Hans Thoma, Frankfurt am Main, 27. Mai 1917). Ein mehrjähriges Wanderleben durch Hotels und Pensionen mit Vorträgen Kunst und Religion beginnt. Thode veröffentlicht in dieser Zeit noch zwei kurze Schriften, *Luther und die deutsche Kultur* (1915) und *Das Wesen der deutschen bildenden Kunst* (1918). Anfang 1918 kommt der heimatlose und kranke Thode nach Baden bei Wien. Zur selben Zeit wird Cargnacco als Teil des feindlichen deutschen Besitzes enteignet. Nach dem Krieg beginnt für Thode eine bange Zeit des Wartens auf die Entscheidung über seinen Besitz in Italien. Noch Ende Mai 1919 zeigt er sich erleichtert darüber, daß die drohende Versteigerung seiner Bibliothek abgewendet scheint (an Hans Thoma, Baden bei Wien, 29. Mai 1919). Doch noch bevor die endgültige Entscheidung über den Besitz gefallen ist, die, wie im Falle des Sanatoriums Hartungen in Riva, auch zur Rückgabe hätte führen können, stirbt Henry Thode am 10. November 1920 in Kopenhagen an den Folgen chronischer Unterernährung während des Krieges. Kaum drei Monate später kommt der italienische Dichter Gabriele d'Annunzio nach Gardone und macht sich im Handstreich zum neuen Besitzer von Cargnacco. Er hat große Pläne.

Die tote Stadt
Gabriele d'Annunzio

E. M. Lilien: Gabriele d'Annunzio. Frontispiz der Gesänge, *Berlin, Leipzig: Schuster & Loeffler 1904*

Venedig, Ende Januar 1921. Der 58jährige Dichter und Kriegsheld Gabriele d'Annunzio (1863–1938) weiß nicht mehr wohin. Nach gewonnenem Weltkrieg und verlorenem Nachkrieg in der kroatischen Hafenstadt Fiume, dem heutigen Rijeka, ist der kleine kahle D'Annunzio am 18. Januar 1921 mit seinen Getreuen nach Venedig in einen noblen Palazzo am Canale Grande zurückgekehrt. Hier will er jedoch auf keinen Fall bleiben. An seine Leute richtet er einen dringenden Appell: Wenn in acht Tagen keine passende neue Wohnung für ihn gefunden sei, stürze er sich in den Canale Grande. Einer der Helfer, Tom Antongini, soll sich am Gardasee umsehen. D'Annunzio schreibt genau auf, was er will: »›Eine Garage für zwei Automobile. Ein Stall für mindestens zwei Pferde. Ein guter Flügel, Bad, Bett- und Tischwäsche. Heizung und Gelasse für Holz und Kohlen. Ein umzäunter Garten. Mindestens vier Dienerzimmer.‹« Für Antongini ist der Wunsch des alten Kommandanten Befehl. Er macht sich auf den Weg.

Anfänge

Vorbereitet wird damit die letzte der vielen abenteuerlichen Wendungen im Leben des italienischen Dichters Gabriele d'Annunzio, das, wie Franz Blei zuspitzt, unter drei Kreuzen stand: »Geld, Schulden oder eine andere Frau«. Geboren im abruzzesischen Fischerort Pescara, kommt der hochbegabte Jüngling auf das Eliteinternat »Cicognini« von Prato, lernt die klassische lateinische Literatur kennen und übt das toskanische Italienisch bis zur Virtuosität. Schon der 16jährige zeigt mit der Sammlung *Primo vere* (1879) in der Nachfolge der *Odi Barbare* des antiklerikalen und nationalbewußten Giosuè Carducci eine herausragende Probe seines wesentlich lyrischen Talents. Nach dem Abitur beginnt D'Annunzio ein kurzes Studium der Literaturwissenschaft. In Francavilla al Mare an der Adria findet er in der Mammarella, dem in einem ehemaligen Kloster eingerichteten Maleratelier seines Freundes Francesco Paolo Michetti, einen Ort, den er in den folgenden turbulenten Jahren immer wieder zu konzentrierter Arbeit nutzen kann. Hier entsteht im Sommer 1881 der zweite Gedichtband *Canto novo* (1882).

Es folgen zehn Jahre in Rom. Der gesellschaftliche Aufstieg durch die Heirat mit der Herzogin Maria Hardouin di Gallese (1883) veredelt die Arbeit als Modejournalist, gibt den erotischen *Elegie Romane* (1887, erschienen 1892), vor allem dem sensationell erfolgreichen Roman *Il Piacere* (Lust, 1888), eine besondere Note und endet 1891 dennoch mit drückenden Schulden, einer beschlagnahmten Wohnung und unrühmlicher Flucht – nach vorn. Der Vater von drei Söhnen verläßt seine Frau. In Neapel arbeitet D'Annunzio für zwei Jahre bei der Zeitung *Il Mattino;* hier kommt 1893 die Tochter Renata aus der Verbindung mit der sizilianischen Prinzessin Maria Gravina Cruyllas di Ramacca zur Welt. Seinen extrem gepflegten Ästhetizismus in der Nachfolge Oscar Wildes und Joris-Karl Huysmans' steigert D'Annunzio mit den folgenden Romanen *L'Innocente* (Das Opfer, 1892) und *Trionfo della morte* (Der Triumph des Todes, 1894) zu grausamer Unmoral und kunstvoller Lebensverneinung. Mit *Lust* verbindet er diese Bücher zur Trilogie *Romanzi della rosa*, zu den Romanen der als Symbol der Wollust weithin leuchtenden Rose. Der Wiener Kulturkritiker Egon Friedell (1887–1938) hat D'Annunzios Stellenwert sehr gut umrissen: »An der Spitze der europäischen Décadence stand ein Jahrzehnt lang Gabriele d'Annunzio. Seine Produkte, kaduke [hinfällige] Monstergewächse in süßer überheizter Treibhausluft, versammeln alle starken Suggestionsmächte der Epoche: die üppige Palette des Impressionismus, das schwüle Orchester Wagners, die gepflegte Morbidität des Präraffaelismus, die virtuos nachgeschauspielerte Lebensphilosophie Nietzsches.«

Zeitgenössischer Dichter

Schon Anfang der neunziger Jahre wird D'Annunzio für die deutsche Literatur entdeckt. Hugo von Hofmannsthal würdigt den italienischen Dichter in drei Essays zwischen 1893 und 1895 als Musterbeispiel weltabgewandter, überfeinerter Kunstübung, für die kunstvolle »Analyse des Lebens und die Flucht aus dem Leben«. Der strenge Stefan George übersetzt 1893 fünf Gedichte D'Annunzios, präsentiert sie in seiner L'art-pour-l'art-Zeitschrift *Blätter für die Kunst* und nimmt diese Gedichte später in seine Sammlung *Zeitgenoessische Dichter* (1905) auf. Im Gegensatz zu seinen Romanen wurden D'Annunzios Gedichte jedoch in Deutschland nie populär. Von den frühen Gedichten erschienen in Buchform nur die *Römischen Elegien* 1903 (übersetzt von Eugen Guglia) und eine Auswahl der frühen *Gesänge* (bis 1893) in der mit Buchschmuck und einem weitgehend unbekannten D'Annunzio-Portrait von Ephraim Moses Lilien versehenen »Nachdichtung« 1904 (übersetzt von Else Schenkl). Das lyrische Hauptwerk D'Annunzios, die *Laudi,* die an die *Laudes* des Franz von Assisi gemahnenden *Lobgesänge des Himmels, des Meeres, der Erde und der Helden* (1903–1933), aufgeteilt in die Bücher *Maia* (1903), *Elettra* (1904), *Alcyone* (1904) und *Merope* (1911/12), später noch ergänzt durch die unter dem Titel *Asterope* zusammengefaßten *Gesänge des lateinischen Kriegs* (1933), ist in Deutschland bislang so gut wie unbekannt. Nach Otto von Taubes Übertragung der lyrischen Beschwörung *In memoriam Friedrich Nietzsche* (1906) und der Übersetzung des Gedichtes »La morte del cervo« (Der Tod des Hirschen) aus dem Buch *Alcyone* zusammen mit der Prosa *Die Auferstehung des Kentauren* durch Rudolf Binding (1909) ist hierzulande kein Gedichtband D'Annunzios mehr erschienen.

Dabei finden sich unter den 88 Gedichten der *Alcyone*, dem Lobgesang von den halkyonischen Tagen unter südlicher Sonne, einige Höhepunkte der italienischen Dichtung wie »Fanciullino« (Der Faun), »Beatitudine« (Glückseligkeit), »L'onda« (Die Welle) oder das lautmalerische »La pioggia nel pineto« (Der Regen im Pinienwald) mit dem berühmten Beginn:

Taci. Su le soglie
del bosco non odo
parole che dici
umane; ma odo
parole più nuove
che parlano gocciole e foglie
lontane. (...)

Schweig still. An der Schwelle
zum Wald hör' ich keine
von dir menschlich
genannten Worte mehr; aber ich höre
neuere Worte
die Tropfen und Blätter sprechen
weit entfernt. (...)

Sogar Bertolt Brecht hat die herausragende Qualität dieser Gedichte erkannt und sie in seinem Tagebuch vom 18. Juli 1942 zusammen mit D'Annunzio selbst treffend benannt: » (...) er war ein scharlatan, aber dieser scharlatan schrieb hirtengedichte, die kaum untergehen werden (...)«. Dafür müssen diese Gedichte allerdings erst einmal auftauchen. Sichtbarer würde dann, wie sehr D'Annunzio vor allem Lyriker war, auch in seinen Romanen, und vor allem in seinen Theaterstücken.

Theater

D'Annunzios kurzes Gastspiel als abgeordneter »Kandidat der Schönheit« im römischen Parlament (1897–1900) fällt in seine künstlerisch beste Zeit nach der Begegnung 1895 mit der Schauspielerin Eleonora Duse (1858–1924). Zwischen 1897 und 1903 leben die beiden in der Nähe von Settignano bei Florenz, sie im kleinen von ihr so genannten »Haus der Schwalben«, das ihr Dichter in einem seiner überzogenen Vergleiche nach der Sterbekirche des Heiligen Franz von Assisi »La Porziuncula« (das Portiönchen) benennt. Er selbst wohnt nebenan in der pompösen Villa »La Capponcina« in Stil und Wesen als Fürst der Renaissance mit zahlreichen edlen Hunden und Pferden. Den Widerspruch zu franziskanischer Demut steigern noch die zahlreichen Umbauten in »La Capponcina«, wo jedes Zimmer einen eigenen Namen und eine besondere künstlerische Funktion hat.

In diesen Jahren erst reift D'Annunzio zum Theaterdichter, mit der Tragödie um Totenkult, Inzest und Mord in *La città morta* (1896), dem Künstlerdrama *La Gioconda* (1899), dem Renaissancedrama *Francesca da Rimini* (1901) und vor allem mit der vielgespielten Hirtentragödie in Versen *La Figlia di Jorio* (1903). In diesen Stücken, mehr noch in der »dem adriatischen Meer geweihten« Tragödie *Das Schiff* (1908) und der imperialen Aufforderung an Italien, das Meer zu erobern, entwirft D'Annunzio, wie Maria Gazzetti darstellt, bereits all jene rhetorischen und dramaturgischen Mittel, die später seine Kriegspropaganda, die theatralische Eroberung und Besetzung von Fiume und schließlich die Propagandamethoden des italienischen Faschismus in starkem Maße beeinflussen.

Die Beziehung zwischen dem Dichter und der Schauspielerin beruhte auf gegenseitiger Wertsteigerung. Sie hatten nicht weniger vor, als dem italienischen Theater zu neuem europäischem Rang zu verhelfen. Freilich war der überzogene Stil nicht jedermanns Sache. Henry Thode, der die Duse im Mai 1895 in Mannheim als Kameliendame (nach Alexandre Dumas) erlebte, schreibt darüber an seinen Freund Hans Thoma, er sei »ganz entsetzt über dieses Raffinement und diese Affektation ihres Spieles. Virtuosentum – herzlos kalt und krankhaft nervös. Überall das gleiche: die Schwäche selbstgefälliger Verstandesabsichtlichkeit«. Diese Stilkritik trifft genauso gut auf D'Annunzios Stücke wie auf ihn selbst zu. Nicht allein wegen des merkwürdigen Mutter-Kind-Verhältnisses zu der um fünf Jahre älteren Frau bleibt es sehr die Frage, ob D'Annunzio über das Geschäftsinteresse hinaus überhaupt zu wirklicher Liebe willens und fähig war. Sein »grausames Genie«, wie die Duse es nennt, schreckte jedenfalls nicht davor zurück, seine geliebte Muse in dem Roman *Il Fuoco* (Feuer, 1900) bis ins intimste Detail der Liebeshöhepunkte bloßzustellen und auch die Spuren des Alters und des Verblühens aufzuzeigen, »die zarten Linien, die sich von den Augen nach den Schläfen hinzogen, und die kleinen dunklen Adern, die die Augenlider veilchengleich erscheinen ließen, und das Oval der Wangen, und das abgezehrte Kinn, und all das, was nie wieder aufblühen konnte, alles, was Schatten war auf diesem leidenschaftdurchwühlten Gesicht«. Als die Nebenbuhlerin Alessandra di Rudinì in »La Capponcina« einzieht, verläßt die Duse ihr Haus. »Die Liebe zwischen Gabriele d'Annunzio und Eleonora Duse ist rein aus«, meldet *Der Bote vom Gardasee* am 24. April 1904. Doch der aufwendige Lebensstil des Dichters fordert seinen Tribut. Im Sommer 1909 drücken den Dichter erneut massive Schulden aus seinem angemaßten fürstlichen Villenleben. Als im Juni 1911 die Florentiner Villa mit allem angesammelten Zubehör versteigert wird, vermeint D'Annunzio »den Schrei der Dinge durch die Entfernung« bis in sein neues Domizil bei Paris zu hören.

Paris

Noch bevor er seinen Gläubigern einstweilen nach Paris entkommt, besucht D'Annunzio Anfang September 1909 den Flugtag von Brescia, wobei ihn der junge Prager Dichter Franz Kafka im Kreis der besseren Gesellschaft erblickt. Bei dieser Gelegenheit fliegt D'Annunzio das erste Mal. Den »Flügel aus lebendigem Metall« hatte er schon 1904 im Gedicht »Brescia« der Sammlung *Elettra* seiner *Laudi* besungen; und dem unseligen Ikarus widmete er in der *Alcyone* gar den langen »Ditirambo IV«. Erstes literarisches Ergebnis der konkreten Flugerfahrung ist sodann der Roman *Forse che si forse che no* (Vielleicht, vielleicht nicht, 1910), das Psychogramm der Leidenschaften von vier Personen zwischen Automobil und Flugzeug. D'Annunzios Flugbegeisterung wird später noch politische Folgen haben.

Höhepunkt der Pariser Zeit von März 1910 bis Mai 1915 ist eine in ausgezeichnetem Französisch verfaßte Auftragsarbeit, das lyrisch-dramatische Singspiel *Das Martyrium des heiligen Sebastian* (1911), zu dem Claude Debussy die Musik komponiert. Die Uraufführung am 22. Mai 1911 mit der Tänzerin Ida Rubinstein in der Hauptrolle begeistert vor allem die kunstsinnigen Kritiker, hat doch der Pariser Erzbischof erklärt, das Stück sei ein Angriff auf alle wahren Christen.

Wieder bewohnt D'Annunzio in diesen Jahren eine Villa, diesmal an der Atlantikküste in Moulleau bei Arcachon; und wieder muß er sie als Schuldner im Herbst 1913 verlassen. Mit Untertiteln für den Kostümfilm *Cabiria* (1913/14) von Giovanni Pastrone verdient er zwar mehr Geld als mit seinen eigenen Dramen. Aber die Situation bleibt prekär. Da bietet der Ausbruch des Ersten Weltkriegs unerwartete neue Möglichkeiten.

Krieg und Kriegsheld

D'Annunzios große Stunde schlägt, als der Krieg sich ausweitet. Anfang Mai 1915 reist er nach Italien zurück und agitiert zusammen mit Benito Mussolini in zahlreichen Reden unter Bezug auf seine eigenen Stücke, auf die antike Tradition und zugunsten der nationalen Idee für den Eintritt des bislang neutralen Italien in den Krieg. Er hat Erfolg: Am 23. Mai 1915 erklärt Italien Österreich den Krieg. Als für Italien symptomatischen Verrat am Dreibund von 1882 und der Neutralitätserklärung von 1914 stellt Egon Friedell in einer Polemik *Von Dante bis D'Annunzio* den zeitgenössischen Dichter als einen der Wortführer dieser Entscheidung unmißverständlich bloß: »Der ›Geist‹ Italiens ist heute verkörpert in einem verkommenen Friseurgehilfen, für den das deutsche Wort ›Laffe‹ beinahe wie eigens erfunden erscheint, und der nun, durch entsprechende Trinkgelder angefeuert, fingerfertig mit seinen ranzigen Pomadetöpfen hantiert.« Der Bildhauer Adolf von Hildebrand (1847–1921), der selbst Jahrzehnte auf seinem Landgut bei Florenz gelebt hat, sieht in einem Brief vom Juni 1915 an den Kronprinzen Rupprecht von Bayern noch dazu das Ende der alten Zeiten gekommen: »(...) Die Alten, der wirkliche Adel, der Italien gemacht hatte, verschwand allmählich von der Bühne, die Streber waren vorne dran und jetzt spielt ein D'Annunzio die

Heldenrolle! Das ist die Rache Roms, das die Italiener so leichtsinnig zerstört haben, es packte Italien an seiner schwachen Seite und machte es zum Hanswursten (...)«.

D'Annunzio meldet sich freiwillig als Leutnant der Kavallerie, setzt aber seinen ganzen Ehrgeiz dafür ein, unter die Flieger aufgenommen zu werden – wieder mit Erfolg. Jetzt ist er tatsächlich der »Übermensch«, der er immer sein wollte, der geflügelte Erzengel Gabriele mit der Verkündigung (annunziazione) der Siegesbotschaft: Er fliegt über Triest und wirft Propagandaflugblätter ab. Die jungen Futuristen um Marinetti mit ihrer Verherrlichung von Kampf und Gefahr sehen ihm staunend nach. Österreich setzt auf seine Ergreifung 20 000 Kronen aus. Zwischendurch nimmt D'Annunzio Logis in Venedig, im zweiten Stock des Palazzo Barbarigo della Terrazza, der sogenannten »casetta rossa«, dem »roten Häuschen« und ehemaligen Wohnsitz des deutschen Prinzen von Hohenlohe. Bei einer mißglückten Flugzeuglandung Anfang 1916 verliert D'Annunzio das rechte Auge; während der Genesungszeit schreibt er in völliger Dunkelheit mit einer speziell erdachten Technik von Sätzen auf Papierstreifen das Buch *Notturno* (1922). Kaum genesen, setzt D'Annunzio seine Flugeinsätze fort und wirft jetzt Bomben auf Triest.

Selbst der Wiener Sprachkritiker und Satiriker Karl Kraus kann D'Annunzio seine Anerkennung nicht versagen. Auf einen offenen Brief des Schriftstellers Hermann Bahr an Hugo von Hofmannsthal voller pathetischer Kriegszuversicht antwortet Karl Kraus in seiner Zeitschrift *Die Fackel* am 5. Mai 1916 (Nr. 423/25) mit dem nüchternen Hinweis, daß Hofmannsthal keineswegs, wie von Bahr behauptet, an der Front, sondern im Kriegsarchiv zu finden sei und damit auch kein Recht habe, über »unseren Krieg« gegen Italien zu reden: »Er [Hofmannsthal] mag ja, was nicht schwer ist, eine ehrlichere Haut sein als der d'Annunzio, aber es ist kompletter Größenwahn, der ihn in die künstlerische und politische Rivalität treibt, denn abgesehen davon, daß er mit dem bißchen ästhetischen Kram in Österreich weit weniger Staat machen kann als jener mit seiner melodischen Fülle in Italien, wird doch d'Annunzio aus diesem Krieg mit etwas geschwächter Sehkraft hervorgehen, während Herr Hofmannsthal schon heute mit zwei blauen Augen davongekommen ist.«

Im letzten Kriegsjahr gelingen D'Annunzio zwei Husarenstücke. In der Nacht vom 10. auf den 11. Februar 1918 fährt er in einem von drei U-Booten zu je zehn Mann von Venedig hinüber in die enge Bucht von Buccari (dem heutigen Bakar bei Rijeka), läßt Torpedos abschießen (die sich freilich in den österreichischen Sicherungsnetzen verfangen) und schickt drei Flaschen mit jeweils einer verhöhnenden Nachricht an die Feinde hinterher. Die »Beffa« oder der »Bluff« von Buccari sorgt für Gelächter und bringt D'Annunzio eine Bronzemedaille ein. Noch spektakulärer ist sein Flug am 9. August 1918 zusammen mit dem Pilot Natale Palli von Treviso nach Wien und dem Abwurf von Flugblättern mit der Aufforderung, den Krieg zu beenden. Österreich kapituliert am 3. November 1918; der Krieg ist für Italien vorbei.

Fiume

Anfang 1919 stellt der hochdekorierte Kriegsheld D'Annunzio öffentlich die Frage nach den Gebieten in Dalmatien. Die geheime Vereinbarung, wonach Italien nach dem Sieg der Alliierten im Ersten Weltkrieg weite Teile Dalmatiens erhalten soll, ist mittlerweile hinfällig. Als Reaktion auf die enttäuschenden Friedensverhandlungen von Versailles plant D'Annunzio sein drittes und berühmtestes Husarenstück. Den gesteigerten Patriotismus des Dichters befeuert noch die Verleihung des Doktortitels honoris causa durch die Universität Rom. Am 12. September 1919 marschiert er in der kroatischen Hafenstadt Fiume, dem heutigen Rijeka, als Anführer von rund 2500 Freischärlern mit gestohlenen Lastwagen und Panzern ein und ernennt sich als »Commandante in capo« zum Regierungschef. Fast eineinhalb Jahre bleibt er und befestigt seine Regentschaft mit einer neuen Verfassung, die, entgegen den Intentionen Mussolinis, die Gewerkschaftsidee stärken soll. Die Besetzung der Stadt ist inszeniert und bis ins Detail dramaturgisch geplant. Die schwarzen Hemden der Soldaten, ihr Kampflied »Giovinezza«, der Kampfruf »Eia! Eia Alalà«, die stimulierenden Reden an die Menge vom Balkon des Gouverneurpalastes sind der Anschauungsunterricht für Mussolini und den 1919 gegründeten faschistischen Kampfbund (Fasci di Cambattimento), der am 7. November 1921 in den »Partito Nazionale Fascista« umgewandelt wird. Mussolinis Marsch auf Rom am 29. Oktober 1923 und die Machtübernahme durch die italienischen Faschisten haben in D'Annunzios Marsch auf Fiume ihr unmittelbares Vorbild. D'Annunzio aber ist kein Politiker; er ist nur der grandiose Darsteller seiner selbst. Der Vertrag von Rapallo macht Fiume zur freien Stadt, und als D'Annunzio sich weigert abzuziehen, wird der Regierungssitz an Weihnachten 1920 vom Panzerkreuzer »Andrea Doria« aus etwa 800 Metern Entfernung beschossen. Dem »blutigen Weihnachten« entgeht der Commandante mit knapper Not. Dann zieht er sich nach Venedig zurück.

Das Serail in Maderno

Nachdem es dem Dichter und Kriegshelden Gabriele d'Annunzio nicht gelungen ist, ehrenvoll im Kampf zu fallen, muß er sich auf seine alten Tage nach einer neuen Bleibe umschauen. Die genauen Instruktionen, die Tom Antongini bei seiner Suche nach einem Haus am Gardasee mitnimmt, zielen offenbar nicht ins Blaue: D'Annunzio hat bereits ein konkretes Angebot. Es handelt sich dabei um ein Nebengebäude des Palastes der Gonzaga in Maderno, um das 1660 im Hang erbaute sogenannte »Serraglio« (Serail). Dieses »Lusthaus« und der Palast sind übrigens der Schauplatz eines historischen Romans *Die Stunde kommt* (1922) von Franz Herwig, worin die bösen Liebeshändel des Herzogs Gonzaga durch die Pest bestraft werden. Das »Serraglio« ist dem Dichter von Madernos Bürgermeister Giovanni Battista Bianchi angeboten worden und kommt offenbar in die engere Wahl. Es existiert sogar noch eine Ansichtskarte mit einem Foto des Serraglio über dem Palazzo Gonzaga und der Aufschrift »Villa D'Annunzio«. Erst am 14. Februar 1921, vier Tage vor seiner Fahrt nach Gardone, lehnt D'Annunzio dankend ab. Antongini hat etwas Besseres gefunden: das Landhaus Cargnacco in Gardone.

Die Eroberung von Cargnacco

Schon bei seinem ersten Besuch spürt Antongini, daß er den richtigen Ort für seinen Herrn gefunden hat. Er findet Cargnacco zwischen Zypressen und Buchen unbewohnt vor; seit sechs Jahren kümmern sich nur eine Haushälterin und ein Gärtner um den verwaisten Besitz Henry Thodes, der im November 1920 verstorben ist. Ein »gutes Vorzeichen« scheint Antongini eine »rätselhafte Inschrift« auf dem Bogen eines steinernen Tores, das, von Kletterpflanzen überwuchert, rechts vom Hauseingang in den Garten führt. Er liest »Somnii Explanatio« und weiß damit nichts anzufangen. Und auch keinem der kundigen Deuter der heutigen d'annunzianischen Welt, die diesen Spruch nach Antongini zitieren, ist aufgefallen, daß auf dem Torbogen die längst verschwundene Zauberformel Thodes für sein Leben am Gardasee zu lesen war. Nur D'Annunzio dürfte mit dichterischer Intuition gespürt haben, was dieser Spruch bedeuten und vielleicht sogar als Unheilabwehr bewirken konnte. Nach seinem rätselhaften Sturz aus einem Fenster des Landhauses im August 1922 ließ D'Annunzio jedenfalls den Spruch entfernen und gab dafür keine Erklärung. Möglicherweise stand der Spruch auf dem Architrav desjenigen steinernen Tores, das in die privaten Gärten und auf eine

Landhaus Cargnacco, um 1921

Statue des predigenden Hl. Franziskus zuführt. Auf dem Architrav ist heute, rot hervorgehoben, zu lesen »Rosam Cape Spinam Cave« (Breche die Rose, hüte dich vor dem Stachel).

Der rätselhafte Spruch und der schöne Garten laden Antongini zur näheren Betrachtung ein. Im Inneren des Hauses findet er einen Flügel, der, wie ihm der Gärtner erklärt, vom Komponisten Franz Liszt stamme, dessen Tochter, die spätere Cosima Wagner, die Mutter der Daniela Senta von Bülow, der ersten Frau Henry Thodes, gewesen sei. »›Das wird ja immer besser‹«, denkt er sich. In einem zweiten Zimmer erspäht Antongini die wertvolle und umfangreiche Bibliothek des Kunsthistorikers – »›mindestens dreitausend Bände‹« (es sind, laut Chiara, genau 6281, darunter angeblich ein Raubdruck von D'Annunzios *Feuer*) – und als er noch dazu erfährt, daß es im Haus 15 Zimmer, »›viele Treppen, Flure und Winkel‹« gebe, ist er überzeugt, das Richtige gefunden zu haben. Und er hat recht. Als D'Annunzio am 28. Januar 1921 das erste Mal in einer Kolonne von acht Automobilen mit den Gefolgsleuten und seiner neuen Muse, der Pianistin Luisa Baccara, nach Gardone kommt, nimmt er das Haus sofort in Beschlag.

Die Eroberung Cargnaccos verläuft reibungslos und macht keine größeren Schwierigkeiten. Zunächst mietet sich D'Annunzio ab dem 1. Februar 1921 für 600 Lire im Monat ein und läßt erste Reparaturen und Änderungen der für ihn notwendigen »Entdeutschung« (stedeschizzata) vornehmen. Seiner Frau Maria schreibt er im Bewußtsein des neuen Besitzes mit nationaler Arroganz: »Ich habe hier am Gardasee eine alte Villa gefunden, die dem verstorbenen Doktor Thode gehörte. Sie ist voll von schönen Büchern, und dieser edle Reichtum läßt mich die Spuren des nicht einfach abzutragenden Deutschtums ertragen. Aber der Garten ist durch seine Lauben und seine sanft abfallenden Terrassen lieblich, und das warme Licht läßt mich jenes von Rom herbeisehnen. Ich werde ein paar Monate bleiben, um endlich vom Notturno Abschied zu nehmen.«

Am 14. Februar zieht er bereits ein. Am 10. April wird der sequestrierte Besitz Henry Thodes der Domäne zugeschlagen und kann als Staatsgut verkauft werden. Thodes Witwe Hertha, die in diesen Tagen verzweifelt versucht, an ihren Besitz zu kommen oder wenigstens wertvolle Manuskripte, Bücher und die Gemälde des Freundes Hans Thoma zurückzubekommen, wird von D'Annunzio nach langem Hinhalten kühl und freundlich-zynisch darauf aufmerksam gemacht, daß sie zu spät komme.

Die angesehene dänische Autorin Karin Michaëlis veröffentlicht zwar über diesen unrühmlichen Vorgang 1925 mehrere Artikel und eine Broschüre, sorgt damit auch für einige Proteste, kann aber am Sachverhalt der Annexion nichts mehr ändern. Cargnacco bestand, laut Karin Michaëlis, aus 40 Räumen, davon 19 Wohnzimmern; dazu gab es ein Dienerhaus, eine Gärtnerwohnung und ein Haus mit acht Zimmern, das an den Bürgermeister von Gardone vermietet war. Der Grundbesitz war vor dem Krieg etwa 300 000 Lire wert, nach dem Krieg vier mal so viel. Die Villa selbst, »Haus, Grund, Möbel, Kunstwerke«, hatte einen »Friedenswert« von 1 824 000 Lire, der zum Zeitpunkt der Annexion D'Annunzios ebenfalls vierfach zu rechen war. Weit unter Wert vereinbart demnach der Dichter am 11. November 1921 mit der Domäne einen Verkaufspreis von 130 000 Lire für die Villa Cargnacco, die dazugehörigen Gebäude, die Gärten und die Wasserrechte; für die Einrichtung des Hauses wird noch einmal mehr als das Doppelte fällig. Thodes Witwe Hertha bekommt vom Staat als Entschädigung 100 000 Lire ausgezahlt.

Il Vittoriale degli Italiani

D'Annunzio hat kein Geld. Er muß für den Kauf einen Kredit aufnehmen. Aber wie schon früher tritt er auch diesmal wieder die Flucht nach vorne an, um auf keinen Fall mehr eines der sattsam bekannten finanziellen Fiaskos zu erleiden. Er entwickelt den Plan, sein Haus und seinen Grund in eine monumentale Gedenkstätte zu verwandeln und der italienischen Nation zu schenken. Vittoriale – der Name bedeutet weitaus mehr als nur einen »Siegesgarten« (Hohoff). Der Name verweist vielmehr auf den Escorial, die klösterliche Residenz und Grabstätte der spanischen Könige bei Madrid. Und natürlich spielt auch der italienische Königsname Vittorio Emanuele mit hinein. Der Vittoriale ist gedacht als Siegesmal für das ruhmreiche Italien im Ersten Weltkrieg. Und er ist gedacht als Gedenk-, Feier- und Grabstätte eben desjenigen Dichters, der diesen Krieg in mehr als einem Belang zu seiner eigenen persönlichen Sache gemacht hat. Der Vittoriale hätte noch dazu zum Siegesmal des neuen, faschistischen Italien werden können. Mussolini erkannte diese Möglichkeit genau, blieb aber gegenüber der Selbstinszenierung des Dichters skeptisch. Von Mussolini ist die Antwort auf die rhetorische Frage überliefert, was man mit einem verfaulten Zahn (gemeint ist D'Annunzio) nur machen könne: entweder reißen oder vergolden. Er entschließt sich für Letzteres, denn seinem berühmten Vorreiter ist er noch etwas schuldig.

Mit zwei Schenkungen 1923 und 1930 an den Staat sichert sich D'Annunzio genial die Mittel für den Ausbau des Vittoriale. Listig und mit hohl tönender Phrase ist seine Gabe für ihn »nicht das Erbe müßigen Reichtums, sondern das nackte Erbe des unsterblichen Geistes«. Weitere Geldmittel lassen sich aus dem Verkauf seiner Gesammelten Werke erzielen, die seit 1926 ebenfalls als staatliches Projekt zu erscheinen beginnen. Nebenbei fällt dem Dichter dank dieser Strategie noch ein Adelstitel zu. Der italienische König Vittorio Emanuelle III. ernennt D'Annunzio auf den Vorschlag Mussolinis hin am 15. März 1924 zum »Principe di Montenevoso«, zum Fürsten von Schneeberg und damit zum Prinzen des Monte Baldo. Der Operettentitel sichert den Bauplan für den »Vittoriale« endgültig und dauerhaft ab. Das Motto des Vittoriale »Ho che io ho donato« (Ich habe, was ich gegeben habe), in großen Buchstaben als Giebelspruch über Füllhörnern am Eingang zu lesen, ist demnach nicht bloß großzügige und selbstlose Geste durch ein Zitat nach dem humanistischen Autor Giovanni Ferro (*Teatro d'impresa*, 1623), sondern vor allem die dauerhafte Erfolgsmeldung von D'Annunzios letzter Eroberung.

Die tote Stadt

Noch im Sommer 1921 lernt D'Annunzio den Architekten Giancarlo Maroni (1893–1952) aus Riva kennen, der von den ersten Plänen über den Baubeginn im März 1923 bis zur Fertigstellung 1952 das Projekt des Vittoriale aufopferungsvoll als Dienst am Vaterland versteht. D'Annunzio ernennt ihn dafür zum »magister de vivis lapidus«, zum Meister der lebendigen Steine. Er darf einen Traum verwirklichen, den der Held Stelio Effrena im Roman *Feuer* entwickelt. Für das neue Theater, das im »Gottesdienst« die Menge »stumm wie im Tempel« versammelt, soll ein Gebäude entstehen, aber ausdrücklich kein Bayreuth: »Nicht aus Holz und Ziegel wie in Oberfranken: wir wollen ein Theater aus Marmor auf einem römischen Hügel haben.« Auf dem römischen Hügel baut Maroni aber nicht nur ein Theater, sondern eine ganze Totenstadt als Bühne auf.

Die Totenstadt oder Nekropolis gehört in Italien seit den Zeiten der Griechen und Römer zum Ortsbild. Die via sacra oder Gräberstraße führte dort (wie heute noch in Pompei zu sehen) vor den Toren der Stadt an den mehr oder weniger prunkvollen Totenhäusern vorbei. Jeder italienische Dorffriedhof ist eine solche Totenstadt, eine eigene Welt zwischen Diesseits und Jenseits. Die tote Stadt ist zudem ein Motiv der Dekadenz-Literatur um 1900, von D'Annunzios Drama über Alfred Kubins tote Traumstadt »Perle« in seinem Roman *Die andere Seite* (1909) bis zu Thomas Manns berühmter Erzählung *Der Tod in Venedig* (1912).

Aus der alten Totenstadt ist im Vittoriale eine Variante entstanden, die den monomanischen Lebensstil des exzentrischen

Dichters mit dem nationalen Siegesdenkmal verbindet. Im Kontrast und als Ergänzung zu Fiume als »città di vita« (Stadt des Lebens, D'Annunzio an die Duse, Gardone, 3. Juni 1921) ist der Vittoriale die »città morta«, die tote Stadt. Sie hat ein merkwürdiges Programm, das gleich am Eingang, auf der Brunnensäule am Doppeltor erscheint: »In diesem dreifachen Mauerring, in den lebendigen Steinen, ist das religiöse Buch, das Kultbuch des Vaterlandes und der lateinischen Sieger, wiedererstanden: der Vittoriale.« Das ist bei weitem nicht bloß hohles Pathos, das ist vielmehr die geschickte Verbindung von Religion (Weihestätte), Politik (Vaterland) und Literatur. Und nach diesen drei Vorgaben, die sich gegenseitig ergänzen sollen, ist der Vittoriale buchstäblich zu entziffern, zu lesen, im übertragenen wie im konkreten Sinn. Denn alles hier, so D'Annunzio selbst, »ist von mir geschaffen und verwandelt. Alles trägt die Zeichen meines Stiles, in dem Sinne, wie ich einen Stil prägen möchte.«

Die Merkmale dieses Stils lassen sich besonders gut an einem Drama erkennen, dessen Titel merkwürdig mit dem Programm des Vittoriale korrespondiert. Es ist *La città morta* (Die tote Stadt, 1898), ein Stück, das D'Annunzio der Duse versprochen hatte, aber mit der Konkurrentin Sarah Bernhardt 1898 in Paris zur Uraufführung brachte. In dieser Tragödie werden die Atridengräber in Mykene nicht von Heinrich Schliemann, sondern von zwei italienischen Archäologen ausgegraben, die sich in Liebeswirren verstricken. Leonardo tötet seine inzestuös geliebte Schwester Bianca Maria, als er von der Liebe seines Freundes Alessandro zu ihr erfährt. Alessandro wird von der blinden Anna geliebt, die wiederum auf der Leiche der Freundin den tödlichen Liebesreigen beendet. Alles, was D'Annunzios Kunst- und Lebensstil ausmacht, ist in diesem Stück enthalten: Schwulst, Übertreibung und radikaler Subjektivismus, wenn etwa Alessandro der geliebten Bianca Maria erklärt: »Sie gehören mir, wie wenn Sie mein Geschöpf wären, das ich mit meinen Händen geformt, mit meinen Händen beseelt hätte. Ihr Angesicht ist schön in mir, wie ein Gedanke schön in mir ist.« (II,1) Wie kurz und vielsagend ist Bianca Marias Antwort darauf: »Aber der Schmerz! Aber der Schmerz!« (II,1) Die Opferbereitschaft der Frau gegenüber der künstlerischen Heilserwartung an den Mann erklärt die blinde Anna, wenn sie von Alessandro spricht: »Ach, was kann ich ihm noch sein, was kann ein armes halbtotes Gespenst noch für ihn bedeuten, für ihn, der eine unerschöpfliche Welt von Poesie in sich trägt, die er berufen ist, der Menschheit zu offenbaren ...« (III,1) Anna weiß jedoch um den »Zauber der toten Stadt« (II,1) und kennt ihr Geheimnis: »Ihr nennt sie tot, die Stadt des Goldes! Mir scheint sie von einem unglaublichen Leben belebt zu sein.« (III,1)

Spaziergang durch die tote Stadt

Was hat die tote Stadt des Vittoriale zu bieten? Von der Piazza gegenüber der »Loggia dei Caduti« (Loggia der Gefallenen) geht es durch das Doppeltor in einer ausgedehnten Ringmauer auf eine via sacra oder via triumphans der Siegesmale, vorbei an einem Freilichttheater, hinauf zum ehemaligen Wohnhaus des Dichters, der sogenannten Prioria an der dalmatinischen Piazza, benannt nach der Madonna mit dalmatinischem Zepter auf dem Mast. In einer Garage stehen D'Annunzios imponierende Automobile, der Torpedo Isotta Fraschini und der Fiat Typ 4, mit dem er am 12. September 1919 in Fiume einfuhr. Im Auditorium, dem Kino und Hörsaal, hängt sein Doppeldecker-Flugzeug von der der Decke herab: Sturzflug im Zuschauerraum. Neben dem Wohnhaus führt der Weg hinauf in den oberen Garten. In der von einem Bach durchrauschten Schlucht ist ein kleiner Tanzplatz erkennbar. Am Delphinteich stehen eine Haubitze der italienischen Armee und ein antiker Sarkophag einträchtig nebeneinander.

Darüber birgt ein eigenes Haus D'Annunzios legendäres Torpedoboot, das MAS 96, in einer blau gestrichenen Wanne. Die

Il Vittoriale aus der Luft

Buchstaben sind das Kürzel für Motoscafo Anti-Sommergibile (U-Boot-Jäger), werden von D'Annunzio aber in das Motto »Memento Audere Semper« (Gedenke immer zu wagen) umgedeutet. Das Boot lag einst im kleinen Hafen vor dem heutigen, von Maroni veränderten, Turm S. Marco, der ebenfalls zum Vittoriale gehört.

Einen religiösen Einschub bildet vor dem Haus die Gedenkstätte für den Hl. Rochus mit eingravierten Versen seines Leidensgenossen D'Annunzio (»O Heiliger meiner fernen Heimat, / Voll Wunden, Rocco, die dein Hund dir tat, / Ich mit dem Hetzhund in mir, der zum Biß bereit, / Ich setz' zwei Steine unsrer schlimmen Einigkeit.« (Übersetzung: Curt Hohoff)

Spektakulärste Totengedenkstätte ist das in den Hang hineingebaute halbe Kriegsschiff »Puglia«. Es soll an den Kapitän des Schiffes, Tommaso Guli, und seinen Maschinisten Aldo Rossi erinnern, die bei einem Kampfeinsatz am 10. Juli 1920 ums Leben kamen. Fast 500 Jahre nachdem 1440 die Venezianer vom Etschtal sechs Galeeren mit Männern und Ochsen über den Berg nach Nago und von dort zum Gardasee hinunter geschafft haben, um die Flotte der Mailänder Visconti zu schlagen, wurde hier noch einmal, und diesmal auf Dauer, ein ähnlich absurdes Unternehmen mit Hilfe von 20 Eisenbahnwaggons verwirklicht. Die Weihestätte beim Übergang vom Weg zum Schiff und das, den auf See Gestorbenen geweihte, Tempelchen am zweiten Mast schaffen einen neuen Opferkult. Ein Zitat am Tempelchen aus dem Vorspruch zu D'Annunzios Drama *Das Schiff* (1908) zeigt an, wofür hier gestorben wurde: Die Adria ist wieder, wie einst gefordert, »mare nostrum« geworden (wenn auch nur halb). Im übrigen liefert *Das Schiff* in der Eingangsszene wörtlich das Vorbild für die Gerichtsstätte »Arengo«, die sich säulenumstanden hinter der »Prioria« in den privaten Gärten befindet. Am Bug der »Puglia« hält schließlich eine leichtbekleidete geflügelte Siegesgöttin auf drohenden Lanzenspitzen Lorbeer in die Höhe – eine für D'Annunzio typische Geste von Erotik und Gewalt.

Über dem Garten erhebt sich schließlich das (unvollendete) Mausoleum, das eigentliche Totenhaus mit einer Runde von zehn Sarkophagen, in deren Mitte die Säule mit dem Sarkophag des Commandante, der erst 1963 hierhin überführt wurde, alles überragt. Dieser pompöse Männerbund, diese letzte ritterliche Tafelrunde wartet stolz auf das jüngste Gericht, das sie mutig und entschlossen finden wird, das alte Spiel von Tod und Ehre ohne auch nur einen Moment der Besinnung wieder fortzusetzen.

Prioria

Mittelpunkt der toten Stadt ist das einstige Wohnhaus des Dichters, die mit unglaublichem Raffinement eingerichtete eigentliche Weihestätte des Vittoriale. Die »Prioria«, das Haus des Klostervorstands oder Abts und einzigen Mönchs D'Annunzio, ist gewissermaßen eine Synthese aus dem Klosteratelier in Francavilla und dem fürstlichen Besitz der »Capponcina« in Settignano. Geschickt inszeniert D'Annunzio hier mit religiösem Vokabular. Die Baustelle nannte er »Santa Fabbrica«. Der Duse erklärt er in einem Brief an Ostern 1922, Cargnacco sei ein altes Pfarrhaus (casa parrochiale), das wieder, wie einst in Settignano, »Porziuncula« heiße und ihn durch einen blühenden und ruhigen Garten erfreue, durch den ein anmutiger Bach fließe. An Mussolini schreibt er am 1. Dezember 1922 einen Brief aus dem »Romitorio di Cargnacco«, seiner Einsiedelei, und nimmt vermessen damit den Namen »Romitorio del beato Francesco de Gargnano« für eben dasjenige Kloster wieder auf, das der Hl. Franz von Assisi 1220 auf der heutigen Isola di Garda begründete.

Vor der Tür

Das alte Landhaus ist nicht mehr wiederzuerkennen. Die Fassade mit ihrer Wappensammlung, die an den Palazzo del Podestà, also das Rathaus von Arezzo, erinnern soll, erscheint im hellen Tageslicht eher skurril als imponierend. Steifen Ernst strahlen die Sprüche über der Tür aus, der Wunsch nach Frieden durch Sieg und die Maßregel für jeden Besucher: »Clausura fin che s'apra« (Geschlossen, bis es sich öffnet), »Silentium fin che parli« (Stille, bis du sprichst«). Und tatsächlich halten sich alle Gruppen, die im Fünf-Minuten-Takt zu zehn Personen ins Haus eingelassen werden, bis auf wenige Ausnahmen, daran. Das Pathos verträgt keine Ironie.

Ein Gang durchs Haus

Der falsche Schein der »Prioria« benötigt Zwielicht, kalkuliertes Halbdunkel. Und seltsame Verbindungen. Schon im *Eingang* steht das heidnische Fruchtbarkeitssymbol der Granatäpfel einträchtig neben einem christlichen Bischofsstab und einem Tryptichon, das auch den Hl. Franz von Assisi zeigt, den, wie gleich einige »Laudate«-Zitate belegen, bevorzugten Hausheiligen D'Annunzios. Was an Franziskus-Darstellungen im Haus von Henry Thode, dem ersten großen Monographen des Heiligen, überliefert ist, ist nicht bekannt. Nebenan liegt das dalmatinische *Oratorium* oder Wartezimmer für Besucher mit einem zweckentfremdeten Chorgestühl und einem Flugzeugpropeller im Strahlenkranz an der Decke. Das kostbare *Maskenzimmer* (Stanza del Mascheraio) mit Grammophon fragt den Besucher mittels einer Schrifttafel, ob er nur eine Maske oder sein wahres Gesicht zeige. Das *Musikzimmer*, benannt nach dem sagenhaften Gasparo di Salò, dem Erfinder der Violine, enthält neben leuchtenden Glasfrüchten aus Murano und einer verschnürten Tuchdecke auch zwei Flügel und ein Lenbach-Porträt der Cosima

Wagner, Henry Thodes erster Schwiegermutter. Die Totenmaske Liszts (den D'Annunzio einst in Rom persönlich kennenlernte) hängt noch an der Wand, den Flügel ihres Großvaters vermachte Daniela von Bülow, Cosima Wagners Tocher und erste Frau Henry Thodes, 1940 dem Museum der Scala in Mailand.

Es folgt das *Zimmer der Weltkugel* (Stanza del Mappamondo) mit der Bibliothek Henry Thodes, einer Orgel, der Totenmaske Napoleons, einer seiner Tabaksdosen und einem erbeuteten österreichischen Maschinengewehr. Weiter geht es in das *Ankleidezimmer* (Zambracca), an dessen Schreibtisch der in seinen letzten Jahren kokainsüchtige D'Annunzio am 1. März 1938 nach einem Schlaganfall gestorben ist. Auf das *Schlafzimmer* (Stanza della Leda), die verhängte *Veranda dell' Apollino* und das blaue Badezimmer folgt das *Zimmer des Aussätzigen* (Stanza del Lebbroso). Die Begegnung des Heiligen mit dem Verworfenen als Zeichen der Auserwählung ist ein Motiv der Dekadenz. Von Gustave Flauberts Erzählung *Légende de Saint Julien l'Hospitalier* (1877) reicht eine Linie bis zu dem Gemälde Guido Cadorins *Der Heilige Franziskus umarmt den aussätzigen D'Annunzio*, das dem Zimmer seinen Namen gibt. An der Decke sind fünf heilige Frauen dargestellt (Sibylle aus Flandern, Elisabeth von Ungarn, Odille vom Elsaß, Judith aus Polen und Katharina von Siena), die allesamt dem Dichter in einer Vision erschienen sind, um ihn vor der sündigen Welt zu retten. Neben der schmalen Liege, auf der D'Annunzio nach seinem Tod aufgebahrt wurde, steht eine Figur des Hl. Sebastian aus dem 16. Jahrhundert. Für die Ausstattung des Zimmers dankte D'Annunzio dem Maler Cadorin mit den bemerkenswerten Worten, das Zimmer sei »ein Wunder, das über deine Kunst und meine Inspiration hinausgeht«.

Über den *Kreuzweg-Flur* ist das *Reliquienzimmer* zu erreichen, das anfangs als Speiseraum und für Musikproben genutzt wurde. Hier sind Bildnisse der Religionen aus aller Welt neben Granaten versammelt; die Stützbalken tragen Inschriften wie die

»Fünf Finger und Fünf Todsünden«, weil D'Annunzio, klug wie er war, die Unkeuschheit und den Geiz von den Todsünden ausnahm. Präsentiert wie auf einem Altar wird das zerbrochene Lenkrad des Motorbootfahrers Henry Segrave zum Gedenken an den von D'Annunzio angeregten, aber 1930 tödlich mißglückten Versuch, einen neuen Geschwindigkeitsrekord aufzustellen.

Durch das *Lilienzimmer* geht es schließlich zu den beiden literarisch interessantesten Räumen. Im *Schreibraum des Verstümmelten* (Scrittoio del Monco) erledigte D'Annunzio seine Korrespondenz; die verstümmelte Hand und die Inschrift »Das Abgeschnittene ruht« sind freilich weniger, wie von den Kustoden behauptet, Ausdruck einer Weigerung, auf zu viele Briefe antworten zu müssen, als vielmehr ein weiteres Symbol im Programm des Auserwählten, der Priester und Opfer in einem ist. So mahnen auch Sinnsprüche Leonardo da Vincis von den Bücherregalen herab: »Wenn dein Haus dir klein erscheint, denke ans Grab.« »Wer kein Grab hat, den bedeckt der Himmel.«

Am meisten Licht im Haus hat der *Schreibraum*, die Officina. Stufen im Eingang erzwingen das Einziehen des Kopfes und damit den Eindruck von Demut und Höflichkeit. »Wo ein Werk entsteht, wird gearbeitet«, erfährt der Eintretende von einem Dichter, der in 40 Jahren mehr als 21 Millionen Zeilen in Vers und Prosa geschrieben haben soll. In dieser einigermaßen strukturierten Umgebung mit den so überaus praktisch angeordneten Handbüchern und in Anwesenheit der Portraitbüste der unvergessenen Freundin Eleonora Duse entstanden D'Annunzios letzte Schriften, so *Il compagno dagli occhi senza cigli* (Der Kamerad mit den wimpernlosen Augen, 1928). Das Buch über eine Begegnung im Jahr 1900, dem Jahr des Duse-Romans *Feuer,* mit einem Schulfreund aus der Internatszeit, widmete er der Schauspielerin, »die ihr Genie und ihre Liebe während des ganzen Lebens im Exil sich selbst abwechselnd als Lampe und als Opfertier leuchten ließ« mit Worten, die in ihrem religiösen Unterton ebenso auf D'Annzio selbst zutreffen. Vor allem entstanden in der Officina die *hundert und hundert Seiten des geheimen Buches des Gabriele D'Annunzio (der) zu sterben versuchte* (*Cento e cento e cento pagine del libro segreto di Gabriele D'Annunzio tentato di morire*, 1935). Ein guter Arbeitsraum: »Ein grosser Tisch ist mit Zeichnungen, Büchern, Statuetten und Vasen beladen. Überall längs der Wände, auf jedem freien Raum liegen Abdrücke von Statuen, von Basreliefs, von Inschriften, von bildnerischen Fragmenten: Zeugen längst vergangener Zeiten, Reste einer entschwundenen Herrlichkeit. Die Anhäufung aller dieser weissen Dinge gibt dem Zimmer in der Unbeweglichkeit des glänzenden Morgenlichtes etwas Helles, Starres, beinahe Friedhofähnliches.« Was hier wie eine Beschreibung des Schreibzimmers klingt, ist ein Auszug aus der Regieanweisung zum ersten Akt des Dramas *Die tote Stadt*. Das Zitat ist ein weiterer Beleg für die sorgsame Inszenierung jedes noch so überflüssig erscheinenden Details innerhalb des künstlerisch-literarischen Programms der »Prioria«, die Zeit anzuhalten, dem Tod, der hier doch allgegenwärtig ist, ein Schnippchen zu schlagen und so ein klein wenig unsterblich zu sein.

Über den *Flur des Labyrinths* mit einer Anspielung an das Labyrinth im Palazzo Ducale von Mantua, das D'Annunzio mit der Aufschrift »Forse che si, forse che no« zu seinem Romantitel angeregt hat, erreicht man den letzten Raum, das farbenfrohe *Zimmer der Schildkröte* (Stanza della Cheli), in dem Tod und Leben nahe beinander liegen. In diesem Speiseraum mit Elementen des Art Déco von 1929 mahnt eine Schildkröte, die sich im Garten an Nachthyazinthen überfressen hatte, mit neuem Bronzekopf und Bronzefüßen an Mäßigung und Enthaltsamkeit.

Nach dem Gang durch das Haus folgt als Gegenstück noch die *Ekelwelt* (Schifamondo) mit dem D'Annunzio-Museum und der *Saal der Gipsfiguren* (Sala dei Calchi). In diesem Raum, gedacht als neues Schlafzimmer D'Annunzios, wo die Kopien der Statuen Michelangelos und die großen Wandgemälde die Künstlervilla fortsetzen sollten, wurde der Dichter am Tag nach seinem Tod aufgebahrt. Nach den überladenen, aber merkwürdig zusammenhängenden Wunderkammern der »Prioria« bleibt das Staunen in der »Ekelwelt« leider aus. Auch die Räume für den Architekten Giancarlo Maroni und die Pianistin Luisa Baccara und erst recht der große Handschriftensaal im ersten Stock, in dessen Vitrinen D'Annunzios Leben noch einmal Revue passiert und sich in zahlreiche, mit ausladender Geste auf kostbarem Papier beschriebenen Zetteln verliert, vermögen mit ihrer musealen Distanz nicht mehr wirklich zu ergreifen. Das vermag wiederum ein Gemälde von Ercole Sibellato: *Der blinde Seher* (1916) – D'Annunzio nach seiner Verwundung mit bandagiertem rechten Auge, beobachtet von einem Stuhl aus mit seinem linken Auge gespannt den Kampf zwischen einem Hahn und einem kleinen Krokodil. Für den einäugigen D'Annunzio ist das ein interessantes tödliches Spiel. Im Blick auf die folgenden Jahre des italienischen Faschismus, besonders auf das politische Scheitern Mussolinis nach der Entmachtung 1943, seiner vom nationalsozialistischen Deutschland ganz in der Nähe überwachten »Repubblica Sociale Italiana« oder »Repubblicà di Salò« (1934– 1945) und seine Ermordung am 28. April 1945 in der Provinz Como, wirkt D'Annunzio auf dem Bild geradezu zynisch überlegen.

Ein Scharlatan, dieser D'Annunzio, meinte Brecht; ein »cinico, was im Italienischen einen eiskalten Verbrecher« bedeutet, ergänzte Franz Blei. Das Haus geraubt, die Landschaft vergewaltigt. Die Dichterstätte und das Siegesmal als Weiheort und Touristenattraktion. Alles ist in Szene gesetzt, und alle Besucher, ob angetan oder abgestoßen, gehören zu D'Annunzios letztem Schauspiel, das hier Tag für Tag stattfindet. Alle müssen noch einmal in die Welt der Dekadenz zurück, müssen die unsinnige Anhäufung der Dinge erleben, eine Vergewaltigung noch über das Grab hinaus. Die Amme in *Die tote Stadt* spricht es aus: »Es ist wirklich ein von Gott verfluchter Ort.« (III,1) Doch das merkwürdigste, weil dauerhafteste Bühnenbild der Theatergeschichte mit dem verzaubernden Blick vom Freilichttheater auf den See, die Isola di Garda und die Berghänge gegenüber, entschädigt für alle Qual.

Das Rätsel bleibt. Und provoziert weiter literarische Reaktionen wie die Novelle *Dem Dichter – Sein Vaterland* (1976) von Klaus Stiller, das Drama *Die Göttlichen* (1981) von Herbert Meier, die musikalische Tragödie *Clara S.* (1983) von Elfriede Jelinek über eine Begegnung des Ehepaars Clara und Robert Schumann mit dem Commandante D'Annunzio, und vor allem die szenischen Fragmente *Der verbotene Garten* (1983) von Tankred Dorst und Ursula Ehler. Um die Themen Wollust und Vergessen kreist der D'Annunzio-Roman *Der Granatapfel* (1986) von Hermann Peter Piwitt. Wunderbar leicht mit den nur allzu nachvollziehbaren Vorurteilen und Halbkenntnissen spielend, behandelt John Updike in »Aperto, Chiuso«, einer seiner beiden »George und Vivian«-Erzählungen aus dem Band *The Afterlife and Other Stories* (1994), das heikle Thema. Der 60jährige Held George Allenson findet sich mit einem kurzen Blick durch Raum und Zeit für das Eintrittsgeld belohnt: »Der Anblick des Sees, des Waldes, der sich in den See hinunterstürzte, lohnte sich. Die nur ganz leicht in die Jahre gekommene Grandiosität lohnte sich. Es herrschte eine Stimmung hier wie in einem amerikanischen Heiligtum – dem Haus von Daniel Chester French, zum Beispiel, oder Roosevelts Hyde Park –, wo die Geschichte kaum Zeit gehabt hat, abzukühlen. Die eigenen Eltern hätten hier, in weißes Leinen gekleidet und Strohhüte auf dem Kopf, zu Gast sein und die Terrassen mit ihrer jugendlichen Leichtfertigkeit vollärmen können.«

Ins Freie

Hinaus, hinaus, hinaus ins Leben, in die Nachbarschaft, in den botanischen Garten, angelegt 1910 von dem österreichischen Zahnarzt Arthur Hruska (1880–1971), zu dessen prominenten Patienten auch Sigmund Freund gehörte. Übernommen wurde der Garten mit seinen angeblich 35.000 verschiedenen Pflanzen aus aller Welt 1988 von dem Wiener Sänger, Autor und Aktionskünstler André Heller (geboren 1947), der mit der *Fondazione Heller* einen magisch-realen Wunderort aus Natur und Kunst geschaffen hat, Orchideen neben Edelweiß, Bambus neben Keith Haring. Wer sich hierhin aus dem Halbdunkel der toten Stadt des Vittoriale hinüberrettet, vermag schon nach kurzem in tiefen Zügen die »Glücksluft« einzuatmen, von der Heller in seinem Buch *Schattentaucher. 61 Beschreibungen aus dem Leben des Ferdinand Alt* (1987) erzählt, und die in Gardone, wie er in einem Interview 1992 verriet, »auf einen Ton gestimmt ist, der nicht aggressiv, sondern melodisch macht«. Da kann es gar geschehen, daß einen, wie Heller, auf »der Oleanderallee der Strandpromenade von Gardone vor dem Hotel Savoy« beim Spazierengehen einfach eine fremde junge Frau umarmt und wieder davonläuft, wie unter »Ganz und gar« in den Erzählungen *Schlamassel* (1993) nachzulesen. Hinaus, hinaus …

Salò

Halkyonische Tage
Otto Erich Hartleben

Spirituell und spirituos – das Leben des heute weitgehend vergessenen Dichters Otto Erich Hartleben (1864–1905) stand ganz im Zeichen eines anregenden, aber auch gefährlichen Konflikts zwischen Witz und Wein, Vers und Whisky, Bühne und Bier: Der seinerzeit gefeierte Autor starb mit 40 Jahren. Mahnend erklärte der weniger dionysische Thomas Mann 1906 in einem Aufsatz »Über den Alkohol«, daß er »nicht das geringste von der ›Inspiration‹ durch Alkohol« halte, im Gegenteil. Er glaube, daß alle große Kunst nicht wegen, sondern trotz des Alkohols entstanden sei. »Zuweilen freilich reichte die Moralität nicht aus. Ein Widersacher, der einen so edlen Geist wie den Hartlebens zu zerstören vermochte, muß Schrecken erregen.« Er, Thomas Mann, setze übrigens – zu ergänzen wäre: aus einschlägiger Erfahrung im Reformsanatorium Hartungen in Riva – als Voraussetzung für ein gutes Arbeiten auf »Ausgeschlafenheit, Frische, tägliche Arbeit, Spazierengehen, reine Luft, wenig Menschen, gute Bücher, Friede, Friede ...«. Und eben diesen Frieden suchte Hartleben in Salò.

Verlegter Lyriker

Mit Erzählungen tragikomischer Konflikte, eigenen und fremden Gedichten und vor allem Theaterstücken, die, noch vor Wedekind, Fragen der sexuellen Moral in großer Deutlichkeit auf die Bühne brachten, war Hartleben zwischen 1890 und 1900 in allen literarischen Gattungen erfolgreich. Dabei fand er zwi-

Otto Erich Hartleben, um 1900

schen Naturalismus und Symbolismus einen ganz eigenen Weg. Hartlebens Parodie *Der Frosch* (1889) auf Hendrik Ibsens Drama *Gespenster* (1881) erheiterte ebenso wie *Die Geschichte vom abgerissen Knopfe* (1891) über einen Spießer, der zum Glück an der etwas nachlässigen Lore verzweifelt, und die Geschichte *Vom gastfreien Pastor* (1893), der versehentlich eine Bordellwirtin mit ihren Damen zum Essen einlädt. Der tragische Selbstmord der Operettensoubrette Sérenyi in der gleichnamigen Erzählung (1891) bewegte, und der Konflikt zwischen Sozialistin und Fabrikant in der Komödie *Hanne Jagert* (1893), aufgehoben erst am Schluß durch eine Schwangerschaft, erwies sich als besonders publikumswirksam. Hartlebens sogenannte »Serenissimus«-Anekdoten in der Zeitschrift *Jugend* kamen seit 1896 ebenfalls sehr gut an und fanden viele Nachahmer. Vom alles überragenden Erfolg seiner »Offizierstragödie« *Rosenmontag* (1900) wird noch zu sprechen sein.

Auch der Lyriker, Übersetzer und Herausgeber Hartleben fand seinerzeit viele Leser. Heute wird sein Name noch am ehesten mit seiner Übersetzung der französischen Rondels zum *Pierrot Lunaire* (1892) des belgischen Dichters Albert Giraud in Zusammenhang gebracht, und auch nur wegen der Vertonung von 21 dieser Gedichte durch Arnold Schönberg (1874–1951) in seinem ersten Vokalwerk *Pierrot lunaire* (op. 21, 1912). Schönbergs Schüler Alban Berg (1885–1935) vertonte übrigens in einem seiner *Sieben frühen Lieder* (1905/08, durchgesehen und orchestriert 1928) Hartlebens »Liebesode« (1893). Eine besondere Wohltat ist nicht nur im Goethe-Jahr 1999 Hartlebens unkonventionelles *Goethe-Brevier* (1895), das einfühlsam und kenntnisreich »Goethes Leben in seinen Gedichten« nacherzählt. Kriterium ist für ihn, der »Natur und Goethe« als »Synonyme« verstand (an Detlev von Liliencron, 26. Juli 1889), nicht der leerlaufende Kanon, sondern das unmittelbare Lebensgefühl, das sich auch bei Goethe nicht überall finde, da vieles ungenießbar oder »unter dem allerödesten Wortgeklapper« verborgen sei.

»Für solch ein Buch gab es nur eine Richtschnur: Den eigenen Geschmack« und den »lebendigen Genuss ewig herrlicher Verse«, so Hartleben selbstbewußt im Vorwort zur ersten von insgesamt drei Auflagen.

Unbekümmert um Moden erkannte Hartleben sodann die zeitlose Güte des unpopulären schlesischen Mystikers Angelus Silesius alias Johannes Scheffler (1624–1677) und gab 1896 eine Auswahl der eher weltlich ausgerichteten Alexandriner mit ausführlichem Vorwort heraus. Angeregt davon plante er eigene alexandrinische »Schlußreime«, zu denen er in Berlin Ende Juli 1897 im Tagebuch notierte: »Ich habe den Ansatz dazu gemacht, ein Büchlein Schlußreime, Alexandriner, zu verfertigen. Ich gedenke es den ›Halkyonier‹ zu nennen. Obwohl bis heut' erst 35 Zwei- und Vierzeiler fertig sind, hoff' ich doch, daß es eine meiner guten Sachen wird.« Insgesamt fünf Jahre arbeitete Hartleben an seinem Büchlein und beendete es im März 1902 in Amalfi.

Doch Lyrik hatte zu allen Zeiten einen schweren Stand. Mit seinem *Logaubüchlein* (1904) mußte Hartleben, laut Vorwort, einen vergessenen Dichter sogar vor seiner eigenen Familie retten. Das Schicksal der eigenen Lyrik, die nach einer ersten Sammlung *Meine Verse* (1895) als »Meiner Verse zweiter Theil« unter dem Titel *Von reifen Früchten* 1904 erschien, sah er in einem Brief aus Salò vom 16. Mai 1903 anläßlich eines angeblichen Streits zwischen den Verlegern Fischer und Langen um die Rechte am neuen Gedichtband doppeldeutig voraus: »Ein Literarhistoriker des nächsten Jahrhunderts wird vielleicht eine ganz interessante Arbeit drüber schreiben können: ›Ein völlig verlegter Lyriker aus dem Anfang des zwanzigsten Jahrhunderts.‹«

Der Sohn eines Bergbeamten aus dem Harz, nach dem frühen Tod der Eltern vom Großvater erzogen, schloß zwar ein Jurastudium mit Examen ab und begann ein Referendariat. Aber der sangesfreudige und trinkfeste junge Dichter, der schon als Kind besonderen Eigensinn (mit Hang zu berauschenden Büchern und Getränken) bewiesen hatte, wählte 1890 lieber die unsichere, aber interessantere Laufbahn des freien Schriftstellers. Gewitzt sann er auf ungewöhnliche Werbemittel. Seiner ersten Publikation, dem *Studenten-Tagebuch* (1886), verhalf er durch einen scharfen Selbstverriß zu großem Aufsehen. Groß war das Selbstbewußtsein des 23jährigen Naturalisten, der wie seine Kollegen (und Freunde) Hermann Conradi, Arno Holz, Karl Henckell oder Frank Wedekind die Generation der alten Dichter um Paul Heyse schwungvoll verabschiedete: »Wir! // Die alten Dichter! / Welcher Stuß / den ich nicht recht verknuse – / Sie ritten ihren ›Pegasus‹, / wir – reiten unsre Muse! / Ihr alten Herrn Poeten, Ihr / seid rechte Schweinehunde! / für höh're Töchter' sanget Ihr – / Wir – nur für Schweinehunde!« (Tagebuch, 1887) Gesagt – getan. Als die geplante Verlobung des 21jährigen Studenten in Berlin mit der 15jährigen Ellen Doehn 1885 am Einspruch der Erzieher scheiterte und er über Tübingen nach Leipzig kam, wählte er dort die 17jährige Selma Hesse, die Tochter eines Kupferschmieds, zur Lebensgefährtin, konnte sie aber erst 1893, nach dem Tod des Großvaters, heiraten. Die Liebe zu seinem »Moppchen (ethymologisch: Selma, Selmappel, Selmoppel, Moppel, Moppchen)« (Brief an den Bruder Otto, Berlin, 26. Dezember 1891) ließ jedoch noch manchen Spielraum. Und als er 1896 seiner ersten Liebe, der mittlerweile verheirateten Ellen Birr, wieder begegnete, entschloß er sich in freimütiger Offenheit eben zwei Frauen zu lieben. Im Sommer 1897 kam als Ergebnis einer weiteren Liebschaft in München sogar ein Mädchen namens Ilse zur Welt. Selma klagte, drohte zuletzt gar mit

Scheidung, ließ sich aber von Otto Erich durch seine Offenheit und Briefunterschriften wie »dein alter Ehebrecher« (Salò, 19. Januar 1903) entwaffnen, während Ellen sich tatsächlich scheiden ließ und bei ihrem Geliebten blieb, der sie wiederum liebevoll »Kebsweib« (Nebenfrau) nannte. Dieses Kunststück war das kleine Meisterwerk eines halkyonischen Philosophen.

Angele

Halkyonische Philosophie, die Kombination von Freigeist und Genuß, wurde bereits im Kapitel über Friedrich Nietzsche in Riva dargestellt. Otto Erich Hartleben war nicht nur ein Nietzsche-Kenner, sondern, wie eine Tagebuchnotiz vom 22. Juni 1890 ausweist, auch ein kongenialer Interpret des Philosophen. Zum einen betont er, daß Nietzsche »immer nur in erster Linie ästhetisch aufgefaßt, genossen – eben genossen! – werden wolle und müsse«; sodann sieht er hellsichtig »eine Zeit heraufkommen, in der man diesen graziösen ›Tänzer‹ mit plumpen Händen greifen und auf das Prokrustesbett der ernsthaftesten ›Philosophie‹, der grausamsten Systematisiererei zu fesseln versuchen wird.« Was ja nun mit Nietzsche zur Genüge geschehen ist. Das Bild vom »Tänzer« Nietzsche zeigt Hartlebens Verständnis für die halkyonische Philosophie, wie sie von Nietzsche beispielsweise in *Der Fall Wagner* (1888) unter Nr. 10 definiert wird, wo die »Anderen, (...) *wir Halkyonier*«, sich durch all das auszeichnen, was sie bei Wagner vermissen, eben durch »la gaya scienza; die leichten Füsse; Witz; Feuer, Anmuth; die grosse Logik; den Tanz der Sterne; die übermüthige Geistigkeit; die Lichtschauder des Südens; das *glatte* Meer – Vollkommenheit«. Gerade *Die fröhliche Wissenschaft* (1882) oder »gaya scienza«, wie Nietzsche sie italienisch nannte, die zum Synonym für ein befreites, unakademisches Denken wurde, beeindruckte Hartleben mit einer Passage über das Verachten so sehr, daß er daraus das Motto »Verachte das Weib!« für seine Komödie *Angele* (1890) über eine Frau in Konflikt mit drei Männern ableitete. Mit *Angele* hatte Hartleben seinen ersten großen Bühnenerfolg und begründete damit, zum Leidwesen der Familie, seinen Ruf als zynischer und frivoler Autor. Dabei war das seit 1896 abwechselnde Zusammenleben mit Ehefrau »Moppchen« und dem »Kebsweib« Ellen doch eher Zeichen geistiger Freiheit und eben kein Verrat an den eigentümlich verbundenen Lebenswegen der drei Menschen.

Italien

Eine große Erbschaft nach dem Tod des Großvaters und die literarischen Erfolge geben Hartleben ab 1895 die Möglichkeit zu regelmäßigen Reisen, auf denen er seine Gesundheit systematisch ruiniert und nur halbherzig wiederherstellt. Die Stationen bleiben dabei weitgehend gleich. Erst in den Süden, im März nach München zum Salvator-Starkbieranstich; weiter über Innsbruck und den »Grauen Bären« nach Bozen ins »Batzenhäusle« und schließlich längere Aufenthalte in Venedig, Florenz und Rom. Herbst und Winter in Berlin, Zürich oder Wien, Frühling und Sommer in Bayern und Italien. Zwischendurch wird sogar ein wenig gearbeitet. Im Februar 1899 hat sich Hartleben mit seinem Bruder Otto, einem Hauptmann a. D., zur Arbeit an einem neuen Theaterstück, einer »Offizierstragödie«, an einen kleinen Ort im Harz, St. Andreasberg, zurückgezogen. Aber der notorische Faulpelz, der »Zeit seines Lebens nie fürs Laufen war«, wie seine Schwester Annemarie Pallat berichtet, lernt den Segen der Bewegung kennen und arbeitet trotzdem auf seine Weise an dem Stück: »Ich langweile mich hier gar nicht. Wir stehn um 10 Uhr auf – *waschen uns* – und gehn bis 2 Uhr spazieren – olympische Luft, wundervoll – essen unter Rotspohn [Rotwein] – schlafen und dichten von 6–9. Essen und trinken wieder – spielen Skat. Gestern hab ich 3 Mark verloren. So entsteht der Rosenmontag.« (an Ellen, 25. Februar 1899) Das neue Stück *Ro-*

senmontag (1900), die unstandesgemäße Liebesbeziehung zwischen einem Leutnant und einem gewöhnlichen Mädchen, die am Ende gemeinsam in den Tod gehen, wird Hartlebens größter künstlerischer und finanzieller Erfolg; es erlebt allein bis Ende 1900 Aufführungen in Berlin, München, Leipzig, Prag, Breslau und Wien. Doch die Aufführung in Wien endet mit Hartlebens körperlichem Zusammenbruch; der Sensenmann hat angeklopft. Hartleben kommt ins Sanatorium und muß von nun an auch das saure Wasser der Kurorte trinken. Am besten geht es ihm jedoch wieder im Süden: »Vor der italienischen Sommerluft zerflattern alle Abstinenzgespenster«, meldet er seiner Ellen fröhlich aus Rom am 24. Juni 1901.

Salò

Ende des Jahres, der *Rosenmontag* ist mittlerweile auch in Zürich aufgeführt worden, kommt Hartleben mit Selma nach Salò, und genießt zunächst vom Hotel Salò (heute Neubau) aus die schöne Welt: »Sonnenschein, so dass wir bisher 5 Stunden täglich im freien sein konnten – weiche Luft, blühende Rosen, Palmen und alles noch herbstlich, gefärbt, grün« (an Ellen, 3. Dezember 1901). Er hält sich, wie er schreibt, an die »Hausordnung« eines geregelten Tagesablaufs mit zivilen Ruhezeiten, geht sogar, er, der notorische Feind jeder Bewegung, stundenlang im Freien zwischen Salò und Gardone spazieren und sieht die Möglichkeit, in dieser Umgebung, anders als im winterlichen Berlin und fern von der Geliebten, vielleicht sogar wieder gesund zu werden: »Aber ich möchte doch wieder in einem stolzeren Sinne als zur Zeit lebensfähig werden – ich möchte gesund werden – und da ist der Sonnenschein hier am blauen Gardasee freilich heilsamer als der Regen auf der Potsdamerstrasse«.

Salò dürfte Hartleben aber nicht nur aus klimatischen Gründen zugesagt haben. Im 14. Jahrhundert während der venezianischen Herrschaft 1377 als Nachfolgerin von Maderno zum

Hauptort von 33 Gemeinden der »Magnifica Patria« am Bresciianer Ufer erhoben, ist Salò zudem der Geburtsort des Gasparo Bertolotti, genannt Gasparo da Salò (um 1542–1609), des Erfinders der Violine, der die Form des Instrumentes an der Gestalt des Gardasees ausgerichtet haben soll. Aus dieser Zeit stammen noch der spätgotische Dom (1453–1502), der Palazzo della Magnifica Patria von 1524 und der, nach dem verheerenden Erdbeben von 1901, im Jahre 1905 wieder aufgebaute Palazzo del Podestà (Municipio). Der Palazzo Fantoni aus dem 15. Jahrhundert birgt heute die kostbare Bibliothek des traditionsreichen Athenäums (Ateneo) von Salò, begründet 1564 als »Accademia degli Unanimi« (Akademie der Einmütigen) und 1811 umbenannt. Unter den Schätzen der Bibliothek befinden sich die Jahrgänge des *Boten vom Gardasee* (1900–1914), der »einzigen deutschsprachigen Zeitung Italiens«, wie das Impressum stolz verkündet. Redaktionssitz war erst in Maderno, dann in Salò; und für die literaturbewußten Herausgeber Ottomar Piltz und Martin Birnbaum war Otto Erich Hartleben, nach Paul Heyse in Gardone, der zweite große thematische Glücksfall für ihr Blatt.

Villa Halkyone

In diesen Tagen finden Hartleben und seine Frau Selma wenige Schritte vom Hotel entfernt in der Via Cure del Lino eine Villa, die zum Verkauf ansteht. »Es ist ein recht ansehnliches vierstöckiges Gebäude auf dem Wege von Salò nach Gardone mit einem Garten, an dessen alter Mauer der Gardasee zur Zeit ziemlich wild brandet. Meist ist er aber sanft und blau – sehr blau sogar, preußisch blau, möcht mer sprechen.« (an Dr. John Schikowski, Salò, 23. Dezember 1901) Hartleben entschließt sich zum Kauf und gibt der Villa den Namen »Halkyone« – »natürlich«, setzt er hinzu (an Hans Heilmann, Salò, Weihnachtsabend 1901), denn das ist ja sein Thema. Vielleicht nicht ganz. Mit der Oper *Alcyone* von Palicot (1891) gibt es nach den Opern von Marais (1706) und Blaise (1741) erst seit kurzem wieder eine musikdramatische Bearbeitung des antiken Stoffes. Zudem schreibt der Komponist Maurice Ravel in diesen Tagen eine Kantate *Alcyone* (1902), und der italienische Dichter Gabriele d'Annunzio nennt eines der Bücher seiner *Laudi* ebenfalls *Alcyone* (1904). Doch Hartlebens Halkyone ist weit mehr, sie ist Lebensprogramm.

An Ellen schreibt er am 31. Dezember 1901: »Meine Villa ist Deine Villa und wärst Du nicht, hätt ich sie niemals gekauft. Halkyone wird sie heissen und wir werden darin glückliche Zeiten verleben.« Also nicht mit Selma, die sich Hoffnungen auf ein neues Leben mit Hartleben gemacht hat und ihn aus Berlin an die Tage in Salò erinnert, »wo wir so glücklich waren – wo immer Sonnenschein war«, sondern mit Ellen will er in der Halkyone wieder zum Leben genesen. Anfang des Jahres gibt er ihr genaueren Bericht: »Die Villa bekomm ich leider erst im September, einstweilen leg ich Dir ein Bild von ihr bei, das von dem Garten, der Quaimauer aus aufgenommen ist. Denn es ist ein wundervoller Garten dabei, das Anwesen ist ca. 20 Ar, gegen 2000 Quadratmeter gross. Das Haus hat vier bewohnbare Etagen, 19 Wohnräume, von oben bis unten elektrisches Licht und ist in gutem Zustande.« Die erhaltenen Verträge bestätigen den Kauf zweier zusammengehörender Häuser mit Seitenflügeln und Garten am 26. Januar 1902 für 5 000 Lire (von Stefano Veludari) und am 10. September 1902 für 18 000 Lire (von Dante Bazzoni). Merkwürdigerweise verkaufte Hartleben seinen Besitz jedoch schon wieder am 3. Januar 1903 (an Pietro Castagno) für 20 000 Lire, vermutlich in Folge der immensen Kosten für die Gartenanlage, behielt sich aber ein Rückkaufsrecht vor.

Das Tor

Das Tor der Villa Halkyone

Besonders angesprochen haben dürfte Hartleben das Marmorportal mit dem alten Familiennamen Ariola, der Jahreszahl 1565 und vor allem dem Motto »VIVE UT POST VIVAS« (Lebe damit du nachher lebst). Für dieses Portal fertigte ein Freund des Ehepaars, Valentin Hammeran, Zeichnungen zu einem Eisentor an, ließ es ausführen und schenkte es Hartleben für die Halkyone. Hammeran dürfte sich dabei an den schwungvollen Schmuckzeichnungen orientiert haben, die Peter Behrens für mehrere von Hartlebens Büchern angefertigt hat. Mit dem Jugendstilkünstler, Maler und Zeichner und späteren, durch die Monumentalbauten für die AEG weltberühmt gewordenen, Architekten Peter Behrens (1868–1940) war Hartleben seit einer gemeinsamen Italienreise 1897 befreundet. Behrens schmückte in der Folgezeit eine Reihe von Büchern Hartlebens mit Ornamentzeichnungen. Außerdem malte er ein Portrait des Dichters und fertigte 1903 einen Farbholzschnitt an. Seine einzige Bühnenarchitektur entwarf Peter Behrens im Sommer 1909 für die Aufführung von Hartlebens nachgelassenem Dramenfragment *Diogenes* (1905) im neuen Parkhaus des Stadtgartens von Hagen in Westfalen. Die hohe künstlerische Qualität des Jugendstiltores und die Freundschaft von Dichter und Künstler läßt zwar eine Beeinflussung durch Behrens bei den Entwürfen vermuten, eine Beteiligung ist allerdings nicht nachweisbar. In einigen Details der Tür- und Torgestaltung am Haus des Architekten auf der Mathildenhöhe in Darmstadt (1901) lassen sich formale Ähnlichkeiten in einem bestimmten Grundschwung der Linien erkennen; doch die sachliche Reduktion ist dort weiter vorangetrieben als beim Tor der Halkyone. Ganz läßt sich der Gedanke an Behrens allerdings nicht vertreiben. War er doch 1902 an der Weltausstellung in Mailand beteiligt und dürfte, ja müßte seinen Freund am Gardasee besucht haben. Wie auch immer – das alte Tor regte Hartleben nach einer kurzen Notiz im Tagebuch (»*Vive ut post vivas*. / So steht gegraben / ob diesem Thor / an Rätseln überreich.«) im Oktober 1902 zu einem seiner schönsten Gedichte an:

Das Thor

Aus schwarzem Marmor fügten sie vornacht das Tor
und eines seltnen Stolzes Inschrift gruben sie
auf seine Stirn. Es drängten die Jahrhunderte
an diesen Pfosten sich vorbei, das Haus zerfiel,
das Thor bestand – heut öffnet es die Flügel weit.

Auf diesen alten Schwellen lag manch träger Staub –
heut aber sollen braundurchwobne Purpurdecken
die grauen Quader tauchen in den Strom der Seide
und einer Herrin wunderzarte Füße sollen
die grossen Wandelsteine scheu auftretend segnen …

Es träumt der Herbst sein reiches Fest. Es herrscht am See
der weissen Chrysanthemen spätgeborne Pracht
und jener dunkelroten Blätter Überfluß,
der wie ein Mantel auf den morschen Mauern liegt –
Wo die Zypressen dort im Abendlichte glühn,
erscheint ihr Grün von Fäden dunklen Golds durchwirkt …

Die reinen Stufen schreit ich Fragender hinab.

Bis Hartleben derart königlich im Herbst die bis heute bestehende Treppe in den Garten hinabschreiten kann, vergeht noch einige Zeit. Einstweilen wohnt er im Januar 1902 mit Selma im Hotel und ist mit ihr unterwegs. Der Erfolg des *Rosenmontag* hält an. Das Stück erlebt Triumphe in England und in Italien, unter dem Titel *Il lunedi delle Rose* in Mailand, Neapel, Genua, Bergamo, sogar im nahen Brescia (am 28. April 1903 im dortigen »Teatro Guillaume«). Die Kaiserliche Akademie der Wissenschaften in Wien verleiht Hartleben am 15. Januar 1902 für das Stück den angesehenen Grillparzer-Preis, den vorher der Dramatiker Gerhart Hauptmann bekommen hat. Von Selma trennt sich Hartleben Anfang Februar in Desenzano; sie fährt nach Berlin zurück, er weiter nach Amalfi, wo er den Gedichtband *Der Halkyonier* beendet. Im Rückblick zeigt ein Gedicht vom Januar, daß Hartleben die Zeit mit Selma als Glück des Augenblicks hat schätzen können. Im Feuer eines Kamins sehen sich die beiden Menschen zugleich dem Moment, der sie umgebenden Natur und auch einander im Schein der Flamme ausgeliefert:

Cunettone

Vor dem Kamin, in dem die Flamme flackerte,
verstummten sie und dachten ihres Lebens nach.
Alsdann versank so Vieles, was sie sonst besass,
und rein im reinen Augenblicke lebten sie.

Der dunkle Wein, der drunten in der Asche stand,
erglühte da und gab ein heimlich tiefes Roth.
Die Sonne sank – der Schnee der Berge leuchtete –
der Winterhimmel draussen schien geformt aus Stahl.

Da sahen sie sich staunend an und doch vertraut –
und fragten nichts – und griffen herrisch Hand in Hand.

Auf beider Stirnen lag ein seltner Widerschein
von dem Kamin, in dem die Flamme flackerte.

So geht die letzte gemeinsame Reise mit Selma zuende. Sie kümmert sich zwar aus der Ferne um das Haus und das Tor, aber Hartleben ist ja entschlossen, nicht mit ihr, sondern mit Ellen in die Halkyone einzuziehen. Nach »viel Ärger und Aufregung wegen der Villa« (an Ellen, Salò, 14. Juni 1902) im Sommer 1902 um offene Fragen wegen der übernommenen Möbel ist im Herbst nach dem Abschluß des zweiten Kaufvertrags der Einzug möglich und der Weg zu einer großen Umgestaltung des Gartens frei. Annemarie Pallat, die Schwester Hartlebens, erinnert sich: »Erich war besessen davon, sich einen Garten zu zaubern aus dem kahlen Bocciaplatz, der sich vom Haus bis zum See hinunterzog. Er ließ gute Erde in Mengen zu Schiff heranfahren und pflanzte und säte mit eigener Hand. Es war ein Wunder, was hier entstand. Die Zypressenreihen, die er säte, sahen im nächsten Jahr aus wie Spargelbeete im Herbst; aber es wächst ja alles so schnell in diesem herrlichen Klima. ›Ihr solltet mal meinen Garten in fünfzig Jahren sehen‹, sagte er damals. Aber schon in fünf Jahren war der Garten herangewachsen zu einer Sehenswürdigkeit mit seinen Blumenrabatten, Lorbeergebüsch und blühenden Sträuchern.« Die Schulden wachsen auf 23 000 Lire und zwingen zu einem Verkauf (mit Rückkaufsrecht), zugleich aber öffnet Hartleben sein Haus den Freunden. Der Schriftsteller und Sprachphilosoph Fritz Mauthner kommt Ende März 1903, ihm folgt der Dichter Max Halbe, und im Mai hat erst einmal »auch die Halkyone ihre Fremdensaison hinter sich« (an Selma, Salò, 16. Mai 1903). Diese im Herbst und Winter fortgesetzten Besuche hinterlassen dauerhafte Spuren. Wer eine Nacht im Haus verbracht hat oder sich anderweitig ähnliche Verdienste erwerben konnte (wie der Verleger Samuel Fischer und Hartlebens späterer Herausgeber Ferdinand Heitmueller), wird von Hartleben in eine neue Akademie aufgenommen. Am Ort des traditionsreichen Athenäums (Ateneo) von Salò entsteht als kurioses Gegenstück Hartlebens »Hal-

Gartenansicht der Villa Halkyone

kyonische Akademie der unangewandten Wissenschaft zu Salò«, die noch lange über den Tod des Gründers hinausbestand und erst 1968 aufgelöst wurde. Den Mitgliedern gehörten eigene (heute verschwundene) Marmorsitze mit den eingravierten Namen unter einem Lorbeergebüsch an der Mauer zum See. Hartleben hatte schon vorher kuriose Vereinigungen ins Leben gerufen, so die »Bayrisch-Böhmische Bier-Vetternwirtschaft« (B.B.B.V., 1885) und das »Auguren-Colleg« (1895) mit dem späteren Verleger Hans von Weber. Aber die halkyonische Akademie war die Krönung. Sie kam mit einem schlichten und prägnanten »Grundgesetz« aus, das nur aus zwei Paragraphen bestand:

§ 1. Die Zugehörigkeit zur Halkyonischen Akademie bringt weder Pflichten noch Rechte mit sich.

§ 2. Alles übrige regelt sich im Geiste halkyonischer Gemeinschaft.

Wer da noch Fragen hatte, dem sollte ein Gedicht weiterhelfen, das im März 1895 in Florenz entstanden war und »Toskanischer Frühling« heißt. Doch wer eine spätromantische Hymne auf Blüten, Duft und Sonnenlicht erwartet, sieht sich einem Appell gegenüber, der eigensinnig die jeweiligen Vorausetzungen zum Genuß der Schönheit klärt und schafft – ganz im halkyonischen Geist der »fröhlichen Wissenschaft« Nietzsches:

Das Erste sei, daß man der Welt sich freue,
sich vor den Andern froh empfinden lerne –
in stiller Nähe wie in bunter Ferne
das Alte frisch genieße wie das Neue.

Doch schaff dir auch ein Herz voll stolzer Treue,
eins in sich selbst und seinem tiefsten Kerne!
Der Freie traut durch Wolken seinem Sterne –
das Brandmal aller Sklaven ist die Reue.

Hartleben hat noch einmal eine gute Zeit in der Halkyone. Er übersetzt hier, zusammen mit Ottomar Piltz, das Drama *Lucifer* (1904) von Enrice Annibale Butti, stellt den Novellenband *Liebe kleine Mama* (1904) zusammen und schreibt das »Studentenstück« *Im grünen Baum zur Nachtigall* (1905), mit dem er bei der Uraufführung in Wien im November 1904 durchfällt. Doch der halkyonische Geist steht über Glück und Unglück. Zum 40. Geburtstag erscheint Hartlebens letzter Gedichtband *Der Halkyonier. Ein Buch Schlußreime*. Die 145 Gedichte sind eine Summe, ein Bekenntnis, ein Lebensbuch, angeregt von Angelus Silesius, von dem er sich die »Heiligenkappe« ausgeliehen hat, aber getragen von einem ruhigen, bestimmten, weisen Ton. Witz und Trauer gehören zusammen, und die halkyonischen Tage sind nicht nur Geschenk, sondern auch Aufgabe:

2 Halkyonische Tage.

Des Gatten toten Leib,
den ferne Wellen tragen,
erblickt Halkyone –
da schweigen ihre Klagen.

Ihr allzu wildes Weh,
die überlaute Noth
verstummt in dem Gebet:
verein Uns doch der Tod!

Solch tiefe Sehnsucht muß
der Göttin Herz bezwingen,
und sie verwandelt sie
und leiht ihr Mövenschwingen.

So fliegt sie übers Meer,
um Keyx edle Glieder
schwebt ihrer Seele Qual
im Sturme auf und nieder.

Doch Thetis schaut ihr Loos:
den Wogen alsobald
entringt sich auch des Manns
aufflatternde Gestalt –

im Fluge nun vereint,
der Meerfluth Halkyonen,
die auch im Sturme noch
als ihrem Glücke wohnen. –

Zur Winterbrütezeit
gönnt Äolus dem Kinde
die sonndurchhellte Ruh
und fesselt seine Winde.

Das sind die Tage dann,
da Menschen auf der Erde
dastehn mit frischem Trost
und stolzerer Geberde.

Der Halkyonier will nicht das Neue in alter Manier verbrauchen, sondern das Alte neu betrachten lehren. Damit ist jeder Mensch in seiner Einmaligkeit und mit seinem tatsächlich einmaligen Blickwinkel gemeint:

7 *Bescheidung.*

Der Halkyonier will
nicht neue Dinge denken,
er will Euch alten Wein
in neue Schalen schenken –
in Schalen, stolz und zier,
daß Ihr vom Trinken rastet
und sie beschaulich froh
mit Aug und Hand betastet.

Er kann sich auch sprachspielerisch und kürzer fassen, wie auf einer Postkarte an Detlev von Liliencron aus Salò am 23. Mai 1903: »Haste nie, / doch raste nie, / sonst haste die / Neurasthenie.« Und ein gutes Beispiel für seinen eigenen Blick auf die Welt gibt Hartleben mit einem Gedicht über die Schneeschmelze im Frühling und den Übergang von Schneeflocken zu Blütenblättern, der gerade am Gardasee keine Seltenheit ist:

Schneeschmelze

Nun muß der Schnee vom Haupt der Berge steigen:
die Sonne gibt ihm länger keine Ruh.

Sie will dir ihre neuen Wunder zeigen,
den Blütenschnee, verstreut auf allen Zweigen –
das Haupt vor solcher frohen Fülle neigen
mußt nun auch du.

Schon dampft es von den Höhn zu höchsten Hallen:
ein Zauber überwebt das tiefe Blau.
Es formt sich überm See zu Riesenballen,

nicht lange mehr, da hörst du Donner schallen
und Segensströme auf den Frühling fallen
aus Wolkengrau.

Aber das halkyonische Wort, wie etwa zum See, geht über die Welt der Erscheinungen hinaus:

137 Vom See.

Dem Glanze weicht der Gischt,
dem Frieden die Gefahr;
es wechselt Farb auf Farb –
die Flut ist ewig klar.

Die Pläne gehen Hartleben nicht aus. Im März 1905 soll das erste Heft der *Halkyonischen Jahreshefte* erscheinen. Doch da lebt der Dichter bereits nicht mehr. Mit 40 Jahren ist er körperlich am Ende. Die seit Jahren malträierte Leber macht ihm immer mehr zu schaffen. Zwei Theatermißerfolge Ende 1904 und eine Erkrankung an Gesichtsrose schwächen ihn so sehr, daß ihn beinahe sogar sein Humor verläßt. Seinem alten Freund Peter Behrens fragt er in einem Brief aus Wien vom 15. November 1905 zunächst, ob er nach den Mißerfolgen »keinen anderen Nebenberuf« für ihn wisse, »der weniger aufreibt und dafür ein kleines, aber gesichertes Einkommen abwirft«, schließt dann aber mit erschreckender Offenheit: »Wenn ich jetzt nicht meinen Fleck an der Sonne da unten hätte, wo ich langsam mich wieder aufbrüten lassen kann, wäre ich ein verlorener Mann«. Am 11. Februar 1902 stirbt Hartleben in der Villa Halkyone. Seine beiden Frauen sind bei ihm. Von ihnen heißt es im *Halkyonier*:

91 Skylla und Charybdis.

Zwei Weiber lieben Dich.
Nun sei auf Deiner Hut!
Die eine will Dir wohl –
die Andre ist Dir gut.

Nach der Todesmeldung vom Sonntag, dem 12. Februar 1905 (Nr. 20), brachte *Der Bote vom Gardasee* am folgenden Sonntag, den 19. Februar (Nr. 21), bereits den Hinweis darauf, daß eine Gedenktafel an der Halkyone angebracht werden sollte, »die den künftigen deutschen Italienpilger zu stiller Andacht zwingen, die ihm zurufen soll: Wanderer steh still! hier lebte ein deutscher Mann, und was er erlebte ward ihm zur reinen Schönheit«. Diese pathetische Stilisierung, die auch im Gedenkartikel von Martin Birnbaum in der selben Nummer kein tieferes Verständnis für Hartlebens halkyonisches Denken erkennen läßt, scheiterte zuletzt jedoch nicht an mangelnder finanzieller Unterstützung, sondern am Einspruch Ellens Birrs. 20 Jahre später hat sie in der Berliner Zeitschrift *Der Querschnitt* davon berichtet, daß Hartleben ein anderes, ungewöhnliches Denkmal als »Poseidon des Gardasees« im Golf von Salò auf einer Tonne gesetzt bekommen habe: »Auf dieser Tonne stand, aus Ebenholz geschnitzt, Otto Erich, das Gesicht aus irgend einer weißen Masse, in Pelerine und Schlapphut, auf der Nase einen naturalistischen schwarzen Kneifer. Da das Wasser des Golfs gerade an dieser Stelle [durch die an- und abfahrenden Dampfer] recht belebt ist, so versinkt Otto Erich von Zeit zu Zeit in der Tiefe, um nach einer Weile seehundsgleich wieder aufzutauchen, während das Wasser von seinen Huträndern herniedertrieft: der Poseidon des Gardasees!«

Die Halkyone wurde später Fremdenpension und ist heute in Privatbesitz. Das Andenken an Otto Erich Hartleben ist dort ungebrochen lebendig geblieben.

Der Schädel

Schon vorher war der tote Hartleben noch für einen etwas makabren Scherz gut gewesen. Der Einäscherung der Leiche in Brescia ging die dafür notwendige Obduktion voraus, die, wie Cav. Mario Ebranati herausgefunden hat, von Dr. Antonio Duse vorgenommen wurde. Dr. Duse trennte dabei den Kopf vom Körper, um ihn für die Leichenschau in Deutschland zu präparieren. Er übergab den Kopf vermutlich seinem Kollegen, dem deutschen Arzt Dr. Lehmann, der mit Hartleben befreundet war. Max Halbe, der in Brescia als Augenzeuge dabei war, berichtet dagegen, Dr. Lehmann habe, gemäß der testamentarischen Verfügung des Dichters, den Kopf vom Rumpf getrennt und an sich genommen. Wie auch immer – Dr. Lehmann brachte Hartlebens Kopf sorgfältig in Zeitungspapier *(Corriere della sera)* eingewickelt nach Salò zurück. Dem toten Freund zu Ehren und um seinen Durst zu stillen, suchte Dr. Lehmann eine Osteria auf und bestellte mehrere Gläser Rotwein. Eine lebhafte Diskussion mit Italienern am Nachbartisch entstand, es gab Schläge auf die Tischplatte, »das geheimnisvolle Paket hüpfte ein paarmal hin und her, sprang mit einem Satz unter die Bank. Hilfsbereit machten die Gäste der Osteria sich ans Suchen, und siehe da! das Einschlagpapier hatte sich gelöst, und Otto Erichs Kopf starrte die fröhliche Zechrunde mit einem letzten-verständnisvoll-satirischen Lächeln an«. Dieser fröhliche Totentanz, der angeblich auch im einstigen Hotel Baviera von Salò (später Caffè Zelini) stattfand, wo den erstaunten Gästen der Schädel gezeigt worden sein soll, wurde zwar von dem auf poetische Würde und Pietät bedachten Martin Birnbaum im *Boten vom Gardasee* dementiert (26. Mai 1905, Nr. 22), dürfte aber allen geschilderten Voraussetzungen nach tatsächlich Hartlebens letzter Bühnengruß gewesen sein. Der Schädel kam jedenfalls mit Hartlebens Asche zusammen in eine Urne, wurde erst in Berlin-Treptow bestattet und gelangte mit einem vor dem Bombenkrieg flüchtenden Pfarrer nach Kassel. Der nahm nach dem Krieg Kontakt mit Hartlebens Schwester Annemarie auf, so daß Hartlebens Urne auf den Göttinger Stadtfriedhof gelangte. Die Schwester und ihr Mann Ludwig Pallat sorgten später dafür, daß die Straße vor ihrem Haus in Berlin-Wannsee »Otto-Erich-Straße« genannt wurde, und diesen Namen trägt sie noch heute.

*

In ihren Erinnerungen an Otto Erich Hartleben ist Annemarie Pallat froh darüber, daß ihr Bruder den Weltkrieg und die folgenden Zeiten nicht mehr erleben mußte. Heute wird Salò vor allem mit den letzten Jahren des italienischen Faschismus und der »Repubblica sociale italiana« oder kurz »Repubblica di Salò« in Verbindung gebracht. Der »Duce« Benito Mussolini war am 25. Juli 1943 entmachtet und gefangengesetzt worden. Deutsche Fallschirmjäger befreiten ihn am 12. September 1943 und ermöglichten sein politisches Comeback. Zwischen Oktober 1943 und April 1945 stand Mussolini einer von den Nationalsozialisten eingerichteten Marionettenregierung vor, die zwischen Salò und Gargnano unter sorgsamer Bewachung ohne jede Fluchtmöglichkeit in verschiedenen Hotels und Villen residierte. Eine dieser Villen wählte der italienische Filmregisseur Pier Paolo Pasolini (1922–1975) für seinen Film *Salò o le centoventi giornate della città di Sodoma* (Salò oder die 120 Tage von Sodom) nach einer Romanvorlage des Marquis de Sade. Die grausame Verbindung von Sadismus und Faschismus in der Darstellung einer dreitägigen Orgie aus Sex und tödlicher Gewalt wurde in Italien verboten und in Deutschland erst nach einem Prozeß erlaubt. Der Film ist als übertriebener politisch-moralischer Appell sehr kraß. Doch die Realität holte Pasolini grausam ein: Anfang November 1975 wurde er von einem Strichjungen am Strand von Ostia ermordet.

Desenzano del Garda

Napoleons Schlachtfeld
Stendhal

Der Leitstern im Leben des französischen Schriftstellers Henri Beyle (1783–1842), der sich aus Verehrung für den deutschen Archäologen Johann Joachim Winckelmann (1717–1768) nach dessen Geburtsort Stendal im heutigen Sachsen-Anhalt Stendhal nannte, war Napoleon. Als Offizier und später als kaiserlicher Beamter nahm Stendhal an den Feldzügen des Kriegsherrn teil, blieb 1814 in Mailand, wurde 1821 für zehn Jahre durch die österreichische Regierung ausgewiesen, kehrte 1831 zurück und war bis kurz vor seinem Tod französischer Konsul in Civitavecchia. In seinem thematisch vielseitigen Werk zwischen Autobiographie, Reisebericht, Kunst- und Musikkritik, Aphorismen und Erzählungen nehmen die Romane wie *Rot und schwarz* (1830) und *Die Kartause von Parma* (1839) eine Sonderrolle ein, die freilich erst lange nach Stendhals Tod von Autoren wie dem Historiker Hippolyte Taine und dem Philosophen Friedrich Nietzsche erkannt wurde. Nach Biographien zu Mozart, Haydn und Metastasio (1814/17), Rossini (1823), Racine und Shakespeare (1823–25) hat Stendhal auch seinem großen Idol Napoleon ein Lebensbuch gewidmet, das allerdings erst postum 1876 erschienen ist.

Ausführlich schildert Stendhal darin die ersten italienischen Feldzügen des Generaloberst Napoleon gegen die österreichische Armee im Süden des Gardasees bei Castiglione und Lonato zwischen Mai und August 1796. Dabei profitiert er von der eigenen Anschauung einer italienischen Reise, auf der er Ende Juni / Anfang Juli 1817 auf dem Weg von Venedig nach Mailand auch den Gardasee passierte. Sein Reisebuch *Rome, Naples et Florence en 1817, par M. de Stendhal, officier de Cavalerie* erschien noch im selben Jahr und gilt als ein weiterer Höhepunkt der italienischen Reiseliteratur.

Bevor er in seiner Napoleon-Biographie das strategische Ingenium des Korsen bis ins Detail vorstellt, entwirft Stendhal den Schauplatz des Geschehens. Er bittet den Leser darum, sich »eine leidliche Karte vom Gardasee« zu besorgen, und beginnt, als Kenner von Land und Leuten, patriotisch-pathetisch: »Die Ufer dieses Sees mit ihren Gegensätzen aus schönen Wäldern und ruhigem Wasser bilden wohl die schönste Landschaft der Welt, und die jungen Soldaten der italienischen Armee waren durchaus für ihre Schönheiten empfänglich.« Meisterhaft überschaut er den Gardasee mit einem Blick: »Nach Norden hin, auf der Seite von Riva, zieht sich der See zusammen und verschwindet inmitten hoher Gebirge, deren Gipfel das ganze Jahr hindurch mit Schnee bedeckt bleiben, indes er gegenüber der schönen kleinen Stadt Salò, an die drei Meilen breit, ein herrliches Wasserbecken bildet; der Reisende kann so mit einem Blick eine Strecke von mehr als zehn Meilen umfassen, bis Desenzano im Süden, wo die Straße von Brescia nach Verona geht.«

Auch für die Vegetation, ihre Bedingungen und ihre Schönheit, hat Stendhal ein Auge: »Die Ufer des Sees und die Hügel ringsherum sind voll prächtiger Oliven, die in diesem Lande große Bäume sind, und voller Kastanien auf allen Ufern, die nach Süden zu liegen und vom Nordwind durch einen Hügel geschützt werden, dessen Ende sich steil in den See vorstreckt. Man erkennt das dunkle Blattwerk schöner Orangen, die hier auf freiem Felde wachsen; ihre Farbe gibt einen wunderbaren Gegensatz zu jener der Berge rings um den See; die ist luftig, hell und leicht.« Interessant ist der Blickwinkel von Süden aus auf den See. Der Monte Baldo rückt dabei ein wenig näher: »Salò gegenüber und hoch über dem See erhebt sich ein großer Berg in Form einer Kuppel; von Bäumen ist er entblößt, was, wie ich glaube, ihm den Namen Monte Baldo eingetragen hat. Hinter diesem Berg, in einigem Abstand von der Ostseite des Sees, fließt in einer tiefen Schlucht die Etsch (...).«

Lonato

Der Schauplatz des Geschehens ist in Stendhals Schilderung exquisit und schön, einfach deshalb, um die von ihm in der Folge geschilderte Kriegskunst Napoleons schon bei der Wahl des Schlachtfeldes beginnen zu lassen: »Im Süden des Sees sind die waldreichen und fruchtbaren Hügel, die die Festung Desenzano von der kleinen Stadt Lonato trennen; es sind wohl die lieblichsten und prächtigsten Hügel der ganzen Lombardei, des Landes, das wegen seiner schönen waldgekrönten Hügel berühmt ist. Das Wort ›ameno‹ scheint für diese entzückenden Landschaften geschaffen zu sein.« Im Castello von Lonato aus dem Jahr 909, ausgebaut von den Visconti im 14. Jahrhundert, ist heute die Fondazione Ugo Da Como eingerichtet. Die Stiftung des ehemaligen Senators umfaßt eine Bibliothek mit ungefähr 50 000 Bänden, über vierhundert Inkunabeln und mittelalterlichen Handschriften. Im Museum werden Fresken, Gemälde, Zeichnungen und kostbare Möbel der Region gezeigt. Vom Castello aus ist bei klarem Wetter in seltenen Fällen ein Blick nach Westen bis zum Mont Blanc und nach Norden beinahe bis Riva möglich. Doch auch an gewöhnlichen Tagen ist die Aussicht von dort oben grandios. Stendhal hat recht.

Noch einmal schweift der Blick vom Feldherrnhügel der Landschaft hinter Desenzano in die Weite über dem südlichen See: »Von der Höhe dieser Hügel von Desenzano, über die die Straße führt, indem sie in dem Maße ansteigt, wie sie Brescia näherkommt, überblickt man so recht den ganzen See, um sich des Anblicks seiner Ufer zu freuen. Der Reisende erkennt zu seinen Füßen die Halbinsel Sirmione, die durch die Verse Catulls berühmt wurde und noch heute durch ihre hohen Bäume bemerkenswert ist. Man erblickt weiterhin, nur etwas rechts von Verona, die traurige Festung Peschiera, schwarz und niedrig, gleichsam eine Mühlenschleuse an dem Orte, wo der Mincio den See verläßt.« Derart vorbereitet, kann das furchtbare Schauspiel beginnen – es fehlt nur noch die genaue Zeit und die genaue Lage. Hier sind sie: »Während des Monats, in welchem die Ufer des Sees am schönsten sind, während der glühenden Hitze des August, wurden die Namen von zwei kleinen Städten, die in der Nachbarschaft lagen, die Orte Lonato und Castiglione, durch die Schlachten in ihrer Nähe unsterblich.« Im ersten der Französischen Revolutionskriege eroberte Napoleon mit den Erfolgen bei Castiglione (5. August 1796), Bassano (8. September), Arcole (7. November) und Rivoli (14. Januar 1797) sowie der Einnahme von Mantua (2. Februar) die Lombardei und Venetien. Er stieß weiter nach Kärnten vor und begann mit der Gründung der Cisalpinischen Republik (14. Juni) und dem Frieden von Campoformio (17. Oktober 1797) seinen Aufstieg zur Macht und zur Neuordnung Europas.

Italienische Reise 1830
August von Goethe

Es beginnt als Farce und endet als Tragödie. Die dritte italienische Reise im Hause Goethe nach dem Großvater 1740 und dem Vater 1786/88 endet für den Sohn und Enkel August von Goethe (1789–1830) nach sechs Monaten 1830 mit dem Tod in Rom. Die Reise ist der erste und einzige Versuch Augusts, endlich, im Alter von immerhin schon 40 Jahren, den Bannkreis des weltberühmten Vaters zu verlassen und selbständig zu werden. Es geht um viel, es geht um alles. Daher der überstürzte Abschied von Weimar »schwermüthiges Herzens« am 22. April 1830 zusammen mit Goethes Sekretär, dem als Reisebegleiter bestellten Eckermann. Ausgestattet mit einem zweifachen Jahresgehalt von 2000 Talern und für ein halbes Jahr beurlaubt, fahren die Zwangspartner los und werden »ungeheuer zusammengerumpelt«; es ist anstrengend und ermüdend. Aber August nimmt das alles in Kauf, er will, wie einst sein Vater, »leben, fahren und sehen« (Lausanne, 4. Mai 1830). Nach der Hälfte der Reise und der Trennung von Eckermann in Genua, als sich die Frage stellt, ob er nach Weimar umkehren oder weiter nach Rom fahren soll, weiß er, er muß »da durch, es koste, was es wolle! Doch ich hoffe: nicht das Leben ... (an Friedrich Gille, Genua, 23. Juli 1830).

E. Grünler: August von Goethe. Ölgemälde (1828)

Wie einst der Vater läßt auch August für die italienische Reise sein bisheriges Leben hinter sich, seine idealistisch überspannte Frau Ottilie Freiin von Pogwisch (1796–1872) und drei Kinder, den musikbegabten Walther (1818–1885), den literarisch interessierten Wolfgang (1820–1883) und die kleine Alma (1827–1844). Die Ehe, ein Jahr nach dem Tod der Mutter Christiane, die 1816 nach mehreren Schlaganfällen gestorben war, geschlossen, ist schon lange gescheitert. Der behäbige, trinkfreudige und dickleibige Weimarer Staats- und Hofbeamte, ist dank väterlicher Protektion bis zum Geheimen Kammerrat und Kammerherrn sowie nützlichen Mitarbeiter des Vaters aufgestiegen, und lebt mit der, ständig nach jungen Liebhabern Ausschau haltenden, Gattin meist im Streit. Umständlich und unentschlossen wie sein Vater, dem wiederum sein »schwer zu bewegender Sohn« keine Freude macht, innerlich tief unzufrieden, ist August trunksüchtig und krank geworden; schon seit

Mitte der zwanziger Jahre leidet er vermutlich an Leberzirrhose. Zu Recht sieht er den einzigen Ausweg aus der Misere seines Lebens in der längst überfälligen Reise nach Italien. Eine Gesundung, ja eine Wiedergeburt soll sie werden, genauso wie damals beim Vater, von dem und seinem »Gängelband« August sich gewaltsam losreißen will. Ottilie sieht den »beklagenswerthen Zustand« ihres Gatten bei der Abreise, fragt sich zugleich aber auch ahnungsvoll, »ob dieser wutähnliche Zustand durch den Tod oder Wahnsinn enden werde«.

Unterwegs

Die Reise führt zunächst über Frankfurt, Basel und Genf nach Mailand. August führt auf dieser Reise ein Tagebuch, das – man höre und staune – erst 1999 aus fast 170jährigem Vergessen erlöst wurde. Ein Text kommt da zum Vorschein mit ganz eigener Qualität. Unermüdlich hat August in den sechs Monaten seiner ersten und einzigen langen Reise geschrieben, fleißig und zielstrebig. Nichts mehr vom Hallodri, den noch Thomas Mann in einer »Phantasie über Goethe« (1949) derart verkennt: »(...) er war ein unseliger Mensch, dem Trunk und jeder Ausschweifung ergeben, eine arme, von Anbeginn verzweifelte Seele, exzessiv, brutal und schwach«. Diese Deutung leitet sich vermutlich von dem Bild ab, das Thomas Mann in seinem Goethe-Roman *Lotte in Weimar* (1939) von August entwirft, wo er ein »zum Gegenbild verzerrtes, erschreckend ähnliches Ebendbild« (Lothar Müller) seines Vaters ist. Nein, nein. Augusts Tagebuch zeigt einen anderen Mann, einen Menschen im Wandel, einen genauen Beobachter. Natürlich gibt die *Italienische Reise* auch dem Sohn die Richtung vor, wie könnte ausgerechnet er auf diesen Klassiker verzichten. Dem Vater will er es gleichtun, ebenfalls Rom, die »Hauptstadt der Welt«, erreichen und mit der neuen Erfahrung gestärkt zurückkehren. Mehr noch haben Vater und Sohn denselben existentiellen Anspruch – durchkommen oder untergehen. Und aus diesem Grund bemüht sich August unterwegs fleißig, alles Erlebte zu notieren und daraus ausführliche Einträge ins Tagebuch und Briefe zu entwickeln.

Eine Entdeckung

Ein besonderes Buch entsteht, das seinen ganz eigenen Reiz und Wert aus der Beobachtung der jeweiligen Landschaft, den Menschen seiner Umgebung, dem Alltag gewinnt. Es ist freilich nicht »fertig«, da aus dem Augenblick entstanden und zunächst gezielt als therapeutisches Mittel eingesetzt. Das vollständige Tagebuch ist unter anderem ergänzt durch Briefe des Vaters an August. Sie zeigen, wie sehr Goethe von Weimar aus den Ehrgeiz des Sohnes anstachelt. Er findet »Deine Tagebücher aus Mayland höchst löblich« und rät ihm dazu, »eine große Welt« in sich aufzunehmen, »jede in Dir verknüpfte Beschränktheit aufzulösen«, wirklich jede, auch wenn es exquisit und teuer werden und August »ein paar Achatkugeln aus dem belobten Rosenkranze vermissen« sollte (25. Juni 1830). Goethe lobt August dafür, daß er »so unermüdet« alles aufschreibe (5. Juli 1830), weil, wie er ja selbst auf seiner italienischen Reise einst erfahren hatte, sich auf diese Weise ein »inneres Behagen« einstelle über den derart genossenen und geschätzten Tag.

Seines Sohnes »umständliche Tagesblätter«, so Goethe an einen Freund, erfüllen ganz ihren Zweck: »Er sieht sich mit Einsicht und Sorgfalt nach allen Seiten um und zeigt sich wirklich einer so schönen Wanderung vollkommen wert.« Aus weiter Ferne winken zuletzt sogar literarische Ehren. Anfang November 1830, August ist schon drei Wochen tot, die Nachricht aber noch nicht in Weimar angekommen, teilt Goethe dem Sohn mit, daß in der Londoner *Literary Gazette* bereits von Augusts Tagebüchern, die der Vater demnächst publizieren wolle, die Rede sei. Goethe winkt zwar ab und will das »auf sich bewenden lassen«, doch der Hinweis hätte den Sohn vermutlich erst recht angespornt, das Tagebuch weiter zu führen.

Bei aller Beflissenheit, für den Vater Kunstwerke zu beschreiben sowie als »allgetreuer Archivar« (wie sich August in einem Gedicht auf den Vater am 11. Juni 1826 selbst bezeichnet hatte) sachkundig und kostengünstig wertvolle Mineralien und Münzen zu erwerben, zeigen die Tagebücher August auch als liebevollen Ehemann, der den Hochzeitstag nicht vergißt, seiner Frau Liedernoten und den Kindern Halstuch und Röckchen schickt. Besonders interessant wird Augusts Reisebericht immer dann, wenn er von Orten berichtet, die der Vater damals nicht gesehen hat, vom Lago Maggiore mit den Gärten der sogenannten Borromäischen Inseln, die Goethe in *Wilhelm Meisters Lehrjahre* (1795/96) und Jean Paul im *Titan* (1800/03) romanhaft idealisiert haben, und vom südlichen Gardasee.

Desenzano

Am Donnerstag, 3. Juni 1830, fahren August und Eckermann von Mailand in aller Frühe mit der Kutsche Richtung Venedig los. Begleitet werden sie von einem Alten (»il Vecchio«), einem 80jährigen aus Verona, einem Kaufmann, einem jungen höflichen Mann, der sich später als Poet entpuppt, und dem Theaterschneider der Mailänder Scala, mit dem sich August auf Französisch unterhält. Ein veritabler Glücksfall ist der vielsprachige Vetturino oder Lohnkutscher, der »deutsch zwar mangelhaft, französisch leidlich, spanisch und italienisch« spricht und August, unterstützt von »Stellen aus lateinischen Dichtern«, mit einem Vortrag über »den Ursprung und Zusammenhang der romanischen Sprachen« erstaunt. Der ehemalige Theologiestudent und spätere Soldat hat als Lohnkutscher sein Auskommen gefunden und versorgt unterwegs seine Gäste mit allen Annehmlichkeiten. Nach einer Übernachtung unterwegs kommt die kleine Reisegruppe am Freitag, den 4. Juni, nachmittags nach Desenzano an den Gardasee.

Lord Byron

»Um 4 Uhr kamen wir nach *Decenzano* am *Garda See* beim schönsten Abend. Der Gasthoff lag am See«, schreibt August. Gemeint ist damit vermutlich das Hotel Royal Mayer (heute Mayer e Splendido, direkt am Hafen), wo schon am 5. November 1816 der englische Dichter George Gordon Lord Byron (1788–1824) abgestiegen ist. Byron nannte sich dabei nach seinem Helden Junker Harold, dessen *Pilgrimage* oder *Pilgerfahrt* in vier Cantos oder Gesängen zwischen 1812 und 1818 erschienen, das poetische Reisetagebuch seines ebenso wie der Held jugendlich-romantischen, unruhigen und schönheitssuchenden Autors. Höhepunkt des Buches ist Canto IV mit dem Thema Italien: »Italia! oh Italia! thou who hast / The fatal gift of beauty« (Italien! Oh Italien! du mit deinem / tödlichen Geschenk der Schönheit«), heißt es in Stanze XLII. Byron kam mit seinem Freund John Hobhouse also aus literarischen Gründen an den See, Vergils wegen und um die Grotten des Catull zu sehen, was aber wegen des schlechten Wetters nicht gelang. Seinem Freund Thomas Moore schreibt er aus Verona am 6. November 1816: »Gestern war ich an den Ufern des Benacus mit seiner *fluctibus et fremitu*. Das Sirmium des Catull heißt und liegt noch gleich und dankt dem Dichter seine Berühmtheit; aber die sehr schweren Herbstregen und Nebel hinderten uns (d. h. Hobhouse und mich, die wir augenblicklich zusammen reisen), von unserer Tour abzuweichen, da es besser war, das alles nicht, als es unvorteilhaft zusehen.« Von den Einheimischen erfährt Lord Byron außerdem die Sage von der untergegangenen Stadt Benacus. Diese Themen finden allerdings keine Aufnahme in die *Pilgerfahrt*; Venedig, Florenz und Rom sind Lord Byron natürlich wichtiger. Der französische Komponist Hector Berlioz hat sich für seine Symphonie *Harold en Italie* (1834) an eigenen Erlebnissen, aber auch an Byrons Held orientiert.

Ob August von diesem Aufenthalt Lord Byrons in Desenzano gewußt hat, bleibt offen. In Genua jedenfalls war er länger mit einem Freund Byrons, dem Sohn des dortigen englischen Konsuls Charles James Sterling (1804–1880) zusammen, der im März 1823 als Bote einen Gruß Lord Byrons an Goethe in Weimar überbracht hatte und einer der neuen Liebhaber Ottiliens geworden war. Nach dem Tod ihres Schwiegervaters 1832 kam Ottilie übrigens wieder mit Sterling zusammen und bekam von ihm zwei Jahre später sogar ein Kind, das aber bald nach der Geburt starb. Die Liebeswege im Hause Goethe sind tragisch verschlungen.

Symposion

August von Goethe ist mit dem Logis sehr zufrieden: »(...) und wir hatten ein Zimmer mit gemeinschaftl. Balkon gerade auf den See welcher wenige Schritte von diesem Hause seine leisen Wellen brach.« Das ist wohlwollend beobachtet und fein gesagt. Aber die Pflicht ruft – kaum angekommen, geht es schon auf den See. Noch weht die abendliche Ora, der Südwind, und kann für einen kleinen Ausflug genutzt werden, am besten gleich nach Malcesine: »1/2 6 Uhr machten wir eine Farth in den See hinein wo wir Ihres Abentheuers in Malsesine gedachten welches wir zwar nicht sehen aber die Richtung erfragen konnten.« Auch für die Grotten des Catull ist es zu spät; doch ihre Erwähnung durch August läßt vermuten, daß der Vater inzwischen wußte, was er da versäumt hatte. Statt dessen nimmt August den Gardasee als schöne Landschaft wahr: »Der Gardasee gewährt einen herrlichen Anblik, auf der Nordseite die Tiroler Gebürge, dann sanft ablaufend die herrlichen Ufer nach den andern Himmelsgegenden, er vereinigt die Schönheiten des Comer Sees u. des Maggiore nur daß ihm die prachtvollen Villen fehlen welche jene Gegenden so schmüken.«

Der milde Abend mit Vollmond geht dann »zu etwas Munterem über«, zum Abendessen: »8 Schüsseln u. guter Wein«. Daraus wird geradezu ein Symposion oder Trinkgelage antiken Formats. Als der junge Reisekamerad erfährt, daß die beiden Deutschen aus Weimar sind, und sich nach Goethes Befinden erkundigt, erfreut die gute Antwort bereits lebhaft. Nachdem sich August sodann »als Ihren Sohn decouvrierte da war das Spectakel ganz los. Veturin, Schneider, Kaufmann und il Vecchio tranken Ihre Gesundheit, i Morti, Schiller u. Wieland wurden auch nicht vergessen.« Es bleibt aber nicht bei den Hochrufen auf die Dichter, vielmehr geht es kenntnisreich zur Sache: »Nun wurde über die Uebersetzungen des Deutschen ins Italienische u. umgekehrt gesprochen und der Theaterschneider war unermüdlicher Dollmetscher«. Eine Sternstunde deutsch-italienischer Verständigung , natürlich forciert durch entsprechende Spirituosen, aber auf einer wohlproportionierten kulturellen Grundlage. Und wo gibt es das noch einmal, was August danach erlebt: »(...) der Veturin begeistert ließ noch einige Flaschen Wein über den Accord auf seine Rechnung anwachsen (das sind Lohnkutscher vergl. Schaller und Harseim)« – dieser Prachtkerl von Lohnkutscher ist bis in unsere Zeiten der Busfahrer eine Ausnahme geblieben. Schließlich empfiehlt sich der junge Mann, er »war wohlhabend aus Verona gebürtig und ging wegen Herstellung eines Chatarrs auf eine seinem Vater gehörige Villa, er war Poet daher die Auflösung des Räthsels um $^1/_2$ 12 zu Bett.«

Abschied

Bis zum Aufstehen um 4 Uhr am nächsten Morgen, Samstag, 5. Juni 1830, haben die Bacchanten sicher nur einen kurzen Schlaf gefunden. Aber August ist schon in der Frühe guter Dinge: »Heiterster Himmel der Garda See in der Morgendämmerung«. Um die Stimmung richtig zu würdigen, empfiehlt August seinem Vater zum Vergleich Gesänge aus Carl Maria von Webers Oper *Oberon. König der Elfen* (1826); vorsingen sollen ihm Ottilie und Sohn Walther: »›*Die Sonn geht auf*‹ lassen Sie sich diese Stelle aus Webers Oberon vorsingen und ich brauche keine Worte zu machen, hierzu auch die Meermädchen vom Walther spielen.« Wäre die römische Villa von Desenzano nicht erst 1921 ausgegraben worden, August hätte sie bestimmt besichtigt. Allerdings erinnert sich der Napoleon-Verehrer, der sich selbst zur »alten Garde« zählt und auf seiner Reise zwischen Mailand und Venedig mehrfach Bauten des Heerführers erwähnt, anläßlich von Desenzano aber nicht an die entscheidenden Schlachten von 1796/97 in dieser Gegend.

Von Eckermann gibt es erst recht keine Bemerkung mehr zur Reise. Er hat das Tagebuchschreiben am 30. Mai in Mailand aufgegeben. Erst als er wieder in Weimar zurück ist, schreibt er in einem Brief an Thomas Carlyle vom 7. Dezember 1830, ganz beflissener Diener seines Herrn und immer eingedenk des großen Projekts der *Farbenlehre* (1810), er habe vorgehabt, »Ihnen noch manches von meiner Reise zu schreiben, ich wollte Ihnen von manchem großen Eindruck erzählen, den ich gehabt, wie mich der Mont Blanc und Monte Rosa, so wie der Garda- und Genfer See in Bezug auf die Farbenlehre beschäftiget«. Leider bleibt es nur bei dem Vorhaben; Eckermann hat darauf verzichtet, eigene Wahrnehmungen zu haben und sie zu formulieren.

Eine Stunde später ist die Kutsche wieder unterwegs, es geht nach Verona. August beobachtet die Landschaft ebenso substantiell wie sein Vater: »Um 5 Uhr von *Decenzano* angefahren mit der vorigen Gesellschaft, il Vecchio war auch immer munter. Ganz ebenes Land, magere Vegetation, wenige Dammerde kaum 1 Schuh hoch gleich unter derselben Gerölle alten Seebetts von Steinarten aller Art von den Tiroler Gebirgen, groß u. klein, schönste Chausseen, Maulbeerbäume, Wein, Mais pp wachsen dürftig; an den Chauseen schöne Platanen.« Nach viereinhalbstündiger Fahrt in Verona angekommen, gehen August und Eckermann gleich auf Erkundung und finden in der Arena einen »Naturalienhändler und Antiquar welcher zugl. Portier ist«. August sieht »dort die schönsten Fisch-Abdrüke von Monte Balko« [gemeint ist der Monte Baldo], also Versteinerungen, darunter einen prächtigen »Taschenkrebs«, die ihm aber zu teuer sind. Auch an Münzen findet er »nichts für uns«.

Tod in Rom

Über Verona geht es nach Venedig und zurück nach Mailand. In Genua hat Eckermann dann genug, August ist gesundheitlich wieder hergestellt und kann alleine weiterreisen. Die beiden trennen sich Ende Juli, aber noch in Rom klagt August gegenüber Wilhelmine Gille, Eckermann habe ihn damals »in *Genua* treuloser Weise verlassen (Rom, 16. Oktober 1830). Manche Menschen müssen eben zu ihrem Glück gezwungen werden. Eckermann fährt nach Norden und ist im November wieder in Weimar zurück. August will erst auf Rom verzichten und über Florenz über Verona und den »Garda See« auf der durch die *Italienische Reise* vertrauten väterlichen »Tour« »durch das gemüthlige Tyrol und München« nach Hause fahren. Kurz darauf bricht er sich bei einem Kutschenunfall das Schlüsselbein und muß den ersten Monat in der endlich errungenen Freiheit bandagiert, mit Wundfieber und Hitzpocken (Calore) zubringen. Endlich vollständig genesen, nimmt August von Goethe allen neu gewonnenen Mut zusammen, wagt die Fahrt mit dem Dampfer von Livorno nach Neapel und genießt »diese Feenähnliche Stadt« in vollen Zügen. Pompei, wo soeben das »Haus des Fauns« als »Casa Goethe« ausgegraben wird, und Amalfi lernt er kennen. Ein Freund sieht ihn »in Sorrent und Pompeji immer singend und tanzend«. Vor der Abfahrt nach Rom habe er sich von August auf ein Wiedersehen dort verabschiedet, und August habe geantwortet: »›Ja, in Rom *oder dort!*‹« und »gen Himmel« gewiesen – »Er war ganz lustig dabei.« Endlich eilt er, von Süden her, nach Rom und kommt dort am 16. Oktober 1830 an. Es sind bis auf zwei Wochen genau 44 Jahre nach dem 1. November 1786, an dem der Vater ins Tagebuch schreiben konnte: »Ja, ich bin endlich in dieser Hauptstadt der Welt angelangt!« August hat es auch geschafft, und meldet stolz: »Mein höchster Wunsch ist erfüllt! Ich habe Italien gesehen und genossen, bin reich an Kenntnissen von Kunst, Leben, Treiben und Natur geworden und da Sie mir schrieben auf einige Kugeln am Rosenkranz käme es nicht an, *so habe ich sie gut verwendet.*« Der Vater ist ebenfalls stolz und glücklich, im Sohn die eigene alte Lebenserfahrung wiederholt zu sehen: »Wer in Rom eingetreten ist, dem kann man nichts sagen. Wenn er fühlt daß er neu geboren ward, so ist ers werth und mag denn auch bey einem längeren Aufenthalt in allem Guten fortwachsen.« (30. September 1830) Aber am meisten ist August stolz darauf, frei entscheiden zu können: »Es ist das erste Mal, *im 40ᵗ Jahre*, daß ich zum Gefühle der Selbstständigkeit gekommen, und unter fremden Menschen Lazaronis, sogar Räubern, Barcaroles und andern, auch vornehmen Gesindel.«

Die Zeit für einen Neubeginn, und die Zeit, sich einen eigenen Namen zu machen, hat August von Goethe nicht mehr gehabt. Seine Eintragungen im Tagebuch reichen bis zum 23. Oktober. Er erkrankt an einem Pockenfieber und stirbt in der Nacht vom 26. auf den 27. Oktober 1830 völlig überraschend an einem Hirnschlag. Die Obduktion ergibt zudem eine auf das Fünffache vergrößerte Leber des notorischen Trinkers. Die Todesnachricht und diesen Befund vermittelt der Legationsrat August Kestner (1777–1854), der Sohn Charlotte Buffs, der Lotte aus Goethes *Werther*, nach Weimar. Er berichtet auch von der Beerdigung »bei einem heiteren Sonnenscheine« am 29. Oktober 1830 auf dem Friedhof der Nicht-Katholiken neben der Cestius-Pyramide (wo August Kestner später ebenfalls begraben wurde). Lange vorher, am 16. Februar 1788, kurz vor seiner endgültigen Abreise aus Rom, hatte Goethe die Pyramide bei Vollmond gezeichnet und sie in einem Brief an seinen Ersatzsohn Fritz von Stein (1772–1844), den Sohn seiner langjährigen Freundin Charlotte, als sein Grab bezeichnet.

Für Goethe war dieser Ort der Eingang zum Totenreich. Deutlich wird das im Gedichtzyklus der erotischen *Römischen Elegien* (1788/90), dem ersten großen literarischen Ergebnis der italienischen Reise, Ausdruck seiner Wiedergeburt durch Antike und Liebe. Entstanden in der Zeit der Begegnung mit Christiane, der Französischen Revolution und der Geburt Augusts, blieben dem Sohn diese Gedichte fast ein Leben lang verborgen, bevor er sie im Sommer 1829 zufällig bei einem polnischen Freund, dem Dichter Anton Eduard Odyniec (1804–1885) entdeckte. Dort heißt es unter Nr. VII am Schluß über den kapitolinischen Berg als zweiten Olymp: »Dulde mich, Jupiter, hier, und Hermes führe mich später, / Cestius' Mal vorbei, leise zum Orkus hinab.«

*

»Man bittet zu läuten« – die deutsche Zeile der mehrsprachigen Einladung am Eingang zum »Cimetero acattolico di Roma«, dem sogenannten protestantischen, so eigenartig schönen Friedhof an der Cestius-Pyramide in Rom, ist 1964 der Titel für ein Hörspiel von Günter Eich. Dieses Läuten gilt immer wieder den mehr oder minder prominenten Toten wie den jung verstorbenen Dichtern John Keats (1795–1821) und Wilhelm Waiblinger (1804–1830), dem Architekten Gottfried Semper (1803–1879), dem Maler Hans von Marées (1837–1887) und der Schriftstellerin und Freundin Nietzsches Malwida von Meysenburg (1816–1903). »Man könnte sich in den Tod verlieben, wenn man an einem so lieblichen Ort begraben wird«, meinte der englische Dichter Percy Bysshe Shelley (1792–1822), der hier neben seinem dreijährigen Sohn William begraben ist. Begründet wurde der Friedhof durch den Freiherrn Wilhelm von Humboldt (1767–1835), als ihm in seiner Zeit als preußischer

Gesandter zwischen 1801 und 1808 zwei Söhne, Wilhelm (1797–1803) und Friedrich (1806–1807), starben, für die es in Rom keinen Friedhof gab. Papst Pius VII. schenkte dem berühmten Gelehrten ein Grundstück am »Testaccio«, und nach und nach kamen weitere Gräber hinzu. Die »Nicht-Katholiken« durften anfangs nur nachts, im Schein von Fackeln, beigesetzt werden; aufgestellte Kreuze und Bibelworte auf den Grabsteinen waren ebenso verboten wie ein Zaun. So kommt es, daß auf zwei Grabsteinen sich keine oder keine vollständigen Namen finden, sondern programmatische Inschriften. So wünschte sich John Keats ganz offenbar, daß auf seinem mit einer Leier geschmückten Stein das schöne selbstbestimme Wort stünde: »Here lies One / Whose Name was writ in Water« (Hier liegt einer, dessen Name ins Wasser geschrieben wurde). Auf der anderen Grabstele liest man dagegen unter dem Portrait des dänischen Bildhauers Bertel Thorvaldsen schicksalhaft fremdbestimmt: »GOETHE / FILIUS / PATRI / ANTEVERTENS / OBIIT / ANNOR XL / MDCCCXXX« (Goethe der Sohn, seinem Vater vorangehend, starb 40jährig 1830). Ein Vorname fehlt: Goethes Sohn August ist auch nach seinem Tod nur über den Vater zu erreichen. Man bittet zu läuten.

Sirmione

Der Inseln Augenstern
Catull

Fragment eines römischen Wandgemäldes mit der vermutlichen Darstellung des Catull. Sirmione, Museo delle Grotte

Ars longa, vita brevis. Das Leben des römischen Dichters Gaius Valerius Catull war kurz. Er kam vermutlich im Jahr 666 nach der Gründung Roms, also im Jahr 87 vor der Zeitenwende, in Verona zur Welt, und er starb etwa 33jährig vermutlich im Jahr 54 in Rom. Was dieses kurze Leben aber seit mehr als zweitausend Jahren überdauert, ist die Kunst, sind 116 Lieder (carmina) und Fragmente eines kühnen Geistes, der zu hoher Liebe wie zu bösem Haß, zu derbem Spott wie zu tiefer Trauer fähig war, subjektiv, eigensinnig, witzig, aber auch empörend gemein, immer treffsicher, kunstvoll, wahr, in einem Wort: zeitlos.

Das letzte Jahrhundert vor Christi Geburt war für das seit sieben Jahrhunderten bestehende römische Imperium eine Spätzeit des Umbruchs zwischen Republik und Kaiserreich. Verschiedene Parteien kämpften um die Macht. Nach Sullas Diktatur (82–79) zettelte der Gladiator Spartakus 73 den Sklavenaufstand gegen die römischen Truppen an; Catilinas Verschwörung gegen den Staat wurde von Cicero 63 aufgedeckt und vereitelt; Cäsar bildete im Jahre 60 mit Crassus und Pompeius das machtvolle erste Triumvirat; er selbst wurde Statthalter in Oberitalien und Dalmatien, eroberte Gallien und zog über den Rhein und nach Britannien (55–53). Auf diesem Weg konnte er in Verona mit der Gastfreundschaft von Catulls Vater rechnen.

Catull kam aus gutem Hause. Sein Vater war ein angesehener und einflußreicher Patrizier aus dem Geschlecht der Valerii, befreundet mit Metellus, dem Statthalter der Provinz Gallia Transpadana (von lat. Padus = Po), und dessen Gattin Clodia, die als Lesbia in Catulls Gedichten unsterblich wurde. Mit 20 ging der junge Catull nach Rom; dort sollte er Jurist oder Politiker werden, schloß sich aber statt dessen einer Gruppe junger Dichter, den *Neoteroi* oder *poetae novi*, an und wurde ihr herausragender Kopf.

Im Gegensatz zur klassischen Tradition mit Epos und Drama setzten die *poetae novi* auf die kleine, kurze Form wie Lyrik, Elegie, Epigramm, Epyllion (kleines Epos), bedienten sich allerdings, als gelehrte Dichter (*docti poetae*), auch mythologischer Vergleiche und komponierten eine neuartige Erlebnisdichtung. Vergleichbar intensiv ließ sich erst wieder der »Sturm und Drang« der Generation des jungen Goethe um 1775 beflügeln. Erlebnisdichtung – sie entstand aus dem genauen Blick auf das gesellschaftliche Leben in Rom, auf die mehr oder minder erfolgreichen Eroberungszüge in ferne Provinzen ebenso wie auf den Alltag der Freundschaften, Liebeshändel, Zwiste.

Genauer geben darüber Catulls 116 Lieder Auskunft, die auf abenteuerliche Weise in zahlreichen Abschriften und Textvarianten überliefert wurden. Auch wenn Catulls literarischer Rang bis zum Ende des römischen Imperiums unstreitig war, gerieten seine oft freizügigen Verse lange in Vergessenheit: Nach fast tausend Jahren wurde zwar 965 n. Chr. eine Abschrift der Gedichte ausgerechnet in Verona vom Bischof Ratherius aufgefunden, sie verschwand dann aber erneut für drei Jahrhunderte und erfuhr erst zur Zeit des Dichters Petrarca im 14. Jahrhundert die endgültige Wiederentdeckung und dauerhafte Sicherung.

Eingeteilt werden die Lieder in drei Teile, die Gelegenheitsgedichte (carmina 1–60), die Hochzeitslieder (c. 61–68) und die Epigramme (Aufschriften, c. 69–116). Eine sinnvolle, von Catull selbst unternommene und durch die Widmung an Cornelius Nepos (c. 1) unterstrichene, vor allem metrische Ordnung läßt sich erkennen, überraschend und belebend sind aber auch schroffe thematische Gegensätze. Wiederum stehen weit auseinander liegende Gedichte wie die Klage um den toten Spatz der Geliebten (c. 3) und die Klage um den toten Bruder (c. 101) in Verbindung. Catull ist sich weiter nicht zu schade, auch Dinge wie eine Locke (c. 66) oder eine Tür (c. 67) zu Wort kommen zu lassen. Berühmt ist der »Liebesroman« (Schuster) der Gedichte an die untreue Geliebte Clodia, der Catull in Verehrung der griechischen Dichterin Sappho aus Lesbos den Namen Lesbia gab. Die etwa zehn Jahre ältere Clodia hatte sich aus den strengen Regeln der römischen Ehe mit ihrem Vetter Mettelus befreit, nahm sich wechselnde Liebhaber, stand offenbar auch im inzestuösen Verhältnis mit ihrem Bruder Clodius Pulcher (c. 79, 88) und verkam zur Straßendirne (c. 58). Von Catulls Freude über die unzählbaren Küsse Lesbias (c. 5) bis zum bittersüßen Eingeständnis, daß er sie, sie sei wie sie wolle, weiter lieben werde (c. 92), reicht die Skala seiner Gefühle und kulminiert in der berühmten Formel: »Odi et amo« (c. 85): »Odi et amo. quare id faciam, fortasse requiris. / nescio, sed fieri sentio et excrucior.« »Hassen und lieben muß ich. Warum ich das muß, wirst du fragen. / Weiß ich's? Ich fühle, so ists, trag es, gekreuzigt zu sein.« (Übersetzung: Carl Fischer) Die Nebenbuhler; der spröde Knabe, dem Catull vergeblich nachstellt; der Parvenu Mamurra, der sich dank Cäsar in den Provinzen bereichert; und Cäsar selbst – keiner seiner Gegner ist vor dem derbsten Spott sicher. Dagegen weiß Catull aber auch wahre Freundschaft, wie im Gedicht an Calvus (c. 50), zu würdigen und seinem Bruder am Grab in der Fremde wehmütig ein Totenopfer darzubringen (c. 101).

Einige der Gedichte seien nun im Original und in der Übersetzung von Brod/Ramler näher vorgestellt. Ein Beispiel für Catulls berechnenden Übermut bietet das folgende »Playboy«-Gedicht im Kontrast zum tatsächlichen Reichtum des jungen Dichters. Die Familie Valerius besaß außer dem Wohnhaus in Verona ein Landhaus auf der Halbinsel von Sirmione; und in Rom konnte Catull neben der Stadtwohnung auch eine Villa bei Tivoli für sich nutzen (c. 44). Dennoch gibt er sich in der Einladung an den Freund Fabullus abgebrannt, als er ihn zu sich zum Essen einlädt:

13 Cenabis bene, mi Fabulle, aud me
paucis, si tibi di favent, diebus,
si tecum attuleris bonam atque magnam
cenam, non sine candida puella
et vino et sale et omnibus cachinnis.
haec si, inquam, attuleris, venuste noster,
cenabis bene: nam tui Catulli
plenus sacculus est aranearum.
sed contra accipies meros amores
seu quid suavis elegantiusve est:
nam unguentum dabo, quod meae puellae
donarunt Veneres Cupidinesque;
quod tu cum olfacies, deos rogabis,
totum ut te faciant, Fabulle, nasum!

13 An Fabullus

Herrlich sollst du, Fabull, in diesen Tagen
Mit der Götter Erlaubnis bei mir schmausen,
Wenn du deinem Catull ein gutes Nachtmahl
Mitbringst, dabei auch ein schönes blondes Mäderl,
Nicht ohne Wein und Witz und alle Gelächter.

Wenn du, sag ich, mein Schönster, all dies mitbringst,
Sollst du herrlich schmausen: denn dein Catullus
Hat den Geldbeutel voll von Spinneweben.
Doch als Gegengeschenk erhältst du lautre
Freundschaft oder noch süßer was und feiner:
Ein Parfüm, das meinem geliebten Mädchen
Venus und alle Amoretten schenkten.
Dieses mußt du nur riechen – und wirst die Götter
Bitten, daß sie dich ganz zur Nase machen.

Die Reise nach Bithynien

Mit etwa 30 Jahren unternahm Catull eine Reise nach Bithynien, im Gefolge des Proprätors Gaius Memmius, und begleitet von seinem Freund Cinna. Bithynien hieß im Altertum eine von Thrakern bewohnte Landschaft im nordwestlichen Kleinasien, die um 560 v. Chr. ans Lydische Reich und dann an Persien fiel. Da Lydien mit der alten Hauptstadt Sardes in der heutigen Westtürkei bei Izmir lag, ist Bithynien, wo in Trojas Erde der Bruder Catulls begraben war (c. 65), nordwestlich davon bis nach Thrakien zu denken. Seit 74 v. Chr. war Bithynien römische Provinz und konnte ausgebeutet werden. Das Ziel dieser Reise lag also auf der Hand: Wie seine Freunde Veranius und Fabullus wollte auch Catull sein Glück in der Fremde versuchen und reiche Beute machen. Doch wie die Freunde in Spanien (c. 28, 47) scheiterte auch Catull und kehrte mit leeren Händen aus Bithynien zurück (c. 10).

Das Landgut in Sirmione

»Wie bin ich froh, daß ich fort bin«, beginnt Goethes *Werther.* Catull konnte im umgekehrten Sinn zustimmen: Wie froh war er, fort aus Bithynien zu sein, wieder zurück in der Heimat, zurück in Sirmione! Wo seine Villa gestanden hat, ist nicht sicher; vermutlich im Eingangsbereich der später erbauten großen Thermenanlage. Unverändert spürbar ist jedoch das große Glück der Rückkehr in den Versen, die Catull Sirmio gewidmet hat. Richtig nachvollziehen läßt sich dieses Glück aber vielleicht erst im leichten Wind des Olivenhains und im Meeresbrausen der Wellen auf den Uferfelsen:

31 Paene insularum, Sirmio, insularumque
ocelle, quascumque in liquentibus stagnis
marique vasto fert unterque Neptunus,
quam te libenter quamque laetus invisio,
vix mi ipse credens Thuniam atque Bithunos
liquisse campos et videre te in tuto!

quid solutis est beatius curis,
cum mens onus reponit, ac peregrino
labore fessi venimus larem ad nostrum
desideratoque acquiescimus lecto?
hoc est, quod unum est pro laboribus tantis.
Salve, o venusta Sirmio, atque ero glaude;
gaudete vosque, Lydiae lacus undae:
ridete, quicquid est domi cachinnorum!

31 Auf der Halbinsel Sirmio

O du, der Inseln und Halbinseln Augenstern,
O Sirmio, so viele in den Landseen auch
Und draußen auf dem weiten Meer Neptunus trägt,
Wie gerne kehre ich, wie fröhlich heim zu dir.
Will kaum mir glauben, daß ich schon Bithynien
Und Thynien verlassen, dich im Sichern schau.

Was ist süßer als das Ende aller Pein,
Wenn ihre Last die Seele abwirft, endlich heim
Von ausländischer Arbeit abgemattet kommt
Und schön sich ausstreckt auf dem langersehnten Bett.
Das ist für so viel Mühe doch der einzge Lohn.
liebes Sirmio, Glück auf, freu dich des Herrn!

O freuet euch, ihr flinken [Lyder-] Wellen auf dem See!
O lachet doch, alle Gelächter ihr im Haus.

Für dieses berühmte Gedicht gibt es zwei unterschiedliche Lesarten der lateinischen Handschriften im vorletzten Vers. Die Abschrift des Philologen Avantius (1495) enthält die Lesart »limpidae lacus undae«, also die, wie Max Brod übersetzt, »flinken Wellen« des Gardasees, die auch gut zum »limpidum lacum«, dem »klaren Landsee« in Gedicht 4 passen. Für diese Lesart entscheidet sich indirekt Eduard Mörike, der in seinem Gedicht *Herrn Bibliothekar Adelbert v. Keller / bei verspäteter Zurücksendung einer Ausgabe des Katullus* (1840) das Buch sprechen läßt: »Du hast, Beneidenswerter, kaum einmal an mich / Im schönen Rom und am Benacus-See gedacht, / Wo jedes Wellchen, blinkend in des Morgens Hauch, / Noch von den Scherzen meines Vaters fröhlich lebt.« Der Übersetzer Theodor Heyse, Onkel des Dichters Paul Heyse, liest 1855 sogar: »Gaudete vos quoque, incitiae lacus undae« (»Ihr alle freut euch, meine muntern Seewellen«). Doch der ältere Codex Veronensis, also die Abschrift nach Ratharius, hat die Version »lidiae lacus undae«, also »des alten Lydersees Wellen« (Weinreich). Für diese Version entscheiden sich nahezu alle anderen Übersetzer bis heute. Diplomatisch verwendet Carl Fischer 1995 (anders als 1948) im Originaltext »limpidae lacus undae«, übersetzt aber »meines Lydersees Wellen«. Schuster deutet die Stelle als eine »gelehrte Verzierung« des ›poeta doctus‹, entweder als Hinweis auf ehemals am Gardasee siedelnde Etrusker aus Lydien, oder aber als eine noch anhaltende oder gar bewußte Augentäuschung des soeben aus dem einst lydischen Bithynien zurückgekehrten Catull. Für diese letztere Variante spricht auch, daß das goldreiche Lydien mit seinem letzten König Krösus (546 v. Chr.) für seine große Kunstfertigkeit im Weben, Töpfern und Metallgießen bekannt war. Mit den »lidiae lacus undae« vergoldet Catull demnach ein wenig die von ihm so geliebten Wellen des heimatlichen Sees.

Die Rückreise im Frühling 56 v. Chr. trat Catull, laut Reiselied (c. 46), so an, daß er noch »zu Ioniens hochberühmten Städten« und zum Grab des Bruders bei Troja gelangen konnte. Wie die Reise verlief, zeigt das Gedicht auf seinen schnellen Segler »Phaselus« (c. 4), mit dem er unterwegs gewesen ist: Den Mincio und Po hinunter ins adriatische Meer, nach Bithynien und wieder zurück. Der Lobgesang vergißt auch nicht den Werdegang des Schiffes selbst, vom »behaarten Wald« zum »klaren Landsee« (limpidum lacum). Die Vermutung Fischers, es handele sich hier nur um ein Schiffsmodell in einem zum Haus gehörenden Heiligtum von Castor und Pollux, den Schutzgöttern der Seefahrt, erscheint zwar nicht ausgeschlossen, unterwegs war Catull aber in jedem Fall:

4 Phaselus ille, quem videtis, hospites,
ait fuisse navium celerrimus,
neque ullius natantis impetum trabis
nequisse praeterire, sive palmulis
opus foret volare sive linteo.
et hoc negat minacis Adriatici
negare litus insulvasve Cyclades
Rhodumque nobilem horridamque Traciam
Propontida trucemve Ponticum sinum,
ubi iste post phaselus antea fuit
comata silva: nam Cytorio in iugo
loquente saepe sibilum edidit coma.

Amastri Pontica et Cytore buxifer,
tibi haec guisse et esse cognitissima
ait phaselus; ultima ex origine
tuo stetisse dicit in cacumine,
tuo imbuisse palmulas in aequore
et inde tot per impotentia freta
erm tulisse, laeva sive dextera
vocaret aura, sive utrumque Iuppiter
simul secundus incidisset in pedem;
neque ulla vota litoralibus deis

sibi esse facta, cum veniret a mari
novissimo hunc ad usque limpidum lacum.

Sed haec prius fuere: nunc recondita
senet quiete seque dedicat tibi,
gemelle Castor e gemelle Castoris.

4 *Auf sein Schiffchen, nach vollbrachten Reisen*

Ihr lieben Gäste, dieser Segler, den ihr seht,
Sagt, daß er von den Schiffen das geschwindeste
Gewesen sei. Kein Kiel, so vogelschnell er schoß,
Wär ihm im Eilen je zuvorgekommen, sei's,
Daß man mit Rudern oder mit dem Segel flog.
Dies werde, sagt er, nie des grimmen Adria
Gestade leugnen; auch nicht die Cykladischen
Eilande, Rhodus nicht, das rauhe Thracien,
Propontis und des argen Pontus Busen nicht,
An dem er, nachmals Schiffchen, einst behaarter Wald
Gewesen ist, und im Cytorischen Gebirg'
Oft mit dem lauten Haare brav gesauset hat.

Dir, Pontisches Amastris, und vor allem dir,
Buchs tragender Cytorus, war dies wohlbekannt,
Und ist's auch noch: er stand, sagt er, seit grauer Zeit
Auf deinem Gipfel, tauchte dann in seinen Sund
Die breiten Füße, trug von dannen seinen Herrn
Durch ungestüme Meere, wo bald rechts, bald links
Der Wind die Stangen wenden hieß, auch oft der Hauch
Des Himmels gütig mitten in das Segel fuhr;
Und kein Gelübde tat er einem Küstengott,
Als er vom fernen Meere neulich nun
Den letzten Weg zu diesem klaren Landsee nahm.

Doch alles das ist nun vorbei: nun altert er,
Begraben in die tiefste Ruh, und weihet sich
Dir, Kastors Zwillingsbrüderchen, und Kastor, dir.

Unsterblichkeit

Zur Unsterblichkeit eines Dichters gehört das Echo in aller Welt. Catull selbst wäre darüber nicht erstaunt, denn sein überzeitlicher Rang war ihm schon zu Lebzeiten klargeworden. So fragt er beispielsweise selbstbewußt seinen Nebenbuhler Ravidus in c. 40, »welcher Wahnsinn« ihn »so kopfüber in meine Jambenverse« jage, ob er »um jeden Preis berühmt sein wolle« und es nun eben werde, »weil du mein Liebchen lieben wolltest, / und drauf steht diese lange, schwere Strafe.« Auch einem anderen Rivalen droht er in Fragment 78 a: »(...) Jahrhunderte sollen dich kennen, / Fama als Greisin noch künden, wie schändlich du bist.« (Übersetzung: Otto Weinreich) Dieser noch als Schalk verstandenen negativen Unsterblichkeit steht am Ende der langen Briefelegie an Allius der gutgemeinte Wunsch entgegen, der Freund möge das Gedicht hinnehmen »für viele Verdienste / (...) als Gegengeschenk, so wie es eben gelang, / daß nicht der schäbige Rost den hellen Glanz deines Namens / trübe, wenn Tag um Tag, Jahre um Jahre vergehn.« Vor allem aber hofft Catull im einleitenden Widmungsgedicht seiner Sammlung an Cornelius Nepos, das »Büchlein« möge dank der »Schutzgöttin Muse« (patrona virgo) die Zeiten überdauern (perenne saeclo): »O gib, Schutzherrin Muse, / daß es länger als ein Jahrhundert daure!« (Übersetzung: Otto Weinreich) Der »patrona uirgo« des Codex Veronensis steht hier übrigens die Lesart »patroni ut ergo« (Bergk 1854) entgegen (für die sich Fischer 1995 entscheidet), was bedeutet, das das Büchlein »dank seines Gönners« die Zeiten überdauern solle. Es wird aber die Muse gewesen sein, die Catulls Wunsch wohlwollend erhörte. Wer es wie Catull in Sirmione schafft, sich gegen die größten Touristenströme zu behaupten, wer einer römischen Badeanlage auch ohne historische Sicherheiten seinen Namen gibt, wer die wohltuende Kraft einer Schwefelquelle aus dem See mit seinem Namen verbinden läßt – dessen Gesänge dauern wie die Berge, die

Wellen und das Licht, von denen sie künden auch noch die nächsten zweitausend Jahre.

Auf Catulls Spuren
Klassizisten und Moderne

Das Wohnhaus der Familie Valerius in Sirmione ist verschwunden. Wahrscheinlich ist es aufgegangen in einer großen römischen Thermenanlage aus dem 3. Jahrhundert n. Chr., den sogenannten »Grotten des Catull«, auf dem nördlichen Hügel der Halbinsel. So jedenfalls vermutet es Conte Giovanni Girolamo Orti Manara in seinem grundlegenden Werk *La Penisola di Sirmione* (1856). Neuere Ausgrabungen in dem 20.000 m^2 großen Gebäude (167 x 105 m), das aus einem unteren Teil mit jeweils zwei Vorbauten auf den kürzeren Seiten, einer Zwischenetage sowie der heute zugunsten eines Olivenhains verschwundenen Herrschaftsetage bestand und von dem bislang ein Drittel freigelegt ist, lassen jedoch vermuten, daß es bereits im 1. Jahrhundert n. Chr. angelegt wurde; der ältere Bau, die vermutete Villa des Catull, hätte demnach im südlichen Eingangsbereich gelegen, was die dort gefundenen Freskenfragmente mit der Darstellung eines jungen Dichters und eines Schiffes in voller Fahrt nahelegen. Ob jedoch die etwa 300 Meter östlich vom Ufer gelegene 65 Grad heiße Schwefelquelle »Boiola«, wie Orti Manara annimmt, ebenfalls bereits den Römern bekannt gewesen ist, steht noch dahin – fehlende Erwähnungen in der ansonsten sehr umfangreichen römischen Literatur zu Heil- und Badeorten wie Baiae, Cumae und der Solfatara bei Neapel belegen eher das Gegenteil. Vieles spricht dafür, so Ulmann, daß die Quelle durch ein Erdbeben dem See entsprang, vielleicht sogar in den Jahren 241 bis 244 n. Chr., als »nach veronesischen Chronisten die Stadt Benacus im Gardasee versenkt oder durch einen Bergsturz zerstört« wurde.

Die erste literarische Erwähnung der Schwefelquelle läßt sich im 15. Jahrhundert beim Mönch Giorgio Jodoco in seinem Gedicht *Benacus* nachweisen. Erst 1889 konnte die Quelle erstmals gefaßt und seit 1894 für Thermalbadzwecke genutzt werden. Heute, so die offizielle Mitteilung, sind die Thermen von Sirmione das größte private Kurzentrum Italiens. Die heilende Wirkung der salz-, brom- und jodhaltigen Schwefelquelle zeigt sich bei Inhalationskuren und Schlammbädern; sie hilft bei Rheuma und vielen Erkrankungen im Hals-, Nasen- und Ohrenbereich. Die Anwendungen werden in den Kuranlagen Catullo und Vergilio sowie in den Kurabteilungen des Grand Hotel Terme, des Hotels Sirmione und des Hotels Fonte Boiola durchgeführt, natürlich unter ständiger ärztlicher Aufsicht. Im Vergleich mit den anderen einstigen Kurorten am See, mit Arco, Riva und Gardone, hat Sirmione als einziger Ort Tradition und Moderne in Einklang bringen können.

Wie bewußt auch mit der reichen literarischen Tradition in Sirmione umgegangen wird, zeigen allein sieben (!) Tafeln am und vor allem im Hotel Sirmione (Via G. Marconi 32) mit Texten von Catull, Dante, Carducci, Tommaso Becelli, Goethe, Tennyson und Ezra Pound. Oder das ausführliche Zitat aus dem Sirmione-Gedicht Carduccis am Eingang des Palace Hotels Villa Cortine (Via Grotte 12). Oder der Anfang von Catulls Sirmio-Gedicht in italienischer Übersetzung auf jeweils zwei Tafeln neben dem Relief einer ländlichen Szene am Eingang des Hotels Ideal (Via Catullo 31). Im Vicolo Campane bei der Kirche Santa Maria Maggiore erinnert eine Gedenktafel an die englische Schriftstellerin Naomi Jacob (1884–1964); sie, die laut Inschrift Italien als zweites Vaterland adoptiert habe (und lange in Fasano, Villa Mimosa, lebte), starb in Sirmione. Weitere Zeugnisse des literarischen Lebens sind der von Tullio Ferro 1980 eingerichtete und alljährlich im Oktober verliehene *Premio Catullo di Sirmione* (Preisträger waren u. a. Romano Bracalini, Primo Levi, Alberto Moravia, Vittorio Gassman), zahlreiche Studien und besonders die inspirierte Arbeit des langjährigen Bürgermeisters Mario Arduino. Seine soeben erschienene Übersicht literarischer Zeugnisse von Catull bis in die unmittelbare Gegenwart verdiente eine eigene Darstellung. Im folgenden wird eine Auswahl poetischer Stimmen geboten, die immer wiederkehrende Motive der Catull-Verehrung vorführen, oder besonders gelungene oder wichtige neue Perspektiven bis zur Musik entwerfen.

Der Lorbeerzweig
Ein Freund Goethes besucht Sirmione

Der Naturforscher Caspar Graf von Sternberg (1761–1838), den seit 1822 eine herzliche wissenschaftliche Freundschaft mit Goethe verband, hat auf einer botanisch-geologischen Forschungsreise 1804 nach Tirol auch den Gardasee bereist und Sirmione besucht. Darüber berichtet sein Buch *Reise / durch Tyrol / in die Oesterreichischen Provinzen / Italiens / im Frühjahr 1804* (1806). Goethe beurteilt das Buch, wie eine im August 1822 in Eger angefertigte Notiz beweist, sehr wohlwollend: »Die Pflanzenkunde war der Hauptzweck, verbunden mit Geologie, die Weltansicht ist frey und zeugt von einem wohlunterrichteten, mit Staats- und Weltverhältnissen genugsam bekannten Manne. Man folgt ihm gern durch unwegsame Gebirge, wohin sich niemand sehnt. Seine Fahrt auf dem Gardasee, höchst anmuthig beschrieben, machte mir einen besonders freundlichen Eindruck.« Dieses Lob wiederholt Goethe in einem Brief an Sternberg aus Eger vom 26. August 1822 und bezeichnet dabei den Beginn der eigenen italienischen Reise merkwürdig genug als »Ausflug«: »(...) erinnerte mich eines ähnlichen Ausflugs von Regensburg nach Roveredo; auf dem Gardasee fand ich mich ganz an Ihrer Seite«.

Sternbergs Darstellung des Aufenthalts in Sirmione hat poetische Qualitäten, ist aber auch typisch für eine bis in unsere Tage zu beobachtende Identifizierung der »Grotten des Catull« mit dem Landhaus des Dichters. Im Juni 1804 segelt Sternberg von Garda hinüber zum »Geburts- und LustOrt« Catulls, verläßt den historisch sicheren Grund und entwirft ein Wunschbild. Angekommen, fragt er gleich nach der Villa des Dichters: »Ich nahm sogleich einen Boten, und ließ mich in die sogenannte Villa Catulls, welche an der äußersten Spitze der Insel liegt, geleiten. Wenn man von hier den Blick in die Riviera von Salò und längs dem Brescianischen Ufer gegen Riva wirft, so möchte man in der Fülle des Genußes mit Catull ausrufen; peninsularum Sirmio, insularumque ocelle! Die ganze Insel ist mit Substruktionen und Ruinen angefüllt, welche mehrere Villen hier vermuthen lassen: es ist auch nicht zu zweifeln, daß die Römer, welche einen offenen Sinn für Naturschönheiten hatten, diesen so sehr gepriesenen Genuß dem berühmten Dichter nicht allein werden überlassen haben: heut zu Tage winken Aehren über den Gewölben ehemaliger Gebäude, und die ganze Insel ist beinahe in einen OlivenWald umgeschaffen. Ich pflückte einen Lorberzweig in Catulls Garten, den ich zu beständiger Erinnerung eines der glücklichsten Tage meines Lebens aufbewahrte, und kehrte zu meinem Schiffe zurück.« Sternberg ist also zu Beginn des 19. Jahrhunderts ganz der Überzeugung, er habe die Ruinen von Catulls Landhaus gesehen. Am Ende des Jahrhunderts, nachdem die Schwefelquelle entdeckt ist, stellt sich das Ganze anders dar.

Catulls Landhaus und »Die Macht der Stunde«
Paul Heyse

Der Dichter Paul Heyse (1830–1914, Nobelpreis 1910), seit 1870 immer wieder Feriengast am Gardasee und seit 1899 Besitzer einer Villa in Gardone Riviera, wirft poetisch nachvollziehbare Gedanken über die Frage auf, wo Catulls Landhaus auf Sirmione gestanden haben könnte und wie es möglicherweise beschaffen war. Das Gedicht *Sermione* über die »Grotten des Catull« ist dem Gedichtzyklus *Frühling am Gardasee* (1897) entnommen. Es ist auch in gewissem Sinn eine Antwort an Theodor Heyse (1803–1884), den Onkel des Dichters, der 1855 eine Übertragung der *Catulli Liber Carminum* vorgelegt hatte (an Heinrich Heine erinnert die Übersetzung des Titels *Catull's / Buch der Lieder*). In einer an seinen Neffen direkt gerichteten Einleitung hatte Theodor Heyse berichtet, wie sehr er sich für seine Übersetzung erst analytisch in den Schreibenden, also Catull, hineinverwandelt habe, um danach synthetisch die Übersetzungen zu gewinnen. Dieser Gedanke scheint Paul Heyse bei seiner Deutung der »Grotten des Catull« nicht ganz fremd zu sein:

Sermione

»Von allen Inseln, Sirmio, und Halbinseln
Mein Augenstern, so viel' in klaren Landseen
Und Meeresweite rings der Wassergott hütet,
Wie froh erblick' ich, wie zufrieden dich wieder!«
Und wem, im Frühling landend an Catulls Eiland,
Entschlüpfte nicht gleich ihm ein Wonnestoßseufzer,
Darf er auch nicht wie er »im eignen Bett ausruhn«!
Wie lieblich, hier im lichtgepflanzten Ölwalde
Hinwandeln, oder unter schattigen Laubkronen
Des dunklen Lorbeers sich behaglich hinstrecken,
Von Anemonen rings umblüht und Würzkräutern!
Wie schön, durch Trümmer hochgewölbter Torbogen,
Durch die der See heraufglänzt in Smaragdbläue,
Hinüberschaun zu schneebedeckten Berghäuptern,
Die kahle Stirnen baden in Aprilsonne!
Nur die Zikade singt ihr schrilles Volksliedchen
Im Gras verborgen, sonst kein Laut, als einlullend
Des großen Pans eintönig tiefe Schnarchtöne.
Hier mochte wohl der Dichter friedlich ausrasten
Vom Fieber Roms und zweifelhaften Liebschaften
Und seiner Lesbia Wankelmut und Untreue.
Doch diese Villa, ungeheuren Umfanges,

Mit Hallen, Bädern, Pfeilern, des August würdig,
Die hättest du, *Poete, dir erbaun lassen,*
Der, nicht an Gunst der Großen dem Horaz ähnlich,
Den Freund Fabullus du zu Tisch dir einludest,
Ein köstlich Mahl verheißend, wenn er selbst nämlich
Das Essen und den Wein dazu sich mitbrächte,
Indem dein Beutel nur gefüllt mit Spinnweben?
Man weiß, wie damals Publikum und Buchhändler
Ein Bändchen Lyrik schlechter noch als heut zahlten,
Und du zumal warst nimmer ein Erfolgjäger.
Nein, hier an deiner Lieblingsinsel Nordspitze
Besaßest du vielleicht ein schlichtes Landhäuschen
Im Erdgeschoß zwei Zimmer oder drei höchstens,
Und eine Loggia mit den schönsten Ausblicken,
Und stiegst zum Bad hinunter in die Seefluten,
Die von den Gliedern wie vom Geist die Gluthitze
Der Weltstadt Rom samt ihrem Ehrgeiz abspülten.
Doch was an Wohllaut dir die Welle zurauschte,
An reinem Balsam dir Natur ins Blut flößte,
Um das beneiden konnte dich dein Nachfolger,
Der niederriß dein Häuschen und die Prachtbauten
Mit hundert Sklaven prahlerisch hier aufführte
Und ärmer blieb inmitten seiner Wollüste,
Als du, trotz deines Beutels voller Spinnweben.

Dieses Gedicht verdankt sich wahrscheinlich ebenso wie eine der *Novellen vom Gardasee* (1902) einem genau datierbaren Besuch Paul Heyses in Sirmione. In Salò schreibt Heyse am 10. April 1897 ins Tagebuch: »Um 10 Uhr mit dem Dampfer Depretis in 5/4 Stunden nach Sermione. Herrlicher Gang durch die weite gedehnte Oliveta nach den Ruinen von Catulls Villa, gezeichnet. Entzückende Ausblicke durch die rothgelben Trümmerbögen auf den tiefblauen See. Nach der Kirche San Pietro [in Mavino]. Wandgemälde von 1320 sehr dürftig. Zurück nach dem *Albergo Promes[s]i Sposi*. Im Hof (Rebenzelt über dem ganzen Raum) sehr gut gegessen, ein Herr aus Wasserburg an unserm

Tisch. Nach dem Kaffee wieder gezeichnet, Rückfahrt um 3.45 mit 3 Salòer Hausgenossen (Panizza).«

Der heute verschwundene Gasthof *Albergo Promessi Sposi* von Angelo Gennari an der Via Marconi 9 (gegenüber dem Hotel Sirmione), wo, laut Gedenktafel 1889 das erste Thermalwasser der Boiola-Quelle angeboten wurde, ist nach dem berühmten, sogar von Goethe enthusiastisch gelobten Roman *I Promessi Sposi* (Die Verlobten, 1825/26) des Alessandro Manzoni (1785–1873) benannt und ein Schauplatz in Paul Heyses Novelle »Die Macht der Stunde« (1899). Im Gasthof sitzen die junge Malwine, die Gattin eines Kapellmeisters, und der ältere Arzt Dr. Hans Hartwig, ein Freund des Gatten, beim Mittagessen. Sie sind von Salò aus, wo sie sich zufällig getroffen haben, mit dem Schiff herübergefahren. Malwine ist nach dem offenbaren Ehebruch ihres Mannes mit einer Sängerin in den Süden geflohen. Zwar hat ihr Mann beteuert, nicht absichtlich gehandelt zu haben, sondern der »Macht der Stunde« erlegen zu sein, doch Malwine verzeiht ihm nicht und reist mit unbekanntem Ziele ab. In Salò kümmert sich der Arzt um die junge Frau, lädt sie zu Ausflügen in die Umgebung ein, hellt ihre Stimmung auf und verliebt sich ein wenig. So kommen die beiden nach Sirmione und machen sich nach dem Mittagessen auf zu den Grotten des Catull: »So langten sie endlich bei den Ruinen der Prachtvilla an, die ein römischer Großer sich am Nordrande der Halbinsel erbaut hat und die, da sein Name verschollen, jetzt auf den des unsterblichen Poeten getauft ist. Nur große massive Mauerbögen ragen aus der grünen Wildnis auf, durch die in der Tiefe die Seeflut heraufglänzt und der Blick weit hinausschweift bis zu den Bergen, die Riva beherrschen. Der Pfad verliert sich in Gestrüpp und wucherndem hohem Graswuchs. Allerlei Trümmer deuten den Grundriß des Wohnhauses an, dazwischen sinkt der Boden ein, wo es ehemals in Kellerräume hinabging, uralter Efeu klammert sich an das Gestein und klimmt bis zum obersten Sims der Bogentrümmer hinan. Kleine Bäume aber haben im Grunde

Wurzel geschlagen und heben die leichten Wipfel in das ätherische Sonnenlicht hinauf, und unten um die grauen Klippen brandet die Seeflut im eintönigen Spiel, dessen leise Musik nur wie ein hörbares Atmen des Elementes heraufklingt.«

An diesem malerischen Ort will der Arzt ein bereits begonnenes Aquarell fortsetzen. Malwine legt sich ins Gras unter den Schirm des Freundes und schläft, »umsummt von dem leisen Schwirren des Insektenvolks, umduftet von dem starken Würzgeruch des wilden Thymians und des Sträußchens an ihrer Brust«, bald ein . Sie träumt davon, im See zu schwimmen (»ihr Kleid trug sie wie eine Taucherglocke«). Eine Sirene, die ihren Mann verführte, hindert sie aber mit einem Ruder, ans Ufer zu gelangen; ihr Mann steht tatenlos daneben. Der Arzt rauscht in einem Kahn heran und zieht Malwine zu sich hinein. Der Traum geht über in einen realen Kuß, den der Arzt der Erwachenden gibt – auch sie und er sind »der Macht der Stunde« in der Nachbarschaft Catulls erlegen. Die Novelle endet konventionell; der Ehemann hat seine Frau ausfindig gemacht, holt sie in Salò ab und fährt mit ihr am nächsten Morgen auf dem Dampfer davon.

Zeitreise
Giosuè Carducci

Unbeeindruckt davon, ob die Ruinen von Sirmione das authentische Landhaus Catulls oder eine Thermenanlage darstellen, bietet der italienische Dichter und Nobelpreisträger (1906) Giosuè Carducci (1835–1907) im langen Gedicht »Sirmio« seiner *Odi barbare* (*Barbarische Gesänge*, 1887–89) eine eher klassizistische Reise durch die Zeiten. Sein Blick geht von einem Ufer (Salò) zum anderen (Garda), vom Monte Baldo nach Sirmio, aber er reist poetisch in die Tiefe der Zeiten zurück. Er läßt die Insel von den Göttern erschaffen, hört Garda eine Sage singen »von alten begrabenen Städten / und von Barbarenfürstinnen«, gemeint sind vielleicht die versunkene Stadt Benacus und die

Aus den Grotten des Catull

Langobardenfürstin Adelheid. Und noch etwas weiter zeitlich zurück sieht der Sänger den Catull sein Boot anlegen: »(...) hier, wo durchs fromme, freudige Blau du / Die Blicke sendest, seelenvoll, // Band an blinkende Felsen sein kleines Schiff aus Bithynien / Valerius Catullus fest; // Saß hier tagelang, sah in den zitternden Phosphorwogen / Die Augen seiner Lesbia // und ihr treuloses Lächeln und ihre flüchtigen Gluten // In dem kristall'nen Wellenspiel. // Jene schwächte indes in dunklen Gäßchen die Lenden / Der Nachkommen des Romulus.« Die Anspielungen sind zahlreich, bis auf das beinahe wörtliche Zitat aus c. 58 am Schluß. Weiter läßt Carducci Virgil auftreten und zuletzt, vom Turm der Scaligerfestung herab, Dante sein Gedicht über den Gardasee anstimmen: »›Hoch im schönen Italien ‹ ... so murmelt er lächelnd und blicket / Auf Wasser, Erde Lüfte hin.« (Übersetzung: Fritz Sternberg) Ein Stück poetischer Kulturgeschichte durch die Jahrtausende, in ein Versepos verdichtet.

Zwischenstimme
Richard Dehmel

Der aus der Mark Brandenburg stammende Dichter Richard Dehmel (1863–1920) ist heute weitgehend vergessen. Seine Bedeutung für Literatur und Musik in Deutschland um 1900 ist jedoch erheblich. Zwischen dem Naturalismus der älteren und dem aufkommenden Expressionismus der jungen Generation zeigte besonders seine antibürgerliche, erosbetonte Lyrik neue Wege; als sein Hauptwerk gilt der Romanzenzyklus *Zwei Menschen* (1903). Befreundet mit Detlev von Liliencron und Otto Erich Hartleben, vertont von Richard Strauss, Hans Pfitzner, Max Reger und Arnold Schönberg, war Richard Dehmel Ansprechpartner für Rainer Maria Rilke, Thomas Mann und Max Brod – Else Lasker Schüler fand für ihn die Bezeichnung »Ein finsterer Pflanzerer, / Dunkel fällt sein Korn und brüllt auf.«

Im Frühjahr 1900 unternimmt Dehmel nach der Scheidung von seiner ersten Frau Paula mit seiner zweiten Frau Isi eine Hochzeitsreise nach Griechenland und an den Gardasee. Mitte Mai kommt das Paar nach Sirmione und bleibt hier, nachdem die Frau erkrankt ist, bis Ende Juni. Seinem Freund Harry Graf Kessler schildert Dehmel am 15. Mai 1900 die schöne Umgebung und erklärt, warum sie ihm so viel wertvoller erscheine als die Landschaft Griechenlands:

»(...) wenn Sie diesen wundervollen Fleck Erde, der Insel und Halbinsel, Bergland und Ebene zugleich ist, noch nicht aus eigener Bewunderung kennen, d. h. nur aus Catulls Besingung, dann müssen Sie uns bald einmal besuchen. Schon damit Sie begreifen, warum wir nicht auf Pontikonisi geblieben sind. Hier haben nördliche und südliche Landschaft sich vermählt und etwas Einziges erzeugt. Gebirge und See sind ebenso reich an Farben und Formen wie bei Corfu, die Berge wol noch formenreicher, und eine Feldlandschaft tritt dazu, die mich an meine Heimat erinnert: Binsen und Bäume und Blumen wie um ein märkisches Fischerdorf. Und dann noch etwas, das einen nicht romantischen Geist viel freudiger stimmt als in Griechenland, zukunftsfreudiger: man ist hier, so sehr der Ort von Allerweltsreisenden zum Glück noch verschont ist, der Welt von heute doch näher als auf dem ›versteinerten Schiff des Odysseus‹.« Das stimmt noch heute. Zwar hat sich einiges an der Menge von »Allerweltsreisenden« in Sirmione geändert; doch der historische Blick Dehmels aus den Tiefen der Zeit, ist, gewissermaßen als Gegenstimme zu Carducci, ebenfalls noch gültig: »Welcher Ausblick von hier aus, wo Caesar Catullen besuchte, wo Dante Gastfreund der Scaliger war, wo Bonaparte den italienischen Feldzug [1796 gegen Österreich] begann, welcher Ausblick auf das arbeitsame Volk der Lombardei, auf diesen wahrhaften Garten Eden, dessen Bewässerungspläne Lionardo entwarf, und über die Alpen weg nach Deutschland, unserm Deutschland, das wir lieben, trotz aller preußischen Staatsanwälte. Wieviel weiter und fruchtbarer ist das alles, als die weitesten Rückblicke nach Althellas (...)«. Vor so viel Lob über die fruchtbare Landschaft hat Dehmel jedoch ein nur sechs Kilometer entferntes Monument übersehen, den 74 Meter hohen Turm von San Martino della Battaglia, der seit 1893 an die furchtbare Schlacht von Solferino vom 24. Juni 1859 zwischen französisch-piemontesischen und österreichischen Truppen erinnert. Am Ende hatten die Österreicher verloren; aber auf beiden Seiten waren 25 000 Tote und 10 000 Verletzte zu versorgen. Diese Aufgabe übernahm bravourös der Schweizer Kaufmann und Philanthrop Henri Dunant (1828–1910); ihm verdankt die Welt seit 1863 die Gründung des Roten Kreuzes und bedankte sich bei ihm dafür mit dem Friedensnobelpreis 1901.

Eine Zeichnung von Beardsley und ein Gedicht von Tennyson

Zurück zur Poesie. Authentische Bilder Catulls sind nicht bekannt. Die Portraitbüste des Bildhauers Villarubbia Norri (1935) an der Mole von Sirmione ist antik stilisiert. Eines der Freskenfragmente aus dem 1. Jahrhundert v. Chr. im Antiquarium, dem Museum am Eingang zur archäologischen Zone der Grotten des Catull, zeigt zwar einen jungen Mann mit Buchrolle, doch ob Catull selbst hier dargestellt ist, bleibt fraglich. Typisch für das Ende des 19. Jahrhunderts ist eine Darstellung Catulls durch den englischen Zeichner Aubrey Beardsley (1872–1898). Dieser einzigartige Jugendstilkünstler war nicht nur wie Catull sehr jung, bereits mit 25 Jahren, gestorben, sondern gehört ebenfalls zu einer Spätzeit, zur Epoche der Dekadenz, die seine Linien so elegant illustrieren. Max Brod meint, es bleibe »unbenommen, uns den süßen Dichter im Bilde so zu denken, wie ihn Beardsley gezeichnet hat: mit erhobenem Arm dem toten Bruder Grüße nachsendend, traurige Mundwinkel voll Trotz, die Oberlippe kindlich aufgeworfen, fragezeichenartig die dünnen Augenbrauen, schlank die Gestalt, das gesalbte dunkle Haar so hoch gelockt, daß es Zöpfen ähnelt, und geringelt in zwei Strähnen längs des Halses herablangend ...«.

Erstmals reproduziert wurde Beardsleys Tuschfederzeichnung im November 1896 in der englischen Zeitschrift *The Savoy* unter dem Titel *Ave Atque Vale.* Das sind die drei Schlußworte der Klage Catulls am Grabe seines Bruders (c. 101) bei Troja, dem er ein Totenopfer darbringt und von dem er sich verabschiedet mit den Worten: »Accipe fraterno multum manantia fletu, / Atque in perpetuum, frater, ave atque vale.« Brod übersetzt: »Nimm es, wie es trieft von vielen Tränen des Bruders, / Und für ewige Zeit, Bruder, ade und ade.«

Aubrey Beardsley: Ave Atque Vale. Tuschzeichnung, 1896, verschollen

Wahrscheinlich kannte Beardsley diese Verse aus einem Gedicht seines Landsmannes Alfred Lord Tennyson (1809–1892), der 1850 zum ›poet laureate‹ ernannt wurde. Tennyson besuchte im Sommer 1880 mit seinem Sohn Hallam auf dem Rückweg von einer Reise nach Venedig die »Grotten des Catull« und ließ sich dort zu dem Gedicht ›*Frater Ave Atque Vale*‹ anregen, das erstmals 1883 in einer Zeitschrift und 1885 in der Sammlung *Tiresias and other Poems* veröffentlicht wurde. Wie der Sohn berichtet, erfreute sich Tennyson an den alten Oliven, den Ruinen und dem grünen Rasen, der hinablief zum blauen See mit den Bergen im Hintergrund. Die »purple flowers« sind Blüten der dunkelroten *Iris benacensis,* die in den Ruinen am Gardasee wächst:

Row us out from Desenzano, to your Sirmione row!
So they row'd, and there we landed – ›O venusta Sirmio!‹
There to me thro' all the groves of olives in the summer glow,
There beneath the Roman ruin where the purple flowers grow,
Came that ›Ave atque Vale‹ of the poet's hopeless woe,
Tenderest of Roman poets nineteen-hundred years ago,
›Frater Ave atque Vale‹ – as we wander'd to and fro
Gazing at the Lydian laughter of the Garda Lake below
Sweet Catullus's all-but-island, olive-silvery Sirmio!

Rudert uns von Desenzano hin zu euerm Sirmio!
Sie ruderten, wir kamen an – ›O venusta Sirmio!‹
Dort zu mir durch die Oliven-Haine in der Sommerglut,
Bei der römischen Ruine wo die rote Blume wächst,
Kam das ›Ave atque Vale‹ des Poeten endlos Weh,
Zartester der Dichter Roms neunzehnhundert Jahre her,
›Frater Ave atque Vale‹ – als wir gingen hin und her
Starrend auf das Lydisch' Lachen dieses Gardasees hinunt'
Lieb' Catullus' nichts-als-Insel, olivensilbern' Sirmio!

Schreibspiel der Freunde Max Brod und Franz Kafka

Die Beziehungen zwischen der römischen Zeit des 1. Jahrhunderts v. Chr. und dem 20. Jahrhundert n. Chr. reichen für zwei Freunde aus Prag weit ins Persönliche hinein. Max Brod, der führende Kopf im Prager Dichterkreis der Jahrhundertwende, der Freund Franz Kafkas, und mit ihm zusammen, wie im Kapitel über Riva ausgeführt, im September 1909 für einen kurzen Urlaub am Gardasee – Max Brod hat 1914 eine Übersetzung der *Gedichte* Catulls vorgelegt. Sie stützt sich zwar auf die Übersetzung Ramlers (1793), erklärt jedoch am Ende der ausführlichen Einleitung, daß in der Übersetzung keine altertümlichen Verse, sondern »deutsche Gedichte unseres Zeitalters entstehen sollten«. Damit meinte Max Brod vor allem die erstaunliche Modernität Catulls in der Zeit um 1900.

In seiner Einleitung erwähnt Max Brod seine Schiffahrten auf dem Gardasee. Durch das stark betonte Freundschaftsgefühl sind diese Fahrten ziemlich genau auf den September 1909 zu datieren, als Max Brod mit Franz Kafka von Riva nach Desenzano fuhr und auf der Höhe von Salò nach Süden sah. Im Anschluß an die Beschreibung der Beardsley-Zeichnung fährt Max Brod fort:

»So sah ich ihn [Catull] manchmal, wenn der Gardaseedampfer die Richtung auf Salò nahm und der marmorweiße Palast Borghese [auf der Isola di Garda] alle Gemüter gefangenhielt, mit Säulen und Bogenfenstern sonnig vor dunkelgrünem Grund. Dann taucht nämlich flach auch das Südufer des Sees in Nebeln auf, mit seiner Landzunge Sirmione, auf der noch heute die ›Grotten des Catull‹ gezeigt werden, die übrigens nichts als die Gewölbereste einer spätrömischen Badeanstalt sein sollen. Trotz aller fälschenden Fremdenindustrie: von jenem Fleck aus sah Catull seinen lieben Heimatsee, hörte das Gelächter der Wellen, mit diesem Stückchen Erde ist das Andenken seines großen, treuen und tollen, schlagenden Herzens aufs innigste verwebt.«

Und auch Max Brods eigenes Andenken an die Urlaubstage mit dem Freund Franz Kafka sind mit diesem Bild »aufs innigste verwebt«. Anders ist Brods Verweis auf Catulls Gedicht 50 und den Freund Licinius nicht zu verstehen. Hatte Brod doch ebenfalls in den Septembertagen 1909 auf einen literarisch-feuilletonistischen Wettbewerb mit Kafka gedrungen, um seinem Freund aus der langen Schreibpause herauszuhelfen. Das Ergebnis, das Feuilleton *Die Aeroplane von Brescia*, hatte die Mühen gelohnt. Im Bewußtsein dieser Gemeinsamkeit mit Catull und Licinius läßt sich die folgende Passage leicht zwischen den Zeilen lesen und darin der Adressat Franz Kafka erkennen:

»Das Innigste aber, was aus seinem [Catulls] Freundesenthusiasmus sich herausgerungen hat, mir eines seiner liebsten Gedichte, so schwer mir bei diesem so durchaus innigen Dichter die Wahl wird, ist vielleicht das fünfzigste, an Licinius Calvus (den Redner und Dichter, der auch von Späteren oft mit Catull zusammen genannt wird, als wesensverwandt und befreundet): aus diesem Gedicht schlägt einem ein so beklemmendes Zittern eines oft betrogenen Herzens entgegen, eine solche Freude an der Verbrüderung und zugleich auch ein tiefes Wissen um die Verwundbarkeit des eigenen Herzens, um die Fragwürdigkeit alles Irdischen, daß man im Lesen kaum die Tränen zurückhalten kann ...«.

50 Hesterno, Licini, die otiosi
multum lusimus in meis tabellis,
ut convenerat esse delicatos.
scribens versiculos uterque nostrum
ludebat numero modo hoc, modo illoc,
reddens mutua per iocum atque vinum.
Atque illinc abii tuo lepore
incensus, Licini, facetiisque,
ut nec me miserum cibus iuvaret
nec somnus tegeret quiete ocellos,
sed toto indomitus furore lecto
versarer cupiens videre lucem,
ut tecum loquerer simulque ut essem.
at defessa labore membra postquam
semimortua lectulo iacebant,
hoc, iucunde, tibi poëma feci,
ex quo perspiceres meum dolorem.
Nunc audax cave sis precesque nostras,
oramus, cave despuas, ocelle,
ne poenas Nemesis reposcat a te.
est vemens dea: laedere hanc caveto!

50 *An den Licinius Calvus*

Mein Licinius, wie wir beide gestern
Müßiggängerisch viele Spiele trieben
Auf Schreibtäfelchen, fein, nach unsrer Weise!
Jeder schrieben wir Verse und versuchten
Bald in diesem uns, bald in jenem Rhythmus
Wechselweise bei Wein und frohen Witzen.
Und so ging ich nach Hause, noch von deiner
Laune, deinem Geplauder so entzündet,
Daß mir Armem kein Bissen schmecken wollte,
Mir kein ruhiger Schlaf die Augen deckte,
Sondern daß ich mich wild im Bett herumwarf,
Kaum den Anbruch des Tags erwarten konnte,
Nur um wieder bei dir zu sein, zu schwatzen.
Als nun, müde von der Arbeit, meine
Halb erstorbenen Glieder auf dem Ruhbett
Lagen, macht' ich dir, Süßer, diese Verse,
Die mein Leiden dir klar enthüllen sollen.
Nun, mein Augenlicht, sei nicht übermütig
Und verschmähe mir nicht die heiße Freundschaft,
Daß dich Nemesis nicht zur Strafe ziehe,
Die ist schrecklich: die darfst du ja nicht reizen.

Der Freund ist für Catull »ocelle«, also der Augenstern; mit dem selben Wort ruft der Dichter das geliebte Sirmione an. Nahezu jedes Wort dieses Gedichtes trifft auch auf die enge Verbindung zwischen Max Brod und Franz Kafka zu. Die Tränen besiegeln eine Freundschaft, in der Max Brod durch Anregung und Fürsorge Franz Kafkas literarischen Rang überhaupt erst begründet und so beider Namen untrennbar miteinander verbunden hat.

Eine Begegnung
Ezra Pound und James Joyce

Im Juni 1920 kam es in Sirmione zu einer denkwürdigen literarischen Begegnung. Der amerikanische Dichter Ezra Pound (1885–1972) traf hier zum ersten Mal persönlich mit dem irischen Dichter James Joyce (1882–1941) zusammen. Die beiden kannten einander schon seit sieben Jahren. Auf Anregung des irischen Dichters William Butler Yeats (1865–1939), bei dem er als Sekretär arbeitete, hatte Pound im Winter 1914 den damals in Triest als Sprachlehrer mit seiner Frau Nora und den Kindern Giorgio und Lucia wohnenden Joyce für eine Gedichtanthologie »entdeckt«. Im Lauf der nächsten Jahre wurde Pound für Joyce der wichtigste Vermittler seiner Werke, der Stadtgeschichten *Dubliners* (1914), des *Portrait of the artist as a young man* (1917) und vor allem des epochalen Stadtromans *Ulysses* (1922). Das darin strukturell an Homers *Odyssee* orientierte und in 18 stilistisch unterschiedlichen Episoden dargestellte Geschehen in Dublin am 16. Juni 1904 um die Helden Stephen Dedalus, Leopold und Molly Bloom erregte durch seine freizügige Schilderung intimster Handlungen erhebliches Aufsehen. Die von Pound seit 1918 in der Zeitschrift *The Little Review* veranstalteten Vorabdrucke des Romans forderten immer wieder Zensur und Druckverweigerungen heraus. Das bis ins kleinste Detail komponierte Buch, seine geradezu »ingeniöse Konstruktion« (Jörg Drews), hat zwar letztlich gegenüber bürgerlichen Vorbehalten souverän als literarisches Meisterwerk obsiegt, doch im Juni 1920, als die letzten Episoden noch zu schreiben waren, trübten die Angriffe und Verbote Joyces Zuversicht doch empfindlich.

Pound, damals mit seiner Frau Dorothy in Venedig, lud Joyce Anfang Mai 1920 zu sich ein, um neue Strategien für die nähere Zukunft zu besprechen. Als Dorothy Pound kurzfristig erkrankte, reiste das Ehepaar zur Kur nach Sirmione. Pound kannte den Ort schon von Aufenthalten im Frühjahr 1910 und im Juni 1911. Schon vorher war Sirmione für ihn ein Wunschland, wie die Zwiesprache des lyrischen Ich mit seiner Seele in dem Gedicht »›Blandula, Tenulla, Vagula‹« der Sammlung *Personae* (1909) erkennen läßt:

What hast thou, O my soul, with paradise?
Will we not rather, when our freedom's won,
Get us to some clear place wherin the sun
Lets drift in on us through the olive leaves
A liquid glory? If at Sirmio,
My soul, I meet thee, when this life's outrun,
Will we not find some headland consecrated
By aery apostles of terrene delight,
Will not our cult be founded on the waves,
Clear sapphire, cobalt, cyanine,
On triune azures, the impalpable
Mirrors unstill of the eternal change?

Soul, if She meet us there, will any rumour
Of havens more high and courts disirable
Lure us beyond the cloudy peak of Riva?

Was hast du, Seele, nur vom Paradies?
Woll'n wir nicht lieber, wenn uns Freiheit wird
An einen klaren Ort ziehn, wo in Wasserhelle
Die Sonne auf uns herabseiht
Durch Olivenlaub? Wenn ich dich, meine Seele,
In Sirmio träf nach dieses Lebens Ablauf,
Fänden wir uns nicht irgendein Brachland,
Geweiht von lichten Sendboten der Erdenlust?
Fußt' unser Kult nicht auf dem Wellengang –
Klar wie Saphir, Zyane und Kobalt –
Auf dreieiniger Bläue, unfaßbar,
Unstete Spiegel ewiger Veränderung?

Seele, träf sie uns dort, wird uns ein Wahn
Von höh'ren Stätten, höfischerem Sein
Weglotsen über Rivas Wolkengipfel?

Die »Study in Aesthetics« (Studie in Ästhetik) der Gedichtsammlung *Lustra* (1916) formuliert das Staunen darüber, daß in Italien schon die Kinder genau wissen, was Schönheit ist. Einmal haben sie Pounds Dame »vom Kopfsteinpflaster« aus zugerufen: »*Guarda! Ahi, guarda! ch' è be'a!*« (bella). Und drei Jahre später »Hört ich den jungen Dante dessen Nachnamen ich nicht weiß – / Denn es gibt in Sirmione achtundzwanzig junge Dantes und vierunddreißig Catulls« – hörte er also einen Jungen, dessen Eltern Sardinen in große Holzkisten packen, um sie auf dem Markt in Brescia zu verkaufen, wie er, der den Eltern doch so sehr im Weg war, die Schönheit der geordneten Fische erkannte und sie streichelte: »Und murmelte zu seiner Kurzweil / Eben die Wendung: / *Ch'è b'a.* / Und darüber war ich ein wenig betreten.«

In seiner Skizze *A Retrospect* (*Ein Rückblick*, 1917) aus der Sammlung *Wort und Weise / motz el son* (1957) hat Pound Sirmione daher als magischen Ort gepriesen, der über jede Kunsttheorie erhaben sei: »Ich schlage diesen quengelnden Ton an, weil ich viel lieber auf dem Überrest der Fliesen in Catulls guter Stube liegen würde und das Himmelblau darunter ergründen, wo sich die Hügel nach Salò und Riva hinziehen mit ihren vergessenen Göttern, die sich ungehemmt dort tummeln, als irgendwelche Verfahren oder Theorien der Kunst zu erörtern. Lieber Tennis spielen. (...)«. Oder einen großen Dichter treffen.

Am 13. Mai 1920 schrieb Pound an Joyce aus der »casa mia«, dem Hotel Eden in Sirmione (Piazza Carducci 18), und lud ihn für eine Woche mit einem literaturtouristischen Werbespruch zu sich ein: »Für diesen Ort lohnt sich die Eisenbahnfahrt. Catull und Endesunterfertigter bürgen dafür.« Der Dichter T. S. Eliot sei zwar ebenfalls eingeladen, sein Kommen aber noch unsicher. »Das Zusammenwirken von Luft, See, Ölbäumen und Essen« in Sirmione mache die Begegegnung zu einer »Freundestat«.

Kurz darauf dürfte Joyce sein Kommen angekündigt haben,

denn Pound freute sich am 19. Mai brieflich darüber, gab genaue Abfahrtszeiten von Bahn und Schiff an, zerstreute finanzielle Bedenken, erinnerte daran, das aktuelle Kapitel des *Ulysses* (Die Rinder des Sonnengottes), wenn vielleicht auch erst im Manuskript vorhanden, mitzubringen. Er legte eine Farbskizze seiner Frau und eine Karte bei und schrieb dazu:

»Dorothy hat sich so ziemlich erholt. Anbei ihre Versuche, das Farbenspiel von der Spitze der Halbinsel wiederzugeben. Es gibt keine anständigen Ansichten. Die Karte zeigt den Roca dei Scaglieri [gemeint ist die Rocca Scaligera]. Außerdem Ölbäume, Eidechsen, normale und größere, zwei smaragdgrüne von ansehnlichem Kaliber. Flora siehe Anlage. Zu der Skizze: ich kann nur beteuern, daß das Wasser tatsächlich manchmal so blau ist wie der blauste Teil der Farbe. Habe bisher noch nichts gefunden, das ihm gleichkäme, außer der Grotte von Capri, wo die Grotteneinfahrt sich wie eine Linse auswirkt und das Licht unter Wasser reflektiert.«

Joyce machte sich am 31. Mai auf den Weg, konnte aber aufgrund eines Eisenbahnunglücks und eines Streiks nicht losfahren. In einem langen Brief aus Triest an Pound noch vom selben Tag gab er einen ausführlichen und leicht komischen Situationsbefund. So gebe es mehrere Gründe für ihn, von Triest nach London oder Dublin zu gehen. Zum einen brauche er Ruhe, um sein Buch zu beenden. Das Zusammenleben »mit elf anderen Leuten« (tatsächlich waren es nur acht) in einer Wohnung sei aufreibend und habe auch zu einem anderen Umstand geführt, dem, keine eigene Kleidung mehr zu haben; er trage Sachen seines Sohnes und seines Bruders. Schwankende Wechselkurse, Abscheu vor Sprachunterricht und keine Aussicht auf eine eigene Wohnung verstärkten seine Absicht, allein nach Irland zu reisen, dort das Kapitel »Circe« zu schreiben und sein Buch zu beenden. Die Vorschüsse seien zwar bald aufgebraucht, aber er brauche Ruhe – was Pound davon halte. Doch so ganz war Joyce von dem Plan wohl selbst nicht überzeugt. Den Brief beschließt ein ironisches Postskriptum mit einer Anspielung an die »Lydiae lacus undae« (des alten Lydersees Wellen) aus dem Gedicht 31 des Catull: »Dies ist eine sehr poetische Epistel. Sehen Sie darin bitte keine ausgeklügelt abgefaßte Bitte um getragene Kleider. Sie sollte am Abend gelesen werden, wenn des Sees Wellen ans Ufer plätschern, und sehr rhythmisch.«

Gewitter

Pound hat am Abend des 31. Mai offenbar bereits auf Joyce mit dem Abendessen gewartet. Am 2. Juni schreibt er an Joyce, er hätte dafür bereits »eine artige Begrüßungsrede einstudiert, worin ich Ihnen die Wahl zwischen dem Essen und einem Besuch bei meiner Freundin, der *lavatrice* weiter oben an der Straße ließ.« Der Hinweis auf die Wäscherin ist vermutlich eine Anspielung auf den *Ulysses*, dessen neuestes Kapitel (Die Rinder des Sonnengottes) gerade eingetroffen war. Damit nicht genug, läßt Pound es auch noch buchstäblich krachen, als er das Gewitter des damaligen Abends als Begleitmusik zur Ankunft des Autors von Stephen Dedalus erinnert: »Den ganzen Abend und die Nacht durch entlud sich ein zyklopisches Gewitter, gegen 4.25 krachten derartige Donnerschläge auf Desenzano herab, daß ich dachte, das könne einzig die Ankunft von Vulcano Dedalus bedeuten, von zuständigem Feuerwerk & Fanfaren begleitet.« Hätte Pound jedoch von der extremen Gewitterangst seines erwarteten Gastes gewußt, wäre diese Schilderung vermutlich nicht so deutlich ausgefallen.

Kaum ist dieser Brief in schnellem Lauf über den »regenschliddrigen Pier« zum bereitliegenden Dampfer gebracht, beginnt Pound sofort das nächste Schreiben an Joyce: Sirmione sei ganz billig; Kleider bräuchte man hier »BESTIMMT nicht«; er habe für Joyce soeben »zwei Zimmer im Albergo della Pace gefunden«. Seine Beschreibung des noch heute bestehenden Hauses in der Via Carpentini 17 ist beinahe selbst ein Gedicht:

»Sieht sauber aus. Küche riecht prima. Der Besitzer ein Freund meines alten Freundes Mengatti. Bietet Vollpension für 14 Lire, d. h. 56 für Sie selbviert. Überlege, ob ich dieses Haus nicht selbst mal probiere, wenn ich das nächste Mal komme.

Ich denke, dieser Preis, bei dem guten Eindruck, den das Haus macht, sollte die finanzielle Seite von allein klären.

Caffé latte, mezzogiorno zuppa & pasta, piatto carne con legume, frutta & formaggio. –

Abends das gleiche. Zimmer sind größer als unsere hier & Blick auf den See & mit Garten.

tutto compreso, no dieci percento servizio in su« [alles inbegriffen, keine zehn Prozent Aufschlag].

So entschlossen sich Pound zeigte, so unentschlossen agierte Joyce. Schon im Zug und auf dem Weg nach Venedig, kehrte er am 3. Juni wieder um. Den Grund gab er auf einer Karte an seine Frau Nora mit seiner panischen Angst vor Gewittern und der Aversion gegen Eisenbahnfahrten an. Zurück in Triest, fand er wohl Pounds zweiten Brief vor – und entschloß sich endlich, allen Widrigkeiten zum Trotz, die Reise doch zu wagen. Und während Pound am 7. Juni einen weiteren Brief an Joyce beginnt – »Nach 40 Minuten Einweichen in heißem Schwefel (40°) – 10 Minuten länger als der Doktor der Regie Therme vorschreibt« – und vorschlägt, einander in Paris zu treffen, ist Joyce schon mit seinem 15jährigen Sohn Giorgio unterwegs zu ihm. Ein Telegramm von Nora Joyce benachrichtigt Pound gerade noch, so daß er seinen Gast am 8. Juni in Desenzano abholen kann. Er bleibt für zwei Tage.

Der erste Eindruck ist gegenseitig etwas gedämpft. Joyce erlebt Pound als eine »einzige Ballung von unberechenbarer Elektrizität«, als ein »Phänomen an Überschwang, Lebensfreude und Hilfsbereitschaft«, und argwöhnt, Pound halte ihn vermutlich »für einen ziemlich hoffnungslosen Bourgeois«. Pound bestätigt diesen Eindruck jedoch positiv: »Freilich ist er so störrisch wie ein Maulesel oder Ire, aber ich konnte ihn durchaus nicht unansprechbar finden. Gott sei Dank war er störrisch genug, seine Aufgabe zu erkennen und dabeizubleiben.« Mit der »Aufgabe« meint Pound den Roman *Ulysses.*

Das Ergebnis der zwei Tage faßt Joyce in einem Brief an seine Gönnerin Harriet Shaw Weaver aus Paris vom 12. Juli 1920 zusammen:

»Mr. Pound schrieb mir so dringend von Sirmione (Gardasee), daß ich trotz meiner Angst vor Gewittern und meiner Abneigung gegen das Reisen hingefahren bin und meinen Sohn als Blitzableiter mitgenommen habe. Ich blieb zwei Tage da, und nachdem ich meine Lage allgemein erklärt und meine Wünsche geäußert hatte, kamen wir überein, daß ich ihm nach Paris folgen sollte.«

Ein Limerick

Eine erste kleine literarische Reaktion auf diesen Besuch ist ein Limerick, den Joyce auf die Rückseite eines Briefes an Pound nach ihrer Begegnung geschrieben hat. Er nimmt darin das Plätschern der Seewellen im Postskriptum seiner poetischen Epistel aus Triest vom 31. Mai 1920 und damit aus dem Gedicht 31 des Catull wieder auf:

A bard once in lakelapped Sirmione
Lived in peace, eating locusts and honey
  Till a son of a bitch
  Left him dry on the beach
Without clothes, boots, time, quit or money.

Ein Barde lebte einst friedlich im seeumplätscherten Sirmione, aß Heuschrecken und Honig, bis ihn ein Hurensohn ausgetrocknet am Strand zurückließ, ohne Kleider, Schuhe, Zeit, Ruhe oder Geld.

Pound und Joyce verlegen beide zunächst ihren Wohnsitz nach Paris und bleiben fast vier Jahre einander nahe. In Paris ist Pounds »Werbefeldzug« für Joyce erneut erfolgreich. Auf Kosten von Sylvia Beach, Mitinhaberin der Buchhandlung »Shakespeare & Company«, erscheint am 2. Februar 1922, Joyces 40. Geburtstag, die erste Buchausgabe des *Ulysses.* Bald darauf jedoch gehen die beiden so unterschiedlichen Dichter verschiedene Wege. Joyce beginnt ein literarisches »Experiment, die ›dunkle Nacht der Seele‹ zu interpretieren« (an Harriet Shaw Weaver, Paris, 14. August 1927), als »work in progress«, das immer wieder in Teilen vorab erscheint, und vollendet das Buch 1939 unter dem Titel *Finnegans Wake.*

Pound kann damit nichts mehr anfangen. Den Unterschied zwischen seiner eigenen, wie er sie nennt, »phallischen« Lyrik und dem »exkrementalen« Ende der europäischen Romantradition im *Ulysses* hatte er schon vorher immer wieder hervorgehoben. Dabei hat Joyce selbst immer wieder gefragt, ob man nicht sehe, daß sein Buch auch humorvoll sei, und tatsächlich ist, wie Jörg Drews richtig sieht, »der *Ulysses* auf weite Strecken von überwältigender Realistik und oft geradzu halkyonischer Heiterkeit«.

Pound wählte sich anfangs ebenfalls Odysseus zum Helden für das Projekt seines Weltgedichts der *Cantos* (1915–1959). In der Maske der römischen »persona«, im chinesischen Schriftzeichen und in der gegenseitigen Verwandlung von Dingen und Sprache sollte in den *Cantos* ein lebenslanger, andauernder Prozeß, ein »perpetuum carmen« (Ovid), sichtbar werden und den subjektiven Standpunkt mit der allgemeinen Geschichte verbinden. Dagegen sah Pound in Joyces »work in progress«, dem grandiosen Spiel mit den Mehrfachbedeutungen von Worten, eine Sackgasse.

Pound zog Ende 1924 nach Rapallo an den Golf von Genua,

eröffnete dort eine legendäre Ein-Mann-Universität und setzte sein Projekt der *Cantos* fort. Die Kritik an den kapitalistischen Ursachen des Ersten Weltkrieges führte ihn zur unbedingten Unterstützung des italienischen Faschismus. Damit entwickelte er sich zum eigenwilligsten Gegenspieler des unpolitischen Joyce, der im Januar 1941 unvermittelt in Zürich starb. Noch im selben Monat begann Pound über Radio Rom profaschistische Reden zu verbreiten. Sie sind jedoch, wie vielfach belegbar, in genialer Prophetie bis in die Tonlage hinein bereits in *Finnegans Wake* vorgeprägt. Pound ist hier der »maundarin«, der wirr daherredende und polternde (maundaring), aber chinesisch feine Mandarin, oder, viel heftiger: »a maundarin tongue in a pounderin jowl« (eine schmonzbonzige Zunge in einem popounzigen Schlundwerk) – eine nennenswerte Wirkung auf Pound durch diese Schmähung ist allerdings nicht bekannt.

Umso heftiger mußte Pound nach dem Krieg die Kehrseite seiner politischen Hoffnungen in tiefster Demütigung erfahren. Am 2. Mai 1945 stellte er sich den amerikanischen Truppen und wurde in Pisa in einem eigens für ihn konstruierten Käfig sieben Wochen unter unmenschlichen Bedingungen bis zum Nervenzusammenbruch gefangen gehalten. Als Lektüre war ihm ein Band Konfuzius zugestanden worden; ein schwarzer Mithäftling zimmerte ihm einen Schreibtisch. Hier, in einer Situation, die nach den unvorstellbaren Qualen und Leiden der faschistischen Konzentrationslager erneut und diesmal auf Seiten der demokratischen Sieger Dantes Strafen in den Höllen-Cantos seiner *Divina Commedia* übertraf, hier schrieb Pound den vielstimmig gebrochenen poetischen Weltbericht der *Pisan Cantos* (1948, deutsch 1969 und 1985). In Nr. LXXVI erinnert er sich darin auch an die Begegnung mit Joyce in Sirmione. Die Stelle in dem komplizierten Monolog erhellt zu Beginn und am Schluß ein französischer Satz: »Tout dit que pas ne dure la fortune«: Alle sagen, das Glück habe keine Dauer. Also auch nicht das Unglück. Und wie bei Horaz (*Ars poetica*, 139) dem kreißenden Berg das lächerliche Mäuschen entspringt, fällt aus dem Wolkenberg über dem Lager ein kleiner Regen, der die Erinnerung weckt:

(...) In fact a small rain storm ...
        as it were a mouse, out of cloud's mountain
recalling the arrival of Joyce et fils
        at the haunt of Catullus
with Jim's veneration of thunder and the
        Gardasee in magnificence
But Miss Norton's memory for the conversation
        [or ›go on‹] of idiots
was such as even the eminent Irish writer
        has, if equalled at moments [? synthetic'ly]
        certainly never surpassed (...)

(...) In der Tat ein kleiner Regenguß ...
        gleichsam eine Maus aus dem Wolkenberg
gemahnt an die Ankunft von Joyce et fils
        an der Bleibe Catulls
bei Jims Andacht vorm Donner und der
        Gardasee in Verklärung
Doch Miss Nortons Gedächtnis für die Unterhaltungen
        [oder das Treiben] von Knallköpfen
war solcherart, daß selbst der eminente irische Autor
        wenn er's ihr manchmal gleichtat [? erfundnerweise]
Sie doch bestimmt nie übertraf (...)

So versinkt der Schreiber (»ego scriptor«) in sein Gedankenspiel der Verbindungen von weit Entferntem; später in diesem Gesang erwähnt er noch einmal Sirmione; doch die Stilisierung hat bereits den Monde Baldo in den heiligen Berg Japans verwandelt:

(...) this wind out of Carrara
is soft as *un terzo cielo*
        said the Prefetto
as the cat walked the porch rail of Gardone
        the lake flowing away from that side

was still as is never in Sirmio
with Fujiyama above it (...)

(...) dieser Wind von Carrara her
ist weich wie un terzo cielo
sprach der Prefetto
als die Katze auf dem Gatter entlang schritt bei Gardone,
da von jener Seite das Wasser abströmte
war der See still wie es in Sirmio nie ist
mit dem Fujiyama zuhäupten (...).

Die merkwürdige Sentenz vom abströmenden Wasser nimmt Pound noch einmal auf in Canto LXXVIII, wenn er die »Soziale Republik« Mussolinis in Salò von September 1943 bis April 1945 und des Duce »Programma di Verona« mit der Frage, ob Eigentum vom Besitz abgeleitet werde (della) oder ob ein Recht auf Eigentum (alla) grundsätzlich bestehen müsse, als letzten Hoffnungsschimmer seiner eigenen freilich diffusen politischen Vorstellungen bezeichnet:

(...) ›alla‹ non ›della‹ in il Programma di Verona
the old hand as stylist still holding its cunning
and the water flowing away from that side of the lake
is silent as never at Sirmio
under the arches
Foresteria, Salò, Gardone
to dream the Republic. (...)

(...) ›alla‹ non ›della‹ in il Programma di Verona
der geübte Stilist, immer voller Kniffe
und das Wasser, das von jener Seite abströmt,
ist still wie nie in Sirmio
unter den Bögen
Foresteria, Salò, Gardone
die Republik zu träumen. (...)

Catulli Carmina
Carl Orff

Die kunstvollen Verse Catulls sind auch musikalisch, reich an Vokalen und metrischen Strukturen. Wer sie genau anschaut und spricht, kann sie bald singen. Schaut sie ein Komponist an, kann Großes erklingen; der Anlaß mag äußerlich sein.

Anfang August 1930 unternehmen der bayerische Komponist Carl Orff (1895–1982) und sein erster Schüler und Freund, der Komponist und spätere Chorleiter des Münchner Bachvereins Karl Marx (1897–1985) von München aus eine Erholungsreise an den Gardasee. Sie wollen ein wenig Abstand gewinnen von der musikalischen Arbeit an Orffs *Schulwerk* und im Herbst mit neuen Ideen zurückkehren.

Im Herbst 1924 hatte Carl Orff in München zusammen mit der Tanzpädagogin Dorothee Günther die »Güntherschule« für Gymnastik, Tanz und Musik gegründet. Hier erprobte Orff unter Mitarbeit der Rhythmus- und Bewegungslehrerin Gunild Keetmann und der Tänzerin Maja Lex seine Ideen einer elementaren Musikerziehung. Sprechgesang, Klavierübungen und vokale Improvisationen im Chor (seit 1929 geleitet von Karl Marx) gingen über in die Arbeit der Tanzgruppen, und das leicht zu handhabende Instrumentarium einfacher, alter und exotischer Blas-, Stab- und Schlagwerkinstrumente gab Gelegenheit zu vielen musikalischen und rhythmischen Experimenten.

Für sein Bühnenwerk ist Orff in diesen Jahren zudem noch bei einem alten italienischen Meister in die Lehre gegangen, bei Claudio Monteverdi (1567–1643), dessen Oper *Orfeo* (1607) er zwischen 1923 und 1929 in zwei unterschiedlichen Bearbeitungen vorstellte. Der Einfluß Monteverdis auf Orff war wegweisend. Orffs Bühnenwerk, das wie das *Schulwerk* die Einheit von Sprache, Musik und Bewegung anstrebt, ist den Anfängen des europäischen Musikdramas vielfach verpflichtet und entwickelt daraus den knappen, passenden, präzisen Ausdruck.

Im August 1930 nun war Orff, wie er sich selbst erinnert, nach sechs Jahren des Experimentierens am *Schulwerk* so weit, erste Ergebnisse zu veröffentlichen. Doch zuvor wollte er noch Kraft sammeln, »eine Atempause, eine größere Zäsur, einlegen und eine längst geplante Reise nach Italien unternehmen. Das Land zu erleben, mit dem ich mich in meiner Arbeit schon immer verbunden fühlte, war für mich ein Ereignis.« Ein Ereignis mit Folgen.

Wie Karl Marx in bislang unveröffentlichten Aufzeichnungen berichtet, kamen er und Orff auf dem Weg in den Süden zunächst nach Torbole am Gardasee. Unbeschwert und geistreich fand Orff für ein Wandgemälde des Malers Hans Lietzmann an seinem Wirtshaus eine neue Deutung: »Wir hausten in der Villa Beust [heute: Casa Beust di Olivieri Roberto beim alten Zollhaus], vom Seeufer nur durch einen schmalen Fußweg getrennt. Bei der Inhaberin, Signora Clementi, einer freundlichen alten Dame, waren wir gut aufgehoben und ihre Tochter, die Frau eines Offiziers, die mit ihrem kleinen Töchterchen [eine] Ferienwoche dort verbrachte, leistete uns gelegentlich Gesellschaft, wobei sie mit ihrer Meinung, z. B. über den Duce und den (dummen und eitlen) Kronprinzen nicht hinter dem Berg hinhielt. Über der Haustür befand sich ein Fresko: Der heilige Antonius den Fischen predigend, die zu seinen Füßen ihre Köpfchen aus dem Wasser hoben. Orff besah sich das Bild eine kleine Weile und erklärte es dann auf seine Weise: ›Aha, der heilige Clementi, wie er den Fischen den Fingersatz beibringt!‹ (Frau Clementi war übrigens, wie sie uns später erzählte, tatsächlich mit dem alten Muzio [Clementi, 1752–1832, von Beethoven geschätzter Komponist] irgendwie verwandt.)« Doch so ganz können sich die Freunde von der musikalischen Arbeit nicht lösen: »Wir schrieben damals zusammen an der ›Chorschule‹, die, auf der Intervallfolge der Naturtonleiter aufgebaut, über Quinten und Quarten zu großen und kleinen Terzen und weiter zu den Dissonanzen führen sollte. Im Garten, in der Hängematte, oder auf dem Badesteg in der Sonne liegend, reichten wir uns die fertigen Stücke gegenseitig zur Begutachtung. Die Arbeit drängte, denn in der Oktoberwoche Neuer Musik sollte in einem Studio-Abend eine Auswahl davon geboten werden, mit entsprechenden [Übungen] der ›Flötenschule‹ und den Schlagzeug-Übungen, die Gunild Keetmann vorbereitete.« In Zusammenarbeit mit Gunild Keetmann entstand in den Jahren 1930 bis 1935 die erste *Schulwerk*-Ausgabe, die nach dem Krieg zum *Orff Schulwerk-Musik für Kinder* (1950–54) umgearbeitet wurde und seither einen beispiellosen Erfolg in aller Welt hat.

In den arbeitsreichen Sommernächten 1930 am Gardasee kam, laut Karl Marx, die Erholung beinahe zu kurz: »Wenn wir auch bei Regen einmal bis gegen $^1/_2$ 2 Uhr nachts über dem Schulwerk brüteten, so waren andere Tage doch ausgefüllt mit Wanderungen auf den Höhen über dem See und nächtlichen Spaziergängen in den nahen Olivenhain. Da erklang einmal vom See herüber die Stimme eines Fischers, der mit prächtigem Tenor Puccinis ›Lucia le stelle‹ aus der ›Tosca‹ sang, und Orff meinte, daß ein Erfolg wie *dieser* dem Komponisten fast zu neiden sei und jedenfalls manche hochtönende Kritik in den Schatten stelle.«

Mitte August reisten die Freunde mit dem Schiff nach San Vigilio und Garda, und von dort weiter nach Verona. An zwei Abenden, vermutlich Donnerstag, den 14., und Freitag, den 15. August, hörten und sahen sie in der Arena die Opern *Boris Godunow* (1874) von Modest Mussorgski (1839–1881) und *Die Macht des Schicksals* (1862/69) von Giuseppe Verdi (1813–1901), beeindruckt von der »unvorstellbar guten Akustik« und dem enthusiastischen Beifall der italienischen Familien. Nach einem Besuch der Giotto-Fresken in der Arena-Kapelle von Padua wählten sie am Samstag, den 16. August, für den Rückweg nach Torbole die Route über Sirmione. Karl Marx erinnert sich: »Natürlich besichtigten wir die sogenannten Grotten des Catull und die Skaligerburg, und speisten auch im ›Albergo Catullo‹, aber

Carl Orff in Sirmione, August 1930. Aufnahme: Karl Marx

ich erinnere mich an keine unmittelbare Reaktion, die die Wirkung hätte ahnen lassen, die dieser Tag und die ganze Reise nach dem Süden in Orff ausgelöst haben.«

Was war geschehen? Orff berichtet darüber in der Einleitung zu Band IV seiner Dokumentation zu Leben und Werk:

»Nach erholsamen Wochen am Gardasee besuchte ich als Abschluß noch das vielgerühmte Sirmione, die Halbinsel am Südende des Sees mit den ›Grotten des Catull‹, die in Wirklichkeit imposante Ruinen einer großzügigen Badeanlage aus spätrömischer Zeit sind.

Ich war so entspannt, ausgeruht und aufnahmebereit, daß es nur eines Anstoßes bedurfte, um Neues in mir aufbrechen zu lassen. Am letzten Abend vor meiner Heimkehr besorgte ich mir noch Karten vom See, von Sirmione und der Halbinsel, wobei mir eine durch ihre südländische Buntheit besonders auffiel: ›Grotte di Catullo, tramonto sul lago di Garda‹. Darunter stand Catulls berühmtes Distichon:

Karl Marx in Sirmione, August 1930. Aufnahme: Carl Orff

Odi et amo. quare id faciam, fortasse requiris.
nescio, sed fieri sentio et excruscior.

Diese Zeilen, kurz wie gemeißelt, faszinierten mich, sie waren für mich Musik. – Ein Funke sprang über und hatte gezündet.«

Orff beginnt sogleich zu arbeiten. Bereits auf »der Heimfahrt am nächsten Tage skizzierte ich den Chor, der sich mir aufdrängte und der in seiner Endfassung nicht viel von dem ersten Entwurf abweicht.« Zuhause in München verschafft er sich den Band mit Catulls Gedichten in der Tusculum-Reihe des Heimeran Verlags und fährt reiche Ernte ein: »Der kleine Band war für mich eine Fundgrube. Die Gedichte sprangen mich an wie vorgeformte Musik.« Die Vorbereitungen von jahrelanger Übung treffen auf ein der erreichten Reife gemäßes Thema. Binnen weniger Monate vollendet Orff »›con entusiasmo‹« seinen ersten Zyklus der *Catulli Carmina I, Sieben Chorsätze a capella* zu den Gedichten *Odi et amo* (c. 85), *Vivamus, mea Lesbia* (c. 5), *Lugete, o Veneres* (c. 3), *Ille mi par esse deo videtur* (c. 51), *Ammiana* (c.

41), *Miser Catulle* (c. 8) und *Nulla potest mulier* (c. 87 und 75). In einer zweiten Folge kamen 1931 noch die Chorsätze zu den Gedichten *Iam ver egelidos* (c. 46), *Multas per gentes* (c. 101) und *Sirmio* (c. 31) dazu. Der Eindruck von dem singenden Fischer bei Torbole wurde zum Anspruch. Das besondere musikalische Verständnis für Catull war dafür Voraussetzung, wie Werner Thomas richtig sieht: »Seine [Orffs] Faszination entsprang einer typologisch verwandten Haltung. Der Musiker antwortete auf die Direktheit des Fühlens und Sagens mit melischer Flexibilität, transparentem Leuchten des Klanges und federnder Rhythmik. Er fing den Glanz der Italianità ein. Das könne man, meinte er, im Boot treibend auf dem nächtlichen Gardasee singen.« Den neuen, einzigartigen Klang dieser Chorsätze nach den ebenfalls 1930/31 entstandenen Kantaten und Chorsätzen auf Texte von Franz Werfel und Bertolt Brecht hat Karl Marx bis Ende des Jahres 1930 mehrfach hören können: »Schon im September spielte er [Orff] mir den ersten ›Catull‹ vor, und bis Ende des Jahres war das erste Heft der ›Catulli Carmina‹ fertig. Orffs Stil ist darin zum ersten Mal so ausgeprägt, daß er auf diese Chöre nach den ›Carmina Burana‹, dem ›Mond‹ und der ›Klugen‹ zurückgreifen kann, um sie mit nur geringfügigen Änderungen, aber durch die Rahmenhandlung erweitert, zur musikalischen Grundlage seines Balletts ›Catulli Carmina‹ zu machen (...)«.

Tatsächlich leiten die sieben Chorsätze der *Catulli Carmina I* das so überreiche musikdramatische Gesamtwerk Carl Orffs ein. Die berühmten *Carmina Burana* (1937) verdanken ihre Entstehung übrigens einem ähnlich begeisterten Moment wie die *Catulli Carmina.* Als Orff an Gründonnerstag 1934 zum erstenmal die 1847 von Andreas Schmeller herausgegebene Sammlung der lateinischen und deutschen Lieder aus der Handschrift des 13. Jahrhunderts in Benediktbeuern aufschlug, das Glücksrad der Fortuna erblickte und die Verse las »O Fortuna / velet luna / statu variabilis«, sprang der Funke sofort über: »Bild und Wort überfielen mich«.

Der große Erfolg der *Carmina Burana* verlangte nach Fortsetzung und nach Ergänzung des nicht abendfüllenden Werkes. So machte sich Carl Orff 1941 an die Aufgabe, aus den Catull-Chören von 1930/31 eine »Madrigalkömodie« um das Liebespaar Catull und Lesbia zu entwickeln. Er erfand eine Rahmenhandlung in Plautinischem Latein, umgab eine mitten auf der Bühne stehende Säule mit insgesamt fünf Häusern, stellte einigen Greisen junge Leute gegenüber, und verwendete erstmals in einem seiner Bühnenwerke »ein reines Schlagwerkorchester« (dazu vier auf besondere Weise zu spielende Klaviere), um dem »stile eccitato« des aus vielen Ausrufen bestehenden Stückes »ein entsprechendes Klangfundament zu geben«. Durch dieses Rahmenspiel, so Orff, »wurden die Catulli Carmina zu einer szenischen Parabel von der Allgewalt des Eros«. Die Uraufführung der »Ludi scaenici« (Szenischen Spiele) übernahmen am 6. November 1943 die Städtischen Bühnen Leipzig mitten im Krieg. Die Kritik zeigte sich, wie beispielsweise Karl-Heinz Ruppel in der *Kölnischen Zeitung*, »frappiert von der Kühnheit und Sicherheit neuartiger Kombinationen, begleiteter und unbegleiteter, choristischer und solistischer, streng gebundener und frei deklamierter Gesänge, von der faszinierenden Gewalt der rhythmischen Prägungen, von dem Klangphänomen eines aus vier Klavieren, vier Pauken und einigen zwanzig Schlaginstrumenten von bestimmter und unbestimmter Tonhöhe bestehenden Orchesters.«

Nach den Chorsätzen von 1930/31 und dem szenischen Spiel der *Catulli Carmina* entstand nach dem Krieg noch ein drittes ›antikes‹ Werk, das szenische Konzert des *Trionfo di Afrodite* (1953) mit Liedern Catulls und der Sappho sowie dem Chor aus dem *Hippolytos* des Euripides. Der *Trionfo di Afrodite* bildet zusammen mit den *Catulli Carmina* und den *Carmina Burana* die Trilogie der *Trionfi* und damit eine, wie Werner Thomas erklärt, »gestufte Trilogie der Liebe: Fortuna als Imperatrix des Schicksalsrades, Catull als paradigmatische Figur dämonischer Verstrickung, Aphrodite als kosmische Liebesmacht«. Die Uraufführung der *Trionfi* übernahm 1953 das berühmte Teatro della Scala in Milano; Regie und musikalische Leitung hatte Herbert von Karajan. Noch im selben Jahr waren die *Trionfi* in München (unter Eugen Jochum), Stuttgart (unter Ferdinand Leitner), Wien und Hamburg (ohne die *Carmina Burana*) zu sehen; weitere Aufführungen fanden in den ersten Jahren statt in Wien 1957, München (ohne den *Trionfo di Afrodite*) und Stuttgart 1959.

Während der Arbeit an seiner achtbändigen Dokumentation zu Leben und Werk kam der ansonsten nicht gerade reiselustige Carl Orff zweimal im Herbst nach Sirmione zurück, um in die Atmosphäre seiner Anfänge zurückzufinden. In der Villa Cortine Palace wohnte er 1976 vom 14. bis zum 20. September und 1977 vom 15. bis zum 19. September. Zwar schlägt ein junger italienischer Musikwissenschaftler, Alberto Fassone, neuerdings zum Thema *Catulli Carmina* einen kühnen Bogen *fra il Lacus Benacus e l'Ammersee*, also zwischen dem Benacus des Catull und dem Ammersee, wo Carl Orff seinen letzten Wohnort hatte. Doch eine Aufführung der *Catulli Carmina* in den »Grotten des Catull« steht bis heute aus.

PESCHIERA

INSEL DER SELIGEN
WILHELM HEINSE

Sechs Jahre vor Goethe macht sich Anfang Juni 1780 in Düsseldorf am Rhein ein junger Mann von 34 Jahren auf den Weg nach Italien. Johann Jakob Wilhelm Heinse (1746–1803) ist der Sohn eines Stadtschreibers, Organisten und späteren Bürgermeisters aus Langewiesen bei Ilmenau in Thüringen. Schon der begabte Student der Literatur und Philosophie in Jena und Erfurt hat Gönner und Förderer in seinem Dozenten Friedrich Justus Riedel (1742–1785) und den arrivierten Literaten Christoph Martin Wieland (1733–1813) und Johann Wilhelm Ludwig Gleim (1719–1803) gefunden. Von Riedels Ästhetik beeindruckt, aber ohne Abschluß, findet Heinse kurzfristig Anstellungen als Sekretär und Reisebegleiter zweier abgedankter Offiziere und, auf Vermittlung Gleims, als Hauslehrer in Halberstadt. Zeitgemäß anonym gibt Heinse Übersetzungen des eleganten Petronius (1773) und des schwärmerischen Petrarca (1774) heraus; ebenfalls anonym erscheint sein antikisierender Roman *Laidion oder die Eleusinischen Geheimnisse* (1774). Seit 1774 in Düsseldorf ansässig, avanciert er im Kreis um Friedrich Heinrich Jacobi (1743–1819) zum Mitherausgeber der angesehenen Zeitschrift *Iris*. Hier lernt er im Juni 1774 auch Goethe kennen, der in diesem Jahr mit dem Briefroman *Die Leiden des jungen Werthers* einen beispiellosen Erfolg hat und nicht nur die dichtenden Zeitgenossen des »Sturm und Drang« mit dem heftigen »Wertherfieber« ansteckt. Die Begeisterung ist gegenseitig: »Das ist mein Mann!« ruft Goethe aus; »vom Wirbel bis zur Zehe Genie und Kraft und Stärke (...); ein Herz voll Gefühl, ein Geist voll Feuer mit Adlerflügeln«, antwortet Heinse.

An Heinses Kunstbriefen *Über einige Gemälde der düsseldorfer Galerie* (1776/77) zeigt sich seine herausragende Begabung bei der Betrachtung von Kunstwerken, sein »Künstlersinn« (Zeller), der, unbelastet von theoretischem Ballast, den Augenschein von Bildern und Plastiken lustbetont und geistvoll zur Erkenntnis bringt. Aber Düsseldorf ist nicht Florenz oder Rom, wo der Archäologe Johann Joachim Winckelmann (1717–1768) mit seiner *Geschichte der Kunst des Altertums* neue Maßstäbe gesetzt hat. Heinse ahnt, daß sich sein eigentliches Talent der lebendigen Kunstbetrachtung erst in Italien entfalten kann. Und so macht er sich denn, finanziell unterstützt von Gleim und Jacobi, am 6. Juni 1780 auf den Weg. Er geht zu Fuß.

»Seine Reise (...) nahm er sich vor zu Fuße zu tun, und so sollt es sein Leben lang durch alle schöne Gegenden geschehen; er hielt es für Torheit, sie anders zu machen, wenn man gesund und stark wäre und keine notwendige Eile hätte: die Natur von Land und Leuten könne man auf keine andre Weise so gut kennenlernen; und was die Straßenräuber beträfe, so sei man im Wagen der Gefahr weit eher ausgesetzt, und die ärgsten würden von Billigkeit zurückgehalten gegen ein harmloses Geschöpf, das ohne bürgerlichen Reichtum, wie sie, bloß menschlich einherschreitet.«

Was hier Heinses späterer Romanheld Ardinghello zeitlos richtig behauptet, ist eine Grunderfahrung seines Autors. Heinses Weg führt ihn den Rhein hinauf durch die Schweiz über den St. Gotthard nach Genua und zu längeren Aufenthalten in Venedig, Florenz, Rom und Neapel. Die unmittelbare Anschauung geht über alle Begriffe. An Gleim schreibt Heinse Ende Juni 1882 aus Rom: »Man muß Italien selbst sehen, lieber Vater Gleim, es läßt sich wenig darüber schreiben, was einem statt eignen Anschauens dienen könnte.« Auch wenn schon viel geschrieben und gezeichnet wurde, »an Ort und Stelle findet man alles ganz anders, und erkennt, daß man noch keine wahre Idee davon hatte.« Drei Jahre bleibt er im Lande, schaut sich alles genau an und führt fleißig Tagebuch. Anfang Juli 1783 tritt er den Rückweg an und geht zunächst von Rom durch Umbrien nach Venedig. Aber anstatt die Richtung zum Brenner einzuschlagen, wählt Heinse den Abstecher nach Mailand. Auf diesem Weg kommt er, ausnahmsweise einmal im Reisewagen, am 9. August 1783 von Verona aus an den Gardasee, erst nach Peschiera und am folgenden Tag nach Sirmione. Es ist eine Begegnung mit literarischen Folgen, zunächst im Tagebuch, und dann im Roman.

Die Fahrt in blendender Sonne und großer Hitze durch das steinige, wenig fruchtbare Land ist anstrengend und ermüdend. Da zeigt sich bei Peschiera überraschend schön der Gardasee, und sofort ist Heinse wieder wach. Das durch drei Jahre an den Gemälden der italienischen Renaissance geschulte Malerauge Heinses sieht die reichen Farbtöne und Schattierungen der bergigen Seelandschaft:

»Etwa eine Miglie von Pesqiera erblickt man den See di Garda, einen der reizendsten vielleicht auf der Welt, so prächtig und schön erheben sich nach und nach die Gebürge dahinter herum in frischen zauberischen Farbentönen von dunkel und braun und Luft. Die Konture sind schon schroff winkelicht und hastig abwechselnd mit Zacken und Rissen, und die großen Massen ragen gigantisch einzeln gen Himmel. Unten liegt still und blinkend und ruheklar und hell der See in lieblichem, wollüstigen fruchtbaren Grün der Bäume und mildem Schooß der Erde.«

Heinse findet in diesem Anblick die Entsprechung für seine in Italien entwickelte Ästhetik von Kunst und sinnlichem Genuß; nicht geologisch, dafür fruchtbar kreatürlich stellt er den See und seine Umgebung dar; und die Schilderung dieser wirklich gesehenen und nicht bloß empfundenen Landschaft überzeugt.

Die skizzenhafte Technik, Worte zu reihen, um ohne konventionellen Ausdruck Eindrücke festzuhalten und einen landschaftlichen Zusammenhang zu gewinnen, bestimmt auch die knappen, genauen Angaben zu Peschiera, in dessen Nähe Heinse logierte: »Pesquiera ist eine kleine Festung, durch welche ein Stück Mincio geleitet ist, der in dem Ort selbst vom See reingewaschen klar bläulich sanft schnell wegströmt; ein starker Fluß schon. Im Wirtshaus Papa, eine Miglie davon, des Nachts geherbergt, welches wie im Paradies liegt. Man übersieht fast den ganzen See, und die Gebürge aus den Fenstern.«

Die Summe seiner Eindrücke faßt Heinse in den Begriff vom »Paradies«; der Kontrast des armen Reisenden, der sich nur eine Herberge außerhalb des Fischerdorfes Peschiera leisten kann, zu der von ihm aufgewerteten Gegend ist groß. Am nächsten Morgen, Heinse ist schon früh wach, um sich nichts entgehen zu lassen, vertieft er seinen ersten Eindruck und weitet ihn aus:

»Den 10 August / Herrlicher Sonnenaufgang am Ende des Gebürgs bey Verona. Breit liegt der See da im Morgenduft, und die Berge im dünnen Nebel; ein leises Wehen kräußelt in der Mitte die Wellen und macht ihn lebendig, und weckt seine Schönheit wie auf; er zieht sich hinten ins Thal hinein.« Der Blick geht nach Westen, wo ihm Sirmione noch wie eine Insel vorkommt: »Die eine Insel liegt lieblich in röthlichen Strahlen und sonnt sich. Die Häuserchen am Ufer allein scheinen zu schlummern mit ihrer Unbeweglichkeit, und weil die Menschen noch nicht heraus sind.« Jetzt übersieht er das Ganze in einem Blick und findet eine mythische und heiter beseelte Landschaft: »Die unabsehliche Kette von Gebürgen liegt wie eine neue Welt da, als ob sie bestimt wäre, lauter Titanen zu tragen. Süßer röthlicher Dunst bekleidet glänzend den östlichen Himmel, und die dünnen wollichten Wölkchen schweben still um den heitern Raum des Aethers, worin die Vögel entzückte Flüge zur Lust machen. Der herrliche Gang von Cypressen verändert linker Hand vor Sirmion lieblich die Scene, und sie stehen schön beleuchtet.«

Sirmione

Heinse ist wieder zu Fuß unterwegs und kann auf dem »Gang von Cypressen« die Blickrichtung vorteilhaft ändern. Der einfühlsam begeisterte Blick bedient sich malerischer Worte; und seine mitschwingende Betrachtung des Sees übertrifft noch die zum Vergleich bemühten Bilder der beiden, jeweils in Rom gestorbenen, französischen Landschaftsmaler Nicolas Poussin (1594–1665) und Claude Lorrain (1600–1682):

»Der See ist wirklich einer der schönsten die ich je gesehen habe, so reizend sind dessen Ufer, und majestätisch und wild, und mit so vielem mancherleyen Farbenspiel und Licht und Schatten erhebt sich das Gebürg. Es ist eine Landschaft, von der Seite aus, wo man in das Thal hinein schaut, und Sirmion gegenüber steht auf dem Weg nach Desenzano, wie weder Poussin noch Claude je eine erfunden haben.«

Derart vorbereitet, erfährt die Halbinsel ihre besondere Aufwertung durch den literarischen Vergleich mit Homers *Odyssee.* Sirmione wird zur Insel der griechischen Meernymphe Kalypso, die den Odysseus sieben Jahre in ihren Bann schlug, sowie der Fee und Zauberin Alcina aus dem sechsten Gesang des *Orlando Furioso* des Ariost (1532) – und verwandelt sich dabei in eine der *insulae beatorum*, in eine Insel der Seligen, was wiederum Catulls berühmte Verse bestätigen, die Heinse anschließend zitiert. Außerdem sieht er die Insel als Bühne innerhalb des gebirgigen Theaters:

»Die Halbinsel Sirmion liegt in der That da wie der Sitz einer Kalypso, einer Alcina, um von da die ganze Gegend zu beherrschen, und hat das prächtige Theater von ungeheuren Gebürgen vor sich. Katull hatte völlig recht davon zu sagen *Peninsularum,*

Sirmio, insularumque / Ocelle, quascunque in liquentibus stagnis / Marique vasto fert uterque Neptunus / Quam te libenter quamque laetus inviso. So ist es in seiner schönen runden Form, die sich nach und nach erhöht, mit den herrlichsten Bäumen bepflanzt mitten in den See hinein. Die Beleuchtung war diesen Morgen ein hohes Zauberstück von Licht und Schatten, der Felsen stark im Lichte doch mit Dunst gedämpft, die Insel im Schatten machte einen reizenden Kontrast mit ihren mächtigen Lokalfarben, und so der See mit seinen wirklichen Meereswellen.«

Diese Wellen geben Heinse zudem Gelegenheit, auch Vergils Vers *teque / Fluctibus et fremitu assurgens, Benace, marino* »meisterhaft« zu nennen und durch genaue Beobachtung zu bestätigen: »Es gieng aus dem Thale des Gebürgs ein leichter kühler Wind, und die Wogen brachen sich ergötzend in weiten Schlägen über einander und schäumten. Das hintere Gebürg dämmerte fern hervor in süßem sanften Dunst. Eine wahrhaftige süße Melodie vom leisesten *piano* zum stärksten *forte* der brausenden Fluthen, von ungeheurer Höhe hernieder wallend.«

Auch das ist konkret gesehen und keineswegs übertrieben. Allerdings inszeniert Heinse mit seinen Vergleichen auch eine »ästhetisch vollkommene Landschaft« und nutzt, wie Manfred Beller richtig sieht, den Gardasee als »eine Vorschule der mediterranen Ideallandschaft«. Doch Heinses geniale Beobachtung des Farbenspiels und der Windbewegung in dieser Landschaft stützt sich auf die unmittelbare Anschauung; einen gedruckten Reiseführer gibt er nirgends an. So hatte er vermutlich auch keinen präzisen Begriff von der Skaligerburg von Sirmione, die er jedoch formal gar nicht einmal so abwegig mit dem Florentiner Rathaus vergleicht: »Auf Sirmio steht ein alter Thurm, wie der vom *Palazzo vecchio* zu Florenz, mit einem Gebäude von einer viereckten Mauer eingefaßt herum; nebst einigen Häusern.« Aus dem folgenden letzten Satz seiner Beobachtungen läßt sich zudem erkennen, daß Heinse die seinerzeit noch nahezu unberührte Insel ganz abgeschritten ist: »Die Rundung selbst aber der Halbinsel, die in die See geht, ist ganz Natur und schön bepflanzt, ohne Häuser, bis auf ein paar leichte Hütten.« Die sogenannten ›Grotten des Catull‹ erwähnt er jedoch nicht. Über »Luneto« (Lonato), wo er den Dom besucht, kommt Heinse am 11. August nach Brescia, das er eingehend würdigt. Sodann besucht er Mitte August Mailand, fährt schließlich über Mantua rasch nach Norden und ist am 18. September 1783 zurück in Düsseldorf.

Ardinghello

Noch während der italienischen Reise erscheinen jeweils in vier Bänden gewichtige Übersetzungen Heinses, einmal *Das befreyte Jerusalem von Torquato Tasso* (1781) und dann *Roland der Wüthende. Ein Heldengedicht von Ludwig Ariost dem Göttlichen* (1782/83). Derart eingestimmt beginnt Heinse in Düsseldorf mit der Arbeit an seinem Hauptwerk, dem Roman *Ardinghello* (1787). Es ist ein wunderbar freigeistiges Buch, der erste Renaissanceroman und zugleich erste Künstler- und Malerroman der deutschen Literatur, wie Max L. Baeumer kundig feststellt, freilich unter Überwindung der klassischen Kunstmaßstäbe, die Winckelmann entwickelt hatte, zugunsten eines über aller Theorie stehenden »höchsten Lebens«. »Sturm und Drang« brausen, zwei Jahre vor der Französischen Revolution, noch einmal heftig literarisch auf und sorgen für heftige Kontroversen. Worum geht's?

Der Roman *Ardinghello und die glückseeligen Inseln. Eine Italiänische Geschichte aus dem sechszehnten Jahrhundert* besteht aus fünf Teilen, die auf zwei Bände aufgeteilt sind. Die Geschichte spielt im ersten Teil von Mitte August bis Mitte Oktober 1574 in Venedig und auf einem Landgut bei Peschiera. Helden sind anfangs der brave Erzähler, der Venezianer Benedikt, und sein alter ego, der Florentiner Teufelskerl Ardinghello, der eigentlich Prospero Frescobaldi heißt, aber als Ardinghello Feuer (ardere=brennen) und Eis (gelarsi=gefrieren) programmatisch kombiniert. Am 15. August 1574, dem Fest Mariae Himmelfahrt, an dem der Doge von Venedig mit dem Bucentoro auf das Meer hinausfährt, um sich und die Stadt durch einen goldenen Ring, den er in die Wellen wirft, mit dem Meer zu vermählen und seine Herrschaft zu festigen, rettet Ardinghello dem Benedikt, der bei einem Kanonenschuß vor Schreck aus der Gondel ins Wasser gefallen ist, das Leben. Die beiden freunden sich an. Ausgedehnte Gespräche über Kunst lassen Benedikt in Ardinghello einen Maler erkennen, der Leben und Kunst als ein untrennbares Ganzes versteht und, ganz auch im Sinne Heinses, erklärt: »›Alle Künste sind verwandt; sie zusammen erhöhen und verstärken die Glückseligkeit des Menschen, bilden sein Gefühl, mehr als alles, für die Schönheiten der Natur und setzen ihn über das Tier.‹« Die Freunde beschließen, sich gegenseitig zu fördern; Benedikt will Zeichnen lernen, und Ardinghello verlangt nach Unterweisung im Griechischen, »›dieser Göttersprache‹«, um eines Tages »›eine Wallfahrt (...) nach dem echten klassischen Boden‹« der Kunst, eben nach Griechenland, antreten zu können. Zu diesem Zweck schlägt Benedikt vor, den Sommer auf dem Landgut seiner Mutter am Gardasee – »›nicht weit vom Ausflusse des Mincio‹« – zu verbringen: »Die Gegend ist eine der angenehmsten der ganzen Lombardei; das Gut, wohin wir wollen, liegt am Lago di Garda, wo Catull, vor welchem Cäsar sich neigte, zuweilen vom römischen Taumel ausruhte.« Mit den ersten drei Versen des Catull-Gedichts auf Sirmione, erweitert noch durch Zitate aus der zweiten olympischen Ode des Pindar, wertet Benedikt das Landgut genauso auf wie vorher Heinse im Tagebuch und stimmt den Freund auf den »klassischen Boden« im venezianischen Hinterland ein.

Über Padua, Vicenza und Verona reisen die Freunde – auf der Route Heinses – beschäftigt mit ausführlichen Kunstgesprächen an den Gardasee, wo sie frühmorgens ankommen: »Schon regte sich ein leichter frischer Morgenwind und säuselte durch die Blätter; ein milder Lufthauch stieg auf in Osten, von einzelnen Strahlen durchspielt, als wir bei unserm Landgut anlangten, wo der See sich ausbreitet und seine Ufer von Wellen rauschten. Sie brachen sich ergötzend übereinander und schäumten; und wir fanden die Beschreibung Vergils: Fluctibus et fremitu assurgens marino [– – der wie ein Meer aufsteigt in rauschenden Fluten] ganz nach der Natur.« Auch hier folgt Heinse dem Tagebuch, bestätigt Vergil und wertet die Umgebung weiter klassisch auf.

Ein angenehmes Leben beginnt: »Wir beschifften die ersten Tage die Küsten, stiegen da und dort ans Land und schweiften herum an den schönen Hügeln bis nach Brescia.« Wieder zurück, lernen sie Griechisch; später malt Ardinghello an einem Madonnenbild für Benedikts Mutter. Doch der kühne Wilde weiß auch den »Zithar« zu spielen und zu singen: »Es war bezaubernd, dem jungen Schwärmer zuzuhören, und wie in lächelnder Kühnheit das Feuer aus ihm wehte. Wie oft haben wir hernach in heitern Nächten uns in den See gestürzt! denn er hatte mir das Schwimmen bald beigebracht; und in der unermeßlichen gestirnten Natur frei herumgewallt wie die Götter!« Das ist nicht mehr und nicht weniger als gelebte Antike: unmittelbar und mit allen künstlerischen Sinnen genossene Gegenwart. Selbstverständlich bildet in dem Madonnenbild, das Ardinghello ganz in Renaissance-Manier entwirft, die Seelandschaft den Hintergrund: »Die bezauberndste Seite von der romantischen Wildnis unsers Lago war ganz treu hier zu sehen; vom Glanz der untergehenden Sonne blitzten Fels und See und schimmerte das Laub der Bäume. Äußerst kühn gewagt!«

Doch das bukolisch-künstlerische Idyll gerät durch Ardinghello eines nachts in erste Unruhe: »Wir saßen am kühlsten Platz unsers Gartens auf einer Anhöhe, in einer Laube von Lorbeer und Myrtengesträuch, von einem alten Hain grüner Eichen umfaßt; und hatten oft die Gläser ausgeleert, und gesungen und gesprochen.« Dramatisch inszeniert Ardinghello mit einem

Dolch, aufgeritzten Armen und Blut im Wein die Blutsbrüderschaft mit Benedikt, bevor er ihm seine unglückliche Liebe zur schönen Cäcilia gesteht, die zwar einem anderen, dem Kaufmann Mark Anton, versprochen ist, aber heimlich Ardinghello liebt. Am nächsten Tag kommt ausgerechnet dieser Bräutigam zu Besuch und bestellt bei Ardinghello Porträts von ihm und seiner Braut.

Ein Tag am See

Die eigentlich tragische Verstrickung zeigt sich Anfang Oktober, als Ardinghello dem Freund bei einem gemeinsamen ganztägigen Ausflug seine Lebensgeschichte erzählt. Diesen Ausflug hat Heinse aus den enthusiastischen Skizzen im Tagebuch entwickelt und dabei ganze Passagen wörtlich übernommen. Die blendende Nachmittagssonne auf der Fahrt nach Peschiera allerdings wandelt er in ein Bild der Morgensonne um: »Die Vögel begrüßten vielstimmig den neuen Tag. Die Sonne kam herauf im herrlichen Lichtkreis am Ende der Bergstrecke des Monte Baldo und schritt kühn übers Gebirg bei Verona im gelben Feuer; die Stirn, womit sie sich emporwarf, war Majestät, die der Blick nicht aushielt; und je voller sie hereintrat: desto öfter mußte sich das geblendete Auge von dem göttlichen Glanze wegwenden, der doch so entzückend nach der blinden Dunkelheit war, daß es immer durstiger sich in den köstlichen Strahlen berauschte.« Dieser Sonnenglanz geht über in die schon aus dem Tagebuch bekannte, wenn auch leicht veränderte, Stelle vom Morgenwind über dem See und in die ebenfalls angeführten Vergleiche des Gebirges mit den Titanen und der Halbinsel Sirmione mit der Insel der Kalypso.

Die Freunde lassen sich zu einem »bestimmten Ort« rudern und steigen einen Berg hinauf: »Als wir die erste Anhöhe erstiegen hatten, lagerten wir uns in dem Wäldchen von Kastanien unten an den Quell der mit Efeu bekleideten Felsenwand ins weiche Gras, von hohen dunkeln Eichen und Buchen hier umschattet.« Dort beginnt Ardinghello zu erzählen. Als er vom Meuchelmord an seinem Vater berichtet, ist es Mittag und heiß geworden: »Es war schon gegen Mittag, und der Dunst vom Sonnenbrand auf den Gegenden benahm alle Aussicht; unten schien der See zu kochen und eine ungeheure Feuerpfanne von geschmolznem Silber; Eidechsen, Käfer, Mücken und unzählbare Insekten hielten in der Glut ein allgemeines Fest, und die Grillen betäubten mit ihrem Gezirp wie ein Meerbrausen die Ohren«. Im Schatten und an der Quelle finden die Freunde Kühlung und stärken sich an Speis und Trank: »Wie ein Paar junge Götter lagen wir da im Schatten, und unsre Augen und Lippen lächelten vom vergangenen Kummer wie die Blumen des Frühlings vom süßen Abendtau. O Jugend, o glückselige Jugend, ach, warum verlässest du uns so bald!«

Diese Stelle bezeichnet den Höhepunkt des schönen Landlebens und zugleich, wie die Peripetie im griechischen Drama, den Wendepunkt des Geschehens. Ardinghello erklärt, daß er schon vor Benedikts Einladung vorgehabt habe, »›diesen Sommer hier am Lago in kurzen Lustreisen von Venedig aus‹« zu genießen. Sein Ziel sei gewesen, Cäcilie, die ebenfalls auf einem Landgut ganz in der Nähe den Sommer verbringe, heimlich nachts zu besuchen und sie zu erobern, was ihm tatsächlich gelungen sei. Jetzt wisse er aber nicht mehr weiter.

Die Freunde stehen auf, überblicken von der Höhe »weit die Lombardei und ihre Lustreviere«, gehen hinunter, zeichnen noch einige Winkel, und segeln »unter dem lieblichen Zaubespiel von Abendröte nach Hause, zwischen den Gesängen frohlockender Winzer über den Segen des Herbstes«.

Von Cäcilie noch in derselben Nacht beraten, doch die von ihrem Bräutigam bestellten Porträts zu beginnen, malt Ardinghello in den folgenden Tagen das Bildnis seiner Geliebten; als Hintergrund wählt er die Landschaft ihrer heimlichen Begegnungen: »Sie stand in Lebensgröße, nachdenkend, wie gerührt, in die Zukunft blickend, den Kopf in der Linken auf einen Pult gestützt, in einem Zimmer, wo durch ein ganz offnes Fenster die Aussicht auf den See ging, an welchem Sirmio in der Nähe und ein wenig blaue Ferne von den Gebirgen wohl angebracht waren.« Dann malt er den Bräutigam Mark Anton und unterhält sich mit ihm, wie sich später herausstellt, auf verräterische Weise.

Die Katastrophe naht. Drei Tage vor der Hochzeit mißlingt ein Mordanschlag auf Ardinghello, veranlaßt von Mark Anton, der schon Ardinghellos Vater ermordet hat. Der tragische Konflikt, in dem sich der Maler befindet, ist kaum zu lösen. Soll er seinen Feind töten, um den Vater zu rächen, oder ihn leben lassen und dafür Cäcilie und seinen Vater verraten? Am Abend der Hochzeit seiner Geliebten mit Mark Anton wartet Ardinghello noch das während der Hochzeitsfeier scheinbar vollzogene erste Beilager des Paares ab; als der Bräutigam allein zurückkehrt, kann er sich über den derben anzüglichen »fescenninischen Scherz«, mit dem er, in Anlehung an Catulls Hochzeitslied für Manlius Torquatus und Vinia Aurunculeia (c. 61) empfangen wird, nicht so recht freuen. Dann schlägt Ardinghello zu. Kaum ist das abschließende Feuerwerk über dem See in Gang, überrascht er Mark Anton in einem dunklen Winkel und ersticht ihn mit einem Dolchhieb ins Herz. Obwohl nicht der Schatten eines Verdachtes auf ihn fällt, beschließt Ardinghello abzureisen. Nach neun Monaten kommt Cäcilie mit Ardinghellos Sohn nieder und lebt fortan als reiche Witwe.

Die Inseln der Seligen

Damit schließt der erste Teil des Romans. In den folgenden vier Teilen reist Ardinghello – »einer der schnellsten Fußgänger« – durch Italien und findet in verschiedenen Städten verschiedene Lieben und Aufgaben. Benedikt erfährt davon durch Briefe. Über Genua mit Lucinde kommt er nach Lucca und Pisa mit Bianca und endlich nach Rom, wo er Fiordimona trifft. Der dritte Teil und erste Band schließt mit dem berühmten Bacchanal, einer Orgie, ganz antik und gegenwärtig zugleich. Im vierten Teil wechseln Kunstbetrachtungen über Raffael mit Liebesgesprächen, und im fünften Teil schließlich erleben Ardinghello und Fiordimona die umbrische »Wasserwelt« von Terni mit dem künstlichen Wasserfall (Cascate delle Marmore) und verbringen Liebestage an den seit der Antike bekannten und ebenfalls schon von Vergil besungenen »Quellen des Clitumnus« (Fonti di Clitunno) südlich von Trevi. Neapel, der Vesuv und Sorrent sind weitere Stationen, die Ardinghello mit seinem Autor Heinse teilt.

Nach vier Jahren erreicht Ardinghello – anders als Heinse – den »klassischen Boden« Griechenlands und versucht 1778 auf den Inseln Paros und Naxos die antiken »Inseln der Seligen« zu realisieren. Eine an Spinozas Pantheismus erinnernde Naturreligion und eine nach Plato entwickelte Staatsverfassung, in der »die Weiber (...) gemeinschaftlich« zur Verfügung stehen, sollen dazu beitragen, »die Liebe in allerhöchster Freiheit ihre Flügel« schwingen zu lassen, die Gewaltherrschaft zu beenden »und die Menschheit wieder zu ihrer Würde zu erheben. Doch vereitelte dies nach seligem Zeitraum das unerbittliche Schicksal.« So endet der Roman, als resignierte Utopie. Von diesem Ende aus gesehen aber haben Ardinghello, Benedikt und Cäcilie einst im Sommer und Herbst am Gardasee, unweit der Halbinsel Sirmione, bereits auf einer Insel der Seligen gelebt, wo alles an Liebe und Lust möglich ist, nur eben nicht auf Dauer.

Reaktionen

Das Buch macht gleich Furore. Der ersten Auflage im April 1787 folgt 1792 ein Raubdruck und 1794 die »zweyte, rechtmäßige, verbesserte Auflage«. Begeisterung und Ablehnung stehen sich schroff gegenüber. »Genußkraft« loben die einen, »Unmoralität« schimpfen die anderen. Aber es wird gelesen, und wie.

Kaum von seiner anderthalbjährigen italienischen Reise ins winklige Weimar zurückgekehrt, findet sich Goethe, wie er 1817 erinnert, aus den kühnsten, in Italien gewonnenen Idealen gerissen und »zwischen Ardinghello und Franz Moor eingeklemmt«. Heinses Roman und Schillers *Räuber* beherrschen die literarische Szene; im Oktober 1787 rät Schiller in einem Brief an Ludwig Ferdinand Huber, er solle das Buch lesen, in Weimar sei es »erstaunlich in Circle geraten. Du wirst ihm bald anriechen, warum. Die Damen von den Herzoginnen herunter vergöttern es.« Für die Zukunft ausschlaggebend wurden allerdings leider die Urteile von Schiller (»gemein, niedrig«) und Goethe (»Zügellosigkeit des Genies«). Heinse, der drei Jahre vor Goethe den Gardasee für die deutsche Literatur »entdeckt« hatte, fiel durch den kritischen Raster der Klassiker. Sein Einfluß auf den Briefroman *Hyperion* (1797/99) seines Freundes Hölderlin sowie auf die Romantiker Ludwig Tieck, Clemens Brentano und auch Joseph von Eichendorff ist dafür erheblich. Das Junge Deutschland um Heinrich Heine »erinnerte sich wieder an ihn, als es eine Ahnenreihe der Immoralisten brauchte.« So Franz Blei 1904 in einer kurzen und prägnanten Studie, die wiederum auf Heinses Wiederentdeckung in der Zeitschrift *Die Insel* (1901) reagierte. Doch entscheidend blieb das Verdikt der Klassiker. So kam es, daß das vergleichsweise marginale Abenteuer Goethes in Malcesine mit Gedenktafel und Museum erinnert wird, während eine Tafel für Heinse, den in diesem Fall früheren und bedeutenderen Entdecker des südlichen Gardasees mit Sirmione als einer Insel der Seligen, und seinen *Ardinghello* fehlt – und doch weitaus angebrachter wäre.

Ein Schädel

1788 erst zum Vorleser, dann zum Hofrat und Bibliothekar des Kurfürsten und Erzbischofs von Mainz ernannt, floh Heinse 1792 vor den französischen Revolutionstruppen nach Düsseldorf und übersiedelte 1794 nach Aschaffenburg, wo er seinen Musikroman *Hildegard von Hohenthal* (1795/96) beendete. Als Hofrat und Bibliothekar fand er dort Zeit für Studien und Aufzeichnungen, die erst lange nach seinem Tod ans Tageslicht kamen. Er starb am 22. Juni 1803 in Aschaffenburg an einem zweiten Schlaganfall. Kurz darauf erschien sein letztes Werk, *Anastasia und das Schachspiel. Briefe aus Italien, vom Verfasser des Ardinghello* in zwei Bänden. Auch auf seinem Grabstein im alten Friedhof von Aschaffenburg findet sich die Inschrift »Hier ruhen die Gebeine Wilh. Heinse's, Verfassers des Ardinghello (...)«. Doch unter den Gebeinen fehlt der Schädel. Seinem Freund, dem Frankfurter Anatomen Samuel Thomas Sömmerring, vermachte Heinse den schriftlichen Nachlaß und merkwürdigerweise auch seinen Schädel. Sömmerring ließ ihn 1805 ausgraben, mit der Aufschrift »Wilhelm Heinse, Poeta summus, nat. 1746. denat 1803« versehen und erst in seiner Bibliothek, danach im Frankfurter Senckenberg-Museum aufstellen. Dort ging er 1945 bei einem Bombenangriff verloren.

Garda

Barbarenköniginnen Sagen und ein Märchen

Zeitsprung ins frühe Mittelalter. Auf einem Berg am Südostufer des Sees stand damals eine Festung mit dem Namen Garda, eine Wacht- oder Schutzburg, ähnlich wie gegenüber in Gardone. Von dieser Burg oder Wacht aus beherrschten die Ostgoten, Langobarden und Franken den See. Aus dieser Zeit haben sich zwei Heldensagen vom Ende des 13. Jahrhunderts (1280–1300) erhalten, die bis auf die Zeit des ostgotischen Königs Theoderich des Großen (453–526), des legendären Dietrich von Bearn oder Verona, zurückgehen. In den Spielmannsdichtungen von *König Ortnit* und seinem Nachfolger *Wolfdietrich* ist von »Garte«, »Garta«, »Garten« und dem »Gartensê« die Rede. Davon später mehr. Der ursprünglich römische Ort am Fuße des Berges erhielt den Namen der Burg, und nach Burg und Ort läßt sich seit Mitte des 12. Jahrhunderts der Name »Stagnum Gardae« oder Garda-See nachweisen.

Engardina

Eine neuere einheimische Sage führt die Entstehung des Gardasees und seinen Namen auf eine Zwergenkönigin namens Engardina zurück. Die schöne Engardina hat lange, dunkelblaue Haare und herrscht über das von hohen Bergen umgebene Reich der Zwerge mit einem blauen See, grünen Wiesen und stillen Wäldern. Eines Tages taucht ein Wassergott bei ihr auf, verliebt sich in sie, darf aber ihr Reich nicht betreten und muß sie daher aus dem Zwergenreich herauslocken. Er verwandelt sich in eine

Gemse, und Engardina jagt ihr lange hinterher bis in ein einsames unbekanntes Tal. Dort weint sie die ganze Nacht über den Verlust ihres Reiches und des kleinen Sees. Am nächsten Morgen tröstet sie der mittlerweile in einen Jüngling verwandelte Wassergott mit einem Schlag seines Dreizacks auf einen Felsen. Die ausströmenden Wassermassen bilden einen viel größeren See, in dem die beiden verschwinden. Dabei färben sich »die Wasser wunderbarerweise dunkelblau wie die Haare Engardinas«. So bekam der Garda-See seinen Namen und seine Farbe. Wenn er ab und zu »grau und finster« aussieht, dann ist Engardina für kurze Zeit zu Besuch in ihrem einstigen Reich bei den Zwergen und dem kleinen See.

Die Folgen der Verbindung zwischen der Zwergenkönigin und dem Wassergott schildert ein neulateinischea Gedicht *Sarca* (um 1525), das lange dem Humanisten, Dichter und Kardinal Pietro Bembo zugesprochen wurde. Darin heiratet der Flußgott Sarca die Nymphe Garda und bekommt mit ihr den Sohn Mincius, der wiederum mit der Nymphe Maja in Mantua den ruhmreichen Dichter Vergil zeugt. Bei soviel Liebe darf in Garda das berühmteste Liebesdrama der Welt nicht fehlen. Im Palazzo Fregoso am Nordausgang des Ortes war im 16. Jahrhundert zeitweise der italienische Novellist Matteo Bandello (1485–1561) zu Gast. Er war einer der Bearbeiter der traurigen Geschichte der »due nobili amanti« Romeo und Julia, die über Gherardo Baldieri (1553) zu William Shakespeare gelangte, der 1591 daraus ein neues Stück ersann. Doch zurück in die Zeit der Sagen.

Adelheid

Giosuè Carducci blickt in seinem Gedicht »Sirmio« (1887/89) hinüber nach Garda und sieht: »Garda là in fondo solleva la ròcca sua fósca / sovra lo specchio liquido // cantando una saga d'antiche cittadi sepolte / e di regine barbare« (Garda erhebt seine finstere Burg, dort im Hintergrund, über / Dem flüss'gen

Spiegel hoch empor, // Eine Sage singend von alten begrabenen Städten / Und von Barbarenköniginnen.« Die verschollene Stadt ist Benaco, das noch im Namen des nahen Torri bewahrt ist, aber auch gegenüber, am anderen Ufer, vor Toscolano auf dem Seegrund liegen soll.

Eine dieser »Barbarenköniginnen« ist die römisch-deutsche Kaiserin und spätere Heilige Adelheid (um 931–999). Ihre Geschichte resümiert der österreichische Erzähler Franz Karl Ginzkey (1871–1963) in seiner Novelle *Rositta* (1921). Darin findet ein Wiener Maler in seinem Fremdenzimmer in Salò das von dem Vorbewohner, einem deutschen Geschichtsprofessor, vergessene Buch *Das Leben und die Zeiten Kaiser Ottos des Großen, aus dem alten Hause Sachsen. Ein historischer Versuch von Dr. Eduard Vehse, Sekretär am Königlichen Geheim-Archive* (Dresden 1827) und beginnt darin »ein Märchen« zu lesen:

»Von König Otto [912–973] las ich, dem damals [950] Achtunddreißigjährigen, der sein ungeheures Reich sich gezimmert, von der Rhone bis an die Oder, von den Alpen bis nach Dänemark, von diesem vom Schicksal überreich Begnadeten, der nichts mehr zu wünschen hatte, als daß ihm seines Reiches Frieden und Größe erhalten bliebe.

Eines Tages aber tritt ein eiliger Bote vor den König. Er überbringt ihm die Grüße von [der 19jährigen] Frau Adelheid [der Tochter König Rudolf II. von Burgund und der Königin Bertha, seit 947 verheiratet mit König Lothar II.], Königin von Italien, von der die Kunde durch alle Länder geht, sie sei das schönste Weib auf Erden. Frau Adelheid läßt dem König sagen, sie biete ihm Herz und Hand und ihr Königreich dazu, im Falle er sie vom Feinde [Markgraf Berengar von Ivrea, der vermutlich Adelheids ersten Mann, König Lothar von Italien, 950 hatte umbringen lassen und sich selbst zum König gekrönt hat] befreie, der ihr Land zu rauben im Begriffe sei und sie selbst einem verhaßten Mann [Berengars Sohn Adalbert] vermählen wolle.

Und König Otto zieht [auf seinem ersten italienischen

Kriegszug] wie ein Sturmwind hinab ins lombardische Land und gewinnt sich [951] die schönste Frau und ihr Königreich dazu und herrscht [seit 962] als deutscher Kaiser von Dänemark bis Sizilien.

Es war die damals neuerbaute, uns Deutschen [durch den Bußgang König Heinrich IV. 1077 zu Papst Gregor VII.] schmerzlich wohlbekannte Burg Kanossa, aus der sich König Otto damals die Gattin holte. Vorher aber war sie von ihrem Verfolger, dem Markgrafen Berengar von Ivrea durch mehrere Monate in einem Felsenkeller von Rocca di Garda gefangen gehalten worden, bis es ihr gelungen war, auf abenteuerliche Art [nach Canossa] zu entfliehen.« Diese Flucht in der Nacht des 20. August 951 gelingt mit Hilfe eines Mönchs, des Bruders Martin von Campione und ist, wie Tullio Ferro berichtet, immer wieder poetisch nachgestellt worden. Besonders schön sind dabei Verse eines unbekannten Veroneser Dichters, der den Gardasee fragt, ob er die fliehende Königin gesehen habe: »l'etu vista scapar quela Regina / che i aveva ciapado a tradimento«? Sie konnte dem Verrat (tradimento) entkommen und, wie Edith Ennen zitiert, zur »Mutter der Königreiche, Mutter Europas« werden.

Eine norditalienische Sage führt Adelheids Befreiung übrigens auf eine Kriegslist der Königin zurück: Mit dem letzten verbliebenen Roggen sei ein Wildschwein gemästet und dann vor das Burgtor getrieben worden. Als die Belagerer das fette Wildschwein sahen, vermuteten sie, wie gewünscht, im Inneren der Burg noch große Vorräte und gaben die Belagerung auf.

Sîdrât

Die andere der »Barbarenköniginnen« ist Sîdrât, die syrische Frau des Königs Ortnit, der als starker Herr von Lamparten (Lombardei) auf der Burg »ze Garten« mit 72 Dienstmannen über ein großes Gebiet von »Brissen bis Berne«, also Brixen bis Verona, herrscht und sogar Rom und den Lateran »mit gewalte«

sich dienstbar gemacht hat. Der Name Ortnit kommt ursprünglich, wie Werner Hoffmann überzeugend darstellt, aus der altrussischen Heldenepik, und seine Geschichte ist von einem oberdeutschen Dichter des 13. Jahrhunderts mit dem Gardasee als Landschaft der Sagen um Dietrich von Bern (Verona) in Verbindung gebracht worden. König Ortnit fährt mit seinen Mannen und dem Zwergenkönig Alberich, seinem Vater, über das Meer nach Syrien, erobert Sîdrât, die Tochter des heidnischen Tyrannen Machorel, läßt sie unterwegs taufen und kehrt mit ihr »ze Garten« zurück. Machorel rächt die Schmach durch die Übersendung von zwei Dracheneiern, die ein Helfer in einer Felsenwand bei Trient ausbrüten läßt. Im Kampf gegen die Drachenplage kommt Ortnit um. Seine Witwe weigert sich, einen anderen Mann als den Rächer ihres Gatten zu heiraten und wird dafür auf der Burg »ze Garten« eingesperrt.

Die Geschichten von *König Ortnit* und ihre Fortsetzung *Wolfdietrich*, österreichische Spielmannsdichtungen des späten 13. Jahhunderts, überliefert das *Deutsche Heldenbuch* (1871/73). Sie verbinden Sagen aus dem Umkreis der Dietrichepik mit konkreten Ereignissen der damaligen jüngsten Geschichte wie dem vierten Kreuzzug von 1217 unter König Andreas von Ungarn und der Eroberung des Mons Tabor südlich von Nazareth. Möglicherweise spielen dazu noch die vierjährige Belagerung der Burg von 1158 bis 1162 durch Truppen Kaiser Friedrich I., genannt Barbarossa, und natürlich die Erinnerung an die gefangene Adelheid mit hinein. Das zeigt besonders deutlich die anschließende Geschichte von *Wolfdietrich*, dem »Ahnherrn« (Hagen) des Dietrich von Bern.

Der in Konstantinopel geborene »Krieche« ist der Sohn des Hugdietrich und der Hildeburg, die Hugdietrich, als Frau verkleidet, trotz strengster väterlicher Obhut erobert hat. Das ausgesetzte Kind wächst unter Wölfen auf und wird ein gefürchteter Messerwerfer. Nach abenteuerlichen Aventiuren oder Umwegen kommt Wolfdietrich das erste Mal noch zu Lebzeiten

Ortnits an den »Gartsê«, besiegt den König und macht ihn zu seinem Waffenbruder. Nach Ortnits Tod tötet Wolfdietrich den Drachen, befreit Sîdrât aus langjähriger Gefangenschaft und vermählt sich mit ihr. Die beiden Kinder aus dieser Ehe sind die, nach der Mutter genannte, Tochter Sîdrât und der, nach dem Großvater genannte, Hugdietrich. Ihm übergibt Wolfdietrich »Land und Leute« und sucht sein eigenes Seelenheil in einem Kloster vom »sant Jörgen orden«. (Zufälligerweise existiert im Schutz der Rocca von Garda seit 1663 das Kamaldulenserkloster San Giorgio.) Der Sohn wiederum gibt die »burc ze Garten« dem kühnen Herbrant, Vater des Hiltebrant, und damit dem späteren Waffenmeister des Dietrich von Bern. Der Sagenring hat sich geschlossen.

Beispiele

Sprachliche Bearbeitungen der Sagen ergeben oft inhaltliche Veränderungen; das gilt auch für *Ortnit* und *Wolfdietrich*. Die mittelhochdeutschen Fassungen der beiden Sagen, die das *Deutsche Heldenbuch* präsentiert, unterscheiden sich an einigen Stellen doch erheblich von der mit Bedacht und großer Kenntnis vorgenommenen Übertragung durch Karl Simrock. Zwei Beispiele mit Erwähnungen des Gardasees seien hier aber mehr zu dem Zweck angeführt, die Schönheiten dieser Spielmannsdichtungen im sorgfältig bewahrten Originalton vorzustellen.

In der Stelle aus dem *Ortnit* (87–89) reitet der König von der Burg zu einer grünen Linde, einem »locus amoenus« oder lieblichen Ort, wo, wie ihm seine Mutter gesagt hat, er »âventiure finden« wird und dem Zwergenkönig Alberich begegnet. Ein wenig klingt in den Versen der Ton des Walther von der Vogelweide (1170–1230) an:

Dô meit er daz gevilde als in sîn muoter bat,
und kêrte in die wilde âne strâze und âne phat.
dô habte er gegen der sunne daz vingerl und die hant.
er reit grôz ungeverte ze tal die steinwant.

Dô kom er in ein ouwe neben dem Gartesê.
da sprungen ûf der heide bluomen und der klê.
die vogele schône sungen, da hôrte er süezen dôz.
die naht het er gewachet, des rîtens in verdroz.

Diu sunne gegen dem morgen durch diu wolken schein.
do beschouwete er vil dicke daz golt und den stein.
dô vant er über anger daz grüene gras geweten:
er sach mit kleinen füezen ein smalez phat getreten.

Da mied er das Gefilde, wie ihn die Mutter bat,
Und wandte sich zur Wilde wohl ohne Straß und Pfad.
Stäts hielt er vor die Sonne das Gold an seiner Hand.
Und ritt durch Dick und Dünne zu Thal die Felsenwand.

Er kam in eine Aue dort an dem Gartensee,
Da entsprangen auf der Haide Blumen und süßer Klee.
Die Vögel sangen lieblich, ihr Schallen wurde groß:
Die Nacht war ihm vergangen, des Reitens ihn verdroß.

Am Morgen über Berge die Sonne warf den Schein;
Er besah an seinem Finger das Gold und auch den Stein.
Da fand er auf dem Anger das grüne Gras geknickt,
Und sah mit kleinen Füßen einen schmalen Pfad gedrückt.

Das zweite Beispiel zeigt den Helden in *Wolfdietrich* unterwegs zum Gardasee, um dort die unglückliche Königin zu befreien (A 523 f.). Simrock läßt das »diezen«, das Rauschen, Brausen oder Fließen des Gardasees, leider aus und entscheidet sich für eine andere Strophenvariante:

Doch kêrte er durch die wilde durch daz gebirge dan
gegen dem Gartsêwe gähen er began.
jâ reit er in dem walde des nahts vil kumberlîch
nu ist aber ûz einen sorgen der Wolf hêr Dieterich.

Den Gartsê hôrte er diezen. vinster was diu naht.
von den wahtaeren hôrte er einen braht
unde ein küniginne vîl jammerlichen klagen:
dar begunde er gâhen, ê dan ez wolte tagen.

Da kam in zwölf Tagen der kühne Weigand
Geritten ohne Sorgen gen Lampartenland.
Da hört' er in dem Lande allenthalben sagen,
Seinen gesellen [Ortnit] hätten die Würmer in den Berg getragen.

Er ritt eines Abends gen Garten an den Graben,
Da hört' er den Wächter und die Herrin klagen.
Sie begann selbzwölfte und klagt' ihr Herzeleid:
Der Frauen Noth erbarmte den Degen allbereit.

Die beiden Sagen mit ihrem einfachen Feindbildschema von guten Christen und bösen Heiden sind manchmal turbulent wie ein James-Bond-Film. Aber sie haben nicht den stolzen Ernst des früheren *Nibelungenlieds* (1198–1204). Sie sind eher kurzweilig und offenbar auf unmittelbare Wirkung aus. Der tiefe tragische Konflikt des *Nibelungenlieds* fehlt ihnen; und so erfuhren sie nach der allgemeinen Wiederentdeckung der germanischen Heldensagen im 18. und 19. Jahrhundert auch nicht die Ehre, durch die Vertonungen Richard Wagners neu aufbereitet zu werden.

Torri del Benaco

Letzte Tage
André Gide

Eine amerikanische Limousine biegt am 22. Juli 1948 in Torri del Benaco auf die Piazza Calderini ein und hält vor dem Hotel Gardesana. Ein alter Mann mit einer hellen, ziemlich verschmutzten Pyjamajacke steigt aus und geht mühsam zur Rezeption. Er bezieht in dem Palazzo von 1452 das schönste Zimmer, im zweiten Stock, Nr. 24, an der Hausecke mit dem kleinen Balkon; von hier aus hat er eine Sicht nahezu über den ganzen See, auf das Hafenbecken und dahinter die Skaligerburg von 1383. Der alte Mann ist der französische Dichter André Gide (1869–1951), Ehrendoktor der Universität Oxford und seit November 1947 Nobelpreisträger für Literatur, weltberühmt. Aber der 78jährige scheut die Öffentlichkeit, er sucht den stillen Winkel, die Ruhe. Auf Empfehlung seines Freundes und Kollegen, des französischen Schriftstellers Jean Tardieu (1903–1995), hat sich Gide von Locarno aus von seinen Freunden Pierre Herbart und Claude Mahias nach Torri fahren lassen. Niemand soll davon wissen. Der Hotelbesitzer Oreste Tomei ist aufgefordert, streng das Ikognito seines berühmten Besuchers zu wahren. Gide aber, und das vertraut er nur seinem Tagebuch an, denkt daran, hier vielleicht zu sterben.

Freigeist

Kaum ein zweiter Autor der Moderne hat sich so sehr durch das Schreiben aus gesellschaftlichen und moralischen Zwängen befreit, und kaum ein Autor seiner Zeit hat so sehr das Schreiben selbst reflektiert und dafür neue Bereiche eröffnet wie André Gide. Sein Werk reicht von der Satire *Paludes* (1895) über ein Buch, das nicht geschrieben wird und dafür die Pariser Salonkultur der Symbolisten hochnimmt, bis zu den *Faux-Monnayeurs* (Die Falschmünzer, 1926), einem Roman über das Romanschreiben, der ganz ähnlich wie die Hauptwerke von Proust, Joyce und Musil das Erzählen überhaupt in Frage stellt. Gide hat die französische Literatur im 20. Jahrhundert ebenfalls durch seine Zeitschrift *Nouvelle Revue Française* maßgeblich beeinflußt. Ausführliche Briefwechsel bekunden die zum Teil problematischen Freundschaften mit Paul Claudel, Paul Valéry und Rainer Maria Rilke. Immer blieb Gide unabhängig. Nach einer religiösen Krise gab er lieber die Freundschaft mit Paul Claudel auf, als ihm auf dem als aussichtslos erkannten katholischen Weg zu folgen. Zusammen mit Aldous Huxley und Heinrich Mann übernahm er 1933 das Patronat über die von Klaus Mann in Amsterdam herausgegebene Exilzeitschrift *Die Sammlung*. Besonders spektakulär war seine anfängliche Sympathie für den Kommunismus. Eine Reise durch die Sowjetunion im Juni und Juli 1936 endete jedoch mit vollständiger Desillusion. Sein Bericht *Retour de l'U.R.S.S.* (1936, erweitert 1937) prangerte die Mißstände des Systems, die offensichtliche Armut, die beibehaltene Zweiklassengesellschaft und die fatalen Ähnlichkeiten zwischen Stalin, Hitler und Mussolini an. Heftige Angriffe auf diese klare und unabhängige Sicht bestärkten Gide in seiner Einschätzung des ideologischen Systems und führten zum Bruch mit alten Freunden.

Familiär geht es etwas turbulent zu bei Gide. Den homosexuellen Autor zwingt die Mutter 1895, seine Cousine Madeleine Rondeaux zu heiraten. Die Ehe verläuft unglücklich, da der *Immoralist* – so der Titel eines Romans von 1902 – in seiner Neigung keine Rücksicht auf jedweden Zwang mehr nimmt. Madeleine vernichtet 1918 alle an sie gerichteten Briefe Gides; sie stirbt 1938. Im April 1923 bekommt Gide mit einer anderen

Frau, Elisabeth van Rysselberghe (der späteren »petite Madame«), eine Tochter namens Catherine, die ihn 1947 mit ihrer Tochter Isabelle Lambert zum Großvater macht.

Stolz erzählt er davon im September 1947 seinem Besucher Klaus Mann, der ihn nach fast zehn Jahren endlich wieder in Paris besuchen kann und einen »munteren Jüngling von nahezu achtzig Jahren« antrifft. Im Vorjahr ist die schmale Erzählung *Thesée* (1946) erschienen, der Lebensrückblick des antiken Helden Theseus, der im Labyrinth von Knossos den Minotaurus erlegte. Die elegante und geistreiche Erzählung resümiert alle Lebensthemen Gides und sieht die persönliche Selbstverwirklichung nicht als privates Ziel, sondern vielmehr als Ausgangspunkt für die soziale Leistung des geistigen Menschen. In dem »großen Weltbürger, (...) guten Europäer und guten Franzosen« aus der Generation seines Vaters sieht Klaus Mann das beste Beispiel für »the crisis of modern thought«; sein Buch über André Gide und »die Krise des euopäischen Denkens«, 1943 in New York erschienen, kommt 1948 in Zürich mit dem Untertitel *Die Geschichte eines Europäers* heraus. Der Nobelpreis ist ebenfalls Thema des Gesprächs; Gide schließt ihn nicht aus, denn er beobachte derzeit die Tendenz, ihm seine »vergangenen Untaten zu verzeihen« und ihn »als ›großen alten Mann‹ der französischen Literatur herauszustellen«. Kurz darauf wird André Gide tatsächlich mit dem Nobelpreis ausgezeichnet. Nach all dem Trubel flieht er endlich in den Sommerurlaub nach Torri del Benaco an den Gardasee.

Eine Augenzeugin

Wie sich die Witwe Signora Tomei im Gespräch mit Irène de Bonstetten erinnerte, stand Gide immer früh auf und unternahm, den schwarzen Wollmantel übergeworfen und einen breitkrempigen Hut auf dem Kopf, gleich einen Spaziergang. Trotz seines hohen Alters badete er gern im See. Seine Mahlzeiten nahm er mit gutem Appetit auf dem Balkon ein, und Einfälle notierte er in ein Heft, das immer griffbereit war. Nach dem Mittagessen legte er sich angezogen auf sein Bett und hielt einen Schlüssel in der linken Hand; wenn der Schlüssel herunterfiel, stand er wieder auf. Am Abend spielte er in einem geschützten Winkel Schach oder Dame, danach ging er zeitig zu Bett, nie nach zehn Uhr. Das Personal dankte ihm für großzügiges Trinkgeld und Geschenke. Gide, so Signora Tomei, war ein Mann von offenem Sinn, der mit allen redete und es ablehnte, die Berühmtheit zu spielen. Er konnte ein wenig Italienisch und sprach mit den Leuten am Hafen, wo er oft hinging, nahe dem großen Turm des Castells. Die prächtigen und immer noch bewirtschafteten »limonaie«, die Zitronengewächshäuser an der Südseite des Castells, wird er nicht übersehen haben.

Calderini

Zu Beginn seiner Spaziergänge kommt Gide jedesmal in den Arkaden vor dem Hotel am Gedenkstein für den in Torri geborenen Humanisten Domizio Calderini (1446–1478) vorbei. Er machte sich mit Kommentaren zu Vergil, Properz, Juvenal und Martial einen Namen. In der berühmten Kontroverse um Plato und Aristoteles nahm er Partei für den Kardinal Bessarion, der Plato verteidigte. Nach seinem frühen Tod, er starb in Rom an der Pest, ließ sein Vater Antonius Calderini den Gedenkstein aus Marmor errichten und beschriften. Auf der einen Seite steht die Vita des jungen Gelehrten. Auf der Rückseite ist von Angiolo Poliziano (1454–1494), der mit Calderini über Catull diskutierte, ein Denkspruch eingraviert; sein letzter Vers lautet: »Abi, viator, sat oculis debes« (Gehe, Wanderer, deine Augen sind gesättigt).

Torri del Benaco, das römische »Castrum Turrium«, war zu Lebzeiten Calderinis Hauptort der »Gardesana dell'Acqua«, dem Zusammenschluß der Gemeinden am Ostufer des Gardasees zwischen Malcesine und Lazise. Die Ratsversammlungen fanden im Speisesaal des heutigen Hotels Gardesana statt.

Unterwegs im Ort

Gide macht sich in kurzer Zeit viele Freunde. Auf seinen Spaziergängen in Flanellhosen, der großen Jacke und Sandalen, erfreut er sich an den seltenen Pflanzen und Blumen. Sehr gerne geht er den kleinen Weg oberhalb der Gardesana zwischen Torri und Pai. Länger hält er sich bei den Fischern am Hafen auf, läßt sich von ihnen ihr Leben erzählen, schaut mit ihnen den Fang des Tages durch und bestätigt, daß es so schöne Karpfen wie hier nicht einmal im großen Baikalsee gebe. Nur wenn er, wie in einem Tabakladen, nach seinem Namen gefragt wird, weicht er aus, und antwortet, den habe er vergessen, wirklich vergessen.

Allerdings kann er nicht verhindern, daß der Bürgermeister von Torri, Mario Orlandi, den auffälligen Alten mit seinen »Luchsaugen hinter der Brille« als jemanden wahrnimmt, den er von irgendwo her zu kennen meint. Als ihm einer seiner Begleiter sagt, das sei ein französischer Schriftsteller, der im Hotel Gardesana wohne, fällt ihm sofort das Bild André Gides ein, das er in einem Buch des Verlags Flammarion zu Hause hat. Er fragt beim Hotel nach, sieht seine Vermutung bestätigt, erfährt aber auch den Wunsch des Dichters, unerkannt und ungestört seine Tage hier zu verbringen. Höflichkeit und Ehrgeiz ringen ein wenig miteinander, dann spricht der Bürgermeister den Dichter freimütig an, stellt sich vor, erklärt alles und bietet ihm für den Fall einer Störung eine ruhige kleine Villa an. Außerdem lädt er ihn zum Tee ein, den schon eine Kusine der Königin von England und erst kürzlich der englische Poet Stephen Spender wohlwollend bei ihm genossen hätten. Von all dem und den weiteren Reaktionen auf Gides Aufenthalt in Torri ist freilich im Tagebuch des Dichters nichts zu finden. Er dokumentiert darin nicht akribisch, wie beispielsweise Thomas Mann; er reflektiert.

Journal

Seit frühesten Jahren, genau seit 1883, hat André Gide Tagebuch geführt, und weite Teile daraus veröffentlicht. Die Tagebücher sind der Schlüssel zu seinem ganzen Werk; hier zeigt sich Gide entschieden subjektiv, nur auf sich selbst verwiesen, und sein geistiger Lebensweg vom narzißtischen Symbolisten über den Immoralisten und Agnostiker, der alle Fragen nach Gott und Jenseits als unlösbar zurückweist, bis zum Befürworter und Gegner des Kommunismus läßt sich in vielen Facetten und Erweiterungen sprachlich immer brillant und interessant im Tagebuch nachvollziehen. *Journal I*, der erste und umfangreichste Teil aus den 50 Jahren von 1889 bis 1939, erschien 1939; *Journal II* aus den Jahren 1939 bis 1942 kam 1944 heraus, und 1950, im Jahr vor Gides Tod, veröffentlichte er noch Aufzeichnungen der Jahre 1942 bis 1949. In diesem dritten Band finden sich die wenigen Einträge aus den Sommertagen 1948 in Torri del Benaco.

Letzte Tage

Im August schreibt er nicht viel; die »unerträglich heiße Schwüle«, verbunden mit »Ohrenschmerzen und Herzschwäche« machen ihm zu schaffen. Unter der Ortsangabe »Torri del Benaco« finden sich undatierte Überlegungen darüber, daß auch »die unterdrückten Juden (...) sich zu Unterdrückern gemacht (haben)«, und ein ausführliches Zitat der Exkommunizierung des Philosophen Spinoza durch die jüdische Gemeinde in Amsterdam 1656; das Beispiel belegt die zeitlose Form der Intoleranz gegenüber dem freien Geist, wie sie Gide nach seinem Buch über die Rußlandreise ja selbst erfahren hat.

Der nächste Eintrag ist datiert 3. September und beschäftigt sich mit dem Sterben. »Die letzten Tage des Lebens scheinen am schwierigsten zu leben; aber das muß eine Illusion sein, denn man braucht ja nur die Zeit machen zu lassen, die Schwerkraft.«

Sein Freund Paul Valéry, der schon 1945 gestorben ist, habe sich darüber entrüstet, »daß den letzten Augenblicken eines Lebens mehr Gewicht beigemessen werde als dem ganzen Rest«. Dennoch, meint Gide, müsse auch auf die Gefühle der Nächsten Rücksicht genommen werden. Das sei ein Opfer, das weniger das ganze Werk verleugne, als vielmehr vom Werk selbst aufgehoben werde. Und wie eine starke Selbstvergewisserung nennt Gide im Anschluß daran als Impuls für sein ganzes Leben und Schreiben ein »außergewöhnliches, ein unersättliches Bedürfnis zu lieben und geliebt zu werden (...) ein quasi mythisches Bedürfnis noch dazu, fand ich mich doch damit ab, es bei Lebzeiten nicht erfüllt zu sehen.«

Schöne Tage

Der Gedanke an den Tod läßt ihn nicht los und ist nach zwei Wochen in Torri auch Thema der nächsten Aufzeichnung am 7. September. Aber die schönen Tage beginnen die düsteren Gedanken aufzuhellen: »Ich glaube aufrichtig zu sein, wenn ich sage, daß der Tod mich nicht allzusehr schreckt (ich denke unaufhörlich daran); aber ich sehe mit einer Art Verzweiflung den Sommer enden. Noch nie habe ich eine so lange Folge so schöner, so prächtiger Tage erlebt.« Zwar ist das Grundgefühl der Tage in Torri seit der Ankunft am 22. Juli weiterhin die Angst vor dem Ende: »Ungenügen und fortwährendes Gefühl der Unsicherheit; wie die eines Schlittschuhläufers, der sich auf eine Eisfläche hinauswagt, von der er fühlt, daß sie zerbrechlich ist und unter seinen Füßen nachgeben könnte.« Als Ausgleich zu dieser Angst hat Gide, wohl Ende August, auch »Zwei herrliche und gewaltige Gewitter« erlebt, die ihn, den langjährigen Leser und Kenner Vergils, sofort den Vers *Fluctibus et fremitu assurgens, benace, marino* erinnern und notieren lassen. Außerdem haben die Gewitter die Hitze vertrieben: »Seit Anfang September ist die Luft leicht; die Mittagshitze nicht mehr übermäßig; Morgen

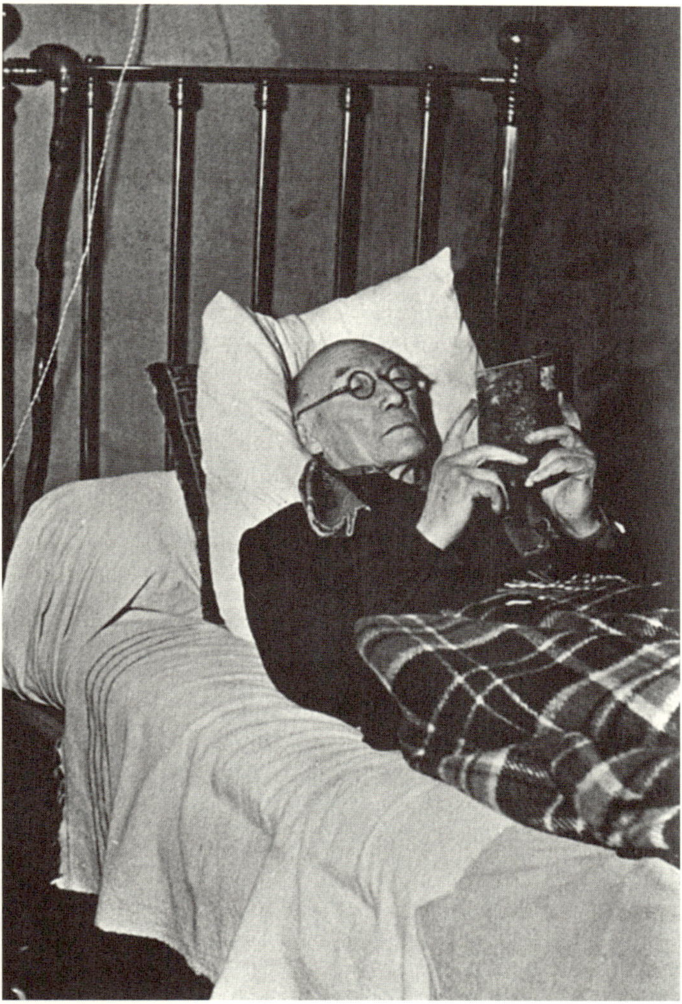

André Gide, im Vergil lesend, um 1948

und Abend sind frisch. Zur täglichen Pracht fügt sich ein fortwährendes Gefühl nahen Todes, so daß ich mir immer wieder vorsage, diese schönen Tage seien für mich die letzten. Ich schreibe das ohne Bitterkeit.«

Abschied

Wörtlich wiederholt er diese Sätze in einem Brief an den Freund Roger Martin du Gard am 11. September, und fügt hinzu, er müsse sich zum Aufbruch in zwei Tagen überreden. Es geht ihm gut; offenbar kann er auch ein wenig am Szenario für den Film nach seiner Erzählung *Isabelle* (1911) arbeiten. Im Tagebuch kritisiert er einen etwas eigenartigen Satz aus dem »teigigen Geschwätz« des französischen Religionswissenschaftlers, Orientalisten und Schriftstellers Ernest Renan (1823–1892), nach dem die Rückkehr der Menschheit zu den für die Moral als unentbehrlich erachteten Irrtümern schlimmer wäre »als ihre ganze Sittenverderbnis«. Anschließend hört er noch ein »Wunderbares Konzert (Radio), Paganini gewidmet. Ich erkannte es nicht sofort, ein bißchen zu ausstaffiert und durch Brahms gedämpft«. Der Abschied am 13. September ist bewegend. Gide geht reihum und küßt alle seine neuen Freunde, bricht in Tränen aus und weint an der Schulter der Frau Bürgermeisterin. Sie schenkt ihm ein kleines Köfferchen mit Seidenhemden, die er so dringend braucht. Gide dankt dafür mit einer sehr privaten Geste. Seiner Brieftasche entnimmt er ein Foto seiner Enkelin Isabelle und schenkt es Signora Orlandi mit den Worten, das sei das teuerste Geschenk, das er machen könne. Auf die Rückseite des Fotos schreibt er: »In bewegtem Gedenken an so viel Freundlichkeit. A. G. Verona, 13. September 1948, und Isabelle Lambert«. Und der Bürgermeister erhält ein Exemplar des Rußland-Buches mit der Widmung: »Der jungen, frischen und freien Sympathie des Mario Orlandi, die mir hilft, die Lebensfreude wiederzufinden. August-September 1948«. Weiter hat Gide dem Bürgermeister einen Brief geschrieben, worin er sich für den freundlichen Empfang bedankt. Auch von den anderen Bewohnern des Städtchens, den Händlern, Bauern, Fischern, fällt der Abschied schwer; sie, die in den fast zwei Monaten geradezu Freunde geworden sind, umringen den schönen großen Wagen und sehen den angenehmen Gesprächspartner mit Bedauern scheiden. Die Limousine setzt sich in Bewegung, ein letztes Winken, dann verschwindet der Wagen auf die Gardesana orientale, Richtung Grasse an der französischen Riviera, wo Gide am 15. September eintrifft.

Der Brief des Dichters findet sich heute schön gerahmt im Rathaus. Zu lesen ist dort Gides Dank für die »wunderbare Erinnerung« an die schönen Sommertage in Torri. Sie gebe ihm Kraft, »den langen Weg in den Winter zu gehen«. Es sind allerdings nicht ganz seine letzten Tage gewesen, auch nicht seine letzten in Italien, wenn auch die Tagebucheinträge am 12. Juni 1949 enden. Seinen letzten Frühling verbringt André Gide 1950 auf Sizilien und im Golf von Neapel. Er genießt Taormina im April und Mai, fährt anschließend nach Neapel und Paestum und verbringt den Juni in Sorrent. Im Juli ist er dann wieder in Grasse und fährt am 13. September 1950 ein letztes Mal nach Paris zurück. Dort stirbt André Gide am 19. Februar 1951 an einer Lungenembolie. Seine Freunde in Torri haben ihn, wie Signora Tomei, nicht vergessen: »Wir haben ihn beweint, denn er war ein freimütiger Mann und man kam gut mit ihm aus.« Und an den zahlreichen Feierlichkeiten zum 100. Geburtstag des Dichters 1969 beteiligte sich selbstverständlich auch Torri del Benaco.

San Vigilio aus der Luft

San Vigilio

»Der schönste Ort der Welt« Agostino Brenzone und Pietro Aretino

Ein Geheimnis bleibt. Erreichbar, doch meist unzugänglich, bewahrt die heutige Villa Guarenti di Brenzone auf der Landzunge von San Vigilio die Erinnerung an einen italienischen Humanisten des 16. Jahrhunderts, der sein Landhaus, den Garten und eine kleine Kirche nach einem bestimmten Programm hat anlegen lassen. Eine stattliche Zypressenalle führt auf den Landsitz zu. Doch hohe Mauern und ein starkes Eisentor verwehren den Zugang. Rechts vom Tor lenkt der Weg ab in die Sirenenbucht, nach links hinunter, an einem Hotel vorbei, zu einem kleinen, hufeisenförmigen Hafen, der Marina. Ein Café lädt dort zum Verweilen, mit wenigen Schritten geht es ins Schilf.

Der Blick über die Mauer in den Garten der Villa ist möglich mit Hilfe von Luftbildern, wie sie die einschlägigen Bücher von Monicelli und Engels bieten. Zypressen stehen da im Kreis um Nischen mit antiken Porträtbüsten, eine Venus ziert das Zitronenhaus. Aber diese Fotos geben nur eine Anschauung, keinen Begriff. Selbst Paul Heyses Erzählung »San Vigilio« (1900), die umfangreichste seiner *Novellen vom Gardasee* (1902), erweist sich als ziemlich genaue Ortsbeschreibung erst durch eine andere, Wissenschaft und Phantasie glücklich verbindende Studie. Gemeint ist das schon mehrfach angeführte Buch *Somnii Explanatio. Traumbilder vom Gardasee in S. Vigilio* (1909) des Kunsthistorikers Henry Thode. Seine eigene Villa Cargnacco in Gardone Riviera wurde in völliger Mißachtung und Verkennung von Thodes historischem Verständnis für italienische Kunst und Kultur zum »Vittoriale degli Italiani« verbaut, sein Name ist weitgehend vergessen. Doch sein Buch ist für zahllose kulturbeflissene deutschsprachige Reiseführer bis in unsere Tage eine Hauptquelle geblieben, die freilich kaum noch angegeben wird, weil sie niemand mehr kennt.

Über die Mauer

Der Titel des Buches bezieht sich auf eine Statue des traumkundigen biblischen Daniel in der Kapelle von San Vigilio; er hält einen Zettel in der Hand mit der Aufschrift »En Somnii Explanatio« (Sieh hier! Des Traumes Deutung). Tatsächlich ist Thodes Buch eine Summe der Geistesgeschichte am Gardasee in fünf Kapiteln, aus abgelegenen Quellen erschlossen, mit Bedacht kommentiert und an offenen Stellen phantasievoll und stimmig ergänzt. Eine historische »Lustfahrt« des Grafen Fortunato Martinengo mit einigen Freunden im August 1552, dargestellt von Silvan Cattaneo aus Salò in seinen *Dodici giornate* (1553), gibt Thode im ersten Kapitel die Möglichkeit für eine Rundfahrt auf dem See und zahlreiche poetische Verweise. Ein Loblied auf den Monte Baldo erklingt, man hört die Witwe des Königs Ortnit klagen, Dante, Catull und der witzige Teofilo Folengo alias Merlin Cocai kommen zu Wort. Das zweite Kapitel ist eine ausführliche Beschreibung des Hauses und des Gartens; jede Statue, jede Inschrift wird erklärt, Catull, Vergil, Äskulap und Plato gehören neben Neptun und Apoll zu den Hausheiligen. Am auffälligsten ist das von Zypressen umgebene, leicht erhöhte Rondell mit zwölf Ädikuli, kapellenartigen Porträtnischen, sowie einem Relief, das den Schlangentöter Apoll mit Daphne und Laura zeigt. Aus der Luft gesehen, erinnert dieses, heute gepflasterte, Rondell im ersten Moment fatal an die Gräberrunde im Vittoriale von Gardone.

Den Zitronengarten nebenan ziert eine Venus und illustriert das Wort aus einem Gedicht des Johannes Iovanus Pontanus von 1531, wonach die Liebe wie die Zitrone sei, bittersüß. Im fünften Kapitel seines Buches weist Henry Thode sogar noch ausführlich nach, welche Frau namens Laura ganz konkret mit der Inschrift angesprochen ist, die sich unter der Statue findet. Ein stattlicher, aber schon zu Thodes Zeiten verschwundener, Lorbeerbaum erinnerte an Petrarca und seine Laura. Dagegen sind Gedenksteine für Catull, Vergil, Äskulap und Plato erhalten.

Das Kirchlein am Seeufer ist dem Heiligen Vigilio geweiht, der um 400 die Anwohner des Gardasees christianisieren wollte, eine Statue des Saturn in die Sarca warf und dafür den Märtyrertod erlitt. Vielleicht leitet sich davon die falsche Vermutung des späten 19. Jahrhunderts ab, San Vigilio könne die *Toteninsel* (1880/83) auf dem Gemälde des Schweizer Malers Arnold Böcklin sein. In der Kirche findet sich allerdings nur die Statue des Träumers Daniel; San Vigilio selbst ist am Hafen auf einem Relief als Begleiter des Hl. Markus von Venedig dargestellt: Markus schenkt Benacus, der Personifizierung des Gardasees, einen silbernen Ring. Das alte venezianische Motiv von der alljährlichen Vermählung des Dogen mit dem Meer durch einen goldenen Ring, den er an Mariae Himmelfahrt, dem 15. August, vom »bucin d'oro«, dem goldenen Schiff, aus ins Wasser warf, ist hier auf den See übertragen. Die Unterschrift lautet demnach: »Auspicio, Vigil alme, tuo en argenta Marci / Pignora Benaco dantur velut aurea ponto« (Gleichwie dem Meere des Markus goldenes Pfand, o Vigilius / Wird auf dein güt'ges Geheiß dem Benacus das silberne hier).

Bis auf ein Beinpaar verschwunden ist nebenan über dem Café das Relief eines Neptun, der einst den greisen Saturn an den See verjagt haben soll. Schiffer, die dachten, sie könnten das bei dem Alten vermutete Gold rauben, und ihn ins Wasser werfen wollten, wurden dafür von dem Gott verflucht und in all die Fische verwandelt, die jetzt im See schwimmen.

Erfinder dieses Programms war der promovierte Advokat und Philosoph Agostino Brenzone (1462–1560), der beinahe einhundert Jahre alt geworden ist. Nach Berufsjahren in Venedig zog er sich nach San Vigilio zurück und verfaßte eine kleine Schrift über das Einsiedlerleben. Der Garten ist dafür die Probe auf's Exempel, und in seiner Verbindung von Antike und Christentum auf engstem Raum ist er viel konkreter und bestimmter ein »religiöses Buch« als der eben so bezeichnete Vittoriale in Gardone, freilich nicht pathetisch pompös, sondern geistvoll und nur für gebildete Freunde gedacht. Einer dieser Freunde war der Dichter Pietro Aretino (1492–1556), als »Geißel der Fürsten« (Ariosto) berühmt-berüchtigt durch seine Schmähschriften, seine Burlesken und Trägodien und besonders die gepfefferten *Sei giornate* oder Kurtisanengespräche (1534/36). Vier Briefe Aretinos an Agostino Brenzone aus den Jahren 1542 bis 1547 sind bekannt. Der Dichter freut sich darüber, daß der Advokat drei Frauen das Leben gerettet hat (Dezember 1545), und dankt dem freundschaftlichen Sinn »des freigebigen, berühmten und hilfsbereiten Veronesers Agostino Brenzone, Redners, Rechtsgelehrten und Philosophen« überschwenglich für ein Geschenk (Januar 1547). Schon einige Jahre vorher hat Aretino 1542 seinem Freund zum 80. Geburtstag ein rhetorisches Meisterwerk geschickt. Der Glückwunsch ist eine imaginäre Wanderung durch die Landschaft am Monte Baldo, die er nach allen Regeln der Kunst feiert. Der Kreis des Gardaseegebietes gleiche einem Ring, würdig, »den Finger der rechten Hand der Welt zu umspannen«; Cupido, der Liebesgott, sei offenbar noch viel blinder, als er ist, »da er nicht zu seinem Reiche den königlichen Bezirk Garda wählt«, und selbst der malerische Orient verblasse vor »den Vorzügen des herrschaftlichen Besitzes Brenzones des Rechtsgelehrten. Denn solcher Pracht darf dieser sich rühmen, daß der veilchenduftende, laubtreibende und sieghafte Lenz ihn niemals verläßt. Und es ist weise von ihm, immer in seiner heiteren Zierde hier zu verweilen, denn dadurch ehrt er sich selbst, steigert er sich selbst, beschenkt er sich selbst, die Würde wahrend, die er sich schuldet, zum Preise der von Gesundheit und von Liebe geschwängerten Luft, der von Kräutern und Blumen strotzenden Erde und des klaren, von Fischen erfüllten Wassers.« Offen bleibe zuletzt, ob es nicht am Benacus schöner sei als im Paradies. Jedenfalls solle sich Brenzone noch lange seines Besitzes erfreuen, hundert Jahre alt werden, und seine Nachkommenschaft solle »die Gabe rechtmäßigen Besitzes« erben, »so lange die Welt lebt«.

Aretino kannte demnach ziemlich genau die Regeln des Landlebens, die sein Freund in San Vigilio gefunden und dauerhaft übermittelt hat. Sie finden sich, vom Tor aus erkennbar, an der Vorderseite seiner Villa, links neben dem Eingang, auf einer Steintafel unter der Büste ihres Erfinders. Die lateinischen Inschriften lauten, in der Übertragung Henry Thodes:

Wer du auch bist, der dieses Landgütchen besucht, diese zwölf Gesetze befolge:
Gott den Besten und Größten verehre im heiligen Hause,
Die Sorgen verbanne in die Stadt,
Hurerei und was dergleichen wirf von dir
Der Diener Hände halte den Rasenplätzen fern,
Die Tafel halte von Luxus frei,
Die Becher, welche den Durst vertreiben, trinke,
An der Heiterkeit der Dinge weide dein Gemüth,
Den Geist spanne ab in ehrbaren Spielen,
Zweige und Blüthe und Früchte nimm mit voller Hand,
Zur Stadt und zu den Geschäften kehre zurück,
Des Brenzoni Lockungen laß nicht zum Schaden gereichen dem Schenkwirth,
Höchstes Gesetz sei des Ortes Verherrlichung.

Freilich hätte, so Brenzones Ansicht, »des Ortes Verherrlichung« bei Aretino ruhig etwas konkreter auf das Programm

Villa Brenzone in San Vigilio

der Figuren, Bilder und Texte in seinem Garten eingehen können. Als sich dann auch Silvan Cattaneo, der Nachbar gegenüber in Salò, dieser Mühe in seiner Schrift *Dodici Giornate* 1553 bei der Schilderung der Seerundfahrt entzog, schrieb Agostino Brenzone ihm einen Brief, worin er das Programm von Haus und Garten in seinen wichtigsten Stationen umriß. Um zu zeigen, welches Thema sich die beiden Autoren hatten entgehen lassen, belegt er sodann in der Parodie auf eine rhetorische Beweisführung, warum San Vigilio der schönste Ort der Welt sei: »In der ganzen Welt gibt es drei Erdteile: Afrika, Asien und Europa; der schönste ist Europa, das Schönste in Europa Italien, das Schönste in Italien die Lombardei, das Schönste in der Lombardei der Gardasee, das Schönste am Gardasee S. Vigilio: ergo ist S. Vigilio das Schönste auf der ganzen Welt.«

Als sei damit nicht alles und genug gesagt, kommentiert Henry Thode im folgenden vierten Kapitel seines Buches noch zwei herausragende literarische Zeugnisse zum Gardasee. Ein Brief des Jacopo Bonfadio ist ein großartiger Beleg für das bäuerliche Leben des 15. Jahrhunderts, und das »Sirmio«-Gedicht des Giosuè Carducci verbindet zuletzt die Zeiten des Humanismus mit denen des Risorgimento, der italienischen Einigungsbewegung im 19. Jahrhundert. Auch wenn die Zukunft ganz anders geworden ist, als es sich die geistvollen und wohlhabenden Kenner des ländlichen Lebens am Gardasee einst vorgestellt haben mögen, so tröstet das wunderschöne und vor der touristischen Völkerwanderung bewahrte Ensemble von San Vigilio doch über viele Verluste hinweg, weisen der Ort und sein guter Geist am Ende auf nicht viel anderes zurück als auf uns selbst.

Literatur

Einleitung

Atlante del Garda. Uomini, vicende, paesi. Diretto da Carlo Simoni. Vol. 1–3. Brescia: Grafo edizioni 1991/92

Baronelli, Ugo: La stampa nella Riviera Bresciana del Garda nei secoli XV e XVI. Edizioni dell' Ateneo di Salò nel IV centenario della sua fondazione 1564–1964. Brescia: Tipo-litografia Fratelli Geroldi 1964

Brun, Friedrike: Episoden aus Reisen durch das südliche Deutschland, die westliche Schweiz, Genf und Italien in den Jahren 1801, 1802, 1803, 1805 und 1807. Zweyter Band. Zürich: Orell, Füßli und Compagnie 1809, Teil III.: Der Garda-See, S. 69 ff.

Burckhardt, Jacob: Die Kultur der Renaissance in Italien. Leipzig: Alfred Kröner Verlag. 18. Auflage 1928

Dante Alighieri: La Divina Commedia. A cura di Fredi Capelli. Milano: Mursia IV. edizione 1976

Dante Alighieri: Die Göttliche Komödie. Deutsch von Karl Vossler. München: Wilhelm Goldmann Verlag 1962

– Dante Alighieri: Die Göttliche Komödie. Übersetzt von Hermann Gmelin. Kommentar I. Teil. Die Hölle. Stuttgart: Ernst Klett Verlag 1954

– Bassermann, Alfred: Dantes Spuren in Italien. Wanderungen und Untersuchungen. Mit einer Karte von Italien. Kleine Ausgabe. München, Leipzig [1898]

Ferro, Tullio: Il Garda: Vita e civiltà sull'Acqua. Ivrea: Priuli & Verlucca 1981

Ferro, Tullio; Ferro, Laura: Visti sul Garda. Personaggi e visitatori illustri in 2000 anni di storia. Ivrea: Priuli & Verlucca 1986

Ferro, Tullio: Elaia. Ulivi del Garda. Fotografie di Mario Pezzotta. Brescia: Brixia edizioni 1992

Ferro, Tullio: Segreti del Garda. Vicenza: Neri Pozza Editore 1994

Gaggia, Fabio: Le incisioni rupestri del Lago di Garda. Felsbilder am Gardasee. Verona: Cooperativa Archonatura (Selbstverlag). 1982. Deutsche Ausgabe 1983

Garda

Il Lago di Garda. Storia di una comunità lacuala. Atti del Congresso internazionale promosso dall'Ateneo di Salò. A cura di Arsenio Frugoni ed Emilio Mariano. Ateneo di Salò 1969. Seconda edizione 1973. Vol. 1 u. 2.

– Il Garda nella Cultura Europea. Atti del Congresso internazionale (25–30 sett. 1982) a cura di Emanuele Kanceff. [Gardone:] Comunità del Garda 1986 (Biblioteca Gardesana di Cultura Europea, 1; Biblioteca del Viaggio in Italia / Bibliothèque du voyage en Italie, 14), Vol. 1 u. 2.
– Il paesaggio del Garda. Evoluzione di un mito. Secolo XV-XIX; Secolo XX. A cura di Giovanni Stipi. Brescia: Grafo Edizioni 1994
Ginzkey, Franz Karl: Rositta. Leipzig: L. Staackmann Verlag 1921
Gutzkow, Karl: Aus der Zeit und dem Leben. Kap. 5. Oberitalien. Leipzig: F. A. Brockhaus 1844
Habbe, Karl Albert: Die würmzeitliche Vergletscherung des Gardasee-Gebiets. Studien über Verbreitung und Formenschatz der jungquartären Ablagerungen am Alpensüdrand zwischen Chiese und Etsch. Freiburg i. Br.: Hans Ferdinand Schulz Verlag 1969 (Freiburger Geographische Arbeiten, hrsg. von Fritz Vartz und Nikolaus Creutzburg, Heft 3). Habilitationsschrift
Heine, Heinrich: Sämtliche Schriften. Band 3. Schriften 1822–1831. Hrsg. von Klaus Briegleb. München: Hanser Verlag 1976
Henscheid, Eckhard: Die Lieblichkeit des Gardasee. Gesammelte Erzählungen. Zürich: Haffmanns Verlag 1997
(Klimt) Partsch, Susanna: Klimt. Leben und Werk. Erlangen: Karl Müller Verlag 1992
Krum, Werner: Gardasee und das Veronese. Landschaft, Kunst und Kultur zwischen Trient, Verona und Brescia. München: Prestel Verlag 1979
Laube, Heinrich: Reisenovellen. Bd. 2. Mannheim: Verlag von Heinrich Hoff 1836
Lord Byron: Die Briefe Lord Byrons. Ausgewählt, aus dem Englischen übersetzt und erläutert von Jarno Jessen. Leipzig: Philipp Reclam jun. o. J.
(Maffei) L'Ottocento di Andrea Maffei. Museo Civico. Comune di Riva del Garda 21. Juni – 30. August 1987
Noë, Heinrich: Bilder aus Süd-Tirol und von den Ufern des Gardasees. München: Verlag der J. Lindauer'schen Buchhandlung 1871
Piltz, Ottomar: Gardasee-Führer mit zahlreichen Abbildungen und Karten. Gardone Riviera: Verlag des deutschen Kaufhauses Oelsner. Druck der Unione Tipica Bresciana in Brescia. Zweite verbesserte Auflage 1904
Schnack, Anton: Phantastische Geographie. Mit zehn Federzeichnungen von Alfred Kubin. Hamburg: Hoffmann und Campe Verlag 1949.
Solitro, Giuseppe: Benaco. Notizie e appunti geografici e storici. Salò: Gio. Devoti Editore 1897. Ristampa a cura dell'Ateneo di Salò 1983
Solitro, Giuseppe: Der Gardasee. Mit 128 Abbildungen. Deutsch von F. I. Bräuer. Bergamo: Verlag des Istituto Italiano D'Arti Grafiche 1905 (Sammlung illustrierter Monographien Das Kunstland Italien, Bd. 1: Der Gardasee.)

Steub, Ludwig: Lyrische Reisen. Stuttgart: Verlag von Adolf Bonz & Comp. 1987. Darin: Kap. XI: Auf dem Gardasee (1874), S. 169–185

Tardieu, Jean: Le chant de Benacus. In: Il Garda nella cultura Europea (a.a.O.), Bd. 1, S. X f.

Thode, Henry: Somnii explanatio. Traumbilder vom Gardasee in S. Vigilio. Mit 9 Tafeln. Berlin: G. Grote'sche Verlagsbuchhandlung 1909

Tonelli, Albino: Artisti e letterati alla ricerca del sole. In: Gorfer, Aldo; Turri, Eugenio (Hrsg.): Là dove nasce il Garda. Verona: Cierri Edizioni 1994, S. 239–252

Tonelli, Albino: Ai confini della Mitteleuropa. Il Sanatorium von Hartungen di Riva del Garda. Dai fratelli Mann a Kafka gli ospiti della cultura europea. Comune di Riva del Garda. Biblioteca civico. Museo civico Aprile 1995

Tumler, Franz: Der Gardasee. Mit 32 Aufnahmen, darunter zwei farbigen, von Heinz Müller-Brunke. München/Ahrebeck: Knorr & Hirth Verlag 1959

Ulmann, J.: Führer durch die Halbinsel Sermione nebst einer biographischen Skizze des Römischen Dichters Catullus. Arco: Druck u. Verlag von C. Emmert. K. u. K. Hofbuchhandlung o. J. [1896]

Vergil: Landleben. Catalepton. Bucolica. Georgica. ed. Johannes und Maria Götte. Vergil-Viten ed. Karl Bayer. Lateinisch und deutsch. München, Zürich: Artemis Verlag. 5. bearb. Aufl. 1987

Wedderkop, H. v.: Das Buch von Oberitalien. Mit Originalzeichnungen von Fritz Heinsheimer und Georg Walter Rössner. München: R. Piper & Co. Verlag 1931 (Was nicht im ›Baedeker‹ steht, Band XI)

Zinner, Robert (Bild); Riedl, Franz Hieronymus (Text): Das Buch vom Gardasee. Landschaft, Kunst, Kultur. Wien: Bergland Verlag 1955

Torbole – Goethe

Goethe, Johann Caspar: Reise durch Italien im Jahre 1740 (Viaggio per l'Italia). Hrsg. von der Deutsch-Italienischen Vereinigung, Frankfurt/M. Übersetzt und kommentiert von Albert Meier unter Mitarbeit von Heide Hollmer. Bearbeitung und Kommentierung der lateinischen Originaltexte von Anette Syndikus. Mit 15 Zeichnungen von Elmar Hillebrand. München: Verlag C. H. Beck 1986

Goethe, Johann Wolfgang: Tagebuch der Italienischen Reise 1786. Notizen und Briefe aus Italien. Mit Skizzen und Zeichnungen des Autors. Hrsg. und erläutert von Christoph Michel. Frankfurt/M.: Insel Verlag 1976

Goethe, Johann Wolfgang: Tagebücher. Historisch-kritische Ausgabe. Im Auftrag der Stiftung Weimarer Klassik hrsg. von Jochen Golz, unter Mitarbeit von Wolfgang Albrecht, Andreas Döhler und Edith Zehm. Band I. 1775–1787. Stuttgart, Weimar: Verlag J. B. Metzler 1998

Goethe, Johann Wolfgang von: Werke. Hamburger Ausgabe in 14 Bänden. Hrsg. von Erich Trunz. München: Deutscher Taschenbuch Verlag 1988

Goethes Briefe an Charlotte von Stein. Neue, vollständige Ausgabe auf Grund der Handschriften im Goethe- und Schiller-Archiv. Hrsg. von Julius Petersen. Leipzig: Insel-Verlag 1923

Goethes Gespräche in vier Bänden. Eine Sammlung zeitgenössischer Berichte aus seinem Umgang aufgrund der Ausgabe und des Nachlasses von Flodoard Freiherrn von Biedermann ergänzt und herausgegeben von Wolfgang Herwig. Erster Band 1749–1805. Zürich und Stuttgart: Artemis Verlag 1965

Eissler, Kurt Robert: Goethe. Eine psychoanalytische Studie 1775–1786. München: Deutscher Taschenbuch Verlag 1987

Göres, Jörn (Hrsg.): Goethe in Italien. Eine Ausstellung des Goethe-Museums Düsseldorf Anton-und-Katharina-Kippenberg-Stiftung. Veranstaltet vom Arbeitskreis selbständiger Kultur-Institute e. V. Mainz: Verlag Philipp von Zabern 1986

Haarhaus, Julius R.: Auf Goethes Spuren in Italien. I. Theil: Ober-Italien. Leipzig: Druck und Verlag von C. G. Naumann 1896

Hof, Walter: Goethe und Charlotte von Stein. Frankfurt/M.: Insel Verlag 1979

Kafka, Franz: Postkarte an Ottla Kafka, Riva, 28.September 1913. In: Ders.: Briefe an Ottla und die Familie. Hrsg. von Hartmut Binder und Klaus Wagenbach. Frankfurt/M.: Fischer Taschenbuch Verlag 1981

Kiefer, Klaus H.: Wiedergeburt und Neues Leben. Aspekte des Strukturwandels in Goethes Italienischer Reise. Bonn: Bouvier Verlag Herbert Grundmann 1978 (Abhandlungen zur Kunst-, Musik- und Literaturwissenschaft, Bd. 280)

Malcesine e Goethe. Comitato del Museo Castello Scaligero di Malcesine. 1983

Meier, Albert (Hrsg.): Ein unsäglich schönes Land. Goethes ›Italienische Reise‹ und der Mythos Sizilien. / Un paese indicibilmento bello. Il ›Viaggio in Italia‹ di Goethe e il mito della Sicilia. Palermo: Sellerio editore 1987

Payer von Thurn, Rudolf: Torbole. In: Chronik des Wiener Goethe-Vereins, Bd. XIII, Nr. 9, Wien, 28. August 1899, S. 37–42

Piltz, Ottomar: Goethe in Malcesine. In: Der Bote vom Gardasee, Jg. VIII, Nr. 9, Sonntag, 2. Dezember 1906, S. 1 f.

Schmidt, Hartmut: Die Kunst des Reisens. Bemerkungen zum Reisebetrieb im späten 18. Jahrhundert am Beispiel von Goethes erster Italienreise. In: Göres, Jörn (Hrsg.): Goethe in Italien, a. a. O., S. 9–14

Tonelli, Albino; Tonelli, Marta Marri; Carloni, Saveria (Hrsg.): Goethe: Il Viaggio in Italia e i grandi traduttori des Garda Trentino. [Gardone] Comunità del Garda 1986 (Biblioteca Gardesana di Cultura Europea, 2)

Trimeloni, Giacomo: Malcesine. Verona: Vita Veronese 1973 (Le Guide)

Malcesine – Herzmanovsky-Orlando

Herzmanovsky-Orlando, Fritz von: Sämtliche Werke in zehn Bänden. Hrsg. im Auftrag des Forschungsinstituts »Brenner-Archiv« unter der Leitung von Walter Methlagl und Wendelin Schmidt-Dengler. Hrsg. und kommentiert von Susanna-Kirschl-Goldberg (Bd. I-III, V), Klaralinda Ma-Kircher (Bd. VI), Klaralinda Ma-Kircher und Wendelin Schmidt-Dengler (Bd. IV, IX), Michael Klein (Der Briefwechsel mit Alfred Kubin. 1903 bis 1952, Bd. VII), Max Reinisch (Ausgewählte Briefwechsel. 1885 bis 1954, Bd. VIII), Susanna Goldberg und Max Reinisch (Bd. X: Dokumentation zu Leben und Werk). Salzburg-Wien: Residenz Verlag Wien 1983–1994. Lizenzausgabe in drei Bänden (ohne Bd. VII und VIII). Frankfurt/M.: Zweitausendeins o. J.

Hoberg, Annegret (Hrsg.): Alfred Kubin 1877–1959. Kat. Ausst. München, Städtische Galerie im Lenbachhaus; Hamburg, Kunsthalle 1990/91. München: edition spangenberg 1990. Darin: Kat.-Nr. 142: *Unglück über Unglück*, Tuschfederzeichnung, um 1912, Städtische Galerie Regensburg

Irving, David: Rommel. Eine Biographie. Aus dem Englischen von Richard Giese. Hamburg: Hoffmann & Campe 1978

Kubin, Alfred: Aus meinem Leben. Gesammelte Prosa mit 73 Zeichnungen. Hrsg. von Ulrich Riemerschmidt. München: Deutscher Taschenbuch Verlag 1977

Moll, Otto E.: Die deutschen Generalfeldmarschälle 1935–1945. Bearbeitung Wolfgang W. Marek. Rastatt/Baden: Erich Pabel Verlag 1961

Rastelli, Achille: I bombardamenti aeri nella seconda guerra mondiale. Milano e la provincia. In: Italia contemporanea, Nr. 195, Juni 1994, S. 309–342

Nago – Trakl

Basil, Otto: Georg Trakl in Selbstzeugnissen und Bilddokumenten. Reinbek bei Hamburg: Rowohlt Taschenbuch Verlag 1974 (rowohlt monographien, Bd. 106)

Erinnerung an Georg Trakl. Zeugnisse und Briefe (1926). Salzburg: Otto Müller Verlag. 2. Aufl. o. J. [1959]

Ficker, Ludwig von: Briefwechsel 1909 – 1914. Hrsg. von Ignaz Zangerle, Walter Methlagl, Franz Seyr, Anton Unterkircher. Salzburg: Otto Müller Verlag 1986 (Brenner-Studien, Bd. VI)

Tonelli, Albino: Il poeta Georg Trakl a Nago. Analisi di un incontro. In: Il Sommolago, Jg. V, Nr. 1, April 1988, S. 5–36

Trakl, Georg: Dichtungen und Briefe. Hrsg. von Walther Killy und Hans Szklenar. Salzburg: Otto Müller Verlag. 3. Auflage 1974

Weichselbaum, Hans: Georg Trakl. Eine Biographie mit Bildern, Texten und Dokumenten. Salzburg: Otto Müller Verlag 1994

ARCO – RILKE

Rilke, Rainer Maria Rilke: Sämtliche Werke. Bd. I-VI. Hrsg. vom Rilke-Archiv, in Verbindung mit Ruth Sieber-Rilke besorgt durch Ernst Zinn. Frankfurt/M.: 1955–1966

Rilke, Rainer Maria: Gedichte. Aus den Jahren 1902 bis 1917. Taschenbuch-Ausgabe der 1931 als Privatdruck erschienenen Edition der Handschrift Rainer Maria Rilkes. Illustriert von Max Slevogt. Transkription der Gedichte im Anhang. Frankfurt/M.: Insel Verlag 1983

Rilke, Rainer Maria: Briefe aus den Jahren 1892 bis 1904. Hrsg. von Ruth Sieber-Rilke und Carl Sieber. Leipzig: Insel Verlag 1939

Rilke, Rainer Maria: Briefe, Verse und Prosa aus dem Jahre 1896. Hrsg. von Richard von Meses. New York: Verlag der Johannespresse 1946 (Bd.3)

Rilke, Rainer Maria: Tagebücher aus der Frühzeit. Hrsg. von Ruth Sieber-Rilke und Carl Sieber (1942). Frankfurt/M.: Insel Verlag 1973

Rilke, Rainer Maria: Briefe an Mathilde Nora Goudstikker. Hrsg. von Joachim Storck. Frankfurt/M.: Insel Verlag [in Vorbereitung]

Benn, Gottfried: Probleme der Lyrik. In: Ders.: Gesammelte Werke, Bd. 8. Autobiographische Schriften. Hrsg. von Dieter Wellershoff. München: Deutscher Taschenbuch Verlag 1975

Böttcher, Kurt; Mittenzwei, Johannes: Dichter als Maler. Stuttgart, Berlin, Köln, Mainz: Verlag W. Kohlhammer 1980. Abb. der Bleistiftzeichnung Rilkes »Riva, 31. marzo 98«unter Nr. 295 auf S. 220 (Original im Rilke-Archiv, Gernsbach)

Demetz, Peter: René Rilkes Prager Jahre. Düsseldorf: Eugen Diederichs Verlag 1953

Filosi, Elena: Rilke e le primavere di Arco. Trento: Edizioni U.C.T. 1991. Mit den faksimilierten Abbildungen der Briefe Rilkes an Mathilde Nora Goudstikker aus Arco vom 23., 25. und 27. März 1897, sowie der Ansichtskarte »Malcesine« an Bodo Wildberg (Originale im Deutschen Literaturarchiv, Marbach am Neckar).

Gorfer, Aldo: Le Valli del Trentino. Guida geografico-storico-artistico-ambientali. Trentino Occidentali. Calliano: Ed. Manfrini 1959. 2. ed. 1975

Grazioli, Mauro: Arco felix. Da Borgo rurale à Città di cura mitteleuropeo. Brescia: Grafo edizione (Arco: Il Sommolage 1993

Grazioli, Mauro (Hrsg.): La Vita del Kurort Arco: La memoria, i luoghi e le persone della città di cura nella fotografia (1866–1915). Testi di Maria Luisa Crosina, Mauro Grazioli, Selenio Joppi. Arco-Trento: Il Sommolago 1994

Holthusen, Hans Egon: Rainer Maria Rilke in Selbstzeugnissen und Bilddokumenten. Hamburg: Rowohlt Taschenbuch Verlag 1974

Jacobsen, Jens Peter: Marie Grubbe. Niels Lyhne. Zwei Romane. Halle a. Saale: Verlag von Paalzow & Co. o. J.

Kuntze, Dr. med. Max: Arco in Südtirol. Die Geologie, Flora, Fauna und das Klima des Thales von Arco, seine Bevölkerung und Geschichte, sowie der Curort selbst mit seiner Umgebung in Skizzen. Von Dr. Max Kuntze. Arzt in Arco. Im Sommer in Madonna di Campiglio. Arco: Verlag von C. Emmert. Dritte ergänzte Auflage 1894. Mit 24 Illustrationen [Tony Grubhofer], 2 Kärtchen und 1 Plan von Arco. Die vierte ergänzte Auflage 1898 war mit 24 Mattlichtdrucken, 2 Kärtchen und 1 Plan von Arco ausgestattet.

Mann, Thomas: Briefe 1948–1955 und Nachlese. Hrsg. von Erika Mann. Frankfurt/M.: Fischer Taschenbuch Verlag 1979

Stahl, August: Rilke-Kommentar zum lyrischen Werk. Unter Mitarbeit von Werner Jost und Reiner Marx. München: Winkler Verlag 1978

Schnack, Ingeborg: Rainer Maria Rilke. Chronik seines Lebens und seines Werkes. Frankfurt/M.: Insel Verlag 1990

Schnack, Ingeborg: Rilkes Leben und Werk im Bild. Bearbeitet von Ingeborg Schnack. Mit einem biographischen Essay von J. R. von Salis. Wiesbaden: Insel Verlag 1956

Storck, Joachim W. in Zusammenarbeit mit Eva Dambacher und Ingrid Kußmaul: Rainer Maria Rilke. 1875–1975. Schiller-Nationalmuseum. Marbach am Neckar. 1975. Sonderausstellung. Katalog Nr. 26.

Storck, Joachim W.: Rilkes frühestes Venedig-Erlebnis. In: Blätter der Rilke-Gesellschaft, H. 16/17, 1989/90, S. 19–32. Sigmaringen: Jan Thorbecke Verlag 1990

Wocke, Helmut: Rilke und Italien. Mit Benutzung ungedruckter Quellen dargestellt. Gießen: Wilhelm Schmitz Verlag 1940 (Gießener Beiträge zur deutschen Philologie, Bd. 73). Nachdruck: Amsterdam: Swets & Zeitlinger 1968

Riva – Nietzsche

Frenzel, Ivo: Friedrich Nietzsche mit Selbstzeugnissen und Bilddokumenten dargestellt. Reinbek bei Hamburg: Rowohlt Taschenbuch Verlag 1988

Janz, Curt Paul: Friedrich Nietzsche. Biographie in drei Bänden. München: Carl Hanser Verlag 1978

Nietzsche, Friedrich: Sämtliche Briefe. Kritische Studienausgabe in 8 Bänden. Hrsg. von Giorgio Colli und Mazzino Montinari. München, Berlin, New York: Deutscher Taschenbuch Verlag / Walter de Gruyter 1986

Nietzsche, Friedrich: Kritische Studienausgabe in 15 Einzelbänden. Hrsg. von

Giorgio Colli und Mazzino Montinari. München, Berlin, New York: Deutscher Taschenbuch Verlag / Walter de Gruyter 1988

Podach, Erich F.: Gestalten um Nietzsche. Mit unveröffentlichten Dokumenten zur Geschichte seines Lebens und seines Werkes. Weimar: Erich Lichtenstein Verlag 1932. Darin das Kapitel »Peter Gast« (S. 68–124) mit Auszügen der Briefe Gasts an Cäcilie Gußelbauer

Riva – Hartungen

Seckelmann, Klaus D.: Ein Tusculum für Dichter und Künstler. Aus der Geschichte des Sanatoriums Dr. med. Christoph Hartung von Hartungen. In: Deutsches Ärzteblatt, 66. Jg., H. 5, 1. 2. 1969, S. 306–309; Nr. 6, 8. 2. 1969, S. 382–385

Tonelli, Albino: Ai confini della Mitteleuropa. Il Sanatorium von Hartungen di Riva del Garda. Dai fratelli Mann a Kafka gli ospiti della cultura europea. Comune di Riva del Garda. Biblioteca civico. Museo civico Aprile 1995

Riva – Heinrich Mann

Arnold, Heinz Ludwig: Heinrich Mann. München: Edition Text + Kritik 1971

Hartungen, Christoph von: Heinrich Mann in Südtirol. In: Der Standpunkt, Jg. 6, Nr. 39, Meran, 26. September 1952, S. 7 f.

Mann, Heinrich: Studienausgabe in Einzelbänden. Hrsg. von Peter-Paul Schneider. Frankfurt/M.: Fischer Taschenbuch Verlag 1987 ff.

Mann, Heinrich: Ein Zeitalter wird besichtigt. Düsseldorf: Claassen Verlag 1974

Mann, Heinrich: Briefe an Ludwig Ewers. 1889–1913. Hrsg. von Ulrich Dietzel und Rosemarie Eggert. Berlin/Weimar: Aufbau-Verlag 1980

Mann, Heinrich: Briefe an Karl Klemke und Klaus Pinkus. Hamburg: Claassen Verlag o. J.

Heinrich Mann 1871–1950. Werk und Leben in Dokumenten und Bildern. Mit unveröffentlichten Manuskripten und Briefen aus dem Nachlaß. Ausstellung und Katalog: Sigrid Anger unter Mitarbeit von Rosemarie Eggert und Gerda Weißenfels. Berlin/Weimar: Aufbau-Verlag 1971

Mann, Viktor: Wir waren fünf. Bildnis der Familie Mann. Frankfurt/M.: Fischer Taschenbuch Verlag 1988

Ritter Santini, Lea: L'italiano Heinrich Mann. Bologna: Il Mulino 1965

Schmalix, A.: A. Schmalix' Streckenführer, H. II. Bozen-Mori-Arco-Rivabahn und Rundfahrt auf dem Gardasee. Meran: F. W. Ellmenreichs Verlag [1907]

Schröter, Klaus: Heinrich Mann. In Selbstzeugnissen und Bilddokumenten. Reinbek bei Hamburg: Rowohlt Taschenbuch Verlag 1967

Tonelli, Albino: Ai confini della Mitteleuropa. (a.a.O.), darin: Heinrich Mann, S. 139–214

Riva – Thomas Mann

Beller, Manfred: Thomas Mann und die italienische Literatur. – In: Koopmann, Helmut (Hrsg.): Thomas-Mann-Handbuch. Stuttgart: Alfred Kröner Verlag. 2. Aufl. 1995, S. 243–258

Heißerer, Dirk: Wellen, Wind und Dorfbanditen. Literarische Erkundungen am Starnberger See. München: Eugen Diederichs Verlag 1995. Darin: Der Zauberberg in Feldafing. Roman eines Romans von Thomas Mann, S. 236–263

Mann, Heinrich: Die Jagd nach Liebe. Roman. Studienausgabe in Einzelbänden. Hrsg. von Peter-Paul Schneider. Frankfurt/M.: Fischer Taschenbuch Verlag 1987

Mann, Thomas: Gesammelte Werke in dreizehn Bänden. Frankfurt/M.: Fischer Taschenbuch Verlag 1990

Mann, Thomas: Briefe an Otto Grautoff 1894–1901 und Ida Boy-Ed 1903–1928. Hrsg. von Peter de Mendelssohn. Frankfurt/M.: S. Fischer Verlag 1975

Mann, Thomas: Briefe I 1889–1936; Briefe III 1948–1955 und Nachlese. Hrsg. von Erika Mann. Frankfurt/M.: Fischer Taschenbuch Verlag 1979

Mann, Thomas / Mann, Heinrich: Briefwechsel 1900–1949. Frankfurt/M.: Fischer Taschenbuch Verlag 1975

Mendelssohn, Peter de: Der Zauberer. Das Leben des deutschen Schriftstellers Thomas Mann. Erster Teil 1875–1918. Frankfurt/M.: S. Fischer Verlag 1975. Darin: Varone-Fall (Notizbuch 7), S. 463; Brief an die Brüder Ehrenberg, Riva, 22. 10. 1902, S. 498 f.

Mendelssohn, Peter de: Der Zauberer. Das Leben des deutschen Schriftstellers Thomas Mann. Jahre der Schwebe 1919 und 1933. Nachgelassene Kapitel. Gesamtregister. Hrsg. von Albert von Schirnding. Frankfurt/M.: S. Fischer Verlag 1992

Tonelli, Albino: Ai confini della Mitteleuropa (a.a.O.), Thomas Mann, S. 215–241; Thomas Mann, Brief an Hedwig Fischer, München, 22. März 1906 (Auszüge), S. 235: Abb. eines Angebots des Auktionshauses Stargardt, Berlin 1995; Faksimile des Briefes von Thomas Mann an Dr. Erhard von Hartungen, Pacific Palisades, 24. 9. 1950, S. 238 f.

Kafka, Franz: Gesammelte Werke in zwölf Bänden. Nach der Kritischen Ausgabe hrsg. von Hans-Gerd Koch. Frankfurt/M.: Fischer Taschenbuch Verlag 1994

Kafka, Franz: Sämtliche Erzählungen. Hrsg. von Paul Raabe. Frankfurt/M.: Fischer Taschenbuch Verlag 1972

Kafka, Franz: Franz Kafka: Briefe an Felice und andere Korrespondenz aus der Verlobungszeit. Hrsg. von Erich Heller und Jürgen Born. Frankfurt/M.: Fischer Taschenbuch Verlag 1993

Kafka, Franz: Briefe an Ottla und die Familie. Hrsg. von Hartmut Binder und Klaus Wagenbach. Frankfurt/M.: S. Fischer Verlag 1974

Kafka-Chronik. Zusammengestellt von Chris Bezzel. München: Carl Hanser Verlag 1975 (Reihe Hanser 178)

Binder, Hartmut: »Der Jäger Gracchus«. Zu Kafkas Schaffensweise und poetischer Topographie. In: Jahrbuch der Deutschen Schillergesellschaft, 15. Jg. 1971, S. 374–440

Binder, Hartmut (Hrsg.): Kafka-Handbuch in zwei Bänden. Stuttgart: Alfred Kröner Verlag 1979

Brod, Max: Streitbares Leben. Autobiographie. München: Kindler Verlag 1960

Brod, Max: Über Franz Kafka. Franz Kafka. Eine Biographie / Franz Kafkas Glauben und Lehre / Verzweiflung und Erlösung im Werk Franz Kafkas. Frankfurt/M.: Fischer Taschenbuch Verlag 1989

Brod, Max / Kafka, Franz: Eine Freundschaft. Reiseaufzeichnungen. Hrsg. unter Mitarbeit von Hannelore Rodlauer von Malcolm Pasley. Frankfurt/M.: S. Fischer Verlag 1987; dies.: Briefwechsel. Hrsg. von Malcolm Pasley, ebd. 1989

Fisenne, Otto v.: Franz Kafkas Reise nach Schleswig-Holstein (1985). Nachdruck in: Freibeuter 61, September 1994, S. 3–7

Grieser, Dietmar: Friedliche Betäubung. Franz Kafka und Gertrud Wasner. In: Ders.: Im Rosengarten. Eine literarische Spurensuche in Südtirol. Frankfurt/M.: Insel Verlag 1999, S. 93–106

Brüder Grimm: Deutsche Sagen. Bd. 1. Hrsg. von Hans-Jörg Uther. München: Eugen Diederichs Verlag 1993. Nr. 302: Der Gemsjäger

Hackermüller, Rotraut: Kafkas letzte Jahre 1917–1924. München: P. Kirchheim Verlag 1990

Kraft, Werner: Franz Kafka. Durchdringung und Geheimnis. Frankfurt/M.: Suhrkamp Verlag 1972 (darin: Der falsche Tod. *Der Jäger Gracchus*. S. 181–196)

Sebald, W. G.: Dr. K.s Badereise nach Riva. In: Ders.: Schwindel. Gefühle. Frankfurt/M.: Eichborn Verlag 1990 (Die Andere Bibliothek, hrsg. von Hans Magnus Enzensberger), S. 161–191

Tonelli, Albino: Ai confini della Mitteleuropa. Il Sanatorium von Hartungen di Riva del Garda. Dai fratelli Mann a Kafka gli ospiti della cultura europea. Comune di Riva del Garda. Biblioteca civico. Museo civico Aprile 1995. Darin: Kap. Franz Kafka, S. 243–299

Wagenbach, Klaus: Franz Kafka in Selbstzeugnissen und Bilddokumenten. Rowohlts Monographien, Nr. 91. Reinbek bei Hamburg 1973

Wagenbach, Klaus: Drei Sanatorien Kafkas. Ihre Bauten und Gebräuche. In: Freibeuter 16, 1983, S. 77–90

Wagenbach, Klaus: Franz Kafka. Bilder aus seinem Leben. Berlin: Verlag Klaus Wagenbach 1983, 2. Aufl. 1994

Parco Alta Garda Bresciana – Stifter

Stifter, Adalbert: Werke und Briefe. Historisch-kritische Gesamtausgabe. Hrsg. Alfred Doppler und Wolfgang Frühwald. Bd. 1,3: Studien. Journalfassungen. Dritter Band; Bd. 1,6: Buchfassungen. Dritter Band. Hrsg. Helmut Bergner und Ulrich Dittmann. Stuttgart u. a.: Verlag W. Kohlhammer 1980, 1982; Bd. 1,9: Studien. Kommentar von Ulrich Dittmann, ebd. 1997

Stifter, Adalbert: Erzählungen. Ausgewählt und mit einem Nachwort versehen von Hermann Hesse. Frankfurt/M., Leipzig: Insel Verlag 1990

Stifter, Adalbert: Briefe. [Hrsg. Friedrich Seebaß] Tübingen, Stuttgart: Rainer Wunderlich Verlag Hermann Leins 1947

Beckmann, Martin: Formen der ästhetischen Erfahrung im Werk Adalbert Stifters. Eine Strukturanalyse der Erzählung »Zwei Schwestern«. Frankfurt/M. u. a.: Peter Lang 1988. (Europäische Hochschulschriften, Reihe I, Bd. 1032)

Enzinger, Moriz: Gesammelte Aufsätze zu Adalbert Stifter. Wien: Österreichische Verlagsanstalt 1967. Darin: Tirol und Italien in den »Zwei Schwestern«, S. 67–76

Enzinger, Moriz: Adalbert Stifter im Urteil seiner Zeit. Festgabe zum 28. Jänner 1968. Graz, Wien, Köln: Hermann Böhlaus Nachf. Kommissionsverlag der Österreichischen Akademie der Wissenschaften in Wien 1968

Gradmann, Stefan: Topographie/Text. Zur Funktion räumlicher Modellbildung in den Werken von Adalbert Stifter und Franz Kafka. Frankfurt/M.: Anton Hain 1990 (athenäum monografien, Literaturwissenschaft, Bd. 96)

Lunardi, Costanza: Mito esistenziale e rieducazione dei sentimenti: il lago di Lawrence e Stifter. In: Atlante del Garda, Vol. III. Brescia: Grafo 1992, S. 35–42

Naumann, Ursula: Adalbert Stifter. Stuttgart: Metzlersche Verlagsbuchhandlung 1979

Perger, Anton Ritter von. Im Nachlaß Perger (Historisches Museum der Stadt Wien) ließen sich bislang keine Gardasee-Zeugnisse ermitteln.

Perini, Umberto: Gargnano nella storia e nell'arte. Franciacorta/Brescia: Editore e Stampatore Fausto Sardini 1974. 2. ed. 1989 (I segreti della Lombardia, collana diretta da Eugenio Bononi, Libro due)

Roedl, Urban: Adalbert Stifter in Selbstzeugnissen und Bilddokumenten. Reinbek bei Hamburg: Rowohlt Taschenbuch Verlag 1967 (rowohlts monographien, Bd. 86)

Rüdiger, Horst: Exotische Landschaft am Garda-See. Zu Stifters Erzählung »Zwei Schwestern«. In: Rössner, Michael und Wagner, Birgit: Aufstieg und Krise der Vernunft. Komparatistische Studien zur Literatur des Fin-de-siècle. Wien, Köln, Graz: Hermann Böhlaus Nachf. 1984, S. 365–372. Auch in: Il Garda nella cultura europea. Vol. II, Gardone: Comunità del Garda 1986, S. 457–466

Schmidt, Arno: Sitara und der Weg dorthin. Eine Studie über Wesen, Werk & Wirkung Karl Mays. (1963). Frankfurt/M.: Fischer Bücherei 1967

Gargnano – Lawrence

Lawrence, D. H.: Twilight in Italy and other essays. Ed. by Paul Eggert with an introduction and notes by Stefania Michelucci. London u. a.: Penguin Books 1994/1997

Lawrence, D. H.: Italienische Dämmerung. Reisetagebücher. Aus dem Englischen von Georg Goyert. Zürich: Diogenes Verlag 1985

Lawrence, D. H.: Mr. Noon. Autobiographischer Roman. Aus dem Englischen von Nikolaus Stingl. Zürich: Diogenes Verlag 1993

Lawrence, D. H.: The Complete Poems. Collected and Edited with an Introduction and Notes by Vivian de Sola Pinto and Warren Roberts. Vol. I,II. London: Heinemann 1964

Lawrence, D. H.: The Collected Letters. Ed. with an introduction by Harry T. Moore. Vol I, II. London, Melbourne, Toronto: Heinemann 1962

Lawrence, D. H.: Briefe an Frauen und Freunde. Auswahl und Vorwort von W. E. Süskind. Deutsch von Richard Kraushaar. Berlin: Verlag Die Rabenpresse [1938]

Lawrence, D. H.: Briefe. Aus dem Englischen von Elisabeth Schnack. Mit einer Einleitung von Aldous Huxley. Zürich: Diogenes Verlag 1979

Lawrence, Frieda, geb. Freiin von Richthofen: Nur der Wind ... Mit neunzig Briefen und fünf Gedichten von D. H. Lawrence. Berlin: Verlag Die Rabenpresse 1936

Aldington, Richard: D. H. Lawrence mit Selbstzeugnissen und Bilddokumenten dargestellt. Reinbek bei Hamburg: Rowohlt Taschenbuch Verlag 1961/1989 (rowohlts bildmonographien Bd. 51)

Bienvenu, Reine: Le Lac de Garde, première image de l'Italie dans l'oeuvre de

D. H. Lawrence. In: Il Garda nella Cultura Europea. Vol. II, Gardone: Comunità del Garda 1986, S. 535–546

Burgess, Anthony: D. H. Lawrence. Ein Leben in Leidenschaft. Aus dem Englischen von Stefan Weidle. Hamburg: Kellner Verlag 1990

Jüngling, Kirsten; Roßbeck, Brigitte: Frieda von Richthofen. Biographie. Berlin: Ullstein Verlag 1998

Lucas, Robert: Frieda von Richthofen. Ihr Leben mit D. H. Lawrence. München: Kindler Verlag 1972

Lunardi, Costanza: Mito esistenziale e rieducazione dei sentimenti: il lago di Lawrence e Stifter. In: Atlante del Garda, Vol. III. Brescia: Grafo 1992, S. 35–42

Merlini, Madeline: A Priest of love on the Shores of lake Garda. In: Il Garda nella Cultura Europea. Vol. II, Gardone: Comunità del Garda 1986, S. 525–534

Nardi, Piero: Lawrence e il Lago di Garda. In: Il Lago di Garda. Storia di una comunità lacuale. Vol. II. Ateneo di Salò. 2. ed. 1973, S. 345–353

Perini, Umberto: Gargnano nella Storia e nell'Arte. Franciacorta: Editore e Stampatore Fausto Sardini 174, 2. ed. 1989

Schickele, René: Liebe und Ärgernis des D. H. Lawrence. Amsterdam: Allert De Lange [1934]

Tonelli, Albino: D. H. Lawrence: alla scoperta di se stesso (la sosta a Riva di Garda). In: Il Sommolage, anno II, Nr. 3, Dicembre 1985, S. 121–127

Weithmann, Michael W.: »Lady Chatterly« wurde in Schwabing geboren. David Herbert Lawrence in der Münchner Bohème – »A receptive guest in the land of pure ideas«. In: Literatur in Bayern, Nr. 46, Dezember 1996, S. 28–34

Worthen, John: D. H. Lawrence. The Early Years 1885–1912. Cambridge u. a.: Cambridge University Press 1991

Gardone – Heyse

Gardone

Cari saluti da Gardone Riviera. Sistema bibliotecario Alto Garda Comune di Gardone Riviera. Catalogo della mostra di cartoline d'epoca (1895–1950). Brescia: Grafo edizioni 1984

Heinzelmann, Dr. Hugo. Pract. Arzt in Gardone Riviera – Reichenhall: Gardone Riviera am Gardasee. Nebst einem naturwissenschaftlichen Beitrag von Oberbergdirektor Professor Dr. von Gümbel. München: Verlag J. F. Lehmann 1895

Koeniger, Dr. K. Arzt in Gardone-Riviera und Bad Lippspringe: Gardone-Riviera am Gardasee. Berlin: Verlag von Julius Springer [3]1894

Mazza, Attilio: Gardone Riviera. Appunti per una storia. Brescia: Fondazione Civiltà Bresciana Novembre 1997

Mazza, Attilio: Gardone Riviera, Stazione Climatica Invernale Mitteleuropeo (1883–1915). Quaderni provvisori. Ateneo di Brescia: Accademia di Scienze Lettere ed Arti. 1997–2

Heyse, Paul: Gesammelte Werke. 3 Reihen, 15 Bde. Stuttgart, Berlin-Grunewald: Cotta; Verlagsanstalt Hermann Klemm [1924]

Baccolo, Giuseppe: Paul Heyse. In: Memorie dell'Ateneo di Salò. Vol. IV, Seconda serie. Atti dell'Accadmia Studi-Ricerche, 1988–90, S. 7–26

Beller, Manfred: Die sentimentale Landschaft. Der Gardasee in der Prosa von W. Heinse, P. Heyse und H. J. Fröhlich. In: Il Garda nella Cultura europea (a. a. O.), Bd. 1, S. 477–491

Der Briefwechsel von Theodor Fontane und Paul Heyse 1850–1897. Hrsg. von Erich Petzet. Berlin: Weltgeist-Bücher Verlags-Gesellschaft 1929

Hillenbrand, Rainer: Heyses Novellen. Ein literarischer Führer. Frankfurt/M. u.a.: Peter Lang 1998

Klemperer, Viktor: Paul Heyse. Berlin: Pan-Verlag 1907 (Moderne Geister, Bd. 4). Auszüge in: Der Bote vom Gardasee, Nr. 11, 13. Dezember 1908; ders.: Paul Heyses Übertragungen italienischer Dichter. In: Der Bote vom Gardasee., Nr. 24, 11. März 1906

Kroes-Tillmann, Gabriele: Paul Heyse Italianissimo. Über seine Dichtungen und Nachdichtungen. Würzburg: Königshausen & Neumann 1993 (Studien zur Literatur- und Kulturgeschichte, Bd. 5, 1993)

Mahr, Johannes (Hrsg.): Die Krokodile. Ein Münchner Dichterkreis. Stuttgart: Philipp Reclam jun. 1987

Martin, Werner (Hg): Paul Heyse. Eine Bibliographie seiner Werke. Hildesheim, New York: Georg Olms Verlag 1978

Möbius, Martin (d. i. Otto Julius Bierbaum): Steckbriefe / erlassen hinter dreißig / literarischen Uebelthätern gemeingefährlicher Natur / von / Martin Möbius /(U. d. U.) / mit den getreuen Bildnissen / der Dreißig versehen von / Bruno Paul. Berlin, Leipzig: Schuster & Loeffler 1900. Faksimilie-Druck München: Ernst Heimeran Verlag 1960

Moisy, Sigrid von: Paul Heyse. Münchner Dichterfürst im bürgerlichen Zeitalter. Kat. Ausst. Bayerische Staatsbibliothek 23. Januar bis 11. April 1981. München: Verlag C. H. Beck 1981

Raff, Helene: Paul Heyse. Bielefeld, Leipzig: Verlag von Velhagen & Klasing 1911 (Velhagen & Klasings Volksbücher, Nr. 29)

Schade, Jens-Uwe: Er lebte zwischen Tat-Frauen und schönen Seelen. Eine Würdigung. In: Literatur in Bayern, H. 35, März 1994, S. 2–10

Svevo, Livia Veneziani: Das Leben meines Mannes Italo Svevo. Aus dem Italienischen von Eva Weckherlin. Mit einem Vorwort von Eckhard Henscheid. Frankfurter Verlagsanstalt 1994. Darin: Brief Paul Heyses an Ettore Schmitz, München, 19. Juni 1897, S. 39 f.

Gardone – Thode

Michaëlis, Karin: Der Fall d'Annunzio. Potsdam: Gustav Kiepenheuer Verlag 1925

Michelangelos Gedichte. In deutscher Übersetzung von Henry Thode. Berlin: Grote'sche Verlagsbuchhandlung 1914

Thode, Henry: Der Ring des Frangipani. Ein Erlebnis. Mit Zierleisten und Schlussvignetten von Hans Thoma und zwölf Abbildungen in Lichtdruck. Zweite Auflage. Frankfurt/M.: Verlag von Heinrich Keller 1895. Motto (S. III): Der Einen zu eigen! 12. October 1894. Einleitung: Wie ich den Ring erhielt! Anhang datiert: Villa Cargnacco am Gardasee. Am Marientag, dem 8. September 1894.

Thode, Henry: Somnii Explanatio. Traumbilder vom Gardasee in S. Vigilio. Mit 9 Tafeln. Berlin: Grote'sche Verlagsbuchhandlung 1909

Thode, Henry (Hrsg.): Thoma. Des Meisters Gemälde in 874 Abbildungen. Stuttgart, Leipzig: Deutsche Verlags-Anstalt 1909

Thoma, Hans und Thode, Henry: Federspiele. Frankfurt/M.: Verlag von Heinrich Keller 1892

Thoma, Hans: Briefwechsel mit Henry Thode. Hrsg. von Jos. Aug. Beringer. Leipzig: Koehler & Amelang 1928 (Hans Thomas: Gesammelte Schriften und Briefe. Hrsg. von Joh. Aug. Berlinger)

Gardone – D'Annunzio

D'Annunzio, Gabriele: Römische Elegien. Deutsch von Eugen Guglia. Wien: C. W. Stern (Buchhandlung L. Rosner, Verlag) 1903

D'Annunzio: Gabriele: Gesänge. In Nachdichtung von Else Schenkl. Mit Buchschmuck von E. M. Lilien. Berlin, Leipzig: Schuster & Loeffler 1904

D'Annunzio, Gebriele: In Memoriam Friedrich Nietzsche. Dichtung. Übertragung ins Deutsche von Otto Freiherr von Taube. Leipzig: Insel-Verlag 1906

D'Annunzio: Gabriele: Die Auferstehung des Kentauren. Leipzig: Insel-Verlag 1909. [Mit dem Gedicht: Tod des Hirsches. Deutsch von Rudolf G. Binding]

D'Annunzio, Gabriele: Das Schiff. Tragödie. Übertragung ins Deutsche von Rudolf G. Binding. Leipzig: Insel-Verlag 1910

D'Annunzio, Gabriele: Feuer. Einzig autorisierte Übersetzung aus dem Italienischen von M. Gagliardi. München: Albert Langen Verlag für Litteratur und Kunst 1911 (Zwölftes Tausend)

D'Annunzio, Gabriele: Die Tote Stadt. Eine Tragödie. Deutsch von Linda von Lützow. Berlin: S. Fischer Verlag. 5. Auflage 1914

D'Annunzio, Gabriele: Hymnen. Deutsche Nachdichtung von Theodor Däubler. In: Der Querschnitt, 7. Jg., H. 5, Berlin, Mai 1927, S. 341–343

Lettere di D'Annunzio a Mussolini. Verona: A. Mondadori Editore 1941. (Quaderni Dannunziani, I)

D'Annunzio, Gabriele: Carteggio D'Annunzio-Duse. Superstiti missive: Lettere, Cartoline, Telegrammi, dediche (1898–1923). A cura di Piero Nardi. Con Prefazione di Vittore Branca. Firenze: Felice Le Monnier 1975

Album D'Annunzio. Con un saggio biografico critico e il commento alle immagini di Annamaria Andreoli. Ricerca iconografica die Eileen Romano. Milano: Arnoldo Mondadori Editore 1990

Andreoli, Annamaria: Das Vittoriale. Mailand: Electa 1996

Antongini, Tom: Der unbekannte d'Annunzio [D'Annunzio inconnu]. Deutsch von Georg Goyert. Leipzig: Paul List Verlag 1939

Blei, Franz: Zeitgenössische Bildnisse. Amsterdam: Allert de Lange 1940. Darin: Gabriele d'Annunzio S. 75–78

Brecht, Bertolt: Arbeitsjournal. Frankfurt/M.: Suhrkamp Verlag 1973, S. 326

Chiara, Piero: Vita di Gabriele d'Annunzio. Milano: Arnoldo Mondadori Editore 1978

Friedell, Egon: Von Dante zu D'Annunzio. Wien, Leipzig: Buchhandlung L. Rosner & Carl Wilhelm Stern Verlagsbuchhandlung 1915; ders.: Kulturgeschichte der Neuzeit. Die Krisis der europäischen Seele. Von der Schwarzen Pest bis zum Ersten Weltkrieg. (1927–1931), München: C. H. Beck 1979

Gazzetti, Maria: Gabriele d'Annunzio mit Selbstzeugnissen und Bilddokumenten dargestellt. Reinbek bei Hamburg: Rowohlt Taschenbuch Verlag 1989, ^{2}1995

Gumbrecht, Hans Ulrich; Kittler, Friedrich; Siegert, Bernhard: Der Dichter als Kommandant (Hrsg.): D'Annunzio erobert Fiume. München: Wilhelm Fink Verlag 1996

Adolf von Hildebrand und seine Welt. Briefe und Erinnerungen. Besorgt von Bernhard Sattler. Hrsg. von der Bayerischen Akademie der Schönen Künste. München: Verlag Georg D. W. Callwey 1962

Hinterhäuser, Hans: D'Annunzio und die deutsche Literatur. In: Archiv für das Studium der Neueren Sprachen und Literaturen, 116. Jg., 201. Bd., S. 241–261

Hinterhäuser, Hans: Tote Städte in der Literatur des Fin de siècle. In: Archiv für das Studium der Neueren Sprachen und Literaturen, 121. Jg., 206. Bd., S. 321–344

Hohoff, Curt: Kriegsschiff auf Bergeshöhen. Ein Besuch in Gabriele d'Annunzios Siegesgarten am Gardasee. In: Rheinischer Merkur, 22. August 1975

Honickel, Thomas: Garten der Lüste. André Heller und Gabriele D'Annunzio in Gardone. Fernsehfilm WDR, Köln 1995 (Reihe: Entdeckungen)

Irace, Fulvio: L'architetto del lago. Giancarlo Maroni e il Garda. Milano: Electa 1993. Begleitbuch zur gleichnamigen Ausstellung in Riva del Garda, Museo

Civico und Gardone Riviera, Il Vittoriale degli Italiani, vom 11. Juli bis 21. November 1993
Kupka, Anne: Der ungeliebte d'Annunzio. D'Annunzio in der zeitgenössischen und der gegenwärtigen deutschsprachigen Literatur. Frankfurt/M. u. a.: Peter Lang 1992 (Europäische Hochschulschriften, Reihe I, Deutsche Sprache und Literatur, Bd. 1296)
Mazza, Attilio: D'Annunzio und der Vittoriale. Führer durch das Haus des Dichters. Übersetzung Gabriele Michel und Franco Rosa. Brescia: Edizioni del Vittoriale Juni 1982
Mazza, Attilio: D'Annunzio. Grande ospite al Vittoriale. Bergamo: Burgo editrice 1988
Mazza, Attilio: Vittoriale. Casa del sogno di Gabriele d'Annunzio. Fotografie di Ottavio Tomasini, Giuseppe Cella. Brescia: Edizioni Puntografico Februar 1988
Mazza, Attilio: D'Annunzio, il Vittoriale e Gardone Riviera, Brescia: Editrice »La Rosa« Juli 1997. Seconda edizione aggiornata Mai 1998
Michaëlis, Karin: Der Fall d'Annunzio. Potsdam: Gustav Kiepenheuer Verlag 1925
Schels, Evelyn: Wo die Illusionen wohnen. André Heller, Gardasee. In: Ambiente, September 9/1992, S. 58–67
Steinhauser, Monika: »Noch über dem Verstand steht die Kunst«. Gabriele d'Annunzios Vittoriale degli Italiani am Gardasee. In: Hager, Werner und Knopp, Norbert (Hrsg.): Beiträge zum Problem des Stilpluralismus. München: Prestel-Verlag 1977 (Studien zur Kunst des 19. Jahrhunderts, Bd. 38), S. 163–192
Updike, John: Der Mann der ins Sopranfach wechselte. Erzählungen. Deutsch von Maria Carlsson. Reinbek bei Hamburg: Rowohlt Taschenbuch Verlag 1998

Salò – Hartleben

Hartleben, Otto Erich: Tagebuch. Fragment eines Lebens. München: Albert Langen Verlag für Litteratur und Kunst 1906
Hartleben, Otto Erich: Briefe an seine Frau. 1887–1905. Hrsg. und eingeleitet von Franz Ferdinand Heitmueller. Berlin: S. Fischer Verlag 1908 (Otto Erich Hartleben, Briefe, Bd. 1)
Hartleben, Otto Erich: Briefe an seine Freundin. 1897–1905. Hrsg. und eingeleitet von Dr. Fred B. Hardt. Dresden: Verlag von Carl Reißner 1910
Hartleben, Otto Erich: Briefe an Freunde. Hrsg. und eingeleitet von Franz Ferdinand Heitmueller. Berlin: S. Fischer Verlag 1912 (Otto Erich Hartleben, Briefe, Bd. 2)

Otto Erich Hartlebens Ausgewählte Werke in drei Bänden. Auswahl und Einleitung von Franz Ferdinand Heitmueller. Berlin: S. Fischer-Verlag 1913

Hartleben, Otto Erich: Meine Verse. 1883–1904. Gesammtausgabe. Berlin: S. Fischer Verlag 1914 (Vierte Auflage)

Aus dem Leben eines Satyrs. Otto Erich Hartleben: Briefe und Postkarten an Heinrich Rickert. Hrsg. von Wolfgang Rasch. Bargfeld: Luttertaler Händedruck 1997

Das Mitgliederverzeichnis 1903–1950. Halkyonische Akademie für unangewandte Wissenschaften zu Salò 1950

Halkyonisches Gedenken an Otto Erich Hartleben 1864–1905. Zum 100. Geburtstag und zum 60. Todestag herausgegeben von der Halkyonischen Akademie für unangewandte Wissenschaften zu Salò

Halkyonisches Brevier mit Versen und Prosa von Otto Erich Hartleben namens der Halkyonischen Akademie für unangewandte Wissenschaften zu Salò herausgegeben von C. F. W. Behl und Charlotte v. Klement. O. O., o. J.

Baccolo, Giuseppe: Hartleben. In: Memorie dell'Ateneo di Salò. Vol. III, seconda serie, 1987, S. 103–121

Blei, Franz: Otto Erich Hartleben. In: Ders.: Zeitgenössische Bildnisse. Amsterdam: Allert De Lange 1940, S. 100–103

Birr-Hartleben, Ellen: Der Poseidon des Gardasees. In: Der Querschnitt, V. Jg., H. 10, Berlin, Oktober 1925, S. 910 f.

Halbe, Max: Jahrhundertwende. Erinnerungen an eine Epoche. München: Langen Müller 1976

Hinterhäuser, Hans: Ein Halkyonier der Jahrhundertwende am Gardasee: Otto Erich Hartleben. In: Il Garda nella cultura europea, Vol. secondo, 1986, S. 467–476

Klement, Alfred von: Die Bücher von Otto Erich Hartleben. Eine Bibliographie. Halkyonische Akademie für unangewandte Wissenschaften zu Salò 1951

Mann, Thomas: Über den Akohol (1906). In: Ders.: Gesammelte Werke in dreizehn Bänden. Band XI: Reden und Aufsätze 3. Frankfurt/M.: Fischer Taschenbuch Verlag 1990, S. 718 f.

Norberg-Schulz, Christian: Casa Behrens Darmstadt. Traduzione di Anna Maria De Domenicis. Roma: Officina Edizioni Roma 1980

Pallat, Annemarie: Erinnerungen an Otto Erich. In: Halkyonisches Brevier (s. o.), S. 15–30

Pasero, Carlo: L'Ateneo di Salò – Quattro secoli di vita accademica. In: Il Lago di Garda. Storia di una comunità lacuale. Ateneo di Salò 1969 (2. edizione 1973), S. 43–84

Stechern, Detlef Gerd: Dies ist eine Geschichte über Otto Erich Hartleben, sein Leben und seine Werke, nebst einigen Aus- und Einfällen, worinnen verborgen etliche Dialoge, die eine oder andere Anulkung und weiteres mehr, zu

Nutzen & Frommen jedermanns, aufgeschrieben von mir selbst, gedruckt und verlegts Detlef Gerd Stechern. Altona MXMLXXXVI. Typoskript, 72 S. Magisterarbeit an der FU Berlin, FB Germanistik 1986.

Stechern, Detlef Gerd: Antiquariat Halkyone. Katalog 1: Aus der Sammlung Otto Erich Hartleben. Halkyonische Akademie. 22718 Hamburg, PF 50 18 28.

Zangrando, Guido: Un'Accademia in esilio. In: Giornale di Brescia, 31. August 1963

Desenzano – Stendhal / August von Goethe

Stendhal-Henry Beyle: Reise in Italien [Rome, Naples et Florence en 1817]. Mit 23 Kupfern, nebst zahlreichen Briefen und unveröffentlichten Fragmenten. Deutsche Bearbeitung von Friedrich v. Oppeln-Bronikowski. Jena: Eugen Diederichs Verlag 1911. Nachdruck. München: Eugen Diederichs Verlag 1990

Stendhal (Henry Beyle): Vie de Napoléon (1876); dt.: Denkwürdigkeiten über das Leben Napoleons des Ersten. Ins Deutsche übertragen und herausgegeben von Georg Hecht. München: Albert Langen Verlag 1914

Goethe-Stendhal. Mito e immagine del lago tra settecento ed ottocento. A cura di Emanuele Kanceff. Gardone Riviera u. a.: Comunità del Garda 1988 (Biblioteca Gardesana di Cultura Europea, Bd. 3; Biblioteca del Viaggio in Italia / Bibliotheque du Voyage en Italie, Bd. 29)

Goethe, August von: Auf einer Reise nach Süden. Tagebuch 1830. Erstdruck nach den Handschriften. Hrsg. von Andreas Beyer und Gabriele Radecke. München: Carl Hanser Verlag 1999

Eckermann, Johann Peter: Gespräche mit Goethe in den letzten Jahren seines Lebens. Hrsg. von Paul Stapf. Wiesbaden: Emil Vollmer Verlag o. J.; Brief an Thomas Carlyle, Weimar, 7. Dezember 1830 in: Goethe, Weimarer-Ausgabe, Bd. 48, S. 32 ff.

Biedrzynski, Effi: Goethes Weimar. Das Lexikon der Personen und Schauplätze. Düsseldorf, Zürich: Artemis & Winkler 1992, 4. Aufl. 1999. Darin: Goethe, Julius August Walther von, S. 143–148

Ferro, Tullio: Il cavaliere Aroldo all'Hotel Mayer (G. G. Byron). In: Ferro, Tullio e Laura: Visti sul Garda. Personaggi e visitatori illustri in 2000 anno di storia. Ivrea: Priuli & Verlucca 1986, S. 131 f.

Ferro, Tullio: Desenzano e dintorni. Dalla villa romana alla torre di San Martino. Brescia: Edizioni Brixia 1994

Holtei, Karl von: Goethe und sein Sohn. Weimarer Erlebnisse in den Jahren 1827–1831. Erste Ausgabe in Auswahl nach Holteis Lebenserinnerungen »Vierzig Jahre«. Hamburg: Vera-Verlag 1924

Il Cimetero Acattolico di Roma. Der »Protestantische Friedhof« in Rom. Friedhof der Dichter, Denker und Künstler. Hrsg. vom Cimetero Acattolico per gli Stranieri al »Testaccio«. Roma: Esse Gi Esse 1982

Lord Byron: Die Briefe Lord Byrons. Ausgewählt, aus dem Englischen übersetzt und erläutert von Jarno Jessen. Leipzig: Philipp Reclam jun. o. J.

Lord Byron: ›So late into the night‹. Byron's Letters and Journals. Ed. by Leslie A. Marchand. Vol. 5, 1816–1817. London: John Murray 1976

Müller, Lothar: Abgründige Spiegelungen. Johann Wolfgang und August von Goethe. In: Vater und Söhne. Zwölf biographische Portäts. Reinbek bei Hamburg: Rowohlt Taschenbuch Verlag 1998, S. 40–88

Sirmione – Catull

Catulli Liber Carminum. Recognitus et emendatus a Theodoro Heyse. Catull's Buch der Lieder in deutscher Nachbildung von Theodor Heyse. Berlin: Verlag von Wilhelm Hertz 1855

Catullus, C. Valerius: Gedichte. Vollständige Ausgabe. Deutsch von Max Brod mit teilweiser Benützung der Übertragung von K. W. Ramler [1793]. München, Leipzig: Georg Müller 1914 (Klassiker des Altertums, 2. Reihe, Bd. 12)

Catull: Gedichte. Lateinisch und Deutsch. [Auswahl] Übertragen von Carl Fischer. Mit Zeichnungen von Bele Bachem. Söcking: Bei Heinrich F. S. Bachmair 1948

Catullus', C. Valerius: Sämtliche Dichtungen. Übersetzt und erläutert von Dr. Mauriz Schuster. Dritte Auflage (Neubearbeitung). Wien, Köln: Verlag A. Sexl 1950

Catull: Liebesgedichte und sonstige Dichtungen. Lateinisch und Deutsch. Neu übersetzt und mit einem Essay ›Zum Verständnis des Werkes‹, Anhang und Bibliographie hrsg. von Otto Weinreich. Reinbek bei Hamburg: Rowohlt Taschenbuch Verlag 1960 (Rowohlts Klassiker der Literatur und der Wissenschaft; Lateinische Literatur Bd. 1); Neuausgabe: Catull: Sämtliche Gedichte. Lateinisch und Deutsch. Hrsg., eingeleitet und übersetzt von Otto Weinreich. Zürich, Stuttgart: Artemis Verlag 1969

Catull. Lateinisch – deutsch. Ed. Werner Eisenhut. München: Ernst Heimeran Verlag. 5. Auflage 1960 (Tusculum)

Catull: Gedichte. Eingeleitet und übersetzt von Rudolf Helm. Stuttgart: Philipp Reclam jun. 1965

Catull: Sämtliche Gedichte. Lateinisch und deutsch. Aus dem Lateinischen von Carl Fischer. Mit einem Nachwort von Bernhard Kytzler. Frankfurt/M.: Insel Verlag 1995

– Eduard Mörikes sämtliche Werke in sechs Bänden. Hrsg. von Rudolf Krauß. Leipzig: Max Hesses Verlag o. J.

– Pültz, Wilhelm: In der Sonne Catulls. Mosaik einer musischen Gardaseereise. Augsburg, Traunstein: Brückenverlag 1963
– Schrott, Raoul: Die Erfindung der Poesie. Gedichte aus den ersten viertausend Jahren. Frankfurt am Main: Eichborn Verlag 1998. Darin: Gaius Valerius Catullus, S. 141–167

Sirmione – Catulls Spuren

Carducci, Giosuè: Poesie. 1850–1900. Terza Edizione. Bologna: Ditta Nicola Zanichelli 1904
Carducci, Giosuè: Odi Barbare. Metrisch übertragen von Fritz Sternberg. Heidelberg: Carl Winters Universitätsbuchhandlung (Verlag) 1913
Dehmel, Richard: Ausgewählte Briefe aus den Jahren 1883 bis 1902. Berlin: S. Fischer Verlag 1922
– Schindler, Paul Johannes (Hrsg.): Richard Dehmel. Dichtungen. Briefe. Dokumente. Hamburg: Hoffmann und Campe Verlag 1963
Heyse, Paul: Novellen vom Gardasee. Stuttgart, Berlin: Cotta 1902; Gesammelte Werke. Dritte Reihe, Bd. V. Stuttgart, Berlin: Cotta; Hermann Klemm 1924. Darin: Frühling am Gardasee (1897)
– Hillenbrand, Rainer: Heyses Novellen. Ein literarischer Führer. Frankfurt/M. u. a.: Peter Lang 1998
Sternberg, Caspar Graf v.: Reise durch Tyrol in die Oesterreichischen Provinzen Italiens im Frühjahr 1804. Regensburg: Heinrich Friedrich August Augustin 1806
– Briefwechsel zwischen Goethe und Kaspar Graf von Sternberg. Hrsg. F. Th. Bratranek. Wien: Wilhelm Braumüller 1866. Goethes Notiz: Weimarer Ausgabe, III. Abt., Bd. 8, S. 235 ff.
Tennyson, Alfred Lord: Works. Vol. VI. Ballads and other poems. Annotated by Alfred Lord Tennyson. Ed. by Hallam, Lord Tennyson. New York: AMS Press 1970 (reprinted from the edition of 1907/8, London)

Sirmione – Joyce / Pound

Joyce, James: Briefe. Ausgewählt aus der dreibändigen von Richard Ellmann edierten Ausgabe von Rudolf Hartung. Deutsch von Kurt Heinrich Hansen. Frankfurt/M.: Suhrkamp 1975
Joyce, James: Gesammelte Gedichte. Englisch und Deutsch. Übersetzt von Hans Wollschläger. Anna Livia Plurabelle. Englisch und Deutsch. Übersetzt von Wolfgang Hildesheimer und Hans Wollschläger. Frankfurt/M.: Suhrkamp 1987

– Drews, Jörg: Ulysses. In: Kindlers Neues Literaturlexikon, Bd. 8. München: Kindler Verlag 1988, S. 914–1918
– Ellmann, Richard: James Joyce. Zürich: Rhein Verlag 1959. Darin: Der Limerick *A bard once in lakelapped Sirmione*, S. 470. S. a. die revidierte und ergänzte Ausgabe Frankfurt/M.: Suhrkamp Taschenbuch Verlag 1996, S. 712 f.
Pound, Ezra: Personae. Masken. Der ausgewählten Werke Erster Teil. Autorisierte Übertragung von Eva Hesse. Zürich: Verlag Die Arche 1959
Pound, Ezra: Die Pisaner Gesänge. Vollständige Ausgabe. Übertragen von Eva Hesse. Zürich: Verlag Die Arche 1956
Pound, Ezra: Wort und Weise. ›motz el son‹ (1957). Ausgewählt und Deutsch von Eva Hesse. Frankfurt/M.: Suhrkamp Verlag 1971
– Gadaleta, Dr. Vitangelo: Il Lungo Bagno Termale di Ezra Pound. In: Thermae, Jg. 4. Nr. 1, 26. Mai 1997, S. 9 f.
– Hesse, Eva: Ezra Pound. Von Sinn und Wahnsinn. München: Kindler Verlag 1978
– Read, Forrest (Hrsg.): Ezra Pound – James Joyce. Die Geschichte ihrer Beziehung in Briefen und Dokumenten. Hrsg. und kommentiert von Forrest Read. Deutsch von Hiltrud Marschall. Redaktion und Anhang von Eva Hesse. Zürich: Verlag Die Arche 1972

Sirmione – Orff

Orff, Carl: Trionfi. Carmina Burana – Catulli Carmina – Trionfo di Afrodite. Tutzing: Verlegt bei Hans Schneider 1979 (Carl Orff und sein Werk. Dokumentation, Bd. IV, Trionfi)
Orff, Carl: Catulli Carmina. Ludi Scaenici, für 2 Solostimen, Chor und Orchester. Mit einem Vorwort von Werner Thomas. London u. a.: Ernst Eulenburg Ltd. 1990
Fassone, Alberto: Carl Orff. Lucca: Libreria Musicale Italiana Editrice 1994. (Musica Ragionata, 6. Collana di studi musicali diretta da Alberto Basso)
– Gassner, Hannelore: Carl Orff. Fotodokumente aus der Zeit von 1978–1981. Werner Thomas: Carl Orff. München: Buchendorfer Verlag 1994.
– Gersdorf, Lilo: Carl Orff mit Selbstzeugnissen und Bilddokumenten dargestellt. Reinbek bei Hamburg: Rowohlt Taschenbuch Verlag 1981 (rowohlts monographien, Bd. 293)
– Liess, Andreas: Orff. Idee und Werk. München: Wilhelm Goldmann Verlag. Zweite Auflage 1984
– Marx, Karl: Erinnerungen an Carl Orff. Handschriftliche Aufzeichnungen (1966), 27 S., hier S. 21–24. Orff-Zentrum, München. Abdruck mit freundlicher Genehmigung von Peter Marx.
– Straub, G., Weiß, G.; Doppelbauer, J. F.: Karl Marx. Tutzing: Verlegt bei

Hans Schneider 1983. (Komponisten in Bayern. Dokumente musikalischen Schaffens im 20. Jahrhundert, hrsg. im Auftrag des Landesverbandes Bayerischer Tonkünstler e. V. von Alexander L. Suder, Bd. 3)
– Thomas, Werner: Das Rad der Fortuna. Ausgewählte Aufsätze zu Werk und Wirkung Carl Orffs. Mainz u. a.: B. Schott's Söhne 1990. Darin: »Kleines Organon« eines Tanztheaters. Zur Genese der Szene in Carl Orffs *Catulli Carmina,* S. 53–87
Sirmione
Arduino, Mario; Sirmione nell' immaginario poetico europeo. Brescia: Grafo Edizione 1999 (Akten der 6. Giornate Catulliane, hrsg. von Nicola Criniti)
– Bracalini, Romano: Da Sirmione dove. Dieci itinerari d'autore tra le meraviglie nascoste dell' entroterra gardesano. Sirmione: Amministrazione Comunale e dell Albergatori di Sirmione 1994
– Criniti, Nicola (Hrsg.): Sermione mansio. Società e cultura della ›Cisalpina‹ tra tarda antichità e altomedioevo. Brescia: Grfo edizioni 1995 (Grafostorie)
– La Penisola Di Sirmione Sul Lago Di Garda illustrata. Dal Nobile Conte Giovanni Girolamo Orti Manara. Verona: Coi tipi di Giuseppe Antonelli 1856
– Motta Massusssi, Gabriella (Hrsg.): Guide Grafo 6: Sirmione. Brescia: Grafo edizioni 1991
– Ulmann, J.: Führer durch die Halbinsel Sermione nebst einer biographischen Skizze des Römischen Dichters Catullus. Arco: Druck u. Verlag von C. Emmert. K. u. K. Hofbuchhandlung o. J. [1896]

Peschiera – Heinse

Baccolo, Giuseppe: Wilhelm Heinse. In: Reunione dell'Ateneo di Salò. Vol. VII. Sec. serie. Atti dell' Accademia. Studi-Ricerche 1995/96, S, 69–78
Baeumer, Max L.: Heinse-Studien. Mit einer bisher unveröffentlichten Schrift Heinses zur Erfindung der Buchdruckerkunst in Mainz. Stuttgart: Metzlersche Verlagsbuchhandlung 1966
Beller, Manfred: Die sentimentale Landschaft: Der Gardasee in der Prosa von W. Heinse, P. Heyse und H. J. Fröhlich. In: Il Garda nella Cultura europea (a. a. O.), Bd. 1, S. 477–491
Anonym [Birnbaum, Martin]: Das Hohelied Sirmiones. In: Der Bote vom Gardasee, Jg. V, Nr. 7, Sonntag, 8. 11. 1903. Der Artikel kam laut Anmerkung auf Anregung Otto Erich Hartlebens zustande
Blei, Franz: Heinse. In: Ders.: Das Kuriositäten-Kabinett der Literatur. Hannover: Paul Steegemann 1924, S. 368–378 (Erstdruck 1904).
Briefwechsel zwischen Gleim und Heinse. Hrsg. von Karl Schüddekopf. Weimar: Verlag von Emil Felber 1895. 2 Bde.

Heinse, Wilhelm: Ardinghello und die glückseligen Inseln. Kritische Studienausgabe. Mit 32 Bildtafeln, Textvarianten, Dokumenten zur Wirkungsgeschichte und einem Nachwort hrsg. von Max L. Baeumer. Stuttgart: Philipp Reclam jun. 1992

Heinse, Wilhelm: Sämmtliche Werke. 10 Bände. Hrsg. von Carl Schüddekopf. Leipzig: Insel-Verlag 1902–1925. Bd. 7: Tagebücher von 1780–1800 (1909).

Heinse, Wilhelm: Vom großen Leben. Zusammengestellt und erläutert von Richard Benz. München: R. Piper Verlag 1943

Kruft, Hanno-Walter: Wilhelm Heinses italienische Reise. In: Deutsche Vierteljahresschrift, Jg. 41, 1967, S. 82–97

Moore, Erna M.: Die Tagebücher Wilhelm Heinses. München: Wilhelm Fink Verlag 1967

Schwandt, Christoph: Wilhelm Heinse und sein Musikroman *Hildegard von Hohenthal*. In: Literatur in Bayern, Nr. 52, Juni 1998, S. 56–60

Zeller, Hans: Wilhelm Heinses Italienreise. In: Deutsche Viertelsjahresschrift für Literaturwissenschaft und Geistesgeschichte, 42. Jg., 1968, S. 23–54

Garda

Ennen, Edith: Frauen im Mittelalter. Dritte, überarbeitete Auflage. München: Verlag C. H. Beck 1987

Ferro, Tullio e Ferro, Laura: L'etu vista scapar quela regina? In: Dies.: Visti sul Garda. Personaggi e visitatori in 2000 anni di storia. Ivrea: Priuli & Verlucca 1986, S. 62–64

Ginzkey, Franz Karl: Rositta. Leipzig: L. Staackmann Verlag 1921

Heldenbuch. Altdeutsche Heldenlieder aus dem Sagenkreise Dietrichs von Bern und der Nibelungen. Meist aus einzigen Handschriften zum erstenmal gedruckt oder hergestellt durch Friedr. Heinr. von der Hagen. Leipzig: Verlag von Hermann Schultze 1855. Nachdruck Hildesheim, New York: Georg Olms Verlag 1977

Das kleine Heldenbuch von Dr. Karl Simrock. Walther und Hildegunde. Alphart. Der hörnerne Siegfried. Der Rosengarten. Das Hildebrandslied. Ortnit. Hugdietrich und Wolfdietrich. Stuttgart und Augsburg: Cotta 1859

Deutsches Heldenbuch. Dritter und Vierter Teil. Ortnit und Wolfdietriche. Nach Müllenhoffs Vorarbeiten hrsg. von Arthur Amelung und Oskar Jänicke. 1871. Unveränderter Nachdruck. Dublin, Zürich: Weidmann 1968

Die deutschen Heldensagen von Friedrich von der Leyen. München: Beck Verlag 1912 (Deutsches Sagenbuch, Zweiter Teil)

Hoffmann, Werner: Mittelhochdeutsche Heldendichtung. Berlin: Erich Schmidt Verlag 1974 (Grundlagen der Germanistik, Hrsg. von Hugo Moser, mitbegründet von Wolfgang Stammler, Bd. 14)

Norditalienische Sagen. Hrsg. und übersetzt von Felix Karlinger und Regine Wolf. Berlin: Erich Schmidt Verlag 1978 (Europäische Sagen, Bd. X). Darin: Nr. 133: Engardina. Referenz: Lenotti, B.: Le legende del Garda. Verona 1955; Nr. 212: Die Befreiung der Königin Adelaide. Referenz: Leicht, P. S.: Le Alpi orientali nelle tradizioni storiche italiane. In: Lares, Jg. V, Nr. 4, 1934

Torri – Gide

Gide, André: Journal 1939–1949. Souvernirs. Paris: Librairie Gallimard 1954

Gide, André: Tagebuch 1939–1949. Ins Deutsche übertragen von Maria Schaefer-Rümelin und Gisela Schlientz. Stuttgart: Deutsche Verlags-Anstalt 1967

Gide, André: Tagebuch 1939–1949. Et nunc manet in te. [u. a.] Aus dem Französischen übertragen von Maria Schäfer-Rümelin und Wilhelm Maria Lüsberg. Hrsg. von Raimund Theis. Stuttgart: Deutsche Verlags-Anstalt 1990 (Gesammelte Werke in zwölf Bänden, Bd. IV)

Gide, André: Reconnaisance à l'Italie. Une causerie inédite (Naples, juin 1950). In: Bulletin des amis d'André Gide, Nr, 32, Oktober 1976, S. 5–29

Bonstetten, Irène de: Lac de Garde et Culture. In: Bulletin des amis d'André Gide, Nr. 54, April 1982, S. 303–306

Bonstetten, Irène de: Été 1948. André Gide à Torri del Benaco. In: Bulletin des amis d'André Gide, Nr. 55, Juli 1982, S. 453–460

Ferro, Tullio: Un Nobel in pantofle a Torri del Benaco. In: Ferro, Tullio e Ferro, Laura: Visti sul Garda. Personaggi e visitatori in 2000 anni di storia. Ivrea: Priuli & Verlucca 1986, S. 207–210

Mann, Klaus: Wiedersehen mit André Gide [Paris, 21. September 1947]. In: Ders.: Auf verlorenem Posten. Aufsätze, Reden, Kritiken 1942–1949. Hrsg. von Uwe Naumann und Michael Töteberg. Reinbek bei Hamburg: Rowohlt Taschenbuch Verlag 1994, S. 458–467

Martin, Claude: André Gide mit Selbstzeugnissen und Bilddokumenten dargestellt. Reinbek bei Hamburg: Rowohlt Taschenbuch Verlag 1987

San Vigilio

Engels, Hans: Dietsch, Klaus A.: Gardasee aus der Luft. Augsburg: Steiger / Weltbild Verlag 1996

Monicelli, Francesco: Die historischen Villen am Gardasee. Fotografien von Giorgio Ruzzene. Einführung von Heinz-Joachim Fischer. München, Berlin: Koehler & Amelang 1995

Thode, Henry: Somnii explanatio. Traumbilder vom Gardasee in S. Vigilio. Mit 9 Tafeln. Berlin: G. Grote'sche Verlagsbuchhandlung 1909

ABBILDUNGSNACHWEISE

Beardsley, Aubrey, Ave Atque Vale. *The Savoy,* Nr. 7, 1896: S. 357

Brenner-Archiv, Innsbruck, Nachlaß Fritz von Herzmanovsky-Orlando: S. 57

Foto Brunner & C, S. Fermo d. Battaglia (Co), S. 287

Le vedute gardesane di Edward T. Compton / Der Gardasee in den Bildern von Edward T. Compton. Verona: Cierre Edizioni, Grafo, Il Sommolago, o. J.: S. 166

Il lago di Garda illustrato da Zeno Diemer / Zeno Diemers Aquarelle vom Gardasee. Verona: Cierre Edizioni, Grafo, Il Sommolago 1995 (Verladen einer Barke): S. 189

Engels/Dietsch, Gardasee aus der Luft, Steiger Verlag, Augsburg, S. 414

© Garnett, David, Esq., S. 216 (links)

Goethe und Goethestätten. 88 Bilder. Eingeleitet von Dr. Rud. Pechel. Zürich, Leipzig: Orell Füssli Verlag 1932, S. 26, 323

Sammlung / Fotos Dirk Heißerer, München: S. 54, 72, 82, 100, 113, 125, 176, 209, 221, 228, 236, 280, 298, 307, 311, 353, 420

Martin, Claude: André Gide mit Selbstzeugnissen und Bilddokumenten dargestellt. Reinbek bei Hamburg: Rowohlt Taschenbuch Verlag 1987: S. 411. Quelle: Dominique Darbois.

Motta Massusssi, Gabriella (Hrsg.): Guide Grafo 6: Sirmione. Brescia: Grafo edizioni 1991: S. 335

Orff-Zentrum, München: S. 376, 377. Abb. mit freundlicher Erlaubnis von Peter Marx, Biberach, und Liselotte Orff, St. Georgen

Raff, Helene: Paul Heyse. Bielefeld, Leipzig: Verlag von Velhagen & Klasing 1911 (Velhagen & Klasings Volksbücher, Nr. 29): S. 245

Rilke-Archiv, Gernsbach: S. 70

Roedl, Urban: Adalbert Stifter. o.O., o. J.: Deutscher Kunstverlag (Lebenswege in Bildern. Hrsg. Ernst Hermann): S. 201

Städtische Galerie im Lenbachhaus, Kubin-Archiv: S. 154. Mit freundlicher Genehmigung von Christa Spangenberg, München. © VG Bild-Kunst. Bonn 1999

Stiftung Archiv der Akademie der Künste, Berlin, Heinrich-Mann-Archiv: S. 123, 132, 147. Abb. S. 123 mit freundlicher Genehmigung von Klaus Hartung von Hartungen.

Stiftung Weimarer Klassik, Weimar, Goethe-Schiller-Archiv (GSA). Aus dem »Corpus der Goethezeichnungen« (C.) der italienischen Reise 1786, Tórbole

(C. II,15), Monte Brione (C. II, 12), Malcesine (C. II, 16), Skizze (C. II, 17): S. 33, 40, 41, 45; Nietzsche-Archiv (FA 8): S. 115

Thode, Henry (Hrsg.): Thoma. Des Meisters Gemälde in 874 Abbildungen. Stuttgart, Leipzig: Deutsche Verlags-Anstalt 1909, S. 260

Tonelli, Albino: Ai confini della Mitteleuropa. Il Sanatorium von Hartungen di Riva del Garda. Dai fratelli Mann a Kafka gli ospiti della cultura europea. Comune di Riva del Garda. Biblioteca civico. Museo civico Aprile 1995, S. 111 (Villa Belriguardo), S. 279 (Liegehallen), 283 (Gerti Wasner): S. 129, 184, 186. Abb. S. 129 und S. 184 mit freundlicher Genehmigung von Klaus Hartung von Hartungen

© Weekley, Ian: S. 216 (rechts)

Register

Orte